HR **MDTA**
www.chinahrw.net

中·小·微企业管理实务系列

U0741766

| 中·小·微企业 |

风险控制实务

唐丽颖 ◎ 编著

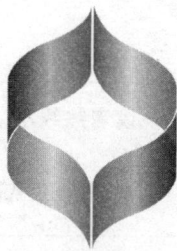

RISK CONTROL PRACTICE

中国铁道出版社
CHINA RAILWAY PUBLISHING HOUSE

内 容 简 介

本书从"风险识别+风险评估+风险管控措施+风险控制实务"四个维度出发，帮助中小微企业构建风险控制体系。

本书针对企业发展战略、全面预算、资金活动、资产管理、财务报告管理、研究与开发、采购管理、销售管理、合同管理、人力资源管理、企业社会责任 11 大事项过程中的风险，一一予以识别、评估，配套性地给出了风险控制策略或措施，为中·小·微企业风险管理工作提供精细化、规范化、高效化的实务工具体系。

本书适合中·小·微企业管理人员，以及生产、采购、市场、销售、财务等部门管理人员使用，也可以作为管理咨询人员、高校相关专业师生和培训机构的参考用书。

图书在版编目（CIP）数据

中·小·微企业风险控制实务 / 唐丽颖编著. —北京：中国铁道出版社，2017.6
ISBN 978-7-113-22997-9

Ⅰ．①中… Ⅱ．①唐… Ⅲ．①中小企业－企业管理－风险管理 Ⅳ．①F276.3

中国版本图书馆 CIP 数据核字（2017）第 083111 号

书　　名：中·小·微企业风险控制实务
作　　者：唐丽颖　编著

策　　划：王　佩　　　　　　　　　　读者热线电话：010-63560056
责任编辑：杨新阳
责任印制：赵星辰　　　　　　　　　　封面设计：MXK DESIGN STUDIO

出版发行：中国铁道出版社（北京市西城区右安门西街 8 号　邮政编码：100054）
印　　刷：北京鑫正大印刷有限公司
版　　次：2017 年 6 月第 1 版　　　2017 年 6 月第 1 次印刷
开　　本：787mm×1 092mm　1/16　印张：18　字数：361 千
书　　号：ISBN 978-7-113-22997-9
定　　价：55.00 元

中·小·微企业的管理从来就不缺少理论，缺少的是制度设计、流程设计、目标管理、财务会计和风险控制等关键事项的系统设计。

《中·小·微企业管理实务系列》是一套专门为中·小·微企业量身打造的实用型指导丛书。丛书围绕中·小·微企业管理的 5 大关键事项，旨在为中·小·微企业的管理工作提供科学的实践范例、实用的工具方法和规范的管理标准，以期引导中·小·微企业快速走上发展壮大之路。

本系列丛书包括《中·小·微企业制度设计实务》《中·小·微企业流程设计实务》《中·小·微企业目标管理实务》《中·小·微企业财务会计管理实务》和《中·小·微企业风险控制实务》，整套图书具备以下特色。

这是一套"一竿子插到底"的管理实务经典。本系列丛书帮助广大中·小·微企业摆脱用工成本上升、原材料价格上涨、订单量减少以及资金链紧张等困扰，走出"温水青蛙"的艰难处境。

这是一次"逢山开路、遇水搭桥"的实战演练。本系列丛书引导成百上千的年轻人在"梦工厂"实现创业梦想。崇尚创业、鼓励冒险、宽容失败、创造条件，让年轻人的激情、热情、想象力、创新能力得到充分的释放和发挥。

这是一种"更加快捷、更加高效"的模式模板分享。操千曲而后晓声，观千剑而后识器。本系列丛书既为中·小·微企业梳理了管理系统、构建了业务管理体系，还针对具体的业务事项给出了流程、标准、制度、方案、方法、工具等方面的模板和范例。为中·小·微企业管理者可能遇到的困惑提供了一套切实可行的解决方案。

综上，"中·小·微企业管理实务"系列图书本着促进中·小·微企业管理人员**"知识体系化、管理规范化、操作模板化、范例分享化"**的设计理念，向读者提供了全方位的中·小·微企业管理方法和执行工具，推进管理工作的高效执行，是中·小·微企业管理人员在工作中必不可少的工具书。

随着宏观市场环境的剧烈变化和市场竞争程度的加剧，中·小·微企业面临的风险越来越高，形势越来越复杂。企业要想在竞争中获得持续发展，不仅要依靠自身的核心竞争力，还需要有一套健全的风险控制体系，以便有效地规避风险或削减风险带来的损失。

本书在国家财政部《企业内部控制基本规范》及《企业内部控制应用指引（2010版）》两份文件的指引下，帮助中·小·微企业梳理风险控制框架、构建企业的风险控制体系，以确保企业经营目标的顺利实现。

《中·小·微企业风险控制实务》从企业风险管控机制入手，围绕**风险识别、风险评估、风险管控措施、风险控制实务**这四大维度，有效地指引中·小·微企业管理人员构建企业风险管控体系，方便读者**"拿来即用"、"稍改即用"**。

本书主要有如下四大特点。

1. 全面梳理 11 大业务环节存在的风险点

本书涉及风险事项全面、细致，较全面梳理了企业可能存在的风险事项，包括发展战略管理、全面预算管理、资金活动管理、资产管理、财务报告管理、研究与开发管理、采购业务管理、销售业务管理、合同管理、人力资源管理、企业社会责任管理 11 大事项，共梳理出 45 种风险点环节或子事项。

2. 给出 11 大业务风险的评估方法与要点

针对 45 种风险点环节或子事项，本书进一步给出风险评估操作要点，从风险迹象、风险危害大小、风险严重程度、风险评估方法等多个维度来进行评估。

3. 配套制定 11 大业务风险控制策略措施

根据梳理出的 45 种风险点环节或子事项，结合风险评估结果，本书配套性地给出了每一种风险控制的具体策略与措施，以方便企业管理人员针对企业自身的业务风险点拟出相对应的应急机制。

4. 提供 85 个"四位一体"的风险控制工具体系

本书从有利于风险控制的角度出发，进一步梳理核心业务或高风险事项的**执行流程、管理制度、执行方案、操作方法**，构建 85 个"四位一体"的风险控制实务工具体系，为中·小·微企业风险控制工作提供立体化、系统性的解决方案。

再有效、再完善的风险控制体系，也需要结合企业实际情况进行构建才能发挥作用，也需要随着企业的发展进行不断完善和更新才能"与时俱进"。因此，广大中·小·微企业管理人员在开展风险性业务事项时，必须对本企业的实际情况进行深入调查、研究，以本书为参考，以便构建出有效、可行、符合自身发展实际需要的风险控制体系。

本书适合中·小·微企业管理人员，以及生产、采购、市场、销售、财务等部门管理人员使用，也可以作为管理咨询人员、高校相关专业师生和培训机构的参考用书。

在本书编写过程中，孙立宏、刘伟、刘井学、程富建、孙宗坤负责资料的收集和整理，贾月、周海静负责图表的编排，王淑敏参与编写了本书的第 1 章，王德敏参与编写了本书的第 2 章，王兰会参与编写了本书的第 3 章，孟庆华参与编写了本书的第 4 章，宋君丽参与编写了本书的第 5 章，王淑敏、张心参与编写了本书的第 6 章，程淑丽、韩建国参与编写了本书的第 7 章，李艳参与编写了本书的第 8 章，张天骄参与编写了本书的第 9 章，毕春月参与编写了本书的第 10 章，么秀杰参与编写了本书的第 11 章，全书由唐丽颖统撰定稿。

第 1 章

风险与企业风险控制

1.1 风险的属性

1.1.1 什么是风险

风险，是指在某一特定环境下、在某一特定时间段内，某种损失发生的可能性及其后果的组合。

企业在其经营活动中，会遇到各种不确定性事件，这些事件发生的概率及其影响程度无法事先预知，会使企业无法正常进行经营活动，最终影响企业目标的实现。

我们可以将这些事件称之为风险。

1.1.2 风险的成因

风险由风险因素、风险事故和风险损失等要素组成。

自然界和人类社会充满了不确定性。人类在认识世界的过程中，主观世界和客观世界的认识程度存在着一定的差异。只要存在差异，就不可避免地面临一系列不确定因素。

这些不确定因素累积到一定程度，遇到适宜的条件就会转化为风险事故，而风险事故如不及时化解和解决，就会造成风险损失，并且影响人类活动目标的实现。

如图 1-1 所示，为风险的形成过程。

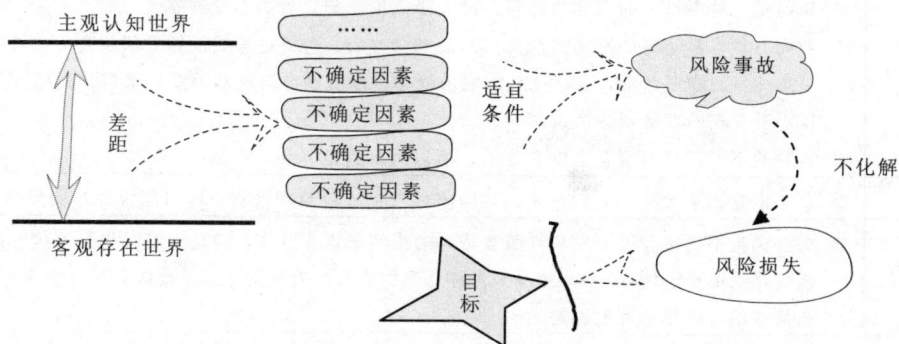

图 1-1　风险的形成示意图

1.1.3 风险的自然属性

风险具有自然属性，这些属性是由客观存在的自然现象所引起的，自然界通过地震、洪水、雷电、暴风雨、滑坡、泥石流、海啸等运动形式给人类的生命安全和经济生活造成损失，对人类构成自然风险。

不过，自然界的运动是有其规律的。人们可以发现、认识和利用客观规律，降低自然风险事故发生的概率，减少风险损失的程度。

1.1.4 风险的社会属性

不同的社会环境下，风险的内容也有所不同，风险是在一定社会环境下产生的，这就是风险的社会属性。

风险事故的发生与一定的社会制度、技术条件、经济条件和生产力等都有一定的关系，是受社会发展规律影响和支配的。

社会性的风险可以表现为战争、冲突、瘟疫、经济危机、恐怖袭击等。

1.1.5 风险的经济属性

风险发生后，会造成一定的经济损失，风险和经济具有一定的相关性，这就是风险的经济属性。

只有风险发生后，并对人身、财产安全和经济利益造成了损失，才能体现出风险的经济属性；也只有体现出风险的经济属性后，才能成为风险，风险和其经济属性是相互依存的。

1.1.6 风险的存在特征

风险具有客观性、偶然性、可变性等特征，具体的特征如表1-1所示。

表1-1 风险存在的特征

风险特征	特征说明
客观性	◎ 风险是一种不以人的意志为转移，独立于人的意识之外的客观存在 ◎ 世间万物以其特有的不确定的形式运动和存在着，人类对客观世界的认识是无止境的；无论是自然界的物质运动，还是社会发展的规律，都由事物的内部因素所决定，由超过人们主观意识所存在的客观规律所决定 ◎ 事物的不可预见因素是客观存在的，所以风险也是客观存在的
偶然性	◎ 由于信息的不对称，人们对未来风险事件发生与否难以预测，所以风险存在偶然性
不确定性	◎ 有些风险不确定会不会发生，而有些风险虽然必定要发生，但是何时发生是不确定的，所以风险存在不确定性，例如，生命风险中，死亡是必然发生的，但是具体到某一个人何时死亡，在其健康时却是不可能确定的

续表

风险特征	特征说明
可变性	◎ 事物不断发展，新生事物层出不穷，必然产生新的不可预见的风险因素，即风险的可变性
相对性	◎ 风险的性质会因时空等各种因素的变化而有所变化，所以风险是相对的，只有在特定时间、特定条件下分析风险才是有用的
社会性	◎ 风险造成的损失与人类社会的相关性决定了风险的社会性，会产生较大的社会影响
可识别性	◎ 随着社会进步和生产发展，人们的主观能动性可以充分发挥，人们认识到的世界和客观世界的差距越来越小，人们识别、抵御风险的能力逐渐增强，能够缩小和抑制风险

1.2　风险的构成

风险由风险因素、风险事故和风险损失三大部分构成。

1.2.1　风险因素

风险因素，是指能够促使某一特定风险事故发生，或者能够增加风险损失概率及程度的条件或因素，它是风险发生的潜在原因，是造成损失的内在或间接原因。

例如：对于建筑物而言，风险因素是指其所使用的建筑材料的质量、建筑结构的稳定性等；对于人而言，则是指人的健康状况和年龄等。

风险因素可依据其性质分为有形风险因素与无形风险因素，具体如表1-2所示。

表1-2　风险因素分类

风险类型	说明	控制方法
有形风险因素	◎ 又称为实质风险因素，是指某一标的本身所具有的足以引起风险事故发生或增加损失机会或加重损失程度的因素 ◎ 常见的有形风险因素包括人的身体状况，某一建筑物所处的地理位置，所用材料的性质，多变及恶劣的气候等	◎ 这类风险因素，有一部分可以在一定程度上加以控制，另一部分还不能控制
无形风险因素	◎ 亦称人为风险因素，是指与人心理或行为有关的风险因素，通常包括道德风险和心理风险等 ◎ 道德风险，是指与人的品德修养有关的无形因素，即由于人们不诚实、不正直，故意促使风险事故发生，以致引起财产损失和人身伤亡的因素。例如纵火、欺诈等行为 ◎ 心理风险因素是与人心理状态有关的无形因素，由于人们疏忽或过失及主观不注意、不关心、心存侥幸而导致事故发生概率增加并加大损失的因素。例如安全生产不到位等	◎ 道德风险因素和心理风险因素均与人密切相关，所以这两项因素合称为人为风险因素

1.2.2　风险事故

风险事故，是指造成人身伤害或财产损失的偶发事件，是造成损失的直接的或外在的原因，是损失的媒介物。

3

风险只有通过风险事故的发生才能导致风险损失。如果某事件是造成损失的直接原因，那么它就是风险事故；而如果它是造成损失的间接原因，其便是风险因素。

风险事故和风险因素需要加以区分。例如在下冰雹时，因路滑发生车祸，造成人员伤亡，这时下冰雹是风险因素；而冰雹直接击伤行人，则是风险事故。

1.2.3 风险损失

在风险管理中，损失是指非故意的、非预期的、非计划的经济价值的减少，通常以货币单位来衡量。

风险损失分为两种形态，即直接损失和间接损失，具体如图 1-2 所示。

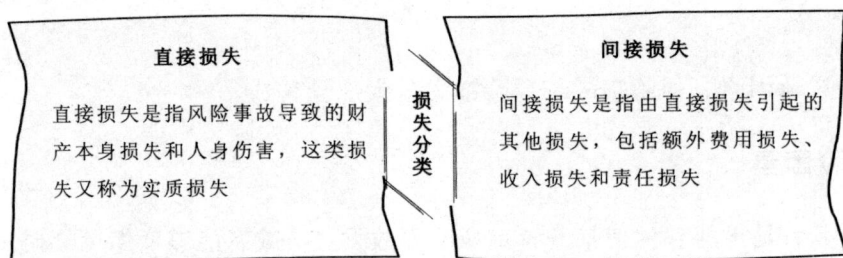

直接损失

直接损失是指风险事故导致的财产本身损失和人身伤害，这类损失又称为实质损失

损失分类

间接损失

间接损失是指由直接损失引起的其他损失，包括额外费用损失、收入损失和责任损失

图 1-2　风险损失分类说明图

1.2.4 风险要素间的关系

风险是由风险因素、风险事故和风险损失三者构成的统一体。风险的三要素密不可分，其关系如图 1-3 所示。

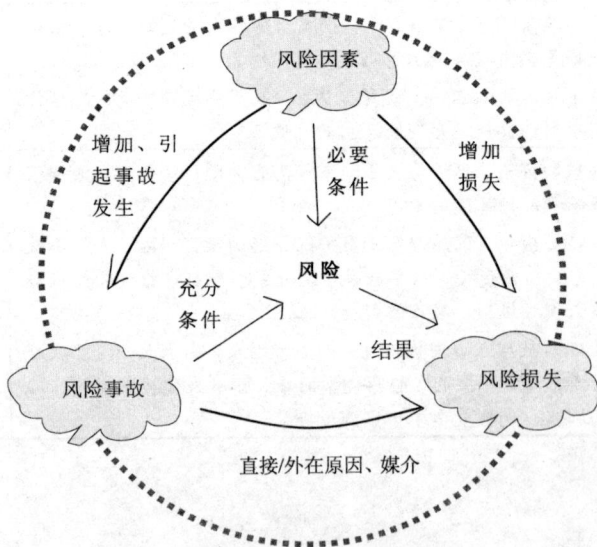

风险因素

增加、引起事故发生　　必要条件　　增加损失

风险

充分条件　　结果

风险事故　　直接/外在原因、媒介　　**风险损失**

图 1-3　风险的三要素关系示意图

由图 1-3 可以看出，风险的三要素之间存在如下关系。

（1）风险因素是风险事故发生的潜在原因，是风险形成的必要条件，是风险产生和存在的前提。

（2）风险事故是造成损失的直接的或外在的原因，是损失的媒介，在整个风险中占据核心地位，是连接风险因素与风险结果的桥梁；

（3）风险损失是风险事故的结果，而风险因素的存在及增多，亦会增加风险损失。

1.3　风险的管控

1.3.1　风险管理

风险管理是指识别、确定和度量风险，并制定、选择和实施风险控制方案的过程。

风险管理应达到使潜在损失最少，减少风险发生的概率，并且使已经发生的风险损失降低的作用。风险管理主要包括六个环节的内容，具体如图 1-4 所示。

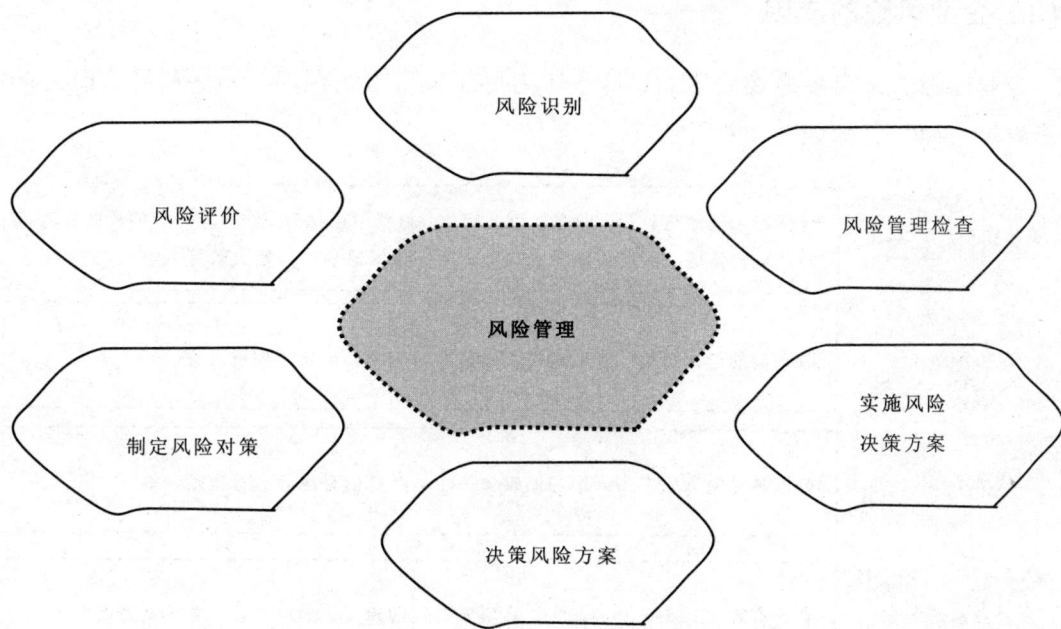

图 1-4　风险管理的环节示意图

1.3.2　风险降低途径

风险降低是风险管理中的重要事项。一般情况下，可通过三种途径来降低风险，具体如图 1-5 所示。

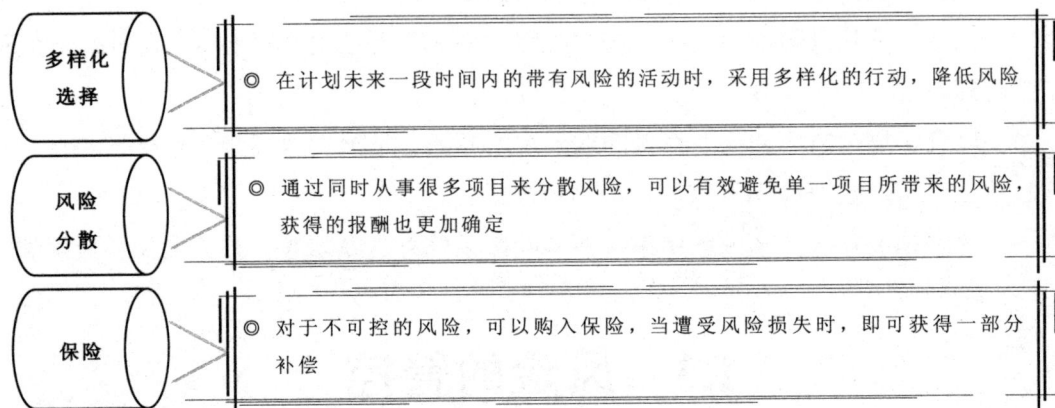

图 1-5　风险的降低途径

1.4　企业风险管理

1.4.1　企业风险的成因

企业面临着来自多方面的压力，这些压力可能来自市场预期、无法预见的损失、公众形象等方面，具体如图 1-6 所示。

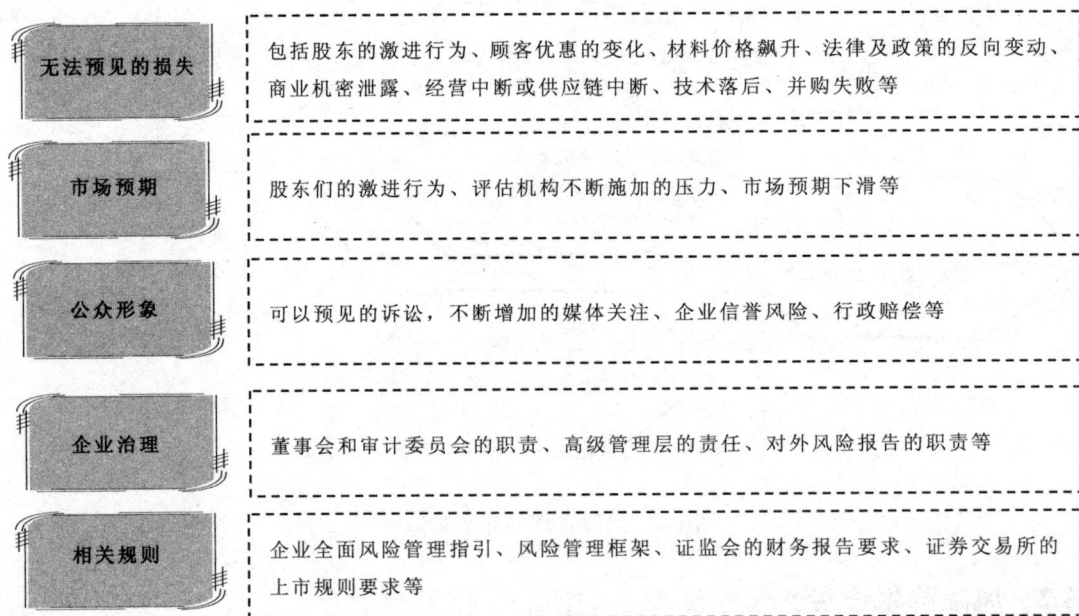

无法预见的损失	包括股东的激进行为、顾客优惠的变化、材料价格飙升、法律及政策的反向变动、商业机密泄露、经营中断或供应链中断、技术落后、并购失败等
市场预期	股东们的激进行为、评估机构不断施加的压力、市场预期下滑等
公众形象	可以预见的诉讼，不断增加的媒体关注、企业信誉风险、行政赔偿等
企业治理	董事会和审计委员会的职责、高级管理层的责任、对外风险报告的职责等
相关规则	企业全面风险管理指引、风险管理框架、证监会的财务报告要求、证券交易所的上市规则要求等

图 1-6　企业面临的各种压力

以上企业面临的压力不断积累到一定程度的时候，就会引发企业风险事件，造成损失。

1.4.2 企业风险的特点

企业风险和自然风险不同，企业的风险与机遇相关联，风险和收益成正比，并且在一定程度上，风险不是一成不变的。由于种种因素的共同作用，原有风险可能会减少或消除，新的风险不断出现。

企业中，随着组织行为的目标定位不同，风险的程度也会不同，风险和企业行为目标是息息相关的。

1.4.3 企业风险的因素

在企业中，产生风险的因素可以分为主观因素（人的因素）和客观因素两种。

1. 主观因素

企业风险的主观因素可以分为三类，具体如表 1-3 所示。

表 1-3 企业风险的主观因素

序号	因素	说明
1	人的自身因素	◎ 领导、员工的素质、思想水平、业务水平、职业道德因素、心理因素、社会舆论因素等
2	人的行为因素	◎ 决策的风险因素，包括目标的选择、目标的定位不适宜，影响制订战略计划、决策程序等 ◎ 各级人员不重视风险预测与研究、科学管理水平等
3	责任管理因素	◎ 各级权力分配、经济责任制度是否完善、各级员工对管理的风险认识是否到位、各个岗位职责与责任追究制度是否制定得明确等 ◎ 各类管理制度制定的全面性如何、企业文化激励与约束机制等是否存在欠缺
4	监督体系是否完善	◎ 监督体系是否完善，是否在关键控制位置设立监督点，监督岗位的责任是否清楚

在表 1-3 的诸多因素中，普遍存在的主观风险因素包括领导决策因素、人的素质因素、管理水平因素、信息不对称因素、控制制度因素、监督体系因素等，如图 1-7 所示。

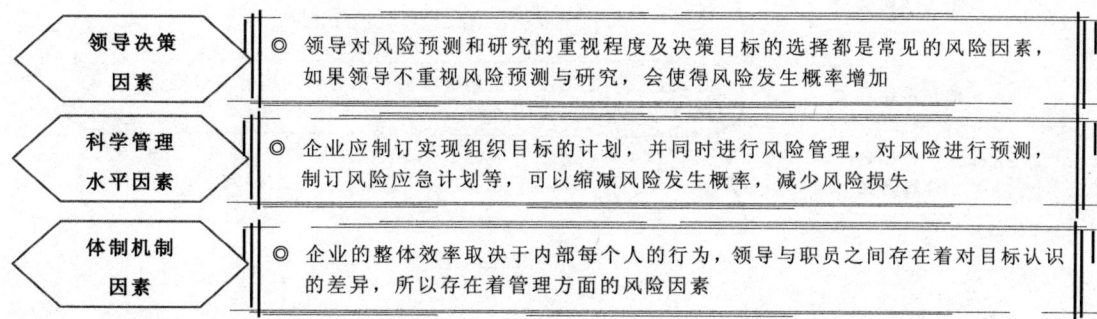

领导决策因素　◎ 领导对风险预测和研究的重视程度及决策目标的选择都是常见的风险因素，如果领导不重视风险预测与研究，会使得风险发生概率增加

科学管理水平因素　◎ 企业应制订实现组织目标的计划，并同时进行风险管理，对风险进行预测，制订风险应急计划等，可以缩减风险发生概率，减少风险损失

体制机制因素　◎ 企业的整体效率取决于内部每个人的行为，领导与职员之间存在着对目标认识的差异，所以存在着管理方面的风险因素

图 1-7 企业中主要存在的主观风险因素

7

信息不对称因素	◎ 领导和员工之间信息不对称会产生风险因素，各部门领导之间信息不对称，各种人的行为、市场、社会、政策信息的不对称会产生风险因素
人的素质因素	◎ 任何一种管理都必须树立以人为本的观点，除了要重视领导与员工的信息对称外，还需注重对员工队伍的思想建设及人力资源配置 ◎ 知识水平、思想觉悟等差异会影响目标实现，产生风险因素
控制制度因素	◎ 制度与需要防范的风险之间存在差异，这种差异会导致制度缺位的风险 ◎ 缺乏完善的经济责任制度，会因为人员失职等无法控制因素而出现风险 ◎ 没有认真总结经验教训，不能及时补充、修订健全各类制度而导致风险 ◎ 没有指定执行责任追究制度，制度执行不得力而出现风险
监督体系风险因素	◎ 领导重视不足，没有健全监督体系和信息管理体系导致风险 ◎ 体系建立不科学，人力资源配置不当，目标的可操作性差而导致风险

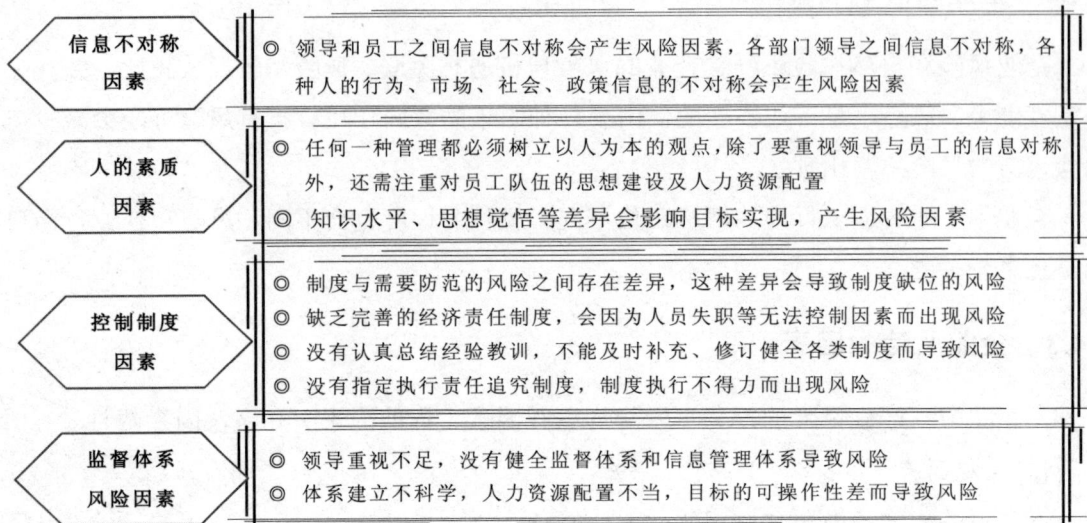

图 1-7　企业中主要存在的主观风险因素（续）

2. 客观因素

客观因素是指由企业经营环境影响而造成的风险因素，一般情况下主要包括 7 类客观风险因素，如图 1-8 所示。

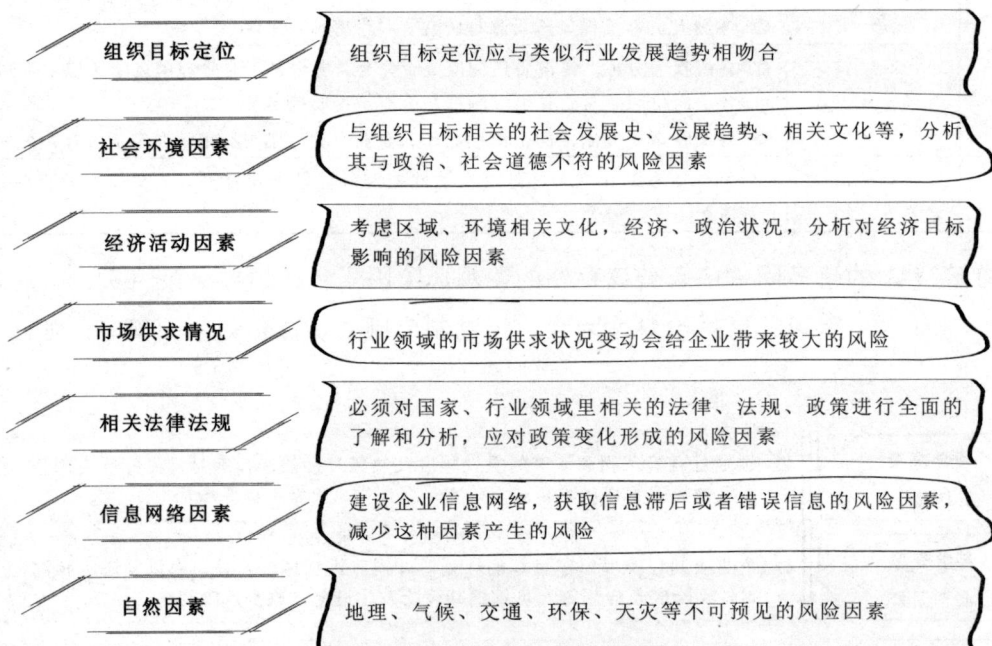

组织目标定位	组织目标定位应与类似行业发展趋势相吻合
社会环境因素	与组织目标相关的社会发展史、发展趋势、相关文化等，分析其与政治、社会道德不符的风险因素
经济活动因素	考虑区域、环境相关文化，经济、政治状况，分析对经济目标影响的风险因素
市场供求情况	行业领域的市场供求状况变动会给企业带来较大的风险
相关法律法规	必须对国家、行业领域里相关的法律、法规、政策进行全面的了解和分析，应对政策变化形成的风险因素
信息网络因素	建设企业信息网络，获取信息滞后或者错误信息的风险因素，减少这种因素产生的风险
自然因素	地理、气候、交通、环保、天灾等不可预见的风险因素

图 1-8　企业风险的客观因素

1.4.4　企业风险的分类

根据不同的分类依据，企业的风险也有所不同，具体如表 1-4 所示。

表 1-4 企业风险分类

分类依据	具体分类
根据风险内容和来源	◎ 战略风险、财务风险、市场风险、运营风险、法律风险五类
根据能否为企业带来盈利	◎ 纯粹风险：只为企业带来损失这种可能性 ◎ 机会风险：既有为企业带来损失的可能性，也有为企业带来盈利的可能性
根据风险来源及范围	◎ 外部风险：包括法律风险、政治风险和经济风险 ◎ 内部风险：包括战略风险、财务风险、经营风险等
根据风险管理的职能	◎ 分为经营风险、管理风险、财务风险和法律风险四类
根据风险产生的后果对象的不同	◎ 人身风险：是指作用于人体，影响人们身心健康所引起的风险，一方面是人的生理规律，即生老病死的风险；另一方面是管理、自然、军事、治安等原因引起的人身伤、残、亡等风险 ◎ 财产风险：是指企业在运营过程中，由于发生自然灾害、意外事故、工作疏忽或者其他原因而导致财产发生毁损、灭失、贬值和减少的风险 ◎ 责任风险：个人或者团体违反法律、合同或者道义上的规定，构成侵权行为或者违法行为从而造成国家的、集体的、他人的人身伤害和财产损失，需要负担经济赔偿或者法律责任的风险 ◎ 信用风险：是指企业或个人在经营过程中，由于违反约定或者违反公共信用，导致企业信用降低而影响企业其他的经营活动的风险，通常表现为不遵守合同约定而发生的合同违约行为

1.4.5 企业风险管理程序

企业风险管理，是指组织为达到目标而确认和分析相关风险，并在确定相关制度、责任、指标体系的基础上对风险进行管理控制的过程。

企业必须根据不同领域的风险发生规律，结合实际进行风险管理，防范、减小和分散风险。企业风险管理的程序如图 1-9 所示。

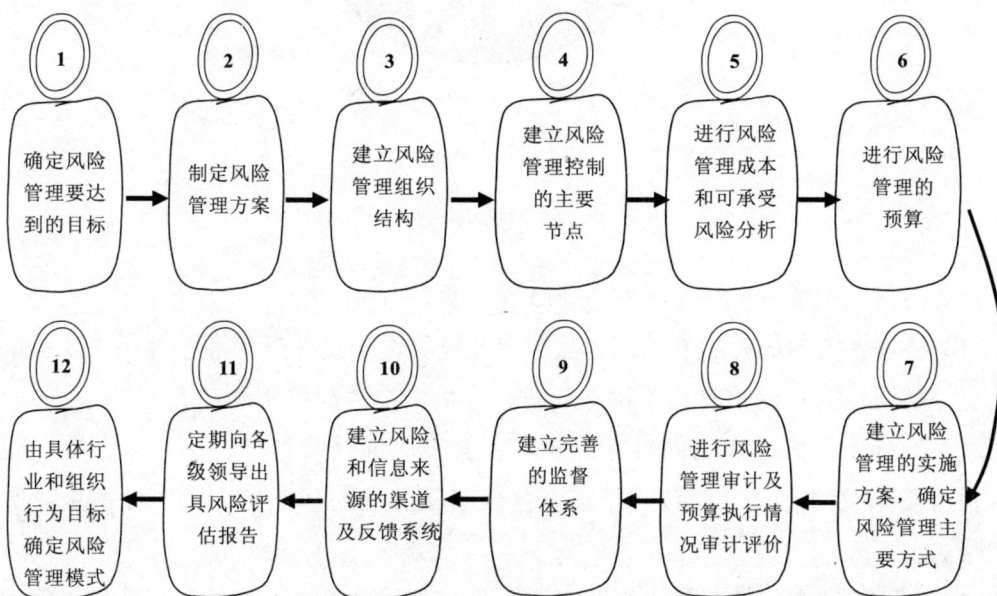

图 1-9 企业风险管理的程序

1.5　企业风险控制体系

1.5.1　企业内部控制基础框架

中小微企业要想建立一套系统性的风险控制体系，就需要加强和规范企业内部控制，提高企业经营管理水平和风险防范能力，促进企业可持续发展。

根据国家有关法律法规，财政部会同证监会、审计署、银监会、保监会共同制定了《企业内部控制基本规范》。该规范既为众多大中型企业建立自身内部控制体系提供了标杆，也为中小微企业做好自身风险控制、实施内部控制奠定了基础性框架，具体内容如图 1-10 所示。

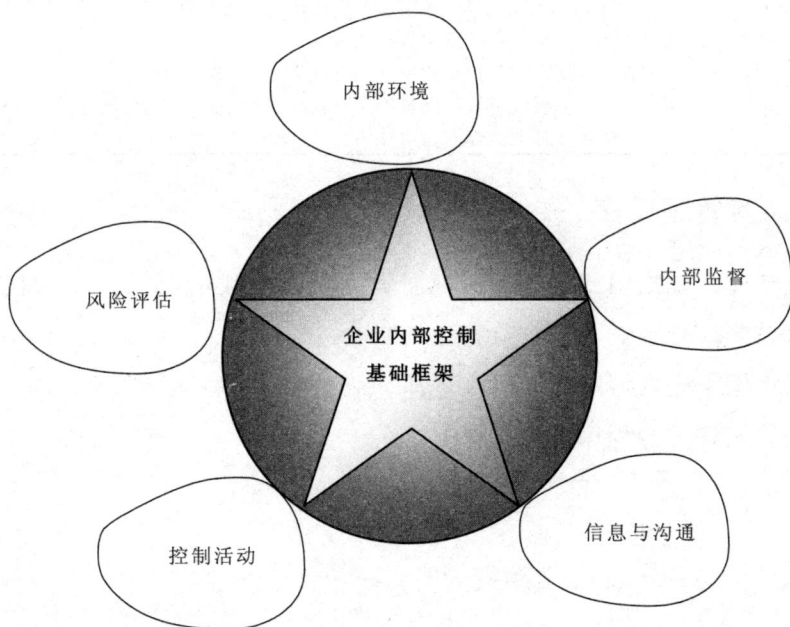

图 1-10　企业内部控制基础框架

企业内部控制的基础框架具有以下 5 个方面的作用。

（1）科学界定内部控制的内涵，强调内部控制是由企业领导和全体员工实施的、旨在实现控制目标的过程，有利于树立全面、全员、全过程控制的理念。

（2）准确定位内部控制的目标，要求企业在保证经营管理合法合规、资产安全、财务报告及相关信息真实完整、提高经营效率和效果的基础上，着力促进企业实现发展战略。

（3）合理确定内部控制的原则，要求企业在建立和实施内部控制全过程中贯彻全面性、重要性、制衡性、适应性和成本效益原则。

（4）统筹构建内部控制的要素，有机融合世界主要经济体加强内部控制的做法经验，构建以内部环境为重要基础、以风险评估为重要环节、以控制活动为重要手段、以信息与沟通为重要条件、以内部监督为重要保证，相互联系、相互促进的五要素内部控制框架。

（5）开创性地建立以企业为主体、以政府监管为促进、以中介机构审计为重要组成部分的内部控制实施机制，要求企业实行内部控制自我评价制度，并将各责任单位和全体员工实施内部控制的情况纳入绩效考评体系。

1.5.2　企业风险控制体系构成

企业风险控制，是由企业所有者、管理层和全体员工实施的、旨在实现风险控制目标的过程，其目标是合理保证企业经营管理合法合规、资产安全、财务报告及相关信息真实完整，提高资产使用效能，增强风险抵御能力，促进企业实现发展战略。

根据国家财政部 2010 年颁布的《企业内部控制基本规范》，企业内部控制体系由组织结构、发展战略、人力资源、社会责任、企业文化、资金活动、采购业务、资产管理、销售业务、研究开发、工程项目、担保业务、业务外包、财务报告、全面预算、合同管理、内部信息传递与信息系统 18 项控制内容构成。

中小微企业应在上述 18 项控制框架的基础上，构筑符合自身发展需求的企业风险控制体系。根据中小微企业业务开展的实际需要，现提供下列风险控制体系框架，具体如图 1-11 所示。

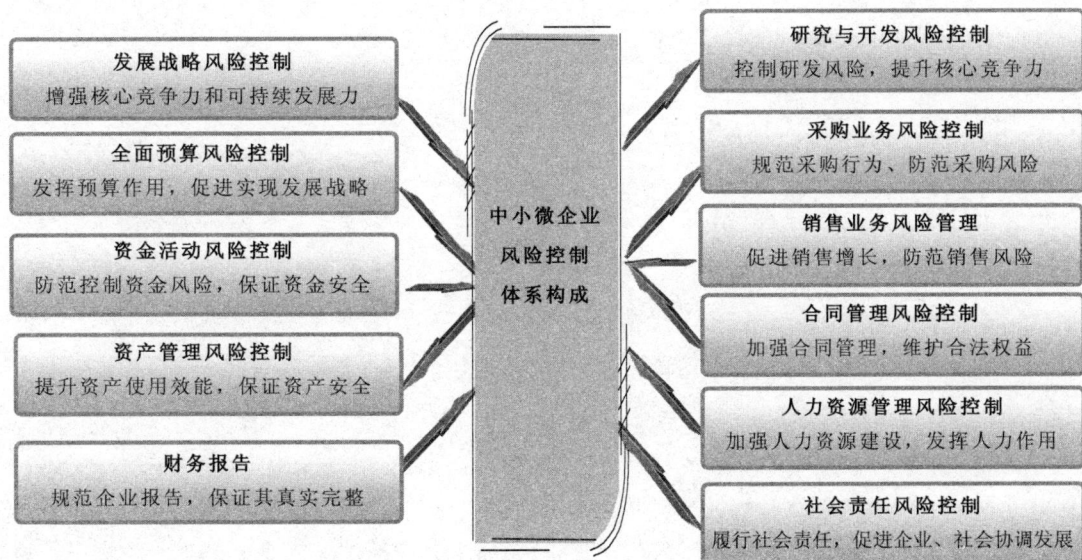

图 1-11　企业风险控制体系构成图

1.5.3　企业风险控制的基本原则

企业建立风险控制体系并实施内部控制的过程中，应遵循以下七项基本原则，具体如图 1-12 所示。

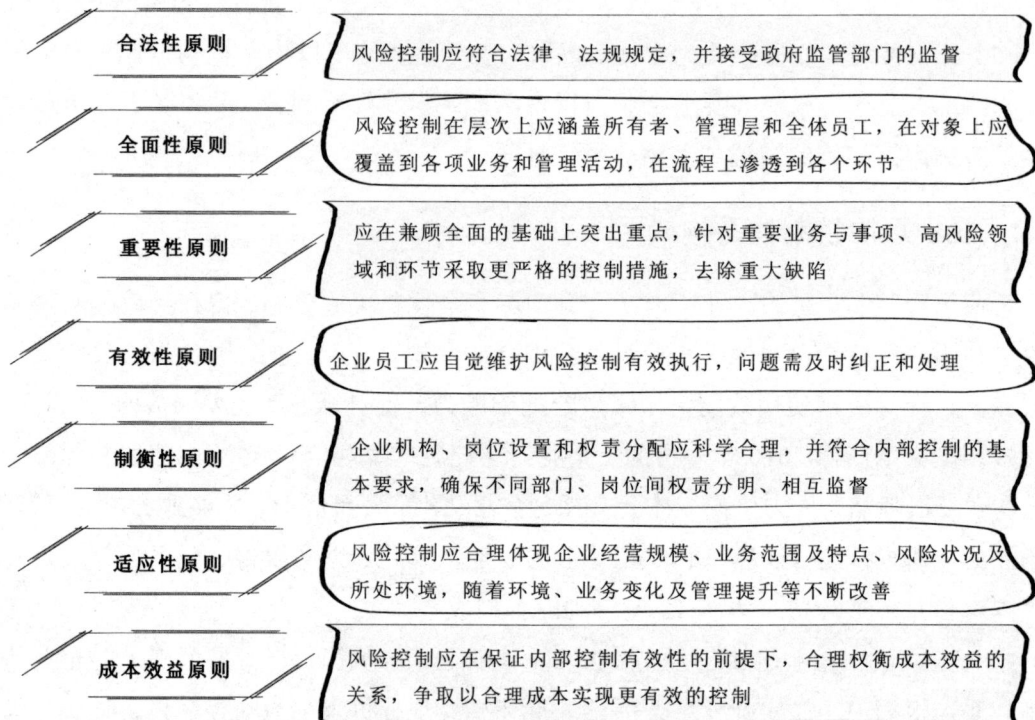

合法性原则　风险控制应符合法律、法规规定，并接受政府监管部门的监督

全面性原则　风险控制在层次上应涵盖所有者、管理层和全体员工，在对象上应覆盖到各项业务和管理活动，在流程上渗透到各个环节

重要性原则　应在兼顾全面的基础上突出重点，针对重要业务与事项、高风险领域和环节采取更严格的控制措施，去除重大缺陷

有效性原则　企业员工应自觉维护风险控制有效执行，问题需及时纠正和处理

制衡性原则　企业机构、岗位设置和权责分配应科学合理，并符合内部控制的基本要求，确保不同部门、岗位间权责分明、相互监督

适应性原则　风险控制应合理体现企业经营规模、业务范围及特点、风险状况及所处环境，随着环境、业务变化及管理提升等不断改善

成本效益原则　风险控制应在保证内部控制有效性的前提下，合理权衡成本效益的关系，争取以合理成本实现更有效的控制

图 1-12　企业风险控制的基本原则

第 2 章

企业发展战略风险控制

2.1 发展战略的风险识别

任何企业都应重视发展战略的管理问题，只有制订了明确的发展战略，才能在当今激烈的市场竞争和国际化浪潮冲击下获得长远发展。

2.1.1 发展战略风险关注点

在制定企业发展战略过程中，必须关注发展战略制定和实施过程的风险。具体的关注点如图 2-1 所示。

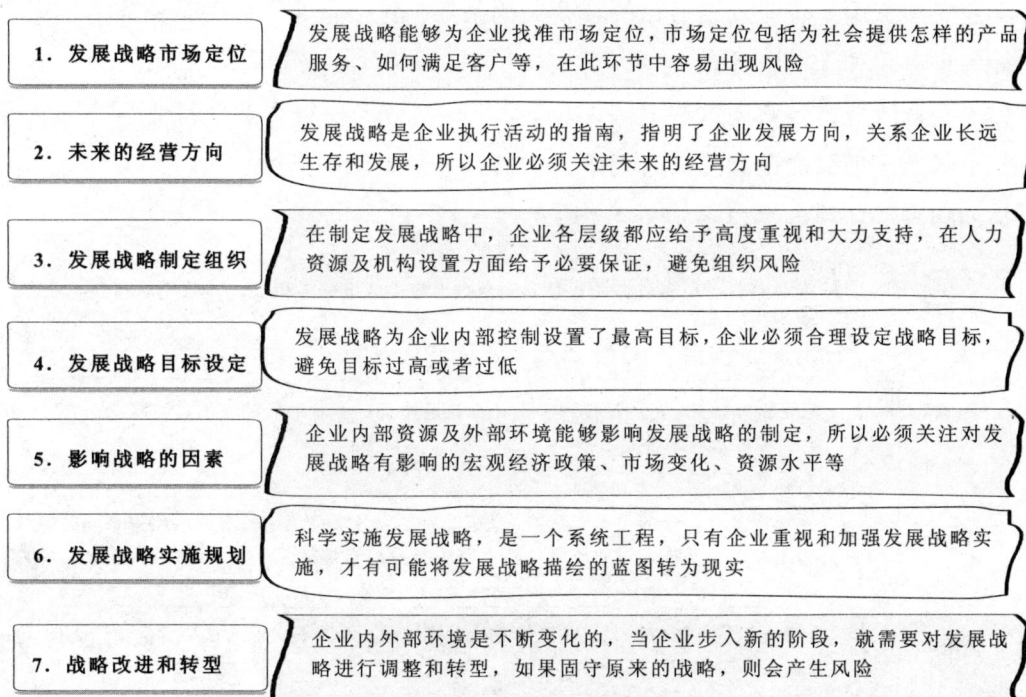

关注点	说明
1. 发展战略市场定位	发展战略能够为企业找准市场定位，市场定位包括为社会提供怎样的产品服务、如何满足客户等，在此环节中容易出现风险
2. 未来的经营方向	发展战略是企业执行活动的指南，指明了企业发展方向，关系企业长远生存和发展，所以企业必须关注未来的经营方向
3. 发展战略制定组织	在制定发展战略中，企业各层级都应给予高度重视和大力支持，在人力资源及机构设置方面给予必要保证，避免组织风险
4. 发展战略目标设定	发展战略为企业内部控制设置了最高目标，企业必须合理设定战略目标，避免目标过高或者过低
5. 影响战略的因素	企业内部资源及外部环境能够影响发展战略的制定，所以必须关注对发展战略有影响的宏观经济政策、市场变化、资源水平等
6. 发展战略实施规划	科学实施发展战略，是一个系统工程，只有企业重视和加强发展战略实施，才有可能将发展战略描绘的蓝图转为现实
7. 战略改进和转型	企业内外部环境是不断变化的，当企业步入新的阶段，就需要对发展战略进行调整和转型，如果固守原来的战略，则会产生风险

图 2-1 企业发展战略风险关注点

2.1.2　外部环境的风险因素

企业外部环境因素是影响企业发展战略制定和实施的关键因素，企业必须综合考虑宏观环境因素、国内外市场需求变化、技术发展水平、行业竞争状况等，才能够更好地把握企业发展战略，减少发展战略风险。

企业外部环境的风险因素如图 2-2 所示。

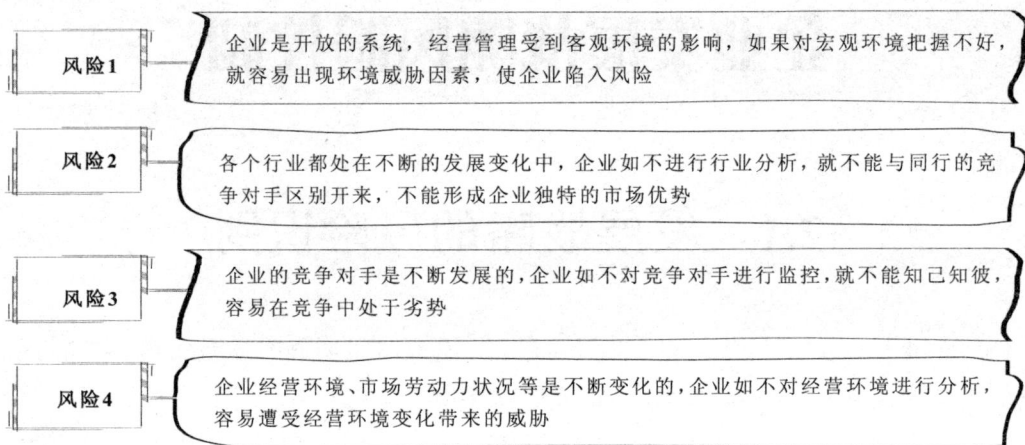

风险1	企业是开放的系统，经营管理受到客观环境的影响，如果对宏观环境把握不好，就容易出现环境威胁因素，使企业陷入风险
风险2	各个行业都处在不断的发展变化中，企业如不进行行业分析，就不能与同行的竞争对手区别开来，不能形成企业独特的市场优势
风险3	企业的竞争对手是不断发展的，企业如不对竞争对手进行监控，就不能知己知彼，容易在竞争中处于劣势
风险4	企业经营环境、市场劳动力状况等是不断变化的，企业如不对经营环境进行分析，容易遭受经营环境变化带来的威胁

图 2-2　企业外部环境的风险因素

2.1.3　内部资源的风险因素

企业内部资源是企业发展战略的重要制约条件，包括企业资源、企业能力、核心竞争力等各种有形和无形资源。

如果企业不能有效利用这些资源，不能分析这些资源使得企业在行业中处于何种地位，就不能准确地抓住自己的核心竞争力，最终导致风险的产生。

具体的内部环境风险因素如图 2-3 所示。

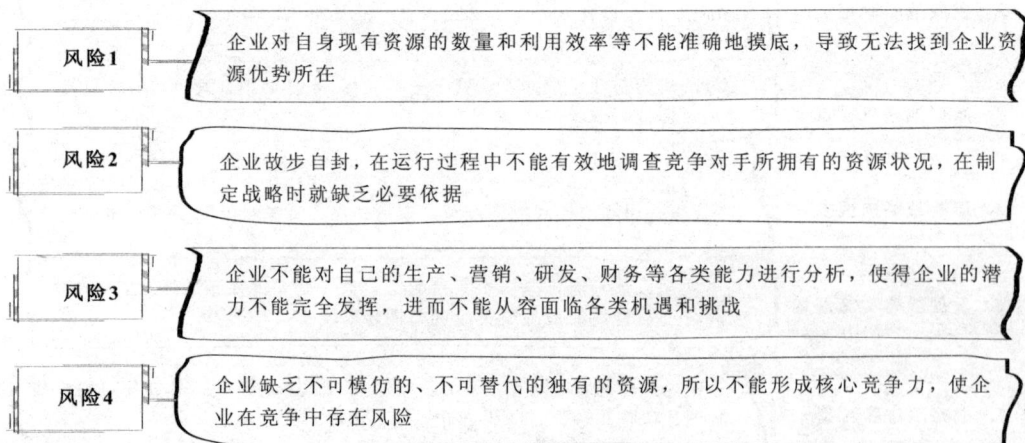

风险1	企业对自身现有资源的数量和利用效率等不能准确地摸底，导致无法找到企业资源优势所在
风险2	企业故步自封，在运行过程中不能有效地调查竞争对手所拥有的资源状况，在制定战略时就缺乏必要依据
风险3	企业不能对自己的生产、营销、研发、财务等各类能力进行分析，使得企业的潜力不能完全发挥，进而不能从容面临各类机遇和挑战
风险4	企业缺乏不可模仿的、不可替代的独有的资源，所以不能形成核心竞争力，使企业在竞争中存在风险

图 2-3　企业内部环境的风险因素

2.1.4 发展战略制定组织风险

制定机构发展战略关系着企业的现在和未来，企业各层级都应给予高度重视和大力支持，在人力资源配置、组织机构设置等方面提供必要的保证。企业如不能建立科学的发展战略制定组织，那么就会面临一系列风险，具体如图 2-4 所示。

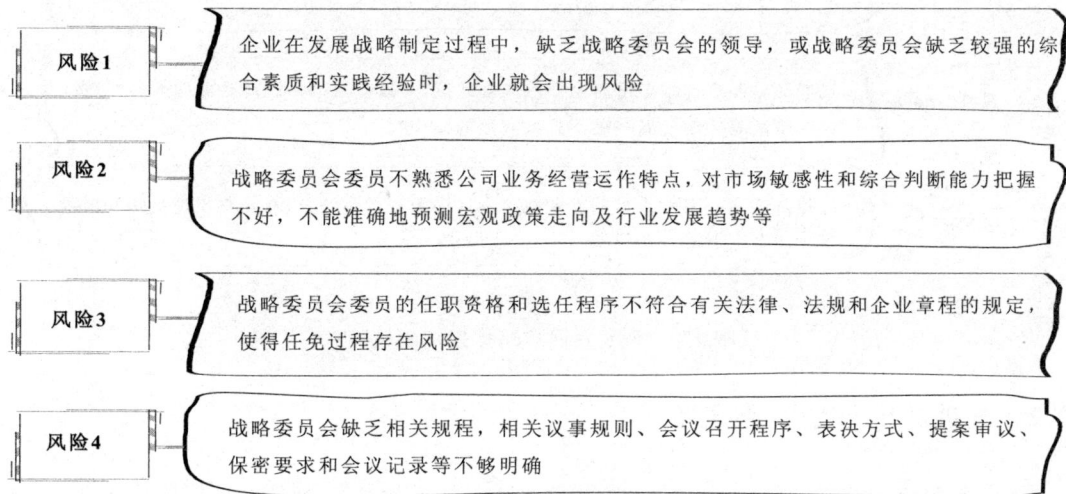

风险1 ｜ 企业在发展战略制定过程中，缺乏战略委员会的领导，或战略委员会缺乏较强的综合素质和实践经验时，企业就会出现风险

风险2 ｜ 战略委员会委员不熟悉公司业务经营运作特点，对市场敏感性和综合判断能力把握不好，不能准确地预测宏观政策走向及行业发展趋势等

风险3 ｜ 战略委员会委员的任职资格和选任程序不符合有关法律、法规和企业章程的规定，使得任免过程存在风险

风险4 ｜ 战略委员会缺乏相关规程，相关议事规则、会议召开程序、表决方式、提案审议、保密要求和会议记录等不够明确

图 2-4 企业发展战略制定组织风险

2.1.5 发展战略目标制定风险

发展战略目标的确定，是企业发展战略管理的核心环节，这一环节存在的风险如图 2-5 所示。

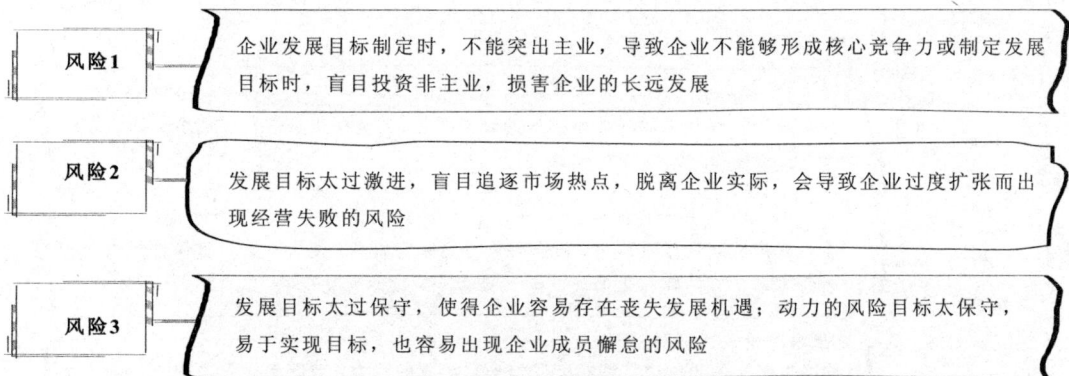

风险1 ｜ 企业发展目标制定时，不能突出主业，导致企业不能够形成核心竞争力或制定发展目标时，盲目投资非主业，损害企业的长远发展

风险2 ｜ 发展目标太过激进，盲目追逐市场热点，脱离企业实际，会导致企业过度扩张而出现经营失败的风险

风险3 ｜ 发展目标太过保守，使得企业容易存在丧失发展机遇；动力的风险目标太保守，易于实现目标，也容易出现企业成员懈怠的风险

图 2-5 企业发展战略目标制定风险

2.1.6 发展战略规划编制风险

制定好企业发展战略目标后，就需要对战略规划进行编制，在编制环节中存在如图 2-6 所示的风险。

风险1	企业发展战略没有按照阶段性的原则进行规划，缺乏阶段性的目标和工作任务，使得战略规划难以落实
风险2	发展战略拟定完成后，未按照规定的程序进行审议，容易使发展战略不符合行业及产业规划，不符合国家经济政策导向，不利于企业的操作等
风险3	发展战略制定过程不考虑企业的实际状况，导致发展战略脱离企业的人力、财务、信息资源等，使发展战略不具备实际的操作性
风险4	发展战略并没有对未来的商业机会和风险及进行预测分析，使得出现机遇和风险时，企业不能从容应对

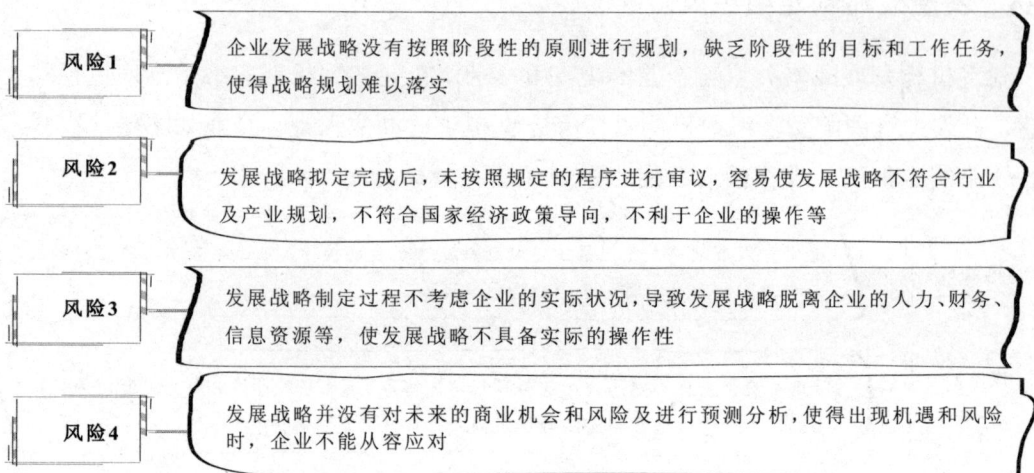

图 2-6　企业发展战略规划编制风险

2.1.7　发展战略规划实施风险

科学地制定发展战略，合理地实施发展战略，企业才能在相关领域顺利推进，将发展战略描绘的蓝图转为现实，从而铸就企业的核心竞争力。

在企业发展战略实施的过程中，存在如图 2-7 所示风险。

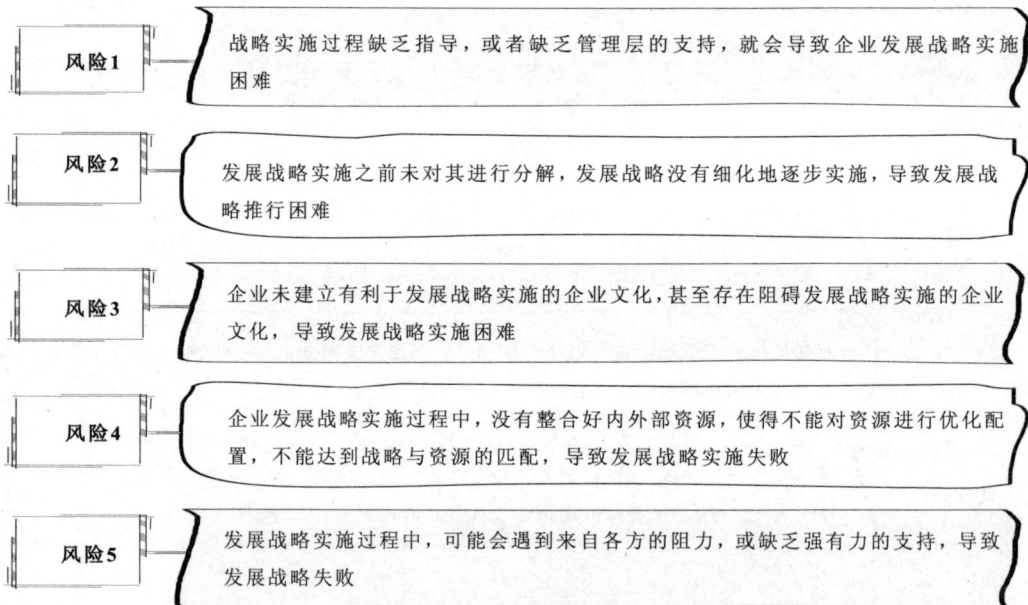

风险1	战略实施过程缺乏指导，或者缺乏管理层的支持，就会导致企业发展战略实施困难
风险2	发展战略实施之前未对其进行分解，发展战略没有细化地逐步实施，导致发展战略推行困难
风险3	企业未建立有利于发展战略实施的企业文化，甚至存在阻碍发展战略实施的企业文化，导致发展战略实施困难
风险4	企业发展战略实施过程中，没有整合好内外部资源，使得不能对资源进行优化配置，不能达到战略与资源的匹配，导致发展战略实施失败
风险5	发展战略实施过程中，可能会遇到来自各方的阻力，或缺乏强有力的支持，导致发展战略失败

图 2-7　企业发展战略规划实施风险

2.1.8　发展战略规划转型风险

企业的内外部环境处于不断变化之中。当这种变化累积到一定程度时，可能会出现発展戦略滞后或执行过程偏离发展目标的问题。

因此，企业应根据需要，对发展战略做出调整或转型，在发展战略转型的过程中，存在如下风险，如图 2-8 所示。

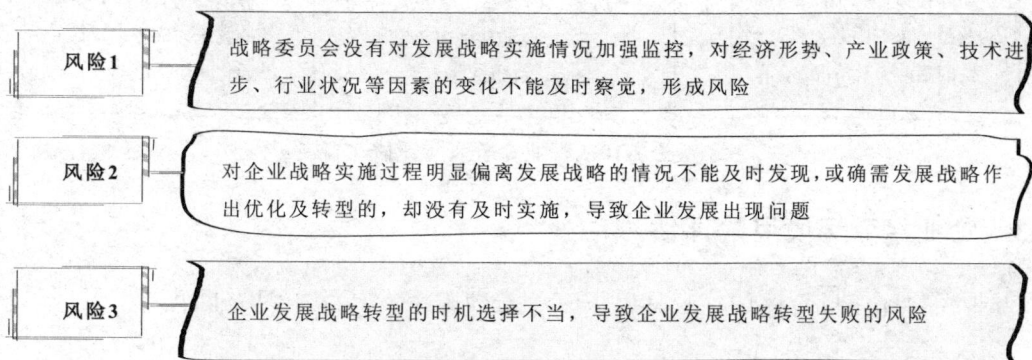

风险1	战略委员会没有对发展战略实施情况加强监控，对经济形势、产业政策、技术进步、行业状况等因素的变化不能及时察觉，形成风险
风险2	对企业战略实施过程明显偏离发展战略的情况不能及时发现，或确需发展战略作出优化及转型的，却没有及时实施，导致企业发展出现问题
风险3	企业发展战略转型的时机选择不当，导致企业发展战略转型失败的风险

图 2-8 企业发展战略规划转型风险

2.2 发展战略的风险评估

2.2.1 宏观环境风险分析评估

一般情况下，企业应对面临的政治法律环境、经济环境、社会环境、文化环境、技术环境等因素进行分析评估，衡量企业面临的宏观环境风险。一般情况下，应从两方面进行评估，具体如图 2-9 所示。

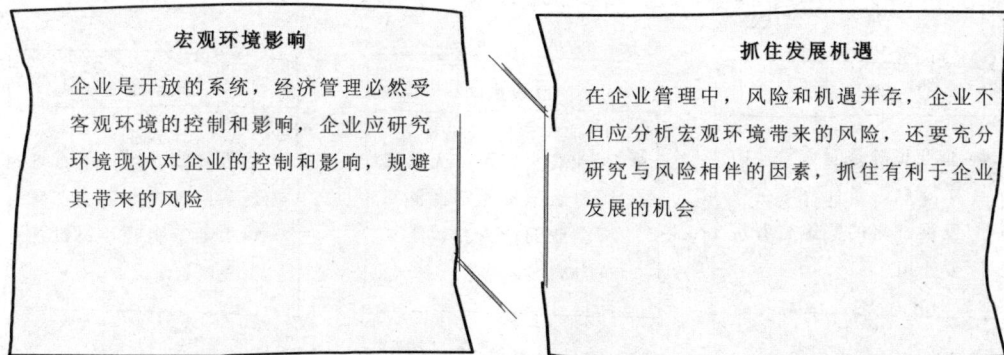

宏观环境影响

企业是开放的系统，经济管理必然受客观环境的控制和影响，企业应研究环境现状对企业的控制和影响，规避其带来的风险

抓住发展机遇

在企业管理中，风险和机遇并存，企业不但应分析宏观环境带来的风险，还要充分研究与风险相伴的因素，抓住有利于企业发展的机会

图 2-9 企业宏观环境风险评估

2.2.2 行业竞争风险分析评估

行业竞争，是企业发展战略实施过程中重大的风险来源之一，企业应从风险危害、风险规避等方面对行业竞争风险进行评估，具体评估工作如图 2-10 所示。

风险因素	风险分析效果	风险规避渠道
◆ 如果不对行业竞争的风险加以评估,就不能了解行业盈亏决定因素,以及这些因素的变动情况	◆ 通过行业分析能够确保企业所提供的产品及服务类型、方式、地点等能和竞争对手区别,巩固自身优势	◆ 企业应在了解行业竞争形势的基础上,发展具有核心竞争力的方向,制定差异化竞争的战略

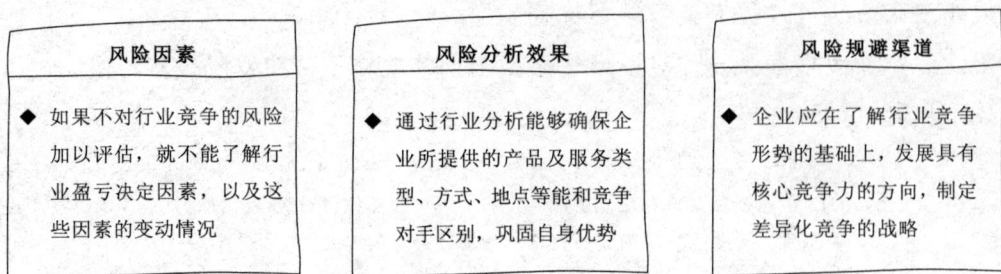

图 2-10 行业竞争风险评估

2.2.3 企业经营环境风险评估

企业经营环境风险评估,应从以下三个方面着手,具体如图 2-11 所示。

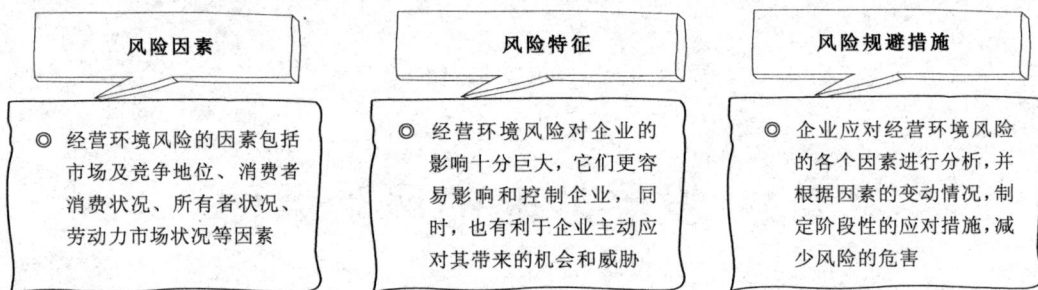

风险因素	风险特征	风险规避措施
◎ 经营环境风险的因素包括市场及竞争地位、消费者消费状况、所有者状况、劳动力市场状况等因素	◎ 经营环境风险对企业的影响十分巨大,它们更容易影响和控制企业,同时,也有利于企业主动应对其带来的机会和威胁	◎ 企业应对经营环境风险的各个因素进行分析,并根据因素的变动情况,制定阶段性的应对措施,减少风险的危害

图 2-11 企业经营环境风险评估

2.2.4 企业资源风险评估

企业资源风险评估,需要从风险来源、风险影响、风险危害等方面入手开展,具体的评估内容如图 2-12 所示。

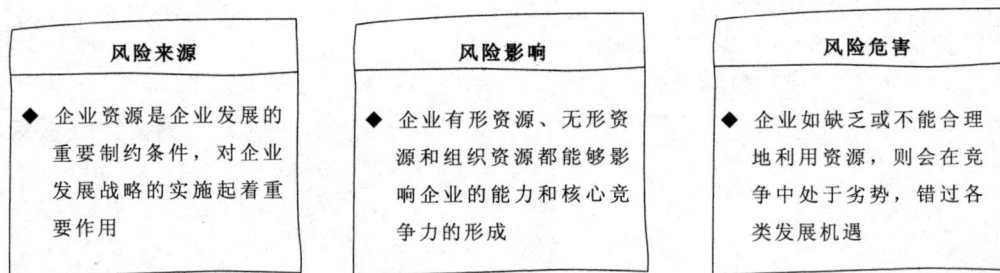

风险来源	风险影响	风险危害
◆ 企业资源是企业发展的重要制约条件,对企业发展战略的实施起着重要作用	◆ 企业有形资源、无形资源和组织资源都能够影响企业的能力和核心竞争力的形成	◆ 企业如缺乏或不能合理地利用资源,则会在竞争中处于劣势,错过各类发展机遇

图 2-12 企业资源风险评估

2.2.5 核心竞争力风险评估

企业应对其核心竞争力进行分析,构筑起自身的核心竞争力,否则就会面临核心竞争力风险。对此类风险进行评估时,应从图 2-13 所示的四个方面入手。

风险说明
核心竞争力，是指能够为企业带来相对优势的资源和能力

风险范围
企业核心竞争力风险包括稀缺资源、不可模仿的资源、不可替代的资源及持久资源等的欠缺

企业核心竞争力风险评估

风险危害
企业缺乏核心竞争力，就会在市场竞争中处于劣势地位

风险规避
要规避此类风险，企业必须分清自己拥有的资源，选取最核心的资源，并以此为中心构筑核心竞争力

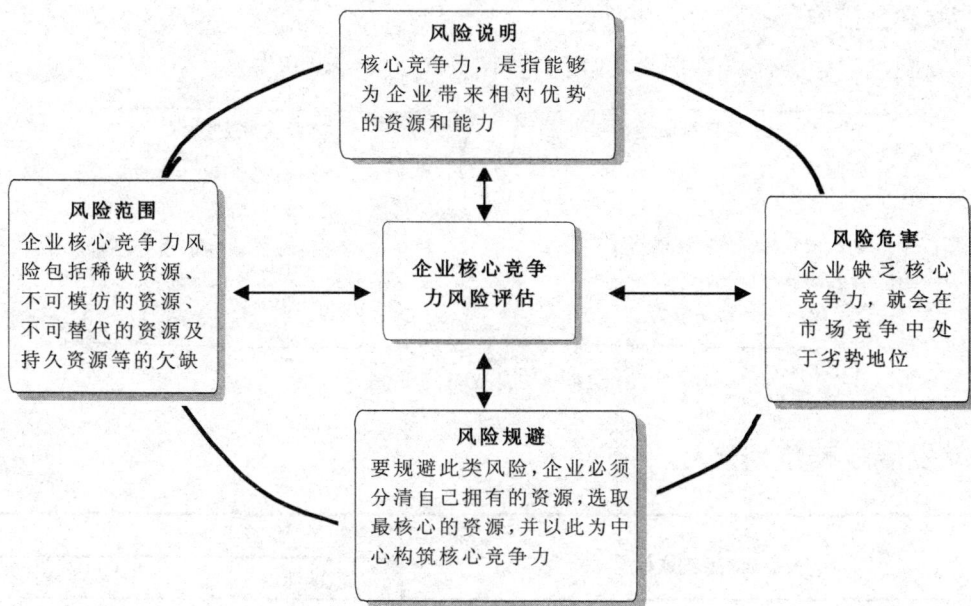

图 2-13　企业核心竞争力风险评估

2.3　发展战略的风险控制

2.3.1　发展目标的编制重点

　　企业发展目标是企业发展战略的核心构成部分，是企业未来一段时间的努力方向及所要达到的水平。因此，在编制企业发展目标时，应注意如表 2-1 所示的编制重点，以有效地规避发展目标编制风险。

表 2-1　企业发展目标的编制重点

序号	重点项目	重点说明
1	发展目标的内容	◆ 企业发展目标是企业生产经营活动的准绳，通常包括盈利能力、生产效率、市场竞争地位、技术领先程度、生产规模、组织结构、人力资源、用户服务、社会责任等方面的内容
2	发展目标导向应突出主业	◆ 企业在编制发展目标时应突出主业，将其做精做强，做成行业的特色，不断增强企业核心竞争力 ◆ 在发展目标制定过程中不能盲目涉足非主业，如此容易分散企业资源，损害企业长远发展
3	发展目标不能过于激进或保守	◆ 企业发展目标必须循序渐进，确保企业的长远发展 ◆ 企业发展目标不能过于激进、盲目追逐热点或脱离实际 ◆ 企业发展目标不能过于保守，致使虽易于达成目标，却难以抓住市场机遇

2.3.2　战略规划的编制重点

　　战略规划是企业发展战略的具体执行规划，它将具体的发展目标阶段性分解，并制

定具体的实施措施。

在编制过程中，应注意图 2-14 所列的两大重点。

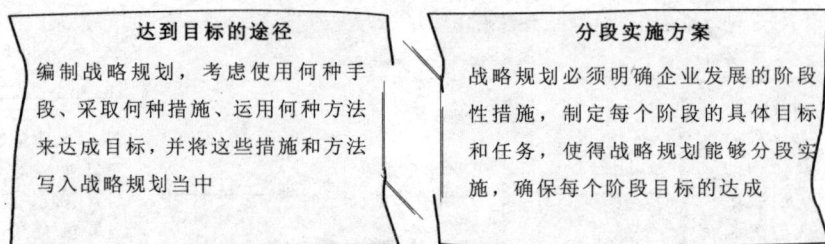

达到目标的途径	分段实施方案
编制战略规划，考虑使用何种手段、采取何种措施、运用何种方法来达成目标，并将这些措施和方法写入战略规划当中	战略规划必须明确企业发展的阶段性措施，制定每个阶段的具体目标和任务，使得战略规划能够分段实施，确保每个阶段目标的达成

图 2-14　发展战略的编制重点

2.3.3　发展战略规划流程

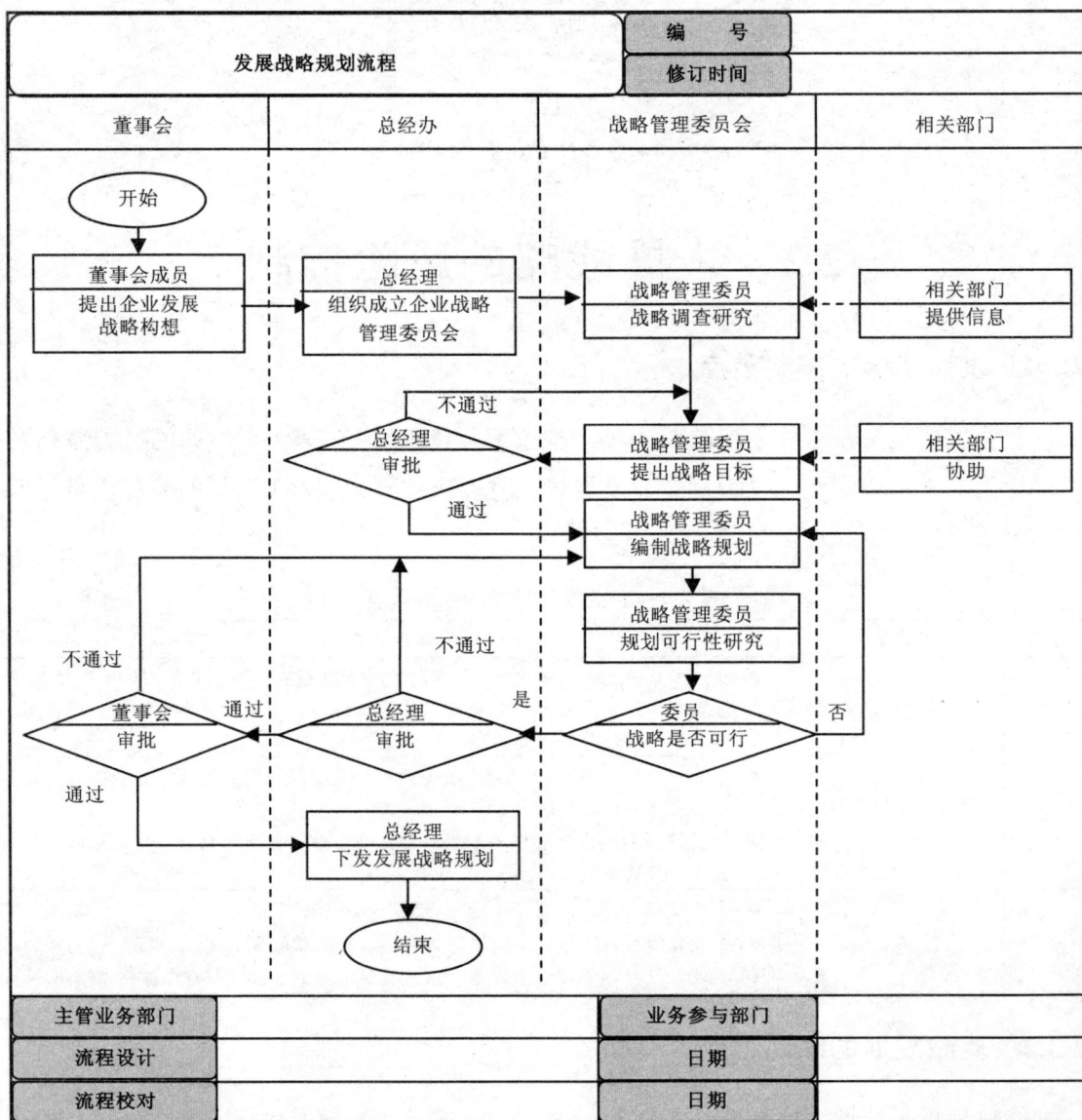

发展战略规划流程			编　　号	
			修订时间	
董事会	总经办	战略管理委员会	相关部门

```
                          开始

  董事会成员          总经理           战略管理委员      相关部门
  提出企业发展  →   组织成立企业战略  →  战略调查研究  ⇠⇢  提供信息
  战略构想          管理委员会

                            不通过
              总经理                战略管理委员      相关部门
              审批      ←         提出战略目标    ⇠⇢  协助
                            通过
                                   战略管理委员
                                   编制战略规划

                                   战略管理委员
                                   规划可行性研究

  不通过              不通过            是              否
  董事会   通过    总经理       ←      委员
  审批    ←       审批                战略是否可行
  通过
              总经理
              下发发展战略规划

                    结束
```

主管业务部门		业务参与部门	
流程设计		日期	
流程校对		日期	

2.3.4 发展战略执行流程

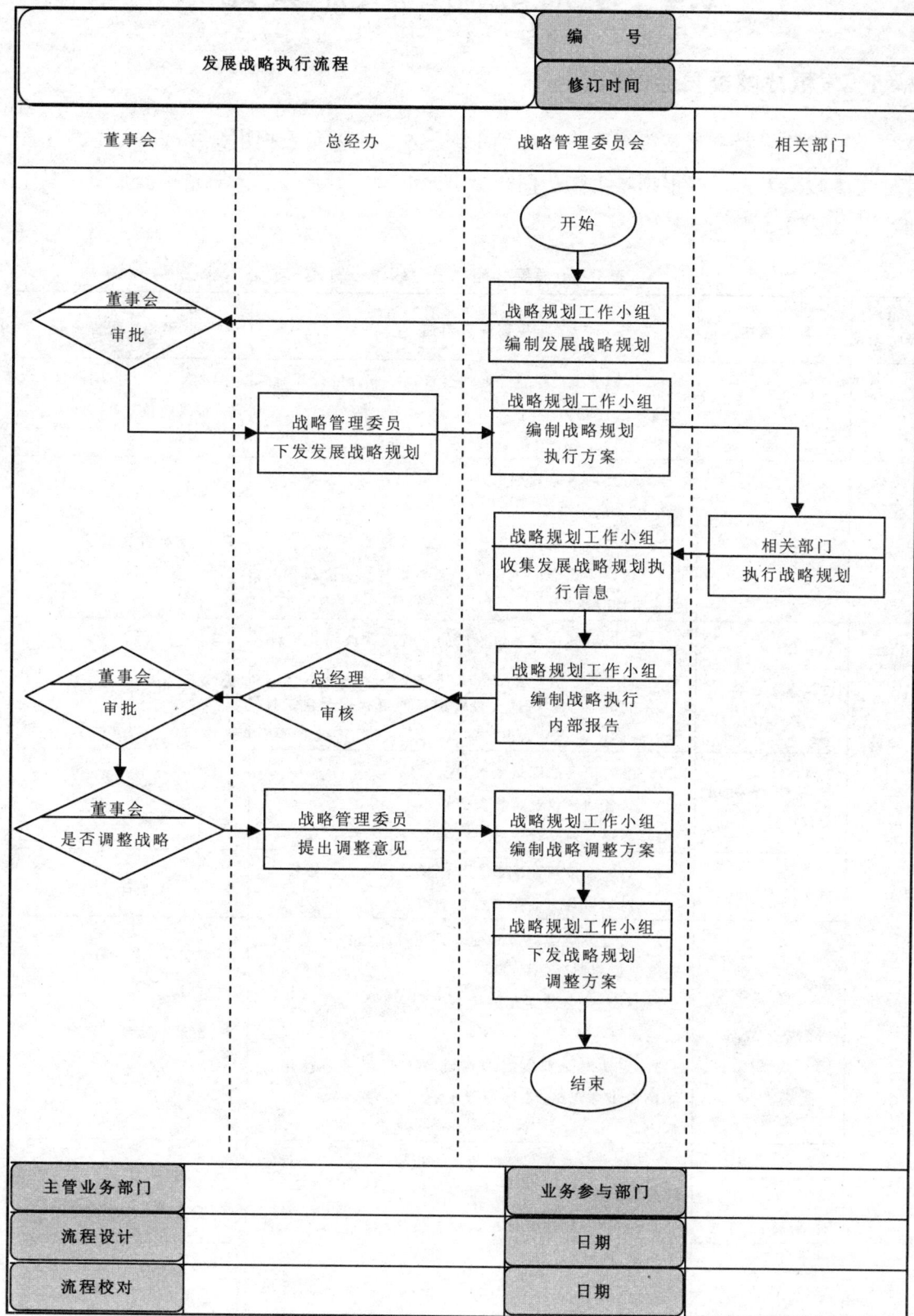

发展战略执行流程		编　　号	
		修订时间	
董事会	总经办	战略管理委员会	相关部门

```
                                                    ┌─────────┐
                                                    │  开始   │
                                                    └────┬────┘
                                                         ↓
        ◇董事会            ┌──────────────┐
        审批 ◇←────────────│ 战略规划工作小组 │
                           │ 编制发展战略规划 │
                           └──────────────┘
          │
          ↓
  ┌──────────────┐       ┌──────────────┐
  │ 战略管理委员   │──────→│ 战略规划工作小组 │────┐
  │ 下发发展战略规划│       │ 编制战略规划   │    │
  └──────────────┘       │ 执行方案       │    │
                         └──────────────┘    │
                                              ↓
                         ┌──────────────┐  ┌──────────────┐
                         │ 战略规划工作小组 │←─│ 相关部门      │
                         │ 收集发展战略规划执│  │ 执行战略规划   │
                         │ 行信息         │  └──────────────┘
                         └──────────────┘
                                 ↓
  ◇董事会      ◇总经理    ┌──────────────┐
  审批 ◇←─────◇审核 ◇←───│ 战略规划工作小组 │
                         │ 编制战略执行   │
     │                   │ 内部报告       │
     ↓                   └──────────────┘
  ◇董事会       ┌──────────────┐   ┌──────────────┐
  是否调整战略◇─→│ 战略管理委员   │──→│ 战略规划工作小组 │
                │ 提出调整意见   │   │ 编制战略调整方案 │
                └──────────────┘   └──────────────┘
                                           ↓
                                   ┌──────────────┐
                                   │ 战略规划工作小组 │
                                   │ 下发战略规划   │
                                   │ 调整方案       │
                                   └──────────────┘
                                           ↓
                                      ┌─────────┐
                                      │  结束   │
                                      └─────────┘
```

主管业务部门		业务参与部门	
流程设计		日期	
流程校对		日期	

2.4 发展战略的实施策略

2.4.1 发展战略委员会的职责

发展战略委员会是董事会下设的专门工作机构,主要负责提出公司战略指导意见和审查重大投资方案,并根据本工作条例和董事会的授权开展工作,对董事会负责,其主要职责如表 2-2 所示。

表 2-2 发展战略委员会职责一览表

岗位名称	职责概括	主要职责明细	不相容职责
主任委员	组织战略规划会议	1. 每年至少组织召开两次会议,并于会议召开前5天通知全体委员 2. 主持战略委员会会议	◆ 记录会议过程
	协调各项工作	1. 将发展战略规划书及各类规划方案、议案、投票结果上报董事会 2. 协调各个委员及工作小组之间的工作 3. 做好委员会的工作事项,必要时与中介机构等专业机构联络	◆ 工作小组的职责
委员	审阅各类文件	1. 及时审阅工作小组报送的项目或决议相关资料 2. 审查发展战略规划书,并对其提出修改建议 3. 研究讨论公司重大投资项目的可行性,包括技术的先进性、产品的市场前景、项目的经济效益等	◆ 准备项目相关资料
	参与战略规划会议	1. 准时出席战略规划委员会会议 2. 对各项决议进行投票表决 3. 会议后对会议记录进行签名	◆ 提出决议 ◆ 记录会议过程
工作小组	决策前期准备	1. 做好决策前期准备工作,提供相关方面资料 2. 对项目各方面资料进行初审	◆ 自行编制各项资料
	研究发展战略	1. 做好发展战略规划的前期工作,组织有关部门提供中长期发展规划草案 2. 对企业中长期发展战略进行研究规划,并提出改进建议 3. 定期对企业发展战略进行中心审议并修订,保持企业发展战略与经营情况和市场环境变化基本一致	◆ 发展战略规划的审批
	对各类策略提出建议	1. 对须经董事会批准的重大投资融资议案进行研究并提出建议 2. 对须经董事会批准的重大资本运作、资产经营项目进行研究并提出建议 3. 对影响公司发展的重大事项进行研究并提出建议	◆ 提出或审批投融资决策 ◆ 审批资本运作及资产经营项目

岗位名称	职责概括	主要职责明细	不相容职责
工作小组	对各类措施进行检查评估	1. 对重大投融资项目进行检查评估 2. 对重大资本运作及资产经营项目进行检查评估 3. 对各类检查、评估结果进行整理并提出书面意见，上交董事会	◆ 运作投融资项目 ◆ 运作资本及经营项目 ◆ 审批检查评估结果
	其他	1. 完成董事会授权的其他事宜 2. 审议各类议题后，将审议结果报告董事会 3. 经董事会授权，有权对授权范围内的事项做出决定	◆ 未授权的各类事宜

2.4.2 企业发展战略规划制度

制度名称	企业发展战略规划制度				
制度版本		受控状态	□ 受控　□ 非受控	制度编号	
总则 第1章	第1条　目的。 为了规范公司战略规划管理，防范发展战略制定与实施中的风险，确保公司中长期战略规划的持续性和有效性，实现公司的持续发展，根据财政部等五部委颁布的《企业内部控制基本规范》《企业内部控制应用指引——发展战略》（征求意见稿）的要求，特制定本制度。 第2条　适用范围。 本制度适用于公司中长期战略规划的管理和公司专项战略规划的管理。 第3条　战略规划编制原则。 1. 公司战略规划方案应遵循股东利益最大化的原则。 2. 战略规划方案必须全面、具体、完整，并将经营指标层层分解落实。				
第2章 管理机构及职能分工	第4条　战略规划管理机构。 公司战略规划的管理机构包括公司董事会、战略管理委员会、战略规划工作小组和各职能部门。 1. 董事会是公司战略规划的最高决策机构。 2. 董事会下设战略管理委员会，由公司高级管理人员、外部专家和主要职能部门领导等组成，由公司董事长担任委员会主任，总经理担任副主任，主管规划总部的副总经理担任秘书长。 3. 规划总部是公司战略规划的日常管理机构，在公司战略管理委员会领导下开展工作。 4. 各职能战略小组由主管的公司领导担任组长，相关部门领导和职员担任组员。 第5条　公司董事会职责。 1. 负责公司战略规划的审批。 2. 负责涉及公司中长期发展的专项战略规划的审批。 第6条　战略管理委员会职责。 1. 负责公司战略研究、战略方向确定和战略方案选择。 2. 审核公司战略规划。 3. 审核子公司战略规划。 4. 审核涉及公司中长期发展的专项战略规划。 第7条　战略规划工作小组。 1. 负责公司战略规划的日常管理工作。				

制度名称	企业发展战略规划制度				
制度版本		受控状态	□ 受控　□ 非受控	制度编号	

第2章 **管理机构及** **职能分工**	2. 组织制定公司各项战略规划管理制度。 3. 负责公司信息的收集、整理，进行战略调研、分析。 4. 组织制定公司中长期战略规划。 5. 组织各职能战略小组制定职能战略规划。 6. 指导子公司制定战略规划。 7. 组织公司专项战略规划的调研、分析和制定。 8. 组织公司中长期战略规划、专项战略规划的实施和效果评价管理。 9. 指导各职能战略小组、子公司制订实施计划，监督公司战略规划的部署和实施。 **第8条**　各职能部门。 1. 负责本职能相关信息的收集、整理，进行战略调研、分析。 2. 负责对战略规划工作小组的工作予以支持。
第3章 **战略规划内** **容要求及编** **制流程**	**第9条**　战略规划编制的依据和基础。 企业战略规划编制的依据和基础如下。 1. 宏观经济和政策环境的变化分析。 2. 行业环境、市场环境、竞争环境的变化分析。 3. 公司资源和能力的分析。 4. 上年度战略规划执行情况的分析等。 **第10条**　战略规划构成。 1. 公司战略规划包括战略总结与定位分析、公司战略规划、经营指标规划、核心业务发展战略、公司职能战略规划等部分。 2. 企业发展战略规划方案可包括但不限于以下内容：企业经营环境分析、客户分析、供应商分析、企业分析、企业发展战略规划、品牌规划、财务规划、人力资源规划、营销规划、企业文化规划、社会责任规划、战略实施规划等。 **第11条**　公司战略总结与定位分析。 此部分应简要回顾与总结公司过去战略，结合公司内外部环境分析，开展与主要竞争对手的对比分析及主要战略客户关系分析，明确公司在产业及行业中的位置和市场地位。 **第12条**　公司战略规划。 公司战略规划部分，必须在集团公司整体战略框架下，明确在公司愿景和使命下所处的发展阶段和规划方向，在公司战略目标下选择公司的业务组合，包括扩张或调整现有业务，拓展和进入新型业务领域，发挥各项业务战略协同作用。 **第13条**　公司经营指标规划。 本部分应对公司整体和核心业务未来的关键业绩指标进行系统分析和设定。 **第14条**　公司核心业务发展战略。 该部分应规划公司核心业务及子公司的发展目标、发展规划、竞争策略等。 **第15条**　公司职能战略规划。 战略规划人员还需在公司战略规划体系下，开展各项职能战略规划，协同支撑公司整体战略发展。

制度名称	企业发展战略规划制度				
制度版本		受控状态	□ 受控　□ 非受控	制度编号	

第3章 战略规划内 容要求及编 制流程	**第16条**　公司战略规划编制流程。 1．董事会或战略管理委员会提出战略规划编制要求，公司发文编制战略规划草案，各职能部门准备相关调研资料，子公司准备编制各自战略规划草案。 2．战略规划工作小组负责进行宏观环境、政策环境、行业环境、市场环境和竞争环境的初步研究。 3．战略规划工作小组汇总相关资料及子公司战略规划草案并进行研究分析，编制公司战略规划方案初稿提交战略管理委员会。 4．战略管理委员会对战略规划方案初稿进行研究并制定公司战略规划。 5．战略管理委员会对管理层制定的战略规划进行研究并提出建议，提交董事会审批。 6．董事会对公司战略规划进行审议。
第4章 战略规划 的实施	**第17条**　战略规划工作小组负责对战略实施过程进行监督和管理，其内容包括如下几方面。 1．对公司各部门、各子公司的战略执行情况进行跟踪检查。 2．定期提交战略运行内部报告。 3．对公司重大战略行动进行研究分析。 **第18条**　战略规划工作小组负责公司战略规划宣传工作，负责将发展战略及其分解落实情况传递到内部各管理层级和全体员工。 **第19条**　战略委员会需要定期召开会议讨论发展战略执行情况，并就战略执行过程中出现的问题及时予以纠正。 **第20条**　公司战略规划调整流程。 1．当以下情况出现时，战略规划应随之调整。 （1）公司的发展战略进行了重大调整。 （2）上一年度经营情况与战略规划中的年度规划目标差异较大。 （3）公司外部环境发生了重大变化。 （4）公司内部资源和能力发生了重大变化。 （5）董事会或总经理基于对经营形势的判断认为有必要调整战略规划。 2．公司战略规划调整流程参照战略规划编制流程执行。
第5章 战略规划的 归档保管	**第21条**　战略规划文档包括公司战略规划文件、公司战略规划调整文件、子公司战略规划文件、子公司战略规划调整文件、公司职能战略规划文件、公司职能战略调整文件等。 **第22条**　战略规划文档统一归档到公司档案室，战略规划工作小组留存副本。 **第23条**　公司战略规划工作小组根据公司档案管理制度，对战略规划文档进行归类和标识以方便查阅，妥善保存、移交相关文档。
附则 第6章	**第24条**　本制度由战略规划委员会制定，经董事会审议后通过。 **第25条**　本制度自颁布之日起实施。
编制部门		审批人员		审批日期	

2.4.3 企业发展战略规划书模板

企业发展战略规划书

编　号：　　　　编制部门：　　　　审批人员：　　　　审批日期：＿＿＿年＿月＿日

一、发展战略分析 （一）企业经营环境分析 （简述企业所遇到的市场经营环境，并分析经营环境的变动对企业的影响） （二）客户分析 （对企业的重要客户及客户结构、客户带来的收益等进行分析） （三）供应商分析 （对企业的主要供应商进行分析，并分析各类供应商的候补者，以减少供应风险） （四）企业分析 （对企业的总体战略及运营情况进行分析） **二、发展战略实施** （一）品牌战略 （简述企业在下一个阶段的品牌战略，并与竞争对手的品牌战略相比较） （二）营销战略 （制定企业未来3～5年的营销策略，并说明与营销策略相关的资源支持） （三）技术发展战略 （制定企业的技术发展战略，确定未来的技术导向，确定企业核心技术的发展策略） （四）企业文化战略 （明确企业未来的文化战略，确定企业文化导向，并制定实际的实施策略） （五）人力资源战略 （制定企业未来的人力资源发展战略，确定合理的人员配置计划、员工激励计划等） （六）财务战略 （确定企业未来的财务战略规划，确定重点的投资、融资项目，并对其收益进行说明） （七）企业生产战略 （确定企业未来的生产计划及落实方式等，并且说明这一计划为企业带来的收益） **三、发展战略实施** （一）战略实施准备 （说明为了此发展战略的实施，企业应做好怎样的准备） （二）战略实施过程控制 （说明战略实施过程的人员职责分工、风险控制点、监督点、可能存在的问题及解决方案等） （三）战略实施后续管理 （说明战略实施后的信息反馈途径、方式，各类结果的处理方式等）

实施对象：　　　　　　　　　　　　　　　实施日期：＿＿＿年＿月＿日

2.4.4 企业发展战略调整评估报告模板

企业发展战略调整评估报告

编　号：　　　　编制部门：　　　　审批人员：　　　　审批日期：＿＿＿年＿月＿日

一、企业发展战略背景 （简述企业发展战略的出台背景） **二、企业发展战略的执行情况** （一）企业经营环境分析 （对企业现阶段面临的经营环境进行分析，并与发展战略出台时的经营环境进行比较）

（二）发展战略现在的执行情况

（说明企业战略的实施时间、实施人员、已经实施的内容、取得的成果等）

三、发展战略及行业趋势分析

（一）主要业务空间分析

1．分析主营业务所面临的宏观经济状况。

2．对主营业务所在行业的发展形势进行分析。

3．评估主营业务的发展空间。

4．将发展空间与现在的状况进行对比。

（二）市场结构分析

1．分析目标市场的结构现状。

2．分析目标市场的发展影响因素。

3．对消费者进行调查分析。

4．分析企业产品在目标市场的占有情况及消费者口碑。

（三）竞争状况分析

1．明确现阶段的竞争对手。

2．对现有市场的产业竞争格局进行分析。

3．对产业成功的关键要素进行分析。

4．分析战胜竞争对手所需的策略。

（四）竞争对手现状分析

1．分析竞争对手现阶段成绩及未来目标。

2．分析竞争对手当前和未来可能采取的战略。

3．分析竞争对手的预期变动。

4．分析企业对付竞争对手发展策略的方式。

（五）业务成果分析

1．分析企业在现有市场上所取得的成绩。

2．分析企业现阶段的优劣势。

3．分析企业下一阶段所面临的经营困难。

（六）业务技术发展趋势分析

1．分析业务技术发展影响因素。

2．业务技术发展趋势判断。

（七）行业长期营利性分析

1．分析经营环境对营利性的影响。

2．分析行业未来的营利点。

3．分析企业的投资机会成本。

四、业务发展战略转型规划

（一）未来业务重点规划

（根据以上的分析结果，说明企业未来业务转型的重点、未来的技术要点、发展战略重点等内容，并分阶段设置业务目标，说明实施策略）

（二）未来业务投资规划

（对未来各项业务的投资规模进行规划，并分析各类投资可能带来的收益，分析并预测各项投资的投资回报率等）

（三）未来业务收入规划

（对企业各项业务未来的主要业务收入进行规划，确定企业未来业务的重点）

（四）未来业务利润规划

（对企业各项业务未来几年的利润及利润变动状况进行分析，确定新的利润增长点，并分析保证此正常点顺利运行的部分措施）

实施对象：　　　　　　　　　　　　　　　　　　实施日期：＿＿＿＿年＿＿月＿＿日

第 3 章

企业全面预算风险控制

3.1 全面预算的风险识别

3.1.1 预算编制环节的风险点

预算编制是企业确定并分配预算资金的过程，是全面预算管理的重要环节。为了保障全面预算的合理性，企业必须对预算编制过程进行严格管控。一般而言，预算编制环节的风险点主要包括图 3-1 所示的四项。

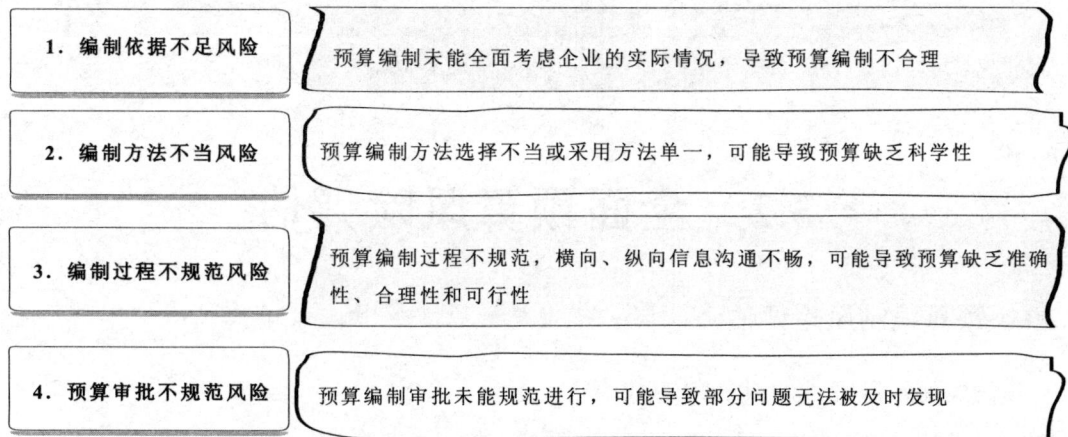

1. 编制依据不足风险	预算编制未能全面考虑企业的实际情况，导致预算编制不合理
2. 编制方法不当风险	预算编制方法选择不当或采用方法单一，可能导致预算缺乏科学性
3. 编制过程不规范风险	预算编制过程不规范，横向、纵向信息沟通不畅，可能导致预算缺乏准确性、合理性和可行性
4. 预算审批不规范风险	预算编制审批未能规范进行，可能导致部分问题无法被及时发现

图 3-1 预算编制环节的风险点

3.1.2 预算目标不合理风险点

预算目标是预算编制的方向，是企业战略规划在全面预算中的直接体现。一般而言，预算目标不合理风险点主要包括图 3-2 所示的四项。

1.目标确立不合理风险	预算目标确立未能与企业的战略目标同步，导致预算目标不合理
2.目标分解不正确风险	预算目标未能正确分解到具体业务中，导致预算目标难以落实
3.目标下达不准确风险	预算目标未能准确下达给预算编制人员，可能造成相关人员的理解偏差，导致预算编制不合理
4.目标未能落实风险	预算目标未能贯彻落实在预算编制中，导致目标要求流于形式

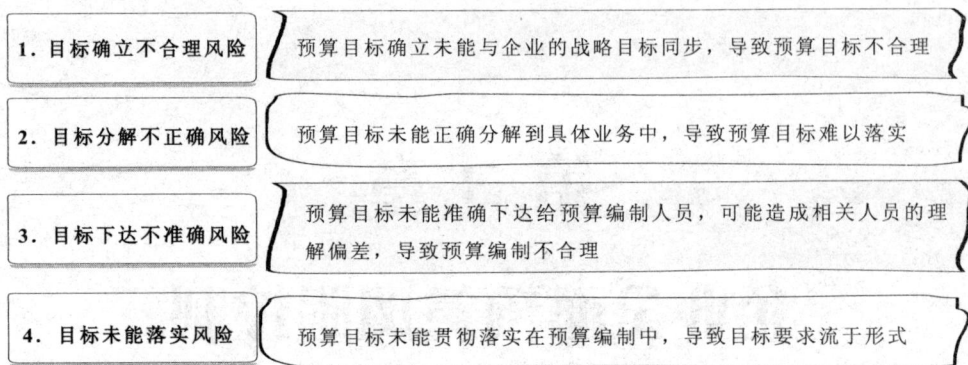

图 3-2　预算目标不合理风险点

3.1.3　预算缺乏刚性的风险点

一般而言，预算缺乏刚性的风险点主要包括图 3-3 所示的三项。

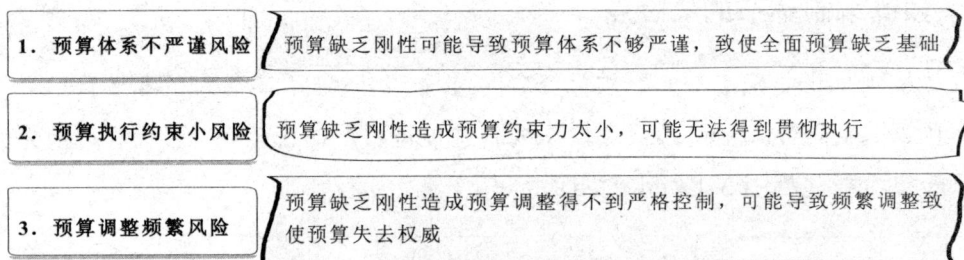

1.预算体系不严谨风险	预算缺乏刚性可能导致预算体系不够严谨，致使全面预算缺乏基础
2.预算执行约束小风险	预算缺乏刚性造成预算约束力太小，可能无法得到贯彻执行
3.预算调整频繁风险	预算缺乏刚性造成预算调整得不到严格控制，可能导致频繁调整致使预算失去权威

图 3-3　预算缺乏刚性的风险点

3.2　全面预算风险评估

3.2.1　预算编制风险评估

预算编制风险评估的具体内容如表 3-1 所示。

表 3-1　预算编制风险评估

风险点	产生原因	影响结果	风险严重程度
编制依据不足风险	1.未能全面考虑企业的实际情况，包括财务实力、经营状况、战略要求等 2.未能准确掌握预算目标，在具体要求的理解方面出现偏差	预算编制结果不合理	风险严重程度大，编制依据是预算编制的基础，会直接影响预算的编制结果
编制方法不当风险	1.方法选择未能考虑到企业的实际情况 2.方法选择未能考虑到预算的性质要求 3.方法选择未能考虑到特定方法的适用范围 4.方法选择未能考虑各类方法的优缺点并有效地结合使用	预算编制不科学，由于方法选择不当导致编制结果不准确	风险严重程度适中，选择不同的编制方法可能会产生不同的预算结果

风险点	产生原因	影响结果	风险严重程度
编制过程不规范风险	1. 编制过程忽略了某项环节 2. 编制过程未能按规范程序进行 3. 编制过程中与高层领导的纵向信息沟通或各部门的横向信息沟通不畅	预算编制结果不准确或不全面	风险严重程度适中，可能会导致全面预算部分内容的缺失或不准确
编制审批不规范风险	1. 未能遵照规定的审批程序 2. 审批权责未明确划定，存在未审批、越权审批等情况 3. 审批责任人未按规范要求进行严格审批，导致审批工作流于形式	无法及时发现存在的问题，可能导致不合格预算通过审批	风险严重程度适中，审批是预算编制的最终把关阶段，不规范的审批可能导致的预算风险还是较高的

3.2.2　预算目标风险评估

预算目标风险评估的具体内容如表3-2所示。

表3-2　预算目标风险评估

风险点	产生原因	影响结果	严重程度
目标确立不合理风险	1. 未能结合企业的战略目标和实际情况 2. 预算委员会的判断出现偏差	预算目标的确立结果不合理	风险严重程度大，预算目标的确立是预算管理的前提基础
目标分解不正确风险	1. 目标分解过程未能使用正确的逻辑方法 2. 目标分解未能落实到具体业务上 3. 目标分解未能结合业务的实际情况	分解的子目标与总目标的要求发生偏差	风险严重程度大，目标分解结果是预算编制的重要依据，会直接左右编制结果
目标下达不准确风险	1. 沟通不畅导致信息传达不准确 2. 目标下达者的说明方式有问题 3. 接受者在理解时出现偏差	预算编制结果不准确，与目标要求发生偏差	风险严重程度大，未能准确掌握目标要求，将不能科学、准确地完成预算编制
目标未能落实风险	1. 预算目标缺乏明确的约束机制，导致目标要求流于形式，无法发挥指导作用 2. 预算编制过程中未能准确把握预算目标，致使部分目标要求得不到满足	预算目标无法得到有效体现，预算编制结果不合理	风险严重程度大，未能落实预算目标的预算编制结果是不科学的

3.2.3　预算执行风险评估

预算执行风险评估的具体内容如表3-3所示。

表3-3　预算执行风险评估

风险点	产生原因	影响结果	严重程度
执行落实效果不佳风险	1. 预算执行缺乏完善的约束机制 2. 企业未对预算的执行落实明确要求并设定具体的奖罚措施 3. 预算执行缺乏灵活性，控制要求过于严格	执行落实的效果不佳，导致预算目标无法顺利达成	风险严重程度大，缺乏执行落实的预算形同虚设

风险点	产生原因	影响结果	严重程度
执行反馈不畅或无效风险	1．信息沟通不畅，导致预算执行情况无法得到及时、准确的反馈 2．预算执行的反馈结果未能得到充分重视，导致执行反馈失去意义	执行效果无法得到有效评估，执行问题无法得到及时解决	风险严重程度适中，预算执行过程中的异常情况有可能对预算执行效果产生重要影响
执行改进未能落实风险	1．未能针对执行反馈结果拟定具体的改进措施，导致预算执行中存在的问题无法得到及时、有效的解决 2．预算执行的改进工作流于形式	执行过程中发现的问题无法得到有效解决	风险严重程度适中，问题的保留与积累会造成执行效果产生偏差

3.3 全面预算风险管控措施

3.3.1 预算编制审批风险控制措施

针对预算编制审批风险，企业可采取图 3-4 所示的四项措施加以控制。

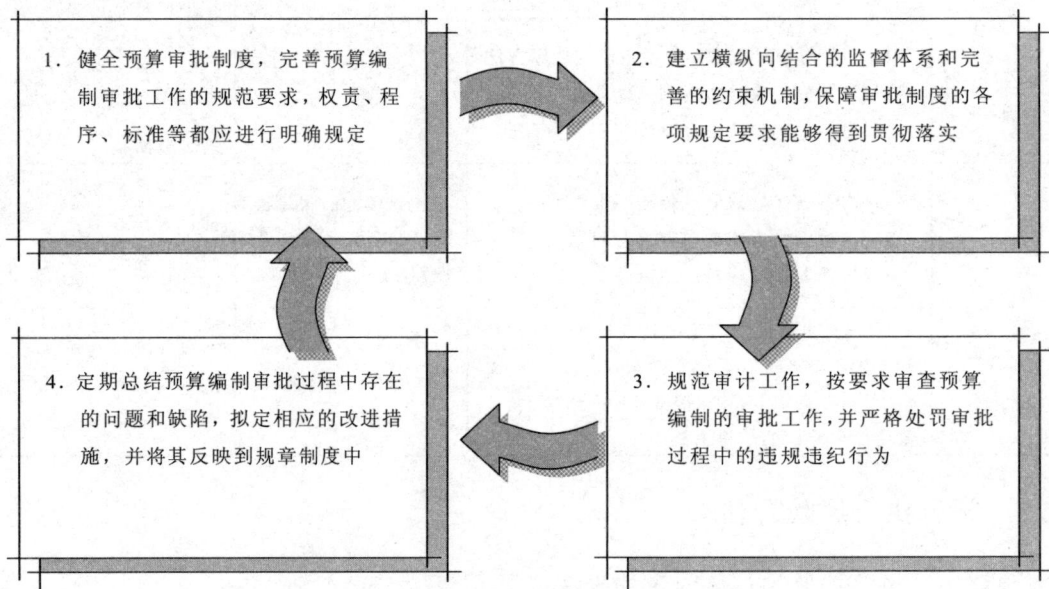

1．健全预算审批制度，完善预算编制审批工作的规范要求，权责、程序、标准等都应进行明确规定

2．建立横纵向结合的监督体系和完善的约束机制，保障审批制度的各项规定要求能够得到贯彻落实

4．定期总结预算编制审批过程中存在的问题和缺陷，拟定相应的改进措施，并将其反映到规章制度中

3．规范审计工作，按要求审查预算编制的审批工作，并严格处罚审批过程中的违规违纪行为

图 3-4　预算编制审批风险控制措施

3.3.2 预算目标分解风险控制措施

针对预算目标分解风险，企业可采取图 3-5 所示的四项措施加以控制。

明确分解要求	选择分解方法	规范分解程序	强化分解审核
明确目标分解的规范要求，包括分解的纵向逻辑、横向范围、具体程度等	综合对比各种预算目标分解方法，明确其优缺点和适用范围，选择合适的目标分解方法	规范目标分解程序，确保各项环节都能按要求完成，以保证目标分解结果的准确性和全面性	强化预算目标分解审核机制，对目标分解结果进行严格把控，及时发现不合理之处并要求修正

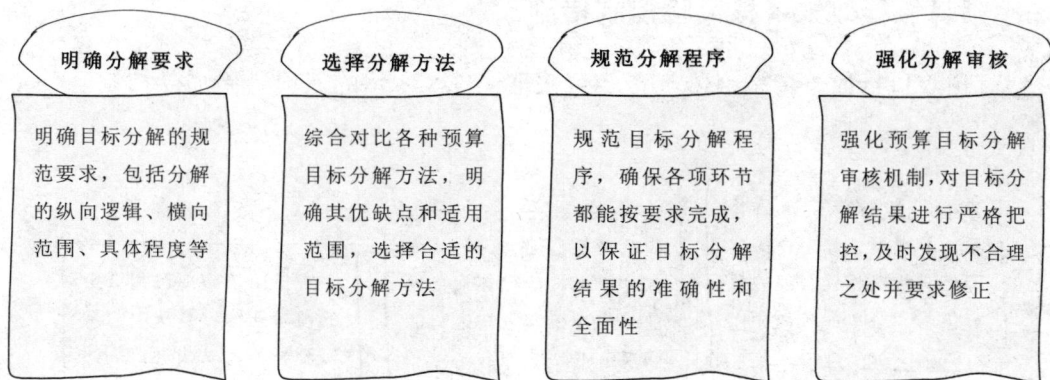

图 3-5　预算目标分解风险控制措施

3.3.3　全面预算执行风险控制措施

针对全面预算执行风险，企业可采取图 3-6 所示的四项措施加以控制。

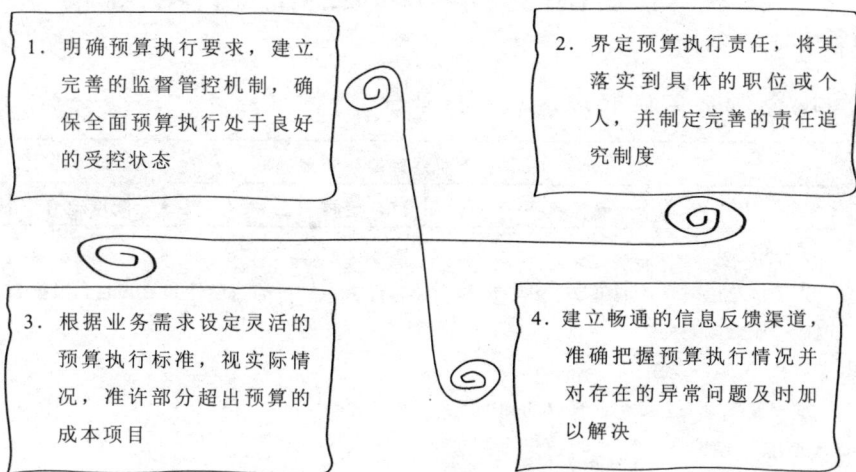

1. 明确预算执行要求，建立完善的监督管控机制，确保全面预算执行处于良好的受控状态

2. 界定预算执行责任，将其落实到具体的职位或个人，并制定完善的责任追究制度

3. 根据业务需求设定灵活的预算执行标准，视实际情况，准许部分超出预算的成本项目

4. 建立畅通的信息反馈渠道，准确把握预算执行情况并对存在的异常问题及时加以解决

图 3-6　全面预算执行风险控制措施

3.3.4　全面预算调整风险控制措施

针对全面预算调整风险，企业可采取图 3-7 所示的三项措施加以控制。

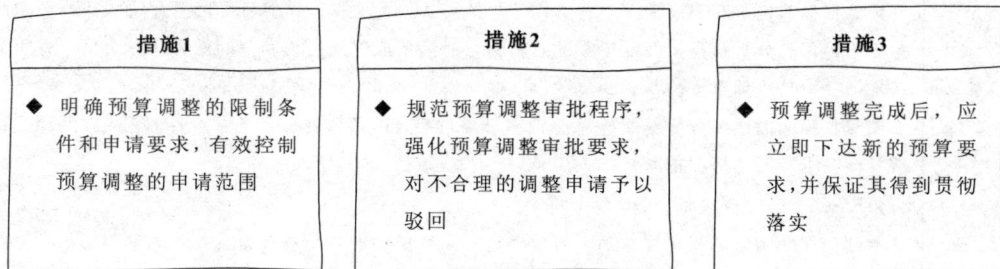

措施1	措施2	措施3
◆ 明确预算调整的限制条件和申请要求，有效控制预算调整的申请范围	◆ 规范预算调整审批程序，强化预算调整审批要求，对不合理的调整申请予以驳回	◆ 预算调整完成后，应立即下达新的预算要求，并保证其得到贯彻落实

图 3-7　全面预算调整风险控制措施

3.3.5 预算执行效果考核风险控制措施

针对预算执行效果考核风险，企业可采取图 3-8 所示的三项措施加以控制。

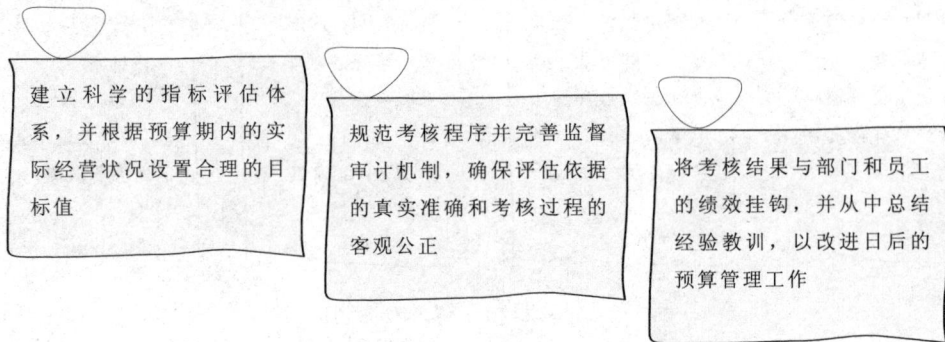

建立科学的指标评估体系，并根据预算期内的实际经营状况设置合理的目标值

规范考核程序并完善监督审计机制，确保评估依据的真实准确和考核过程的客观公正

将考核结果与部门和员工的绩效挂钩，并从中总结经验教训，以改进日后的预算管理工作

图 3-8 预算执行效果考核风险控制措施

3.4 全面预算风险控制实务

3.4.1 全面预算编制管理制度

制度名称	全面预算编制管理制度				
制度版本	受控状态		□ 受控　□ 非受控	制度编号	
总则 第1章	**第1条　目的** 为了规范全面预算的编制工作，保障全面预算编制结果的科学性和合理性，根据公司的实际情况，特制定本制度。 **第2条　适用范围** 本制度适用于公司全面预算的编制工作。 **第3条　职责分工** 1．财务部负责制度的编写工作，并根据实际情况，定期进行制度的更新与修正。 2．预算委员会负责预算目标的确立、分解、下达和全面预算的汇总工作。 3．各部门负责遵照预算目标要求编制本部门的业务预算。 4．总经理负责审批预算目标和全面预算方案。 5．财务部负责协助预算编制工作，并提供所需的财务信息。				
第2章 预算编制 规划	**第4条　确定并分解预算目标** 预算目标的确定和分解采用"自上而下"的形式，首先有预算委员会根据公司的战略要求和财务部所提供的分析信息，确定预算的总目标，而后依照组织结构和部门业务进行分解，并将分解结果提交给总经理审批。 预算目标的确定和分解结果经总经理审批通过后，由预算委员会下发给各部门，并通知各部门按目标要求开展本部门的预算编制工作。 **第5条　合理选择编制方法** 各部门在明确预算目标要求后，需合理选择下表所示的各种编制方法，完成本部门的预算编制工作。				

制度名称	全面预算编制管理制度				
制度版本		受控状态	□ 受控 □ 非受控	制度编号	

<table>
<tr><td rowspan="5">第2章
预算编制
规划</td><td colspan="3" align="center">预算编制方法说明</td></tr>
<tr><td align="center">方法</td><td align="center">说明</td><td align="center">适用情况</td></tr>
<tr><td align="center">固定预算</td><td>◆ 以预算期内正常的、可实现的某一业务量（如生产量、销售量等）水平作为唯一基础，以上期实际业绩为依据，以单一会计年度为预算期，确定各项预算指标数据的方法</td><td>◆ 适用于固定费用或数额较稳定的预算项目</td></tr>
<tr><td align="center">弹性预算</td><td>◆ 以业务量、成本和利润之间的依存关系为依据，以预算期可预见的各种业务量水平为基础，编制能够适应多种情况预算的编制方法</td><td>◆ 适用于固定预算不全的情况</td></tr>
<tr><td align="center">零基预算</td><td>◆ 对于任何一个预算期或预算项目，都不以现有的预算数为基数，而是从零开始，完全按照有关部门的职责范围和经营需要来安排有关项目预算数额的方法</td><td>◆ 适用于产出较难辨认的服务性部门，能克服资金浪费的缺点</td></tr>
<tr><td rowspan="2" align="center">第2章
预算编制
规划</td><td align="center">滚动预算</td><td>◆ 以预算随着时间推移而自动递补，使其始终保持一定期限（通常为一年）的一种预算编制方法
◆ 以月份为单位进行滚动编制预算的方式，称为"逐月滚动预算"。它是以季度为单位进行变动的范围及出现在各个变动范围的概率，在通过加权平均计算有关变量在预期内期望值的预算编制方法</td><td>◆ 适用于固定成本、费用预算</td></tr>
<tr><td colspan="3"></td></tr>
</table>

第3章
生产经营
预算编制
执行

第6条 编制销售预算

1. 销售预算是在销售预测的基础上，根据公司年度目标利润确定的预计销售量、销售单价、销售收入等参数编制的，用于规划预期销售活动的一种业务预算。

2. 在编制过程中，财务人员应根据年度内公司各季度市场预测的销售量和单价，确定预计销售收入，并根据各季度现销收入与收回前期的应收账款反映现金收入额，以便为编制现金收支预算提供资料。

第7条 编制生产预算

1. 生产预算是根据销售预算编制的，计划为满足预算期的销售量及期末存货所需的资源。

2. 计划期间除必须有足够的产品以供销售外，还必须考虑到计划期初和期末存货的预计水平，以免存货太多形成积压，或存货太少影响下期销售。

第8条 编制直接材料预算

直接材料预算是以生产预算为基础，根据生产预算的每季预计生产量，单位产品的材料消耗定额，计划期间的期初、期末存料量，材料的计划单价及采购材料的付款条件等编制的预算期直接材料采购计划。

第9条 编制直接人工预算

1. 直接人工预算是根据生产预算中的预计生产量、标准单位或金额所确定的直接人工工时、小时工资率进行编制的。

2. 直接人工预算可以反映预算期内人工工时的消耗水平和人工成本，其主要内容有预计产量、单位产品工时、人工总工时、每小时人工成本和人工总成本。

制度名称	全面预算编制管理制度				
制度版本		受控状态	□ 受控 □ 非受控	制度编号	

<table>
<tr><td rowspan="1">第3章
生产经营
预算编制
执行</td><td>

第10条 编制制造费用预算

1. 制造费用预算是指生产成本中除去直接材料、直接人工以外的其他一切生产费用，其通常分为变动制造费用预算和固定制造费用预算。

2. 编制步骤通常都是先分析上一年度有关报表，制定总体成本目标，再根据下一年度的销售预测和成本目标，制定各项运营成本，汇总具体市场举措所需的额外成本。

第11条 编制管理费用预算

管理费用预算的编制可采取以下两种方法。

1. 按项目反映全年预计水平。

2. 将管理费用划分为变动性和固定性两部分，对前者按预算期的变动性管理费用分配率和预计销售业务量进行测算。

第12条 编制现金预算

1. 现金预算包括现金收入、现金支出、现金多余或不足、资金筹集和运用四个部分。

2. "现金收入"包括期初现金余额和预算期现金收入，现金收入主要来源是销货收入。年初的"现金余额"是在编制预算时预计的；"销货现金收入"的数据来自销售预算；"可供使用现金"是期初现金余额与本期现金收入之和。

3. "现金支出"包括预算的各项现金支出。其中，"直接材料""直接人工""制造费用""销售与管理费用"的数据，分别来自前述有关预算；"所得税""购置设备""股利分配"等现金支出的数据分别来自另行编制的专门预算。

4. "现金多余或不足"是现金收入合计与现金支出合计的差额。差额为正，说明收入大于支出，现金是多余，可用于偿还借款或短期投资；差额为负，说明支出大于收入，现金不足，需要向银行取得新的借款。

5. 现金预算通过对公司的现金收入、支出情况的预计推算出预算期的现金结余情况。如果现金不足，则提前安排筹资；如果现金多余，则可以采取归还贷款或对有价证券进行投资，以增加收益。最后，编制现金预算表，根据预算情况组织生产经营活动。
</td></tr>
</table>

第4章
企业其他
预算编制
执行

第13条 编制财务预算

财务预算的编制说明如下表所示。

财务预算编制说明

细目	编制说明
预计利润表	◆ 预计利润表是综合反映预算期内公司经营活动成果的一种财务预算 ◆ 根据销售、产品成本、费用等预算的有关资料编制
预计资产负债表	◆ 预计资产负债表是依据当前的实际资产负债表和全面预算中的其他预算提供的资料编制而成的，反映公司预算期末财务状况的总括性预算 ◆ 预计资产负债表为公司提供了会计期末预期财务状况的信息，有助于总经理预测未来期间的经营状况，并采取适当的改进措施
预计现金流量表	◆ 预计现金流量表是按照现金流量表主要项目内容和格式编制的反映公司预算期内一切现金收支及其结果的预算表 ◆ 以业务预算、资本预算和筹资预算为基础，是其他预算有关现金的汇总 ◆ 此表可弥补现金预算的不足，有利于了解计划期内资金流转状况和公司经营能力，且能突出表现一些长期的资金筹集与使用方案对计划期内公司的影响

制度名称	全面预算编制管理制度				
制度版本		受控状态	☐ 受控　☐ 非受控	制度编号	
第4章 企业其他 预算编制 执行	第14条　编制资本预算 　　资本预算又称建设性预算或投资预算，是公司为了今后更好地发展，获取更大的报酬而做出的资本支出计划。它是综合反映建设资金来源和运用的预算，其支出主要用于经济建设，其收入主要是债务收入。				
第5章 预算汇总 审批	第15条　预算审核汇总 　　预算委员会收集并审核各部门的预算编制结果，分析其合理性，判断其是否符合公司的实际情况和战略要求。各部门的预算经审核通过后，预算委员会负责将其汇总、平衡，从而形成全面预算的初步方案。 第16条　全面预算审批 　　预算委员会将初步编制完成的全面预算方案提交给总经理审批。全面预算方案经审批通过后，反馈给预算委员会，并由预算委员会负责组织下达预算方案，协调预算的具体执行。				
附则 第6章	第17条　本制度由财务部负责制定，并每年修改一次，经总经理签字后立即生效颁行。 第18条　本制度的解释权归财务部所有，总经理对于该制度享有废止的权力。				
编制部门		审批人员		审批日期	

3.4.2　全面预算评审组织机构

全面预算的编制一般采用"自下而上"的形式，即由各部门负责本部门预算的编制，再由预算委员会进行审查、汇总和平衡，形成全面预算方案。在这个过程中，全面预算必须经过层层评审，在各级评审均获得批准后方能确立、分解并下达执行。

关于全面预算评审，中小微企业均应该设置相应的组织机构来负责。

1. 中型企业

中型企业一般设置两级评审组织机构，具体如表3-4所示。

表3-4　中型企业全面预算评审组织机构

层级	机构	权责
初级	预算委员会	1. 评审各部门的预算编制结果 2. 评审各部门呈报的预算调整申请 3. 评审各部门编制提交的预算调整报告，并编制预算调整方案
终级	总经理、董事长、股东大会	1. 评审全面预算管理的各项规章制度 2. 评审预算委员会所确立和分解的预算目标 3. 评审预算委员会编制的全面预算方案 4. 评审预算委员会呈报的预算调整方案
备注	预算委员会由负责预算的主管副总担任主任委员，具体成员包括各部门经理以及预算主管、审计主管、注册会计师等相关人员	

2．小型企业

小型企业一般设置一级评审组织机构，即预算委员会，并由总经理或董事长担任主任委员。各部门的预算编制结果由预算委员会相关成员负责审核、汇总，并由总经理或董事长进行最终审批。

3．微型企业

微型企业由于组织结构较小，一般不设置专门的预算委员会。各部门的预算编制结果统一呈交至财务部，由预算主管指导预算专员进行汇总并编制预算草案，而后提交给财务经理进行初步审核，并由总经理进行最终审批。

3.4.3　全面预算目标分解方法

全面预算目标的分解必须落实到各部门的具体岗位和具体业务上，并以相应指标加以呈现，从而为各部门的预算编制工作提供可参照的具体依据与要求。如表 3-5 所示，为五种常用的全面预算目标分解方法，企业应根据实际情况合理选择。

表 3-5　全面预算目标分解方法说明

方法	说明	示例
倒推法	◆ 从预测得出的相关预算指标倒推出实现该预算指标的其他具体指标的预测值	通过预测的销售收入和利润总额等指标，倒推出成本、费用等指标
比例法	◆ 预算决策者根据基期的实际情况，决定预算期内相比基期的增减比例，而后将该比例分解落实到具体业务中	企业决定在预算期内将管理费用降低5%，而后按该比例将降低要求落实到各部门的具体职能中
零基法	◆ 不考虑基期的实际情况，对预算期内的所有成本项目重新进行分析、测算，从而完成全面预算目标的分解	业务招待费的分解可以不考虑基期的发生数额，而采取单笔算账的方法申报
本量利法	◆ 利用销售数量、产品成本和销售利润三者之间的变量关系，将全面预算目标分解落实到具体指标上	在市场价格固定的前提下，利用销售利润和销售量的预测值，计算出成本的预算值
因素分析法	◆ 根据各部门具体业务中的有关因素，确定并分解全面预算目标	新工艺导致直接材料成本降低，员工薪资提高导致直接人工成本增加

3.4.4　全面预算审批权限设置

为了规范全面预算的审批工作，企业必须对全面预算的审批权限进行明确规定，具体如图 3-9 所示。

基本权限设置	审批权限设置	授权审批设置

基本权限设置

◎ 总经理或股东大会拥有全面预算的最终审批权和决定权

◎ 预算委员会拥有各部门预算编制和调整申请的审批权和修改权

◎ 各部门负责人拥有本部门预算编制结果的审核权

◎ 以上权限设置须贯彻落实，非特殊情况不许随意变动

授权审批设置

◎ 正常情况下不允许授权审批，企业需对授权的范围和条件进行明确规定，对所有授权审批的预算进行严格审查，对授权程序进行全面控制

◎ 企业需为各级审批权限规定明确的授权对象，并严格落实

◎ 特殊情况时，授权对象亦可由总经理或股东大会特别指定

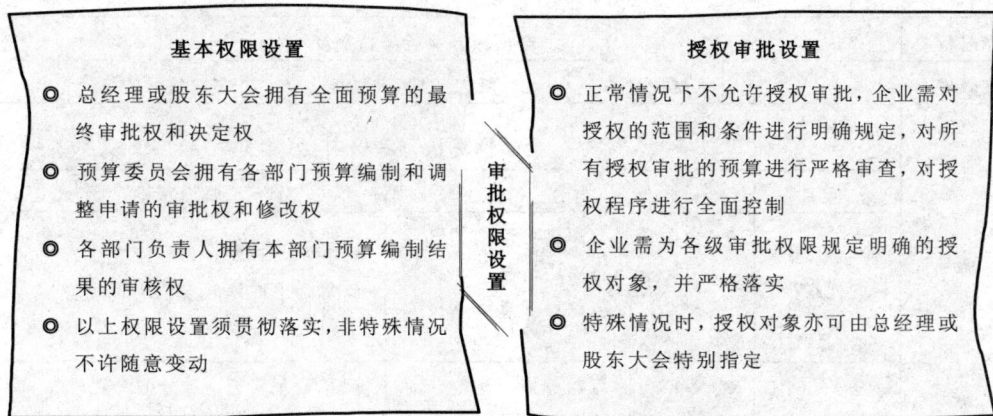

图 3-9　全面预算审批权限规定示意图

3.4.5　全面预算执行考核制度

制度名称	全面预算执行考核制度				
制度版本		受控状态	□ 受控　□ 非受控	制度编号	
总则 **第1章**	**第1条　目的** 为了规范全面预算执行的考核工作，保障全面预算执行考核结果的科学性和有效性，从而为预算执行工作的改进提升奠定正确基础，特制定本制度。 **第2条　适用范围** 本制度适用于公司全面预算执行情况的考核工作。 **第3条　职责分工** 1．财务部与预算委员会负责本制度的制定、修改和定期更新工作。 2．预算委员会负责各部门预算执行情况的考核工作。 3．财务部负责提供考核所需的各种资料信息。 4．其他部门全力配合考核工作的开展。 5．总经理负责考核结果的审定与奖罚措施的最终决策。				
第2章 **考核规划**	**第4条　考核原则** 1．考核人员必须公平公正，正确对待客观事实，不得徇私偏袒。 2．考核结果需公开反馈，并与激励手段相结合，旨在提升改进。 3．重视客观事实，追求预算执行的合理性，不能过分强化预算的刚性要求。 **第5条　考核时间** 全面预算执行的考核时间应具备时效性，针对预算期内各阶段的预算执行情况进行动态考核，包括月度考核、季度考核、半年度考核和年度考核，具体时间如下所示。 1．月度考核于次月5日开展，考核本月的预算执行情况。 2．季度考核于下一季度首月10日开展，考核本季度的预算执行情况。 3．半年度考核于每年的1月15日和7月15日开展，考核半年内的预算执行情况。 4．年度考核于次年1月20日展开，考核全年的预算执行情况。 **第6条　考核内容** 全面预算执行的考核内容具体如下表所示。				

中·小·微企业风险控制实务

制度名称	全面预算执行考核制度			
制度版本	受控状态	□ 受控　□ 非受控	制度编号	

全面预算执行考核内容

<table>
<tr><td rowspan="3">第2章
考核规划</td><td>项目</td><td>内容</td><td>评分标准</td></tr>
</table>

	项目	内容	评分标准
第2章 考核规划	硬性指标	◆ 全面预算分解到各部门的具体预算指标的完成情况，如销售预算、直接材料预算、直接人工预算等	◆ 各项目控制在目标值之内为___分，每超出预算值___%，减___分，最后按各项目的预算比例计算加权得分
	柔性变动	◆ 各部门因为业务需求不得已而超出预算的情况，具体考核超出部分是否正当合理，是否取得相关责任人的许可	◆ 根据预算超出部分的合理程度，对硬性指标考核的得分情况进行调整，合理时进行加分弥补，不合理甚至造成浪费时，进行减分惩罚
	预算节约	◆ 各部门在完成预算的基础上，对成本节约所做的贡献大小，具体考核各成本项目的实际值低于预算的差值大小	◆ 设置节约值和限度值 ◆ 当差值达到节约值时，加___分，每超出节约值___%，额外再加___分 ◆ 当差值超出限度值时，每超出___%，减___分

第7条　制定方案

预算委员会应当明确考核工作的目标和要求，并制订相应的考核方案，用以指导考核工作的规范进行。

第8条　考核准备

预算委员会下发考核通知，明确考核的性质、内容和时间，财务部则需收集、统计相关资料信息，并将信息提交给预算委员会。

第9条　考核开展

预算委员会分析资料信息，评估各部门、各责任主体的预算执行情况，并针对考核评估结果，拟定相关的应用措施，编制书面报告，提交给总经理审核。一般而言，全面预算执行考核结果的应用如下表所示。

全面预算执行考核结果应用

考核频率	结果应用
月度考核	1．作为相关责任人月度绩效考核的一部分 2．总结当月的预算执行情况，以改进下月的预算执行工作
季度考核	1．作为相关责任人季度绩效考核的一部分 2．总结本季度的预算执行情况，以改进下一季度的预算执行工作
半年度考核	两个半年度考核得分分别按20%的比重与年度考核得分进行加权计算，以此作为相关责任人年度绩效考核的一部分
年度考核	1．按60%的比重与半年度考核得分进行加权计算，以此作为相关责任人年度绩效考核的一部分 2．总结本年度的预算执行情况，以改进下一年度的预算执行工作 3．针对执行情况，按规定进行奖励和惩罚

（第3章　考核执行）

制度名称	全面预算执行考核制度				
制度版本		受控状态	□ 受控 □ 非受控	制度编号	
第3章 考核执行	**第10条** 结果审批 　　总经理详细分析考核报告，对评估结果和处理措施给出审定意见，并将审核后的考核结果公布下发至各部门，要求有关部门按要求落实总经理审批的应用措施。				
附则 第4章	**第11条** 本制度由财务部和预算委员会共同制定，并每年修改一次，经总经理审批签字后立即生效颁行。 **第12条** 本制度的解释权归预算委员会所有，总经理对于该制度享有废止的权力。				
编制部门		审批人员		审批日期	

第 4 章

企业资金活动风险控制

4.1 资金活动风险识别

4.1.1 筹资决策不当风险点

筹资活动是企业获取资金的重要途径，也伴随着相应的成本和风险。为了保证筹资活动的合理性，企业必须对筹资决策过程进行严格管控。一般而言，筹资决策不当风险点主要包括四项，如图 4-1 所示。

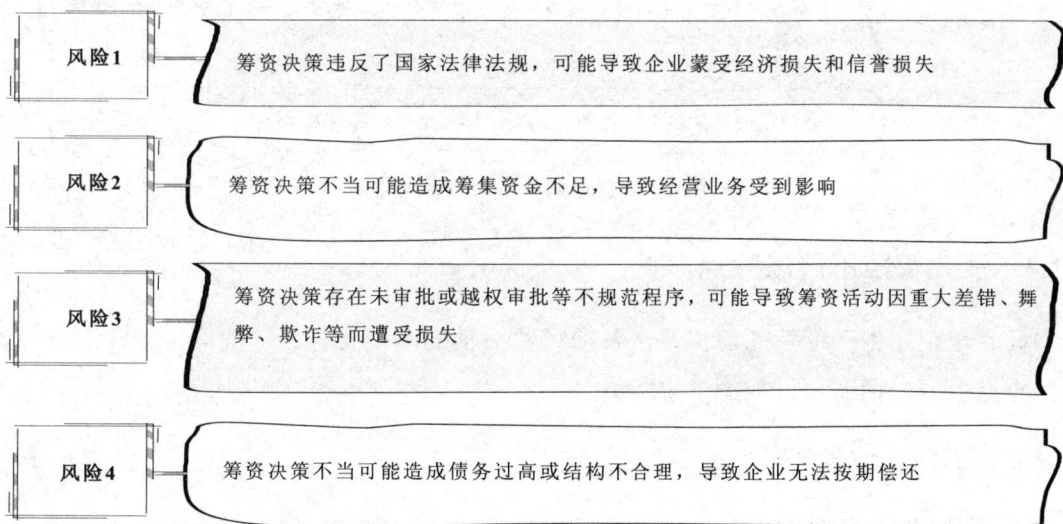

风险	说明
风险1	筹资决策违反了国家法律法规，可能导致企业蒙受经济损失和信誉损失
风险2	筹资决策不当可能造成筹集资金不足，导致经营业务受到影响
风险3	筹资决策存在未审批或越权审批等不规范程序，可能导致筹资活动因重大差错、舞弊、欺诈等而遭受损失
风险4	筹资决策不当可能造成债务过高或结构不合理，导致企业无法按期偿还

图 4-1　筹资决策不当风险点

4.1.2 投资决策失误风险点

投资是企业发展的需要，也是企业进行价值创造的必经途径，而投资决策的正确与否则直接关系到企业的投资目标能否顺利达成。一般而言，投资决策失误风险点主要包括四项，如图 4-2 所示。

风险1	投资决策未能考虑到企业的整体状况，可能导致其他经营活动受到影响
风险2	投资决策未能基于企业的财务实力，可能导致企业承受巨大的财务风险
风险3	投资决策未能对不确定性因素进行有效管控，可能导致预期收益无法得到有效实现
风险4	投资决策未能考虑到企业的战略规划，可能导致企业的战略计划受到阻碍

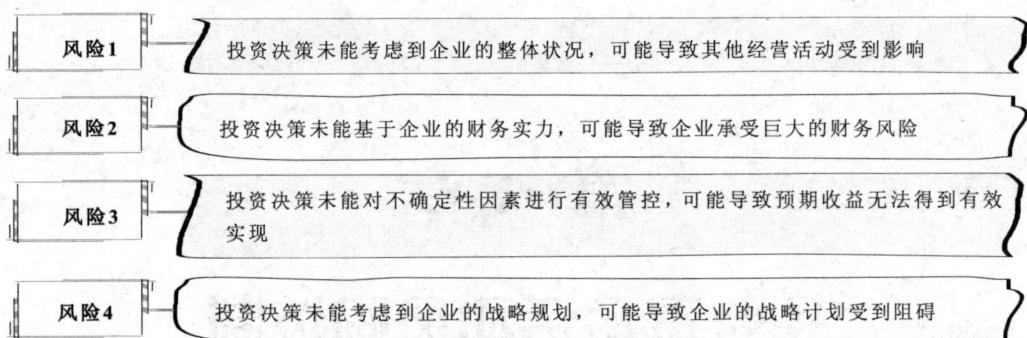

图 4-2　投资决策失误风险点

4.1.3　资金调度不合理风险点

资金调度是企业重要的经营活动之一。为了提高企业资金的使用效率，保障资金调度效益的顺利实现，企业必须对资金调度风险进行严格管控。一般而言，资金调度不合理风险点主要包括四项，如图 4-3 所示。

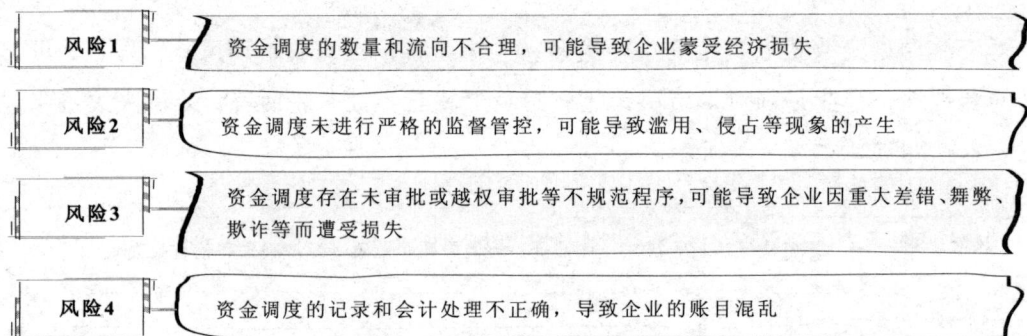

风险1	资金调度的数量和流向不合理，可能导致企业蒙受经济损失
风险2	资金调度未进行严格的监督管控，可能导致滥用、侵占等现象的产生
风险3	资金调度存在未审批或越权审批等不规范程序,可能导致企业因重大差错、舞弊、欺诈等而遭受损失
风险4	资金调度的记录和会计处理不正确，导致企业的账目混乱

图 4-3　资金调度不合理风险点

4.1.4　资金管控不严风险点

资金是企业生产经营的前提，是各项经营活动的基础支撑。一般而言，资金管控不严风险点主要包括四项，如图 4-4 所示。

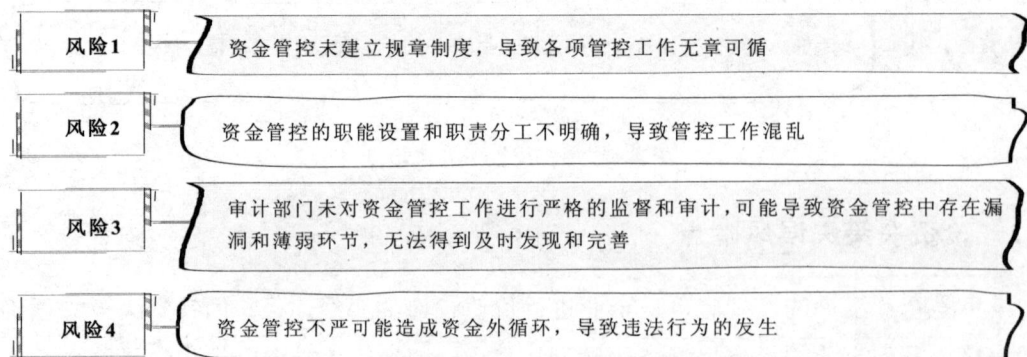

风险1	资金管控未建立规章制度，导致各项管控工作无章可循
风险2	资金管控的职能设置和职责分工不明确，导致管控工作混乱
风险3	审计部门未对资金管控工作进行严格的监督和审计,可能导致资金管控中存在漏洞和薄弱环节，无法得到及时发现和完善
风险4	资金管控不严可能造成资金外循环，导致违法行为的发生

图 4-4　资金管控不严风险点

4.2 资金活动风险评估

4.2.1 企业筹资风险评估流程

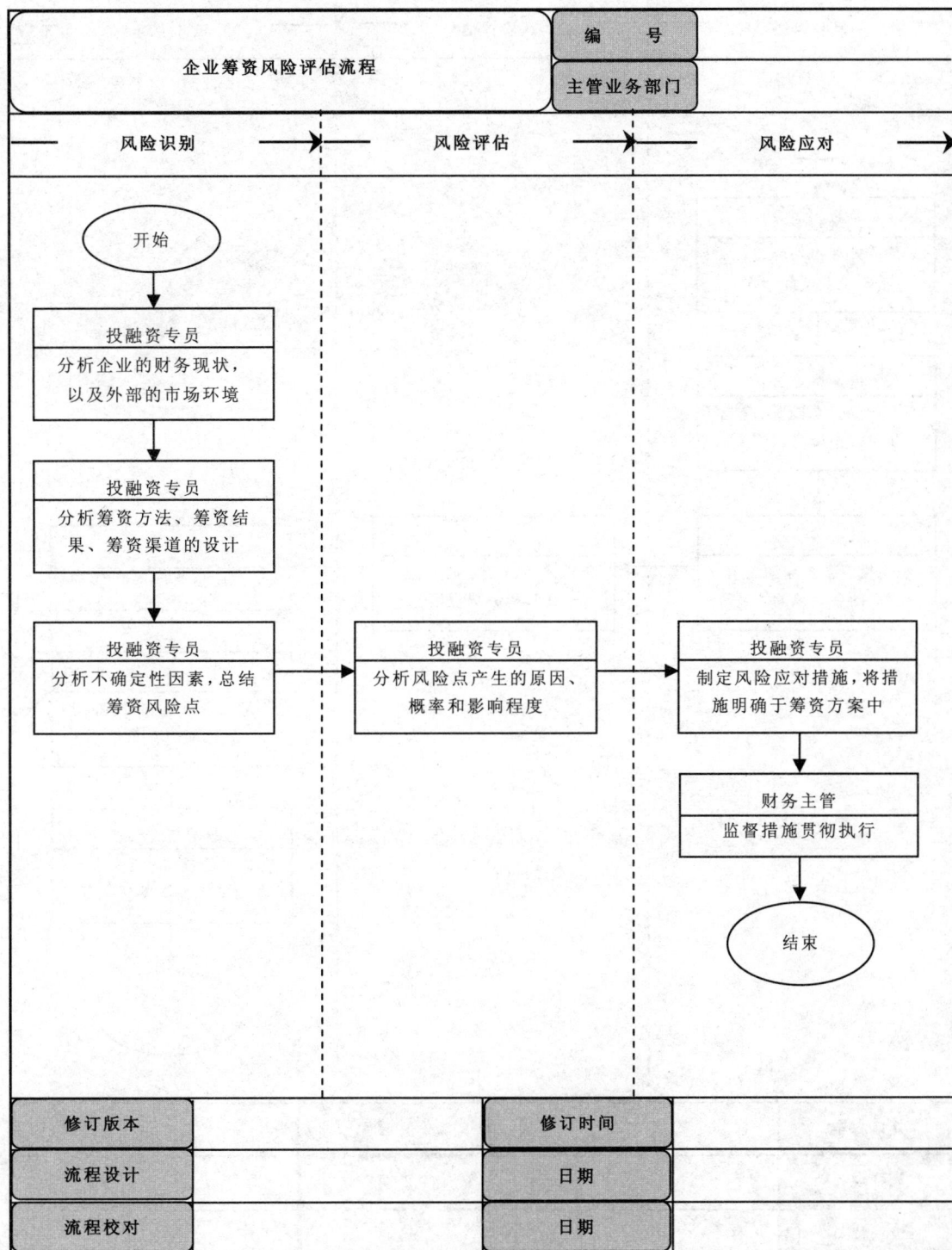

| 企业筹资风险评估流程 | 编　号 | |
| | 主管业务部门 | |

风险识别	风险评估	风险应对

开始

投融资专员
分析企业的财务现状，以及外部的市场环境

投融资专员
分析筹资方法、筹资结果、筹资渠道的设计

投融资专员
分析不确定性因素，总结筹资风险点

投融资专员
分析风险点产生的原因、概率和影响程度

投融资专员
制定风险应对措施，将措施明确于筹资方案中

财务主管
监督措施贯彻执行

结束

修订版本		修订时间	
流程设计		日期	
流程校对		日期	

4.2.2 企业投资风险评估流程

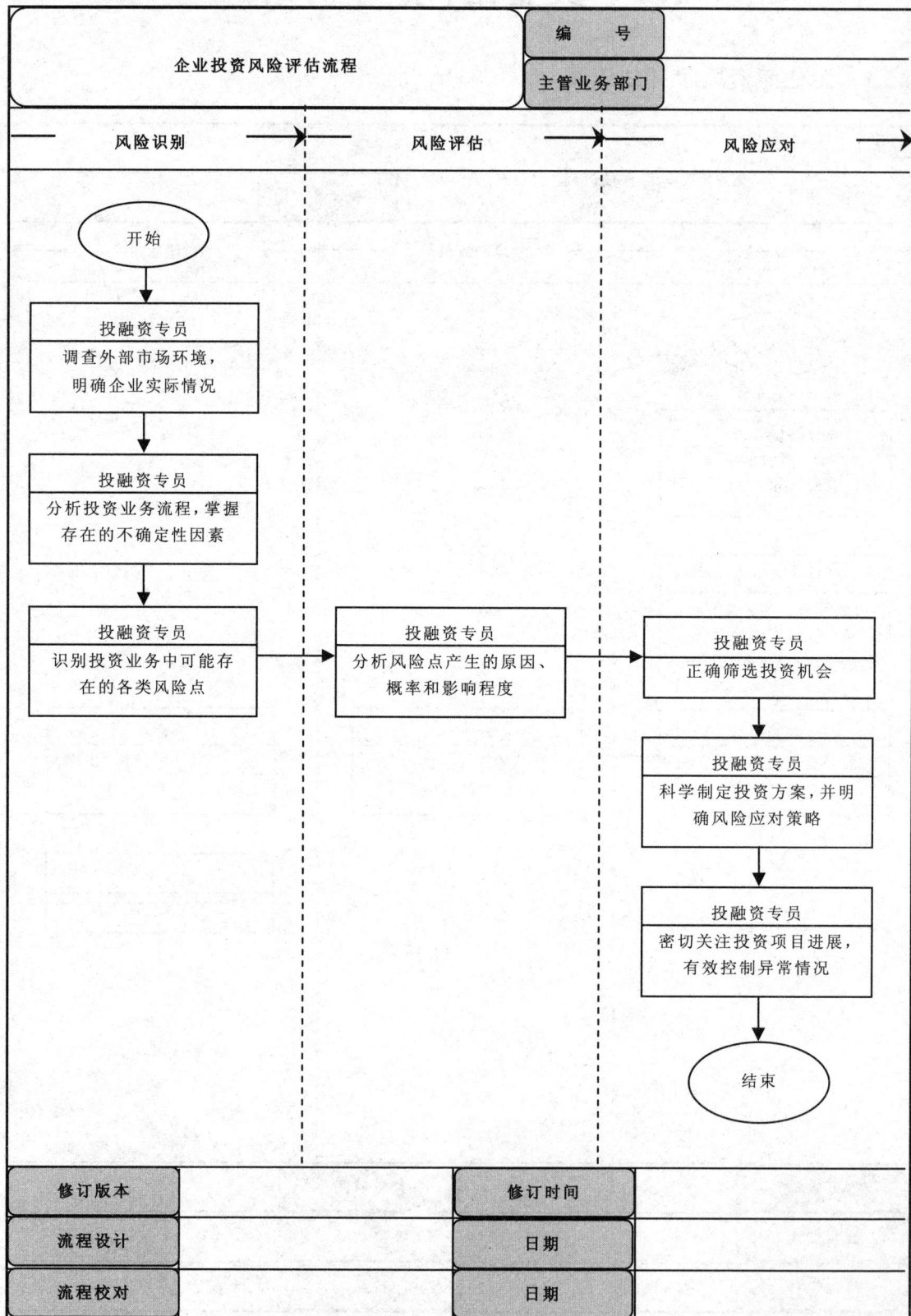

| 企业投资风险评估流程 | 编　　号 | |
| | 主管业务部门 | |

| 风险识别 → | 风险评估 → | 风险应对 → |

风险识别

开始

投融资专员
调查外部市场环境，明确企业实际情况

投融资专员
分析投资业务流程，掌握存在的不确定性因素

投融资专员
识别投资业务中可能存在的各类风险点

风险评估

投融资专员
分析风险点产生的原因、概率和影响程度

风险应对

投融资专员
正确筛选投资机会

投融资专员
科学制定投资方案，并明确风险应对策略

投融资专员
密切关注投资项目进展，有效控制异常情况

结束

修订版本		修订时间	
流程设计		日期	
流程校对		日期	

4.2.3 资金营运风险评估流程

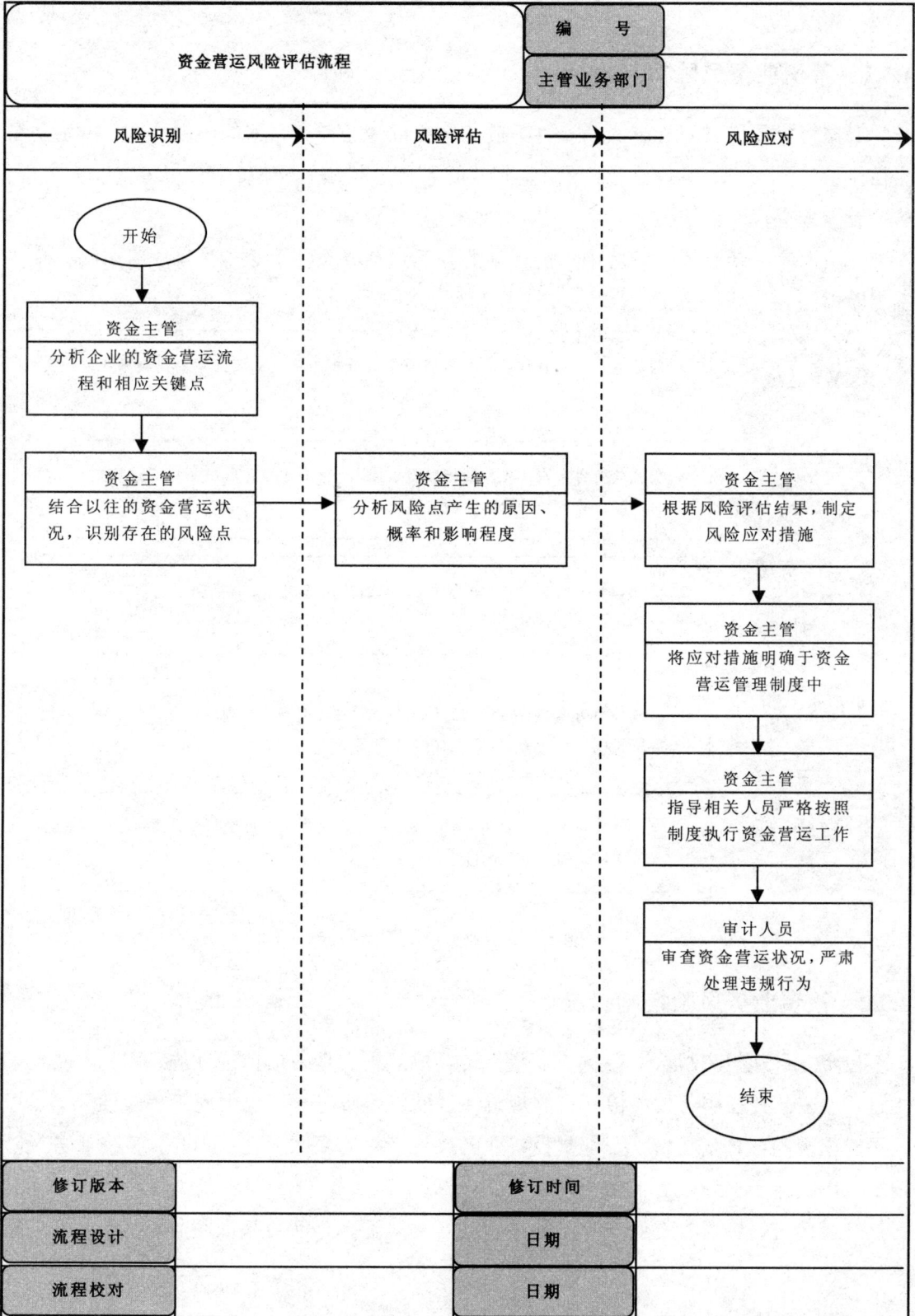

资金营运风险评估流程	编　　号
	主管业务部门

风险识别	风险评估	风险应对

开始

资金主管
分析企业的资金营运流程和相应关键点

资金主管
结合以往的资金营运状况，识别存在的风险点

资金主管
分析风险点产生的原因、概率和影响程度

资金主管
根据风险评估结果，制定风险应对措施

资金主管
将应对措施明确于资金营运管理制度中

资金主管
指导相关人员严格按照制度执行资金营运工作

审计人员
审查资金营运状况，严肃处理违规行为

结束

修订版本		修订时间	
流程设计		日期	
流程校对		日期	

4.3 资金活动风险控制措施

4.3.1 筹资业务风险控制措施

根据筹资数量、筹资方法、筹资渠道、筹资结构等各类因素的不同，企业筹资业务往往伴随着不一样的风险。企业要做到有效的风险控制，就必须科学分析筹资业务流程，从关键点上进行严格把控。

一般而言，针对筹资业务中可能出现的各类风险，企业可采取图4-5所示的五项措施加以控制。

筹资决策控制	◎ 规范筹资决策程序，完善筹资需求的分析工作，从而保障筹资决策结果的合理性
筹资设计控制	◎ 加强筹资方案设计工作的指导与监控，优化方案设计人员的分析判断能力，从而保障筹资方案设计内容的科学性
筹资审批控制	◎ 明确筹资方案审批工作的职责与标准，确保筹资方案中的错误与问题得到及时的发现和修正
筹资执行控制	◎ 加强筹资方案执行过程的监控工作，对各种不确定性因素进行严格控制，保证筹资进度、会计处理等各项内容处于正常状态
筹资评估控制	◎ 建立健全筹资效果评估机制，保证评估结果的客观性和科学性，并将评估结果有效应用于筹资工作的改进与提升

图4-5 筹资业务风险控制措施

4.3.2 投资业务风险控制措施

投资业务从投资机会的筛选直到投资效益的获得，是一项持续性的、需要不断维护的过程。在此过程中，各关键环节的规范性、投资项目运作过程中的不确定性因素，以及可能出现的各种变化情况，都是投资业务风险产生的原因所在。为此，投资业务风险控制也应贯穿于投资业务的整个环节。

一般而言，针对投资业务中可能出现的各类风险，企业可采取图4-6所示的五项措施加以控制。

投资目标控制	◎ 充分调查投资环境，合理筛选投资机会，从而确保投资目标的合理性
投资方案控制	◎ 规范投资项目的可行性分析和效益分析工作，确保投资方案设计的科学性
投资审批控制	◎ 明确投资项目的审批职责和审批要求，保证审批环节的严格性和规范性
投资进程控制	◎ 密切监控投资项目的进程，及时发现并解决异常问题，保证投资项目的正常运作
投资评价控制	◎ 建立健全投资收益评价机制，保证各阶段投资收益评价的有效性和准确性

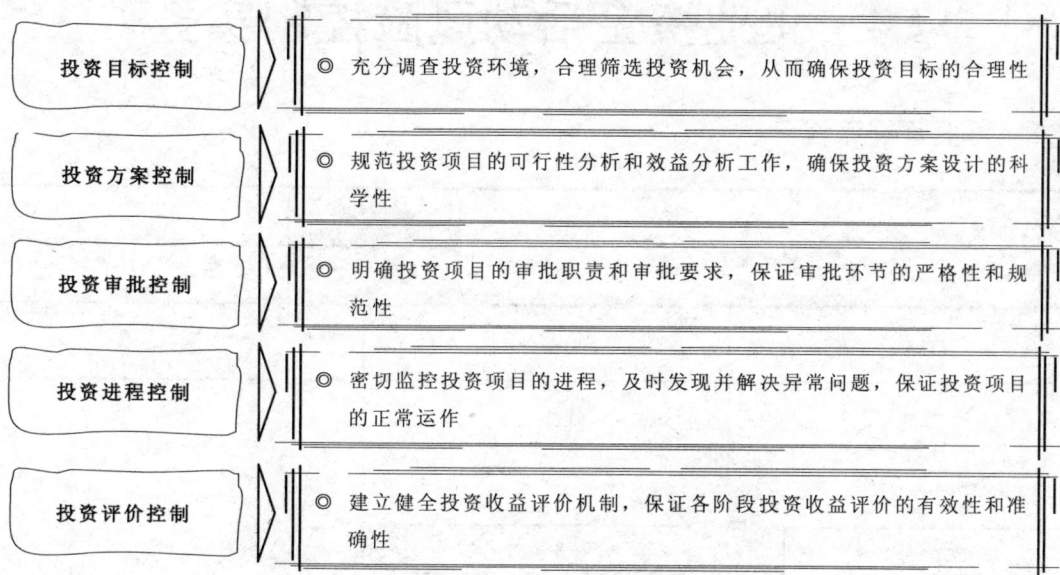

图 4-6　投资业务风险控制措施

4.3.3　资金营运风险控制措施

资金营运与筹资、投资一样，是企业重要的经营活动，也是维持各项业务正常运转的基础。为了保障企业资金的安全性，企业需对资金营运的各个项目进行严格管控，有效应对风险，避免企业损失。

一般而言，针对资金营运中可能出现的各类风险，企业可采取图 4-7 所示的五项措施加以控制。

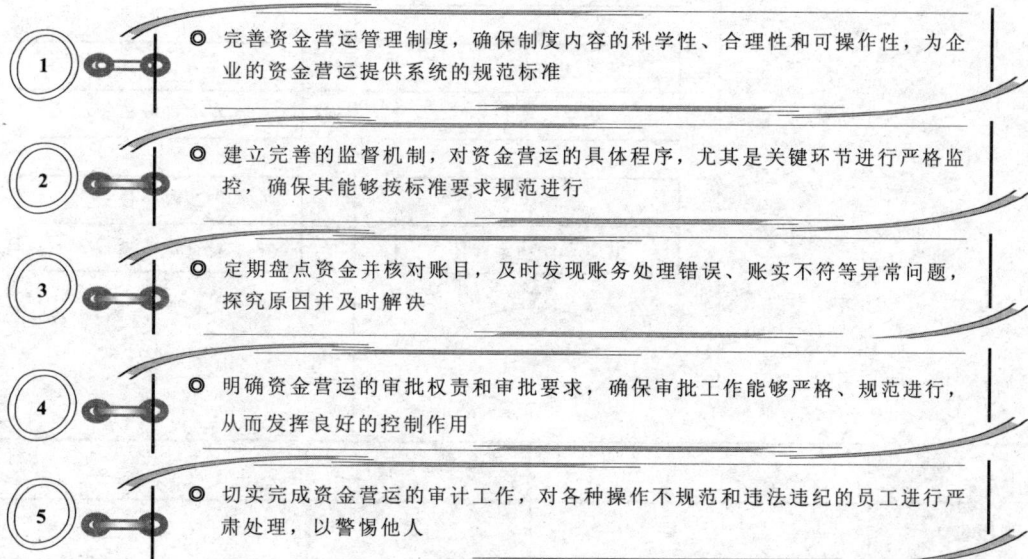

1	◎ 完善资金营运管理制度，确保制度内容的科学性、合理性和可操作性，为企业的资金营运提供系统的规范标准
2	◎ 建立完善的监督机制，对资金营运的具体程序，尤其是关键环节进行严格监控，确保其能够按标准要求规范进行
3	◎ 定期盘点资金并核对账目，及时发现账务处理错误、账实不符等异常问题，探究原因并及时解决
4	◎ 明确资金营运的审批权责和审批要求，确保审批工作能够严格、规范进行，从而发挥良好的控制作用
5	◎ 切实完成资金营运的审计工作，对各种操作不规范和违法违纪的员工进行严肃处理，以警惕他人

图 4-7　资金营运风险控制措施

4.4 企业资金活动风险控制实务

4.4.1 筹资管理流程

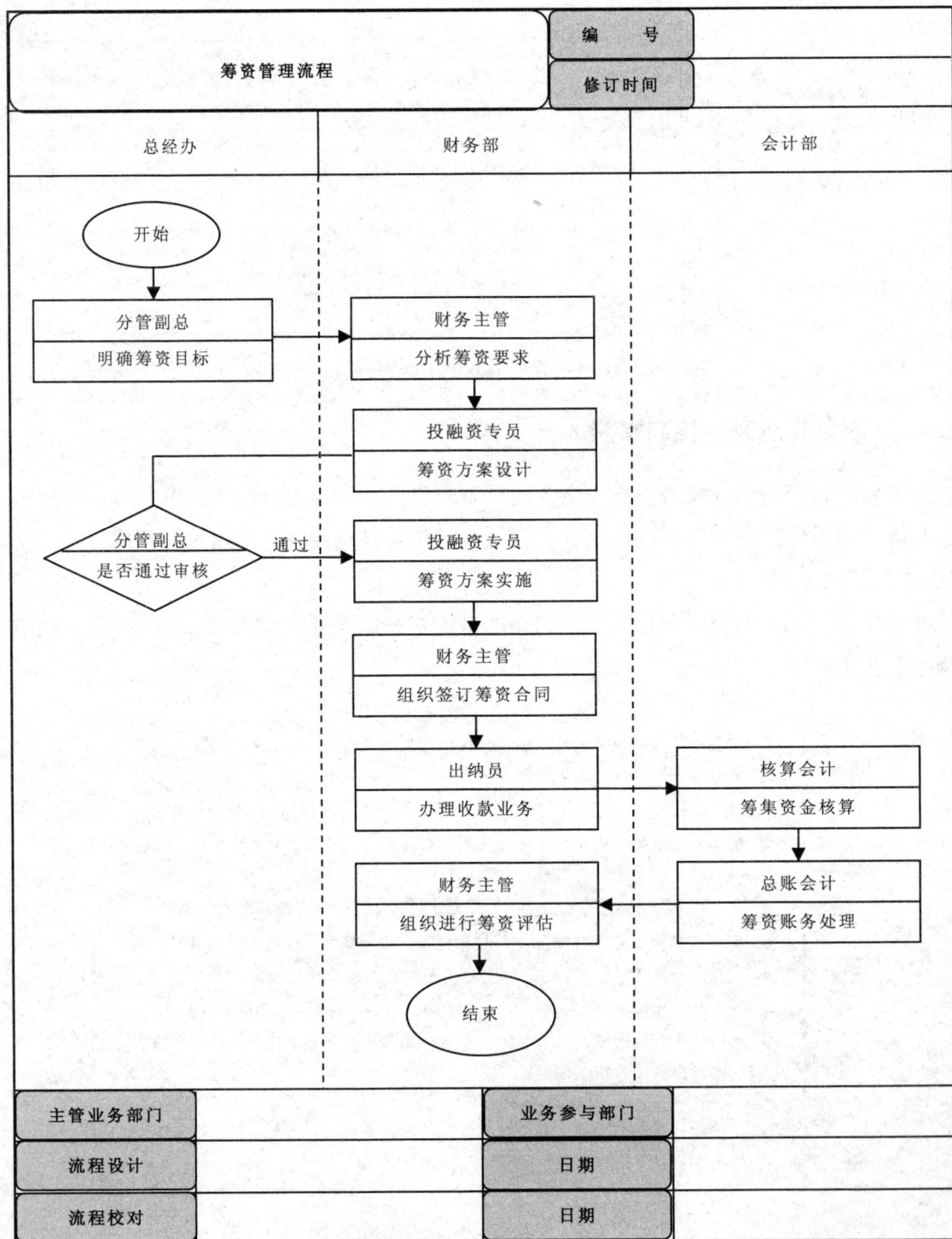

筹资管理流程		编　　号	
		修订时间	
总经办	财务部	会计部	

```
                    ┌─────────┐
                    │  开始   │
                    └────┬────┘
                         ↓
        ┌──────────────┐      ┌──────────────┐
        │  分管副总    │─────→│  财务主管    │
        │ 明确筹资目标 │      │ 分析筹资要求 │
        └──────────────┘      └──────┬───────┘
                                     ↓
                              ┌──────────────┐
                              │ 投融资专员   │
                              │ 筹资方案设计 │
                              └──────────────┘
        ┌────────────┐   通过  ┌──────────────┐
        │ 分管副总   │───────→│ 投融资专员   │
        │是否通过审核│        │ 筹资方案实施 │
        └────────────┘        └──────┬───────┘
                                     ↓
                              ┌──────────────┐
                              │  财务主管    │
                              │组织签订筹资合同│
                              └──────┬───────┘
                                     ↓
        ┌──────────────┐      ┌──────────────┐
        │  出纳员      │      │  核算会计    │
        │ 办理收款业务 │─────→│ 筹集资金核算 │
        └──────────────┘      └──────────────┘
        ┌──────────────┐      ┌──────────────┐
        │  财务主管    │←─────│  总账会计    │
        │组织进行筹资评估│     │ 筹资账务处理 │
        └──────┬───────┘      └──────────────┘
               ↓
          ┌─────────┐
          │  结束   │
          └─────────┘
```

主管业务部门		业务参与部门	
流程设计		日期	
流程校对		日期	

4.4.2 投资管理流程

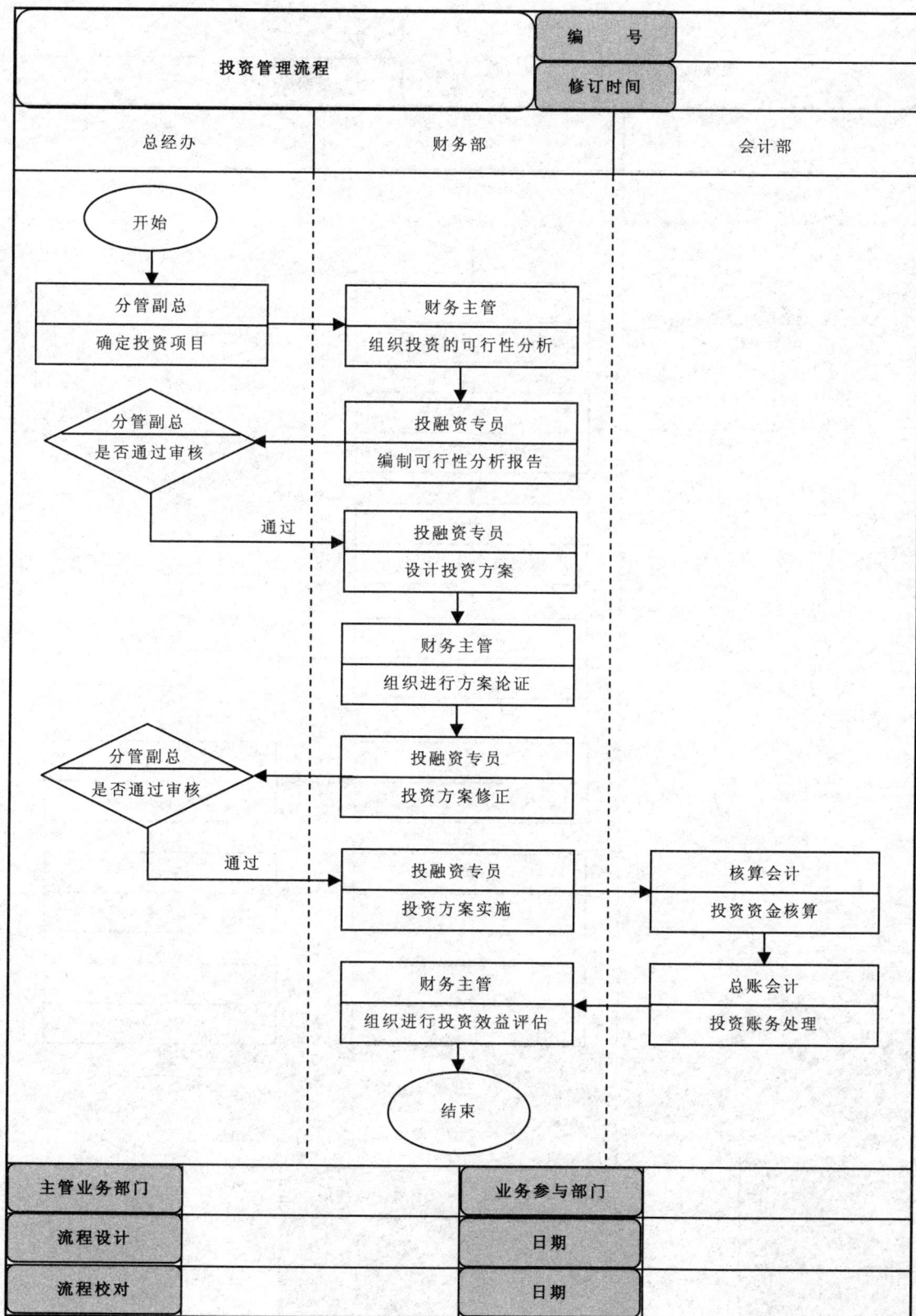

投资管理流程	编　　号	
	修订时间	

总经办	财务部	会计部

开始

分管副总
确定投资项目

财务主管
组织投资的可行性分析

分管副总
是否通过审核

投融资专员
编制可行性分析报告

通过

投融资专员
设计投资方案

财务主管
组织进行方案论证

分管副总
是否通过审核

投融资专员
投资方案修正

通过

投融资专员
投资方案实施

核算会计
投资资金核算

财务主管
组织进行投资效益评估

总账会计
投资账务处理

结束

主管业务部门		业务参与部门	
流程设计		日期	
流程校对		日期	

4.4.3 现金收支控制流程

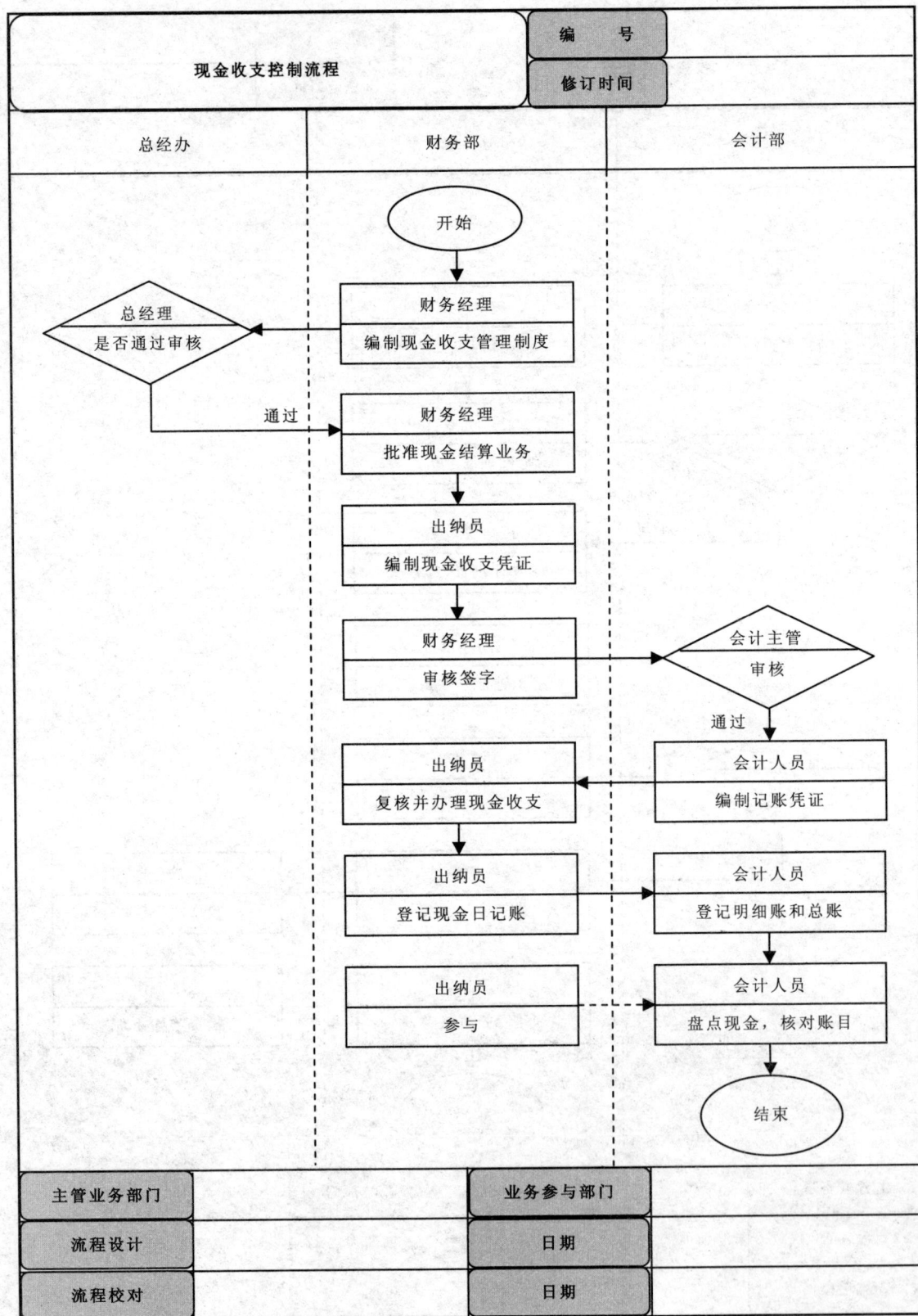

现金收支控制流程	编　　号	
	修订时间	

总经办	财务部	会计部

```
                        ( 开始 )
                           │
                           ▼
   ┌─────────────┐   ┌──────────────┐
   │  总经理      │◄──│  财务经理      │
   │  是否通过审核 │   │ 编制现金收支管理制度│
   └─────────────┘   └──────────────┘
         │通过              │
         └────────►  ┌──────────────┐
                     │  财务经理      │
                     │ 批准现金结算业务 │
                     └──────────────┘
                           │
                     ┌──────────────┐
                     │  出纳员        │
                     │ 编制现金收支凭证 │
                     └──────────────┘
                           │
                     ┌──────────────┐   ┌─────────────┐
                     │  财务经理      │──►│  会计主管     │
                     │  审核签字      │   │  审核        │
                     └──────────────┘   └─────────────┘
                                              │通过
                     ┌──────────────┐   ┌──────────────┐
                     │  出纳员        │◄──│  会计人员      │
                     │ 复核并办理现金收支│   │ 编制记账凭证    │
                     └──────────────┘   └──────────────┘
                     ┌──────────────┐   ┌──────────────┐
                     │  出纳员        │──►│  会计人员      │
                     │ 登记现金日记账   │   │ 登记明细账和总账 │
                     └──────────────┘   └──────────────┘
                     ┌──────────────┐   ┌──────────────┐
                     │  出纳员        │┈►│  会计人员      │
                     │  参与          │   │ 盘点现金，核对账目│
                     └──────────────┘   └──────────────┘
                                              │
                                           ( 结束 )
```

主管业务部门		业务参与部门	
流程设计		日期	
流程校对		日期	

52

4.4.4 企业投资管理制度

制度名称	企业投资管理制度				
制度版本		受控状态	□ 受控　□ 非受控	制度编号	
总则 **第1章**	**第1条　目的** 为了规范公司的投资行为，加强公司的投资管理，提高资金的利用效率与安全性，保障投资效益的顺利实现，特制定本制度。 **第2条　适用范围** 本制度适用于公司各种对外投资活动的管理工作。 **第3条　职责分工** 1．财务部负责制度的编写工作，并根据实际情况，定期进行制度的更新与修正。 2．审计部负责投资项目的审计工作。 3．财务总监负责投资项目的决策与方案、报告等相关文件的审批。 4．财务主管负责组织进行投资项目的可行性分析，指导投融资专员编制可行性报告与设计投资方案，并负责组织投资方案的论证与投资效益的评估。 5．投融资专员负责投资可行性的具体分析与投资方案的具体设计工作。 **第4条　投资原则** 1．投资活动必须遵守国家法律、法规，并符合国家产业政策。 2．投资活动必须符合公司的中长期发展战略目标。 3．投资活动必须规模适度、量力而行，不能影响公司主营业务的发展。				
第2章 **投资决策**	**第5条　投资机会的发现** 投融资专员应定期关注市场变化，实际发现适合的投资机会，并将发现的投资机会详细呈报给财务主管。 **第6条　投资机会的甄别** 财务主管对发现的投资机会进行甄别与筛选，从中选择较为合理的投资机会，并将甄别结果与详细说明等形成报告，提交财务总监审核。 **第7条　投资项目的初选** 财务总监对报告内容进行分析，判断甄别的合理性，对不合理的投资机会予以剔除，以此确定初选的投资项目。 **第8条　投资的可行性分析** 财务主管组织投融资专员，对初选投资项目的可行性进行分析，并依据分析结果编制可行性分析报告，提交财务总监审核。 **第9条　投资项目的确立** 财务总监通过审核分析结果，从初选投资项目进行进一步的筛选，最终确立投资项目。				
第3章 **投资设计**	**第10条　投资方案的设计** 财务主管依据确立的投资项目，指导投融资专员进行投资方案的设计工作。 **第11条　投资方案的论证** 财务主管组织相关人员对设计完成的投资方案进行论证，并对投资方案中存在的不合理之处加以修正完善。投资方案在通过论证后，财务主管应将其连同论证报告一并提交给财务总监审核。投资方案的论证主要包括如下内容。 1．投资方案的可行性。 2．投资方案的成本与效益。 3．投资方案的风险。				

制度名称	企业投资管理制度				
制度版本		受控状态	□ 受控　□ 非受控	制度编号	
第3章 投资设计	**第12条**　投资方案的审批 　　财务总监详细审核论证报告与修正后的投资方案，再确认其合理性与经济性后，进行签字审批。投资方案的审批根据投资额度的不同，有如下两种情况。 　　1. 投资额度在_____万元以下时，有财务总监负责审批签字。 　　2. 投资额度在_____万元及以上时，财务总监审批后，还需总经理审核签字方能生效。 **第13条**　投资方案的实施 　　投资方案通过审批后，财务主管应带领投融资专员正式实施该方案。				
第4章 投资控制	**第14条**　投资运作控制 　　财务主管应指导并监督投融资专员做好投资项目的维护工作，确保投资项目的正常运作。此外，财务主管还应定期将投资项目的进度、成本、收益等状况总结为书面报告，并提交给财务总监审查。 **第15条**　投资风险控制 　　财务主管应带领投融资专员切实落实投资项目的风险控制工作，并定期分析投资项目的安全状况，及时发现不合理之处，并加以有效应对。 **第16条**　投资变更控制 　　1. 投资方案一旦实施便不允许随意变更，财务主管根据实际需求，需要对投资方案进行变更时，应向财务总监提交申请，并详细说明原因，经其审批通过后，才能开展变更工作。 　　2. 无论是财务主管的变更申请，还是企业高层的变更决策，变更后的投资方案需重新进行论证分析，在确认合理并通过审批后，方能实施。 **第17条**　投资审计控制 　　审计部应按要求完成投资活动的审计控制工作，具体的审计内容包括但不限于如下所示的四项。 　　1. 投资合同及相关的协议文件。 　　2. 操作行为的合法性与规范性。 　　3. 投资成本与收益的相关账目及报表。 　　4. 各级人员的权责履行状况。				
附则 第5章	**第18条**　本制度由财务部负责制定，并每年修改一次，经总经理签字后立即生效颁行。 **第19条**　本制度的解释权归财务部所有，总经理对于该制度享有废止的权力。				
编制部门		审批人员		审批日期	

4.4.5　投资回收责任追究制度

制度名称	投资回收责任追究制度				
制度版本		受控状态	□ 受控　□ 非受控	制度编号	
第1章 总则	**第1条**　目的 　　为了明确投资回收的责任归属，规范投资回收的责任追究工作，以保障投资回收的顺利实现，特制定本制度。 **第2条**　适用范围 　　本制度适用于公司工作人员原因导致投资回收无法如期实现时的责任追究工作。				

制度名称	投资回收责任追究制度				
制度版本		受控状态	□ 受控　　□ 非受控	制度编号	

总则 第1章	**第3条**　职责分工 1. 财务部负责制度的编写工作，并根据实际情况，定期进行制度的更新与修正。 2. 财务主管负责指导投融资专员密切关注投资项目的进展，核算投资资金的回收情况。 3. 审计部负责按照计划要求，对投资回收情况进行审查，并开展投资回收异常的责任追究工作。 4. 总经理负责审批责任追究结果及其处理措施。 5. 各部门全力配合投资回收的责任追究工作。
第2章 明确投资 回收情况	**第4条**　明确目标要求 企业在签订投资项目时，会对投资回收目标进行明确规定，具体表现为如下两个方面。 1. 整体性的投资回收情况，具体指标为投资回收期，即实现投资资金全部回收所花费的时间。 2. 阶段性的投资回收情况，具体指标为投资回收率，即该阶段的实际投资回收额占全部投资金额的比率。 **第5条**　掌握实际情况 投融资专员应密切关注投资项目的进展情况，定期核算投资收益，计算上述两项指标的实际完成情况，并编制投资回收报告。
第3章 开展责任 追究工作	**第6条**　明确追究范围 在开展责任追究工作前，审计部应明确投资回收的责任追究范围，具体主要包括如下两个方面。 1. 未在设定的投资回收期限内，实现投资金额的全部回收。 2. 阶段性的投资回收率未能达到目标要求。 **第7条**　分析根本原因 在明确追究范围后，审计部应审查财务部提供的投资回收报告，核查报告的真实性，了解投资项目的实际回收情况，判断其是否出现了上述两项问题，并对问题产生的根本原因进行分析。 **第8条**　正确界定责任 针对原因分析结果，审计部应对造成投资回收问题的责任归属进行正确界定，拟定相应的处理措施，并编制投资回收责任追究报告，提交总经理审核。 **第9条**　报告审批执行 责任追究报告经总经理签字审批后，反馈给有关部门。审计部负责报告的归档管理，有关部门负责落实报告的处理决定。
附则 第4章	**第10条**　本制度由审计部负责制定，并每年修改一次，经总经理签字后立即生效颁行。 **第11条**　本制度的解释权归财务部所有，总经理对于该制度享有废止的权力。
编制部门		审批人员		审批日期	

4.4.6　资金支付授权审批制度

制度名称	资金支付授权审批制度				
制度版本		受控状态	□ 受控　　□ 非受控	制度编号	

第1条　目的

为了规范资金支付的授权审批行为，保障公司资金支付能够得到严格管控，从而有效规避公司的资金风险，特制定本制度。

中·小·微企业风险控制实务

制度名称		资金支付授权审批制度			
制度版本		受控状态	□ 受控　□ 非受控	制度编号	

第2条　适用范围

本制度适用于公司内部关于资金支付的授权审批行为。

第3条　职责分工

1．财务部负责本制度的制定、修改和定期更新工作。

2．公司规定的资金支付审批责任人负责遵照执行本制度。

3．审计部负责监督公司各类资金支付的授权审批行为。

第4条　审批责任的界定

依据公司制度的相关规定，资金支付的审批责任界定如下。

1．资金支付额度在＿＿＿元（含）以下时，由财务总监负责审批。

2．资金支付额度在＿＿＿元以上、＿＿＿元（含）以下时，由分管副总负责审批。

3．资金支付额度超过＿＿＿元时，由总经理负责审批。

第5条　授权审批的条件

当资金支付的实际情况符合如下任一条件时，审批责任人方可授权他人审批。

1．审批责任人由于出差、学习等原因，导致审批期限内无法到岗的情况。

2．由于情况紧急，因而不具备充足时间上报审批的情况。

3．审批责任岗位处于空职的情况。

4．其他审批责任人无法审批而应当授权的情况。

第6条　授权审批的范围

资金支付授权审批允许的授权范围如下所示。

1．制度明文规定的授权对象。

2．次一级的审批责任人。

3．得到审批责任人认可，且与资金支付有直接关联，并具有相应权责的其他人员。

第7条　授权审批的要求

资金支付的授权审批主要应满足如下要求。

1．授权审批应具备证明文件，文件上应对授权审批的内容、范围等进行明确说明。证明文件经审批责任人和授权对象签字后，方可生效。

2．授权对象在进行资金支付审批时，应在"授权审批人"一栏中签字。未设置该栏目时，授权对象应在签字处加以标注。

3．授权对象在进行资金支付审批时，必须询问并遵照审批责任人的意见。

第8条　授权审批的责任

资金支付授权审批的责任界定如下所示。

1．审批责任人需对授权审批的结果及其可能产生的问题负全部责任。

2．授权对象未询问或遵照审批责任人的意见，而按自己的观点进行资金支付审批时，应由授权对象承担责任。

第9条　违规处罚

资金支付的授权审批凡未遵照上述规定的一律视为越权审批，审批责任人与授权对象需接受审批制度中关于越权审批的处罚规定。

第10条　本制度由财务部负责制定，并每年修改一次，经总经理签字后立即生效颁行。

第11条　本制度的解释权归财务部所有，总经理对于该制度享有废止的权力。

编制部门		审批人员		审批日期	

4.4.7 企业资金综合管理制度

制度名称	企业资金综合管理制度				
制度版本		受控状态	□ 受控　□ 非受控	制度编号	

<table>
<tr><td rowspan="1">总则
第1章</td><td>

第1条　目的

为了规范公司资金的管理行为，提高资金的利用效率，降低资金风险，根据国家相关会计法规，结合公司的实际情况，特制定本制度。

第2条　适用范围

本制度适用于公司资金的所有管理工作。

第3条　职责分工

1．财务部负责本制度的制定、修改和定期更新工作。

2．涉及资金使用、调度、管理的各级人员应切实遵守本制度。

3．审计部负责监督并审查本制度的落实情况。

</td></tr>
<tr><td>第2章
备用金管理</td><td>

第4条　备用金的定义

备用金是公司下属单位以及各部门工作人员以现金方式借用的用作零星开支、业务采购、差旅费等的款项，包括定额备用金和临时备用金。

第5条　定额备用金的管理

1．定额备用金限额的计算公式为：定额备用金限额 $= \dfrac{\text{年度日常费用预算总额}}{360} \times 10$。其中，日常费用包括办公费（包括日常性物料消耗）、市内交通费（包括车辆使用费）、经常性业务招待费等。日常费用的具体额度由单位负责人申请，财务总监审定。

2．定额备用金须由单位负责人指定专人保管，保管人员名单必须报财务部备案。

3．各单位办事人员在办理相关业务时，如需使用备用金，经单位负责人批准后，可向保管人借支。

4．备定额用金使用后，备用金保管人员需持办事人员借支备用金的发票证明，及时到财务部报销款项，以补足定额备用金。

5．定额备用金不得跨年度使用，每年12月25日之前，备用金须足额还回财务部，逾期未还，经两次催交后，财务部有权从单位负责人和保管人员工资中扣回。

6．每年1月份第三周，各单位根据本年度审定的备用金额度到财务部办理借支手续。若尚未审定额度，应沿用上年额度，审定后多退少补。

7．各下属单位负责人和备用金保管人员岗位变动或离职时，定额备用金必须做相应交接，交接表原件的其中一份交财务部备案。

第6条　临时备用金的管理

1．一般情况下，公司不予借支临时备用金，工作人员因工作原因需要借支临时备用金时，必须获得总经理和财务总监的审批。下属子公司的工作人员借支临时备用金时，则需获得子公司总经理和财务负责人的批准。

2．工作人员借支临时备用金时，应先到财务部索取"借款单"，财务人员根据实际需要向借款人发送一式三联"借款单"，借款人按规定的格式内容填写借款日期、借款部门、借款人、借款用途和借款金额等事项，经相关负责人批准后，方可到财务部办理借款手续。财务人员审核签字后的"借款单"的各项内容是否正确、完整，审核无误后办理付款手续。

3．完成工作任务后，工作人员应在三日内持有效报销单据到财务部办理报销手续。报销单据需经相关负责人签字批准，并由财务人员审核其真实性、合法性后，方可办理报销手续。

</td></tr>
</table>

制度名称	企业资金综合管理制度				
制度版本		受控状态	☐ 受控 ☐ 非受控	制度编号	

第2章 备用金管理	4. 借款人办理报销手续时，财务人员应查阅"备用金"台账，查明报销人员原借款金额；对报销的超支款项应及时付现款退还本人；对于报销后低于备用金金额的款项，应让报销人员退回余额，以结清原借款单所借账款。 5. 对于所有临时备用金的借支和报销，财务部应按照借款日期、借款部门、借款人、用途、金额、注销日期建立台账，按月及时清理。 6. 借支临时备用金的人员应及时冲账，对无故拖延且在财务部发出最后一次催办通知后还不办理者，财务部将从下月起直接从借款人工资中抵扣，不再另行通知。 7. 跨年度使用备用金时，年底必须重新办理借款手续，并冲销年初的借款。
第3章 库存现金管理	**第7条 库存现金的存放** 1. 库存现金必须存放在专用的保险柜内，保险柜必须经过公安部门安全认可。保险柜钥匙一般由财务负责人授权，出纳负责管理及使用。 2. 保险柜的密码要保密，出纳人员工作变动时，应及时更换密码；保险柜的钥匙、密码丢失或发生故障时，要立即报请领导处，不得随意找人维修或配钥匙。 3. 如果发现保险柜被盗，出纳人员应保护好现场，迅速报告公安机关，待公安机关勘查现场后再对财物被盗情况进行清查。 **第8条 库存现金的保管** 1. 公司出纳人员负责将库存现金按票面额以及整数（大数）和零数（小数）进行分类整理，并妥善保管。 2. 纸币要打开铺平，每100张为一把，每10把为一捆，每把、每捆都要用纸条捆扎。 3. 凡是成把、成捆的纸币即为整数（大数），均应放在保险柜里，随用随取；凡不成把的纸币，即零数（小数），均要按各种票币面额每10张叠好，整叠用小铁夹子夹好，放在固定位置，以便取用，避免错乱。 4. 硬币也要按照币面金额，分类整理好存放，每100枚为一卷，用纸包卷好；每10卷为一把，用纸条捆住。将成卷、成把的硬币放在保险柜或抽屉里，随用随取；不成卷的硬币，应按币面金额分类放在特别的卡数器里。 5. 从银行提取回来的整数纸币和硬币，每把上的纸条，每捆上的封签，都要保持完整。动用这部分现金时，要先按捆、按把点数，待确认无误后才能将纸条、封签丢掉。 **第9条 库存现金的收支** 1. 公司首先要建立健全库存现金收支业务的会计处理程序和内部控制制度，实现现金核算与管理的合理分工，并坚持"钱账分管"的内部牵制原则。 2. 出纳人员必须保证库存现金的总额在限定范围内，超出的部分应及时转为银行存款。 3. 出纳人员和会计人员在收取现金时，必须使用验钞机检验钞票的真伪，防止收取假币，待点验完毕且确认无误后，方能让交款人离开。 4. 出纳人员和会计人员在支付现金时，应提醒领款人当面点验清楚。大额现金的支付，会计人员应查验其有效身份证件后再付款，防止冒领现金。 5. 公司的空白现金支票、转账支票等结算凭证，由现金出纳负责将其放入保险柜中进行保管，印鉴分开管理，不得在空白支票和结算凭证上预盖印鉴备用。 6. 公司因采购材料地点不固定、交通不方便以及其他特殊原因必须使用现金的，经开户银行同意可支付现金。

制度名称	企业资金综合管理制度				
制度版本		受控状态	□ 受控 □ 非受控	制度编号	

第3章 库存现金管理	7．出纳人员必须逐日逐笔根据现金收支业务登记现金日记账，每天必须将库存现金与日记账余额核对相符，月终要与总账核对相符，做到日清月结，保证账款一致。出纳人员经核对发现账款不符时，应立即向资金专员汇报。短款时应及时查找，并由责任人赔偿；长款时需挂账处理，不得以长款弥补短款。 8．财务部应定期或不定期对库存现金进行检查，防止白条抵库、贪污挪用、公款私存等现象发生。上述违纪行为一经查出，将严肃处理，触犯刑律的要追究法律责任。 9．任何单位一律不准私设小金库，一切现金收入都必须交回财务部，任何单位或个人都不许私自截留，自行处理，更不能贪污挪用。上述行为一经发现，视同贪污，将依法处理。 **第10条　库存现金的核算** 为了保证库存现金收支正确合法，公司应根据有关规定，严格审核现金收支业务，正确计算现金数额，避免错收、错支及违法乱纪行为的发生。库存现金的具体核算流程如下。 1．公司管理部门或业务部门规定或指派业务人员办理有关现金结算的经济业务，对于大宗或特殊现金收支业务，主管部门负责人应作专门批示。 2．发现现金收支业务时，相关人员必须填制或取得原始凭证，以此作为收付现金的书面说明。 3．业务经办人员在现金收支原始凭证上签字，必要时应填写清楚业务内容、用途，并由部门负责人审核签章。 4．会计部收到现金收支业务的原始凭证后，由会计主管人员或指定的分管会计负责审核。对于不符合规定的凭证，拒不受理或责成经办人补办手续。 5．会计主管或分管会计根据审核合格的原始凭证，填制收款凭证或付款凭证，签章后通知办理现金收支业务。 6．出纳人员复核记账凭证及原始凭证，按凭证收付现金，并在凭证上加盖"收讫""付讫"戳记。 7．稽核人员或指定人员审查收款凭证及付款凭证，审查合格后签章传递。 8．出纳人员根据经过复核的收付记账凭证登记现金日记账。 9．分管会计人员根据审签合格的收付凭证登记相关明细账。 10．总账会计编制总账记账凭证，经复核后登记总分类账现金科目。 **第11条　库存现金的清查** 为了保证账实相符，防止现金发生差错、丢失、贪污等，公司应对库存现金进行核对清查。库存现金的清查包括出纳人员的每日清点核对及清查小组定期或不定期的清查。 库存现金的清查一般先盘点库存现金的实存数，再与现金日记账进行核对，查看两者是否相符。一旦在清查过程中发现账实不符，应立即查找原因，及时更正，不得以今日长款弥补他日短款。
第4章 银行存款管理	**第12条　银行账户管理** 1．公司银行账户的开设由财务部负责，并指定专人负责管理。银行账户的开设必须符合国家有关规定，且获得各级领导的审批。 2．任何人不得私自以公司名义开设账户，特殊情况下需开立的，应获得总经理批准。 3．公司的银行账户严禁出租、出借和转让，且必须为公司业务所用。 4．银行账户的账号必须保密，非业务需要不准外泄。

制度名称	企业资金综合管理制度				
制度版本		受控状态	□ 受控　□ 非受控	制度编号	

<table>
<tr><td rowspan="1">第4章
银行存款管理</td><td>

5．财务部应定期检查银行账号的状况，一旦发现异常问题应及时处理，对于不再使用的账户要及时清理销户。

6．审计部应不定期审查银行账户，对于各种违规行为要严肃处理，涉及犯罪的移交司法机关处理，并追究当事人的责任。

第13条　存付款业务管理

1．有关的各类存款、付款业务必须符合国家法律法规和公司规章制度的有关规定。

2．所有存付款业务必须经过财务经理审批，额度超过____万元的需经总经理审批。

3．出纳人员在办理存付款业务时，应按规范流程进行，并在办理完成后取得相应凭证。

4．会计人员根据有关凭证编制记账凭证。

5．出纳人员逐日逐笔登记银行日记账，并每日结出余额。

6．出纳人员不慎将凭证丢失后，应及时上报以便财务部门采取挂失止损等补救措施；否则若给企业造成损失，由出纳人员个人承担。

第14条　银行存款核对管理

1．出纳人员与会计人员应按要求完成每日的账目核对工作。

2．资金管理专员应定期核对银行存款余额、日记账和银行对账单，确保账实相符。

3．财务部应组织相关人员成立清查小组，不定期清查银行存款余额与相关账目是否一致。

4．审计部应按要求切实完成银行存款的审查业务。

第15条　网上银行安全管理

公司在使用网上银行时，应切实遵照如下规定，以保障其安全性。

1．开办网上银行账户必须严格按照规范手续和审批流程。

2．网上银行的存付款业务的审批与管理严格按照普通银行存款的相关管理规定执行。

3．网上银行的存付款业务至少设置操作员、复核员、转账员三级。

4．电子银行卡与密码的保管人员不得将卡交给其他人员，密码需定期更换，电子银行卡丢失需及时挂失、上报，否则后果由保管人员承担。
</td></tr>
<tr><td>第5章
银行票据管理</td><td>

第16条　银行票据的定义

银行票据是由银行统一印制、签发的，表明一方无条件支付确定金额给另一方的凭证，通常包括现金支票、银行转账支票、银行电汇凭证等。

第17条　银行票据的购买

公司需要使用银行票据时，应由财务经理指定专人向开户银行购买，并登记"银行票据领用单"。

第18条　银行票据的领取

需要领用银行票据时，出纳人员应办理相应的领用手续，而后由财务部将购买的银行票据全部移交给出纳人员。

第19条　银行票据的保管

银行票据统一存放于保险箱中，并由出纳人员妥善保管，防止空白票据的遗失和盗用。对于所有使用中的银行票据，出纳人员应保管好留底联（包括因某种原因报废的银行票据全部联次），以备银行票据使用完毕缴销时登记到银行票据领用单上。

第20条　银行票据的使用

1．出纳人员需要使用银行票据提取现金时，应填写现金领用单，注明用途、金额、支取方式，交财务经理审批，倘若单次提取现金额度超过____万元时，须由总经理审批。
</td></tr>
</table>

制度名称	企业资金综合管理制度				
制度版本		受控状态	□ 受控 □ 非受控	制度编号	
第5章 银行票据管理	2．出纳人员需要使用银行票据付款时，应严格遵照公司的有关规定，审核付款业务是否真实，金额是否正确，付款是否经过审批，相关手续是否齐全，各类单据是否合法完整等。出纳人员通过审核确保付款业务没有问题时，方可对外付款。 出纳人员在办理银行票据付款时，除了取得合法的、齐全的发票外，还需收款方提供的收款收据，以备日后结算、对账使用，并要求收款方当事人在银行票据的公司留底联次上签署名字。 3．出纳人员在收取外部的银行票据时，应及时登记银行承兑汇票收入备查簿，并将银行票据的要素在备查簿上列示清楚，尤其是票据的到期日，以便将到期的票据及时解交到银行兑换资金。同时票据的贴现、兑换、背书转让等情况也要一并在备查簿上登记清楚，备查簿上登记的数额必须与实际数额相一致。 收取的银行票据在兑换前，应由出纳人员妥善保管，确保票据的安全，必要时可委托银行代为保管。 4．公司对外开具银行票据时，出纳人员应及时登记到银行承兑汇票支出备查簿上，将票据要素列示清楚，并将到期付款的记录登记到备查簿上。				
附则 第6章	第21条　本制度由财务部负责制定，并每年修改一次，经总经理签字后立即生效颁行。 第22条　本制度的解释权归财务部所有，总经理对于该制度享有废止的权力。				
编制部门		审批人员		审批日期	

第 5 章

企业资产管理风险控制

5.1 资产管理的风险识别

5.1.1 存货积压或短缺风险点

存货指企业在平常的生产经营活动中，持有的以备出售的产成品、处在生产过程的在产品以及在生产过程中耗用的物料等。在实际工作中，企业由于对存货的管理不善，会导致出现存货积压或者货物短缺的风险，具体的风险点如图 5-1 所示。

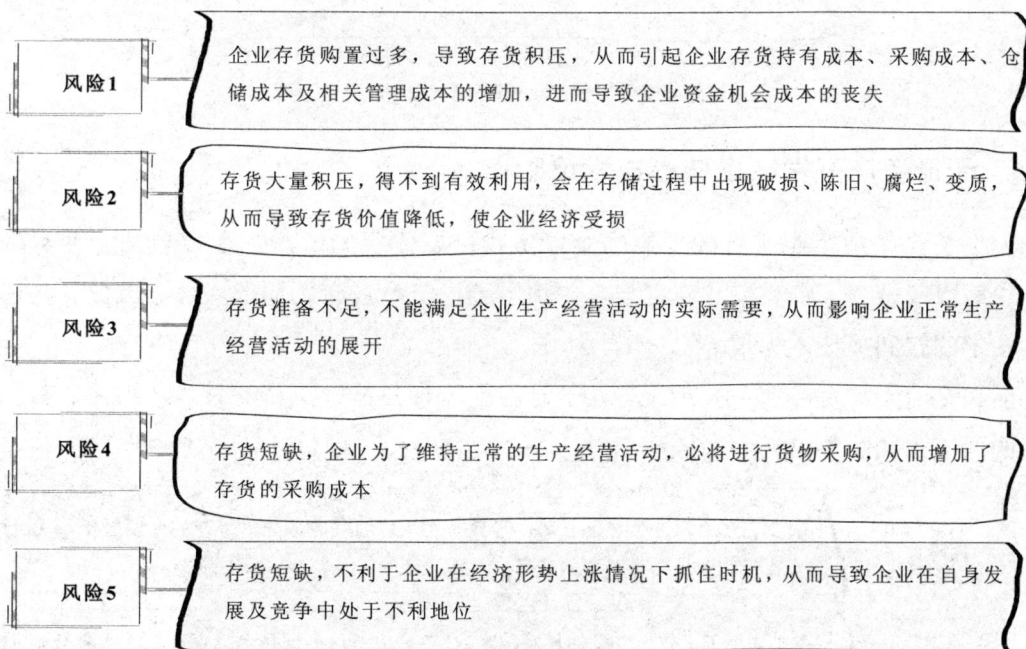

风险1	企业存货购置过多，导致存货积压，从而引起企业存货持有成本、采购成本、仓储成本及相关管理成本的增加，进而导致企业资金机会成本的丧失
风险2	存货大量积压，得不到有效利用，会在存储过程中出现破损、陈旧、腐烂、变质，从而导致存货价值降低，使企业经济受损
风险3	存货准备不足，不能满足企业生产经营活动的实际需要，从而影响企业正常生产经营活动的展开
风险4	存货短缺，企业为了维持正常的生产经营活动，必将进行货物采购，从而增加了存货的采购成本
风险5	存货短缺，不利于企业在经济形势上涨情况下抓住时机，从而导致企业在自身发展及竞争中处于不利地位

图 5-1 存货积压或短缺风险点

5.1.2 固定资产管理不够风险点

固定资产是指在企业中，使用期限超过一年的房屋、机器设备等与企业生产经营活动相关的建筑物、设备、工器具等。固定资产是企业总体资产的重要构成，而在企业的实际工作中，由于固定资产管理得不够完善，导致图 5-2 所示的风险出现。

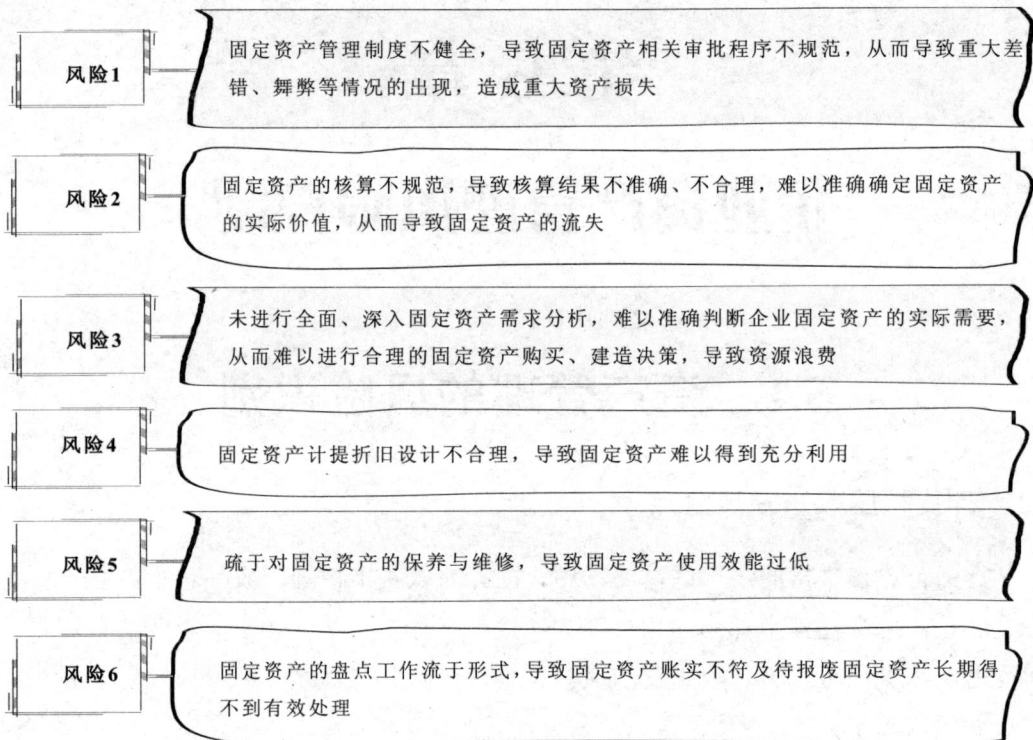

风险1 固定资产管理制度不健全，导致固定资产相关审批程序不规范，从而导致重大差错、舞弊等情况的出现，造成重大资产损失

风险2 固定资产的核算不规范，导致核算结果不准确、不合理，难以准确确定固定资产的实际价值，从而导致固定资产的流失

风险3 未进行全面、深入固定资产需求分析，难以准确判断企业固定资产的实际需要，从而难以进行合理的固定资产购买、建造决策，导致资源浪费

风险4 固定资产计提折旧设计不合理，导致固定资产难以得到充分利用

风险5 疏于对固定资产的保养与维修，导致固定资产使用效能过低

风险6 固定资产的盘点工作流于形式，导致固定资产账实不符及待报废固定资产长期得不到有效处理

图 5-2　固定资产管理不够风险点

5.1.3　无形资产开发缺乏核心技术风险点

无形资产是指企业所有或控制的难以实物形态体现的资产，主要包括企业金融资产、长期股权投资、专利权及商标权等。由于无形资产没有物质的实体，因此，其通过某种法定的权利或技术体现。

而在企业无形资产业务管理工作中，存在的无形资产缺乏核心技术的风险，其具体表现的风险点如图 5-3 所示。

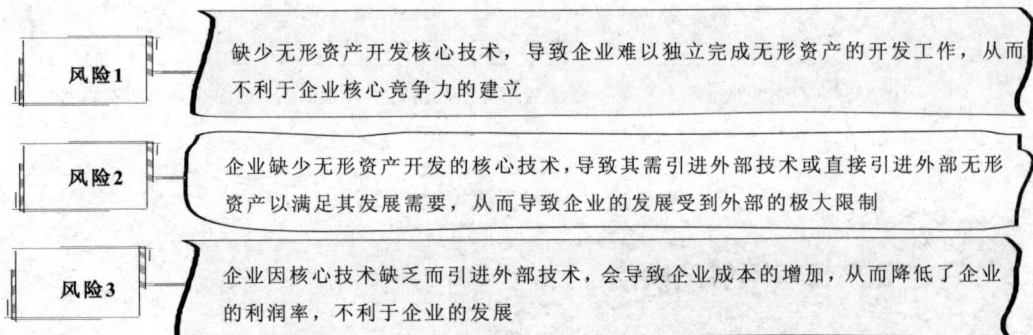

风险1 缺少无形资产开发核心技术，导致企业难以独立完成无形资产的开发工作，从而不利于企业核心竞争力的建立

风险2 企业缺少无形资产开发的核心技术，导致其需引进外部技术或直接引进外部无形资产以满足其发展需要，从而导致企业的发展受到外部的极大限制

风险3 企业因核心技术缺乏而引进外部技术，会导致企业成本的增加，从而降低了企业的利润率，不利于企业的发展

图 5-3　无形资产开发缺乏核心技术风险点

5.2　资产管理的风险评估

5.2.1　存货管理环节风险评估

存货管理是企业对其存货进行综合管理的过程，主要包括存货的信息管理、相关决策分析以及有效控制等工作，从而提高存货的经济效益。

而在企业的存货管理中，存在着存货积压、短缺等风险。因此，企业需首先对其风险进行有效的评估，并以此制定有效的风险规避措施。企业存货管理环境风险的评估要点具体如图 5-4 所示。

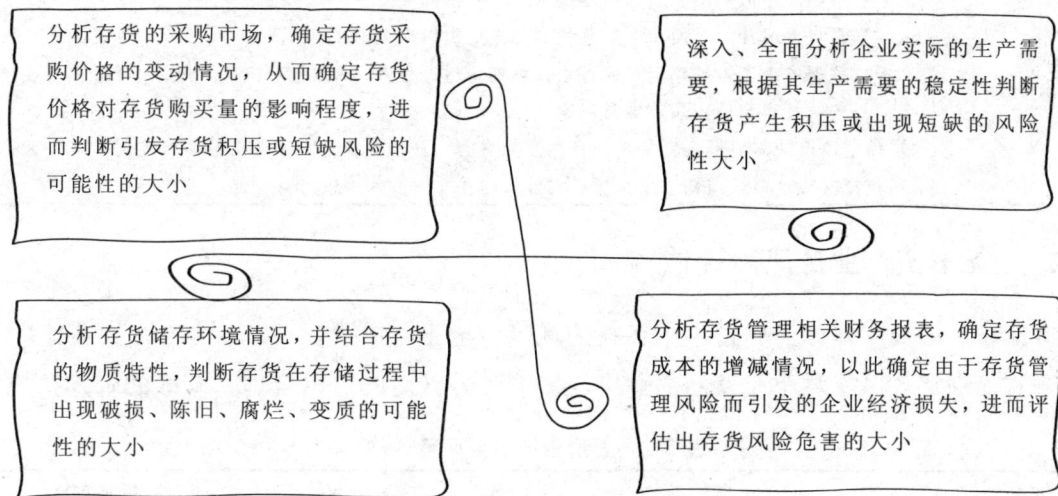

分析存货的采购市场，确定存货采购价格的变动情况，从而确定存货价格对存货购买量的影响程度，进而判断引发存货积压或短缺风险的可能性的大小

深入、全面分析企业实际的生产需要，根据其生产需要的稳定性判断存货产生积压或出现短缺的风险性大小

分析存货储存环境情况，并结合存货的物质特性，判断存货在存储过程中出现破损、陈旧、腐烂、变质的可能性的大小

分析存货管理相关财务报表，确定存货成本的增减情况，以此确定由于存货管理风险而引发的企业经济损失，进而评估出存货风险危害的大小

图 5-4　存货管理环节风险评估要点

5.2.2　固定资产业务风险评估

固定资产管理是企业资产管理的重要组成部分，而企业进行固定资产业务管理活动时，常会出现管理制度不健全、资产核算不规范、保养维修不科学等问题，从而会引发资产效能过低、资产流失严重的风险，进而严重影响固定资产的使用效率。

因此，企业需选择合适的方法进行风险评估，确定其影响范围及程度，从而制定出有效的控制措施。企业常用的固定资产业务风险评估方法有专家调查法、综合评价法及模拟技术法三种，具体如表 5-1 所示。

表 5-1　固定资产业务风险评估方法一览表

方法名称	方法概述
专家调查法	◎ 是通过相关专家的知识、经验等，确定固定资产业务潜在风险的方法 ◎ 专家数目一般根据固定资产业务的实际特点、规模及复杂程度确定，一般在10～20名之间

方法名称	方法概述
综合评价法	◎ 通过确定风险的权重与发生概率确定固定资产业务整体风险影响程度的方法 ◎ 要求企业在风险识别完成后，需建立主要风险清单，列出固定资产业务可能遇到的重要风险 ◎ 企业需对清单中的风险进行调查，判断风险权重及其发生的概率，并综合计算出每个风险的等级，从而确定固定资产整体业务风险等级
模拟技术法	◎ 通过随机抽样，确定风险的概率分布、期望、方差及标准差，从而确定固定资产业务由可行转变到不可行的概率，即风险发生概率的方法，其具体程序如下： ① 确定风险评估指标及指标影响变量； ② 通过调查确定变量的概率分布； ③ 输入变量随机数，计算变量抽样值； ④ 根据抽样值确定一组评价基础数据，并依此确定评估指标值； ⑤ 重复上述③、④两步，直至达到预定的模拟次数； ⑥ 整理各个模拟结果所得的评估指标期望值、方差、标准差及概率分布，并绘制累计概率图，计算出固定资产业务风险概率 ◎ 使用模拟法需假设各变量之间是相互独立的，且各变量是对评估指标具有重大影响的变量 ◎ 模拟次数越多，理论结果越接近实际，但在实际操作中以200～500次为宜

5.2.3 无形资产业务风险评估

针对无形资产业务实施过程中存在的风险，企业需依据表 5-2 所示的评估表进行风险评估，确定各风险对企业发展的危害与影响，并以此制定出合理、有效的管控措施。

表 5-2 无形资产业务风险评估

风险点	产生原因	影响结果	严重程度
缺乏核心技术风险	1. 企业不重视无形资产开发核心技术的建立 2. 企业实际情况难以满足核心技术的建立要求	影响企业无形资产独立开发工作，且使企业发展在很大程度上受到外部条件的限制	高，不利于企业核心竞争力的建立
无形资产产权管理风险	1. 无形资产购入或换入谈判合同中，未就资产产权相关内容进行科学、合理的规定 2. 资产管理相关人员保密意识薄弱，导致无形资产相关信息泄露	导致无形资产产权纠纷	高，会给企业带来严重的经济损失，同时会对企业信誉造成不利影响

5.3 资产管理风险管控措施

5.3.1 存货管理风险管控措施

针对企业存货管理过程中存在的风险，企业需制定有效的风险管控措施以有效管理、控制存货管理工作中的风险，具体的措施如图 5-5 所示。

| 措施1 | ◎ 企业需对市场价格做出科学的判断，并给出存货购置合理的价格分析，以降低价格波动对存货的影响 |

| 措施2 | ◎ 企业需准确判断销售市场的走向，从而准确判断市场需求，为存货的需求确定提供可靠依据 |

| 措施3 | ◎ 企业需根据存货进行未来生产产品的价值预测，确定存货的使用情况，以确定存货的需求情况 |

| 措施4 | ◎ 企业需及时盘点库存，确定存货储存情况，并以此确定有效的经济订货批量，以确保生产经营活动的正常运行，并有效控制存货的各项相关成本 |

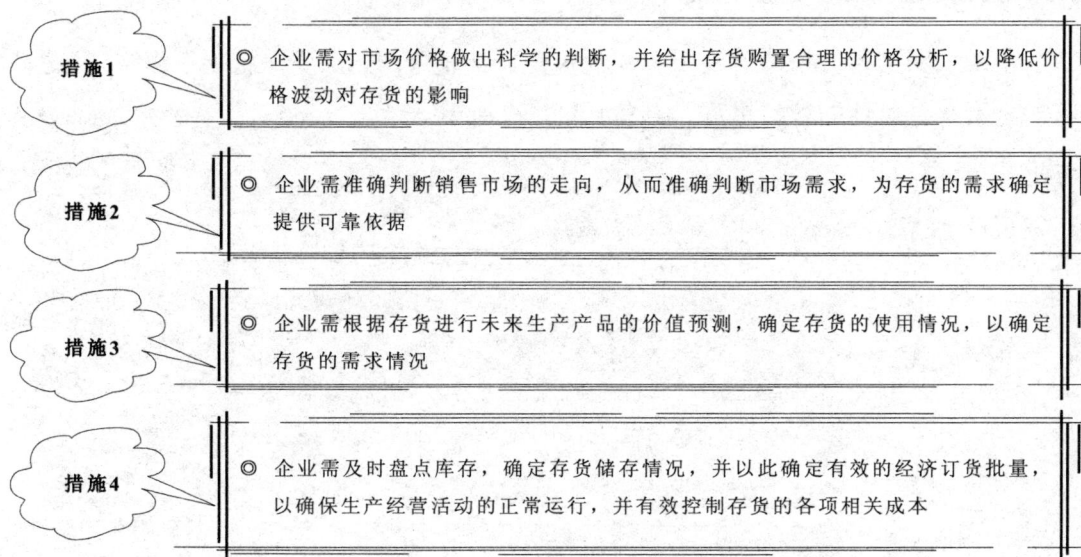

图 5-5　存货管理风险管控措施

5.3.2　固定资产风险管控措施

为了加强固定资产的管理，防止固定资产业务管理风险，确保固定资产安全，提高固定资产的使用效率，企业需采取图 5-6 所示的措施进行有效的管控。

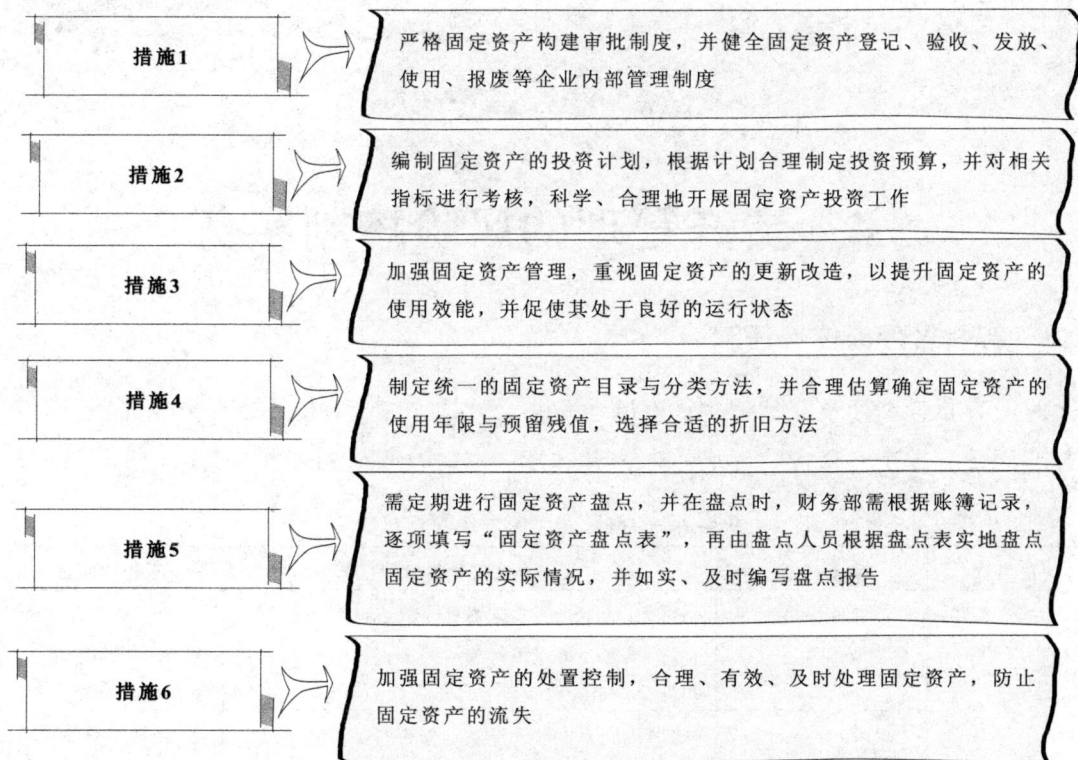

措施1	严格固定资产构建审批制度，并健全固定资产登记、验收、发放、使用、报废等企业内部管理制度
措施2	编制固定资产的投资计划，根据计划合理制定投资预算，并对相关指标进行考核，科学、合理地开展固定资产投资工作
措施3	加强固定资产管理，重视固定资产的更新改造，以提升固定资产的使用效能，并促使其处于良好的运行状态
措施4	制定统一的固定资产目录与分类方法，并合理估算确定固定资产的使用年限与预留残值，选择合适的折旧方法
措施5	需定期进行固定资产盘点，并在盘点时，财务部需根据账簿记录，逐项填写"固定资产盘点表"，再由盘点人员根据盘点表实地盘点固定资产的实际情况，并如实、及时编写盘点报告
措施6	加强固定资产的处置控制，合理、有效、及时处理固定资产，防止固定资产的流失

图 5-6　固定资产风险管控措施

67

5.3.3　无形资产风险管控措施

为了降低无形资产管理过程中存在的风险，企业需在无形资产管理过程中，根据其风险制定具有针对性的管控措施，具体如图5-7所示。

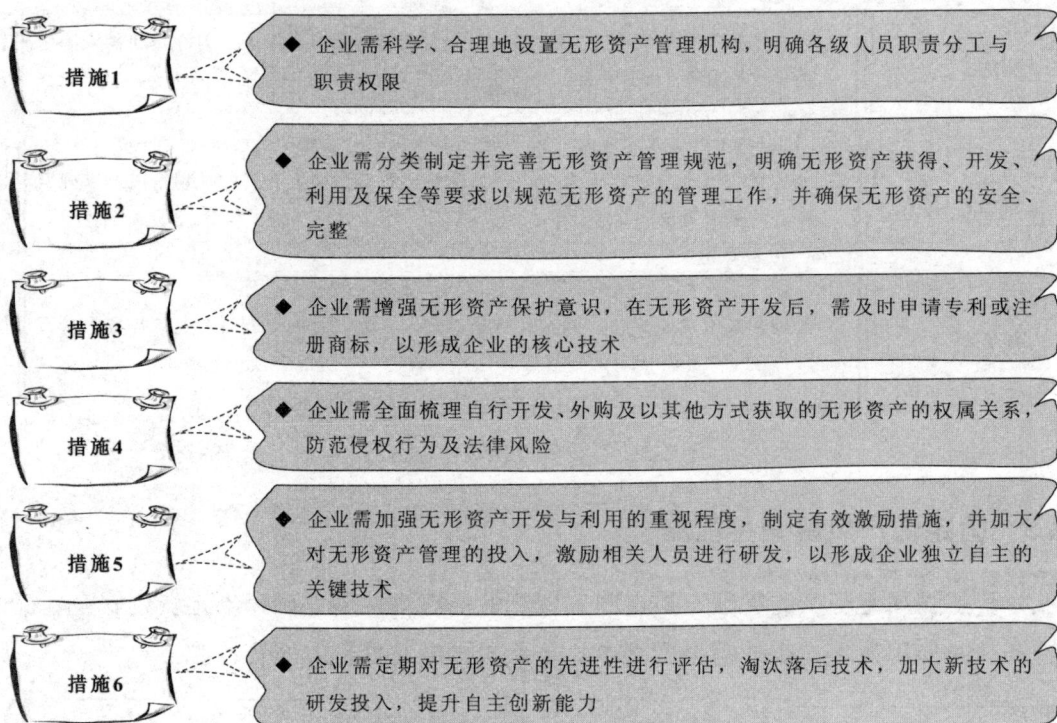

措施1　◆ 企业需科学、合理地设置无形资产管理机构，明确各级人员职责分工与职责权限

措施2　◆ 企业需分类制定并完善无形资产管理规范，明确无形资产获得、开发、利用及保全等要求以规范无形资产的管理工作，并确保无形资产的安全、完整

措施3　◆ 企业需增强无形资产保护意识，在无形资产开发后，需及时申请专利或注册商标，以形成企业的核心技术

措施4　◆ 企业需全面梳理自行开发、外购及以其他方式获取的无形资产的权属关系，防范侵权行为及法律风险

措施5　◆ 企业需加强无形资产开发与利用的重视程度，制定有效激励措施，并加大对无形资产管理的投入，激励相关人员进行研发，以形成企业独立自主的关键技术

措施6　◆ 企业需定期对无形资产的先进性进行评估，淘汰落后技术，加大新技术的研发投入，提升自主创新能力

图5-7　无形资产风险管控措施

5.4　资产管理的风险控制实务

5.4.1　存货管理岗位责任制

企业存货管理涉及存货请购、审批、采购、验收、保管、使用、处置及账务处理等工作，因此，在企业存货管理工作中，其涉及的岗位及职责如表5-3所示。

表5-3　存货管理岗位责任制一览表

岗位名称	职责概括	主要职责明细	不相容职责
生产主管	存货请购	1. 分析生产的实际需要，确定存货需求 2. 根据存货使用情况，判定存货购买需求，并提交存货请购申请	◆ 存货请购审批 ◆ 存货采购 ◆ 存货账务管理
	存货验收	1. 协助存货保管员验收采购的存货 2. 出具验收意见，确定验收结果	

岗位名称	职责概括	主要职责明细	不相容职责
生产主管	存货使用	1. 依据生产任务,合理使用存货 2. 安排人员报告存货 3. 根据生产需求及存货的实际情况,提出存货处置申请,并进行存货处置	
财务部经理	存货请购审批	1. 核实生产情况,判定申请内容的真实性 2. 依据资产管理预算,审核请购申请	◆ 提交存货采购、处置申请
	存货处置申请审批	1. 核实存货使用情况 2. 根据存货管理预算,审批处置申请	◆ 存货采购 ◆ 存货处置
采购主管	存货采购	1. 根据存货请购申请编制存货采购计划 2. 分析市场情况,确定采购价格 3. 组织实施存货采购工作 4. 协助存货保管员验收采购的存货	◆ 存货请购与审批 ◆ 存货保管与使用
存货管理员	存货出入库管理	1. 核对验收出、入库存货规格、数量等,填写入库单或出库单 2. 编制收货、出货报告	◆ 存货请购与审批 ◆ 存货采购 ◆ 存货使用
	存货保管	1. 存货日常检查与维护 2. 提出在库呆废品处理意见并具体处理 3. 登记存货明细账	
存货管理会计	存货会计核算	1. 负责存货明细账与总账的核对 2. 依照企业存货管理规定及时对存货进行摊销 3. 将已验收入库尚未收到发票的物资在月终估计入账 4. 负责健全存货管理活动中会计核算的二、三级科目	◆ 存货请购与审批
	存货账务管理	1. 监控各项存货的使用情况 2. 及时登记存货明细账 3. 定期检查公司实际存货数量是否与账面相符 4. 参与存货盘点及清查工作 5. 整理汇总存货账户的相关会计凭证、账簿等资料	

5.4.2　无形资产管理责任制

企业无形资产管理责任制具体如表 5-4 所示。

表 5-4　无形资产管理责任制

岗位名称	职责概括	主要职责明细	不相容职责
行政主管	非技术类无形资产获得	1. 负责商标权、著作权等非技术类无形资产的开发 2. 组织商标权、著作权、土地使用权等资产的购入或换入	◆ 非技术类无形资产管理
	非技术类无形资产日常管理	1. 登记无形资产台账 2. 编制无形资产应用计划，并安排资产的日常应用 3. 负责无形资产的保密管理	
	非技术类无形资产处置	1. 提出资产处理建议 2. 执行资产处理意见	
技术主管	技术类无形资产获得	1. 负责技术专利的开发 2. 组织技术专利的购入	◆ 技术类无形资产管理
	技术类无形资产日常管理	1. 登记无形资产台账 2. 负责资产应用规格，并组织资产在企业的应用 3. 实施更新资产，并定期维护	
	技术类无形资产处置	1. 协助进行资产盘点清查 2. 出具资产处理建议 3. 执行资产处置意见	
法务主管	资产产权管理	1. 负责资产产权相关信息调查，提出购入或处置意见 2. 负责无形资产相关合同的编制或审核，并参与合同的签订 3. 负责资产产权纠纷的处理	◆ 无形资产的日常管理
无形资产管理会计	资产会计核算	1. 核算无形资产各项明细 2. 负责核对无形资产明细账与总账 3. 负责健全无形资产管理活动中会计核算的二、三级科目	◆ 无形资产产权管理
	资产账务管理	1. 审核无形资产的相关单据 2. 建立无形资产明细账 3. 及时登记无形资产明细账 4. 定期检查无形资产利用率 5. 负责全面清查无形资产的使用情况，并编制无形资产清查报告 6. 综合无形资产管理相关部门建议，提出无形资产处置意见 7. 负责资产的账务核销	

5.4.3　存货保管管理制度

制度名称	存货保管管理制度				
制度版本		受控状态	□ 受控　　□ 非受控	制度编号	
第1章 总则	第1条	目的。为了规范存货的保管工作，确保存货适量、安全，特制定本制度。			
	第2条	本制度适用于存放在仓库内和生产现场的存货的保管管理工作。			

制度名称	存货保管管理制度				
制度版本	受控状态	□ 受控	□ 非受控	制度编号	
总则 第1章	第3条 存货保管的职责分工具体如下所示。 1．仓储部负责存放在仓库内存货的保管工作。 2．生产部负责存放在生产现场内存货的保管工作。				
第2章 仓库内 存货保管	第4条 仓储部需落实存货保管岗位责任制，安排专人负责入库存货的保管工作，禁止无关人员接触存货。 第5条 存货保管人员需全面掌握仓库存货的储存环境、堆层与搬运注意事项、存货特性及相关故障排除方法。 第6条 存货保管人员需根据存货类别、出入库情况等内容合理划分库位。 第7条 存货保管人员需根据存货的销售类别或原材料类别，将存货在指定库位上分类存放，并注明品名、规格、型号、款式、数量、质量（等级）、产地、生产厂家、生产日期、保质期等信息。 第8条 存货保管人员需根据存货的进出库情况，及时登记存货明细账，记录存货类别、编号、规格、数量、计量单位等内容，并需定期同财务部进行核算，确保账实相符。 第9条 存货保管人员需严格遵照存货的储存环境要求保管储存存货，并定期对货物进行清洁和整理。 第10条 存货保管人员需定期检查存货的情况，具体内容如下所示。 1．防潮、防水、防火、防盗安全设施是否完好。 2．存储环境中是否存在易燃易爆等危险品。 3．存货是否出现变质、残损、积压、短缺等情况。 第11条 存货保管人员如发现存货安全防护措施出现故障，需立即报告仓储主管进行相关处理。 第12条 存货保管人员如发现存货储存环境中存在易燃易爆危险品，需请示仓储主管，并根据仓储主管的指示进行危险品的处理。 第13条 存货保管人员如发现存货促销变质、残损、积压、短缺等情况，需及时报仓储主管，由其通知相关部门进行协同处理。				
第3章 生产现场 存货保管	第14条 生产部需根据生产计划，填写存货使用申请向仓储部申领原材料等存货。 第15条 生产部需根据生产的实际情况及存货的特性，在生产现场内划分存货储存区域。 第16条 生产部需安排专人负责现场存货的保管工作。 第17条 收到存货时，保管人员需根据存货使用申请，核对存货型号、数量、质量等内容，并登记存货明细账。 第18条 保管人员需认真盘点现场存货，确保现场存货的数量与质量。 第19条 生产人员需根据生产需要，填写存货领用单，注明领用存货类别、名称、规格、数量及质量要求等内容，并报车间主任审批后，凭领用单领取存货。 第20条 保管人员需核实领用单信息，并在核实无误后，根据领用单发放存货。 第21条 如出现现场存货不足，保管人员需根据生产需要填写存货补领单，注明补领存货名称、规格、数量及补领原因，报生产主管审批后，到仓库领取存货。 第22条 如出现现场存货剩余，保管人员需进行存货盘点，并编制退料单，注明退料名称、规格、数量等信息，报生产主管审批后，将存货退回仓库。				
附则 第4章	第23条 本制度由总经理办公室制定，其解释权、修订权归总经理办公室所有。 第24条 本制度经总经理批准后执行。				
编制部门		审批人员		审批日期	

5.4.4 存货规范管理流程

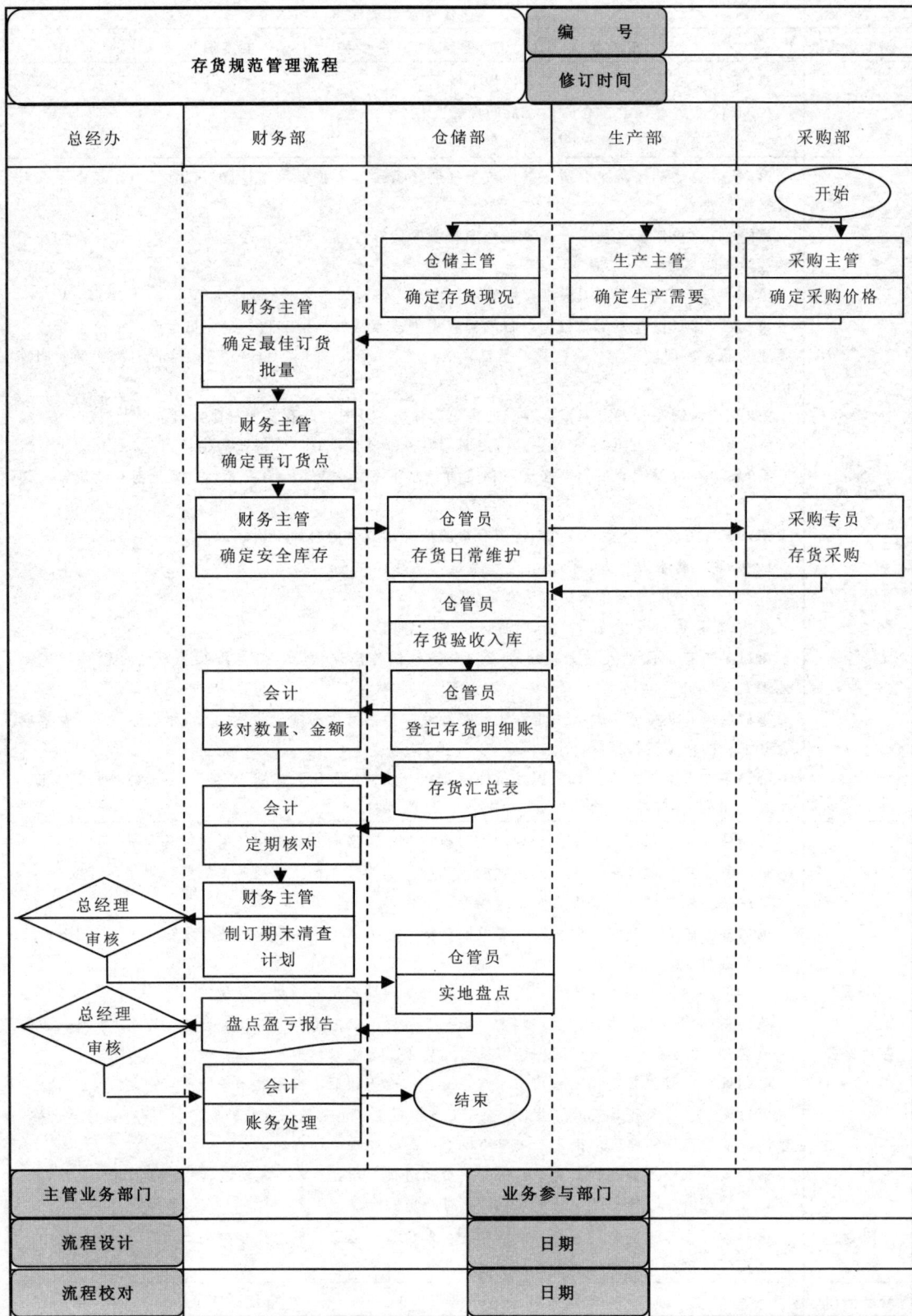

存货规范管理流程			编　　号	
			修订时间	

总经办	财务部	仓储部	生产部	采购部

```
                                                                          ( 开始 )
                                                                             │
                           ┌──────────┐   ┌──────────┐   ┌──────────┐
                           │  仓储主管  │   │  生产主管  │   │  采购主管  │
                           │ 确定存货现况│   │ 确定生产需要│   │ 确定采购价格│
                           └──────────┘   └──────────┘   └──────────┘
              ┌──────────┐
              │  财务主管  │
              │ 确定最佳订货│
              │    批量    │
              └──────────┘
              ┌──────────┐
              │  财务主管  │
              │ 确定再订货点│
              └──────────┘
              ┌──────────┐   ┌──────────┐                   ┌──────────┐
              │  财务主管  │→ │  仓管员   │ ────────────────→ │  采购专员  │
              │ 确定安全库存│   │ 存货日常维护│                   │  存货采购  │
              └──────────┘   └──────────┘                   └──────────┘
                             ┌──────────┐
                             │  仓管员   │ ←──────────────────
                             │ 存货验收入库│
                             └──────────┘
              ┌──────────┐   ┌──────────┐
              │   会计    │ ← │  仓管员   │
              │核对数量、金额│   │登记存货明细账│
              └──────────┘   └──────────┘
              ┌──────────┐     存货汇总表
              │   会计    │
              │  定期核对  │
              └──────────┘
   ◇总经理◇  ┌──────────┐
   ◇ 审核 ◇→ │  财务主管  │
              │ 制订期末清查│   ┌──────────┐
              │    计划    │   │  仓管员   │
              └──────────┘   │  实地盘点  │
   ◇总经理◇                  └──────────┘
   ◇ 审核 ◇→  盘点盈亏报告 ←──
              ┌──────────┐
              │   会计    │ →  ( 结束 )
              │  账务处理  │
              └──────────┘
```

主管业务部门		业务参与部门	
流程设计		日期	
流程校对		日期	

5.4.5 存货盘点总结报告

存货盘点总结报告

编　　号：　　　　　编制部门：　　　　　审批人员：　　　　　审批日期：＿＿＿＿年＿＿月＿＿日

××总经理：

现将我公司2013年度的存货盘点工作总结做如下报告。

一、盘点基准日

2013年＿＿月＿＿日

二、盘点时间

2013年＿＿月＿＿日～2013年＿＿月＿＿日

三、抽点时间

2013年＿＿月＿＿日～2013年＿＿月＿＿日

四、盘点人员

1．××会计事务所：王××、张××。

2．公司会计人员刘××与出纳杨××。

五、盘点范围

公司在2013年度的全部存货。

六、盘点方法

1．盘点人员根据公司存货的实际情况，选取存货余额占企业存货总余额比重较大的采购三部（53%）和采购五部（25%）进行监盘。

2．盘点人员在以上两部中选择存货余额比重最大的三部的原材料采购组、包装材料采购组及五部的半成品外购组、备品备件采购组的部分或全部商品进行抽盘。

3．在抽盘过程中，盘点人员遵循从盘点表到实物，再从实物到盘点表的抽盘顺序进行抽查盘点，并将盘点结果同存货日财务账记录进行核对，判断盘点结果是否可以接受。

七、盘点实施情况

1．盘点人员原计划选取采购六部，但因盘点日总体存货余额下降，实际监盘时未再选取。

2．盘点人员熟悉了解待盘存货的品种、摆放等情况。

3．盘点过程中，公司存货摆放整齐，存货保存基本完好，没有明显的残破损毁情况。

八、盘点结果

1．存货账面数量与初盘的实际数量存在差异，金额约为-250 235.21元，占盘点存货总额的2%。

2．存货盘点主要存在差异的部门是采购三部包装采购组，金额约为-249 890.24元。

九、盘点差异原因分析

（一）差异产生原因

1．包装材料仓库经常出现失窃事件，这是造成盘点差异产生的主要原因。

2．包装材料明细账部分记录有误，导致差异产生。

3．盘点中，材料编码记录有误，造成漏盘。

（二）盘点差异处理

仓储部、财务部已组织人员对可能出现差异的部门进行复盘，最终盘点结果将于近期得出。

十、盘点结论

此次存货盘点差异较小，盘点结果基本可靠，公司存货管理基本可以信赖。

××财务部（签章）

2013年＿＿月＿＿日

5.4.6 固定资产清查制度

制度名称		固定资产清查制度				
制度版本		受控状态	□ 受控	□ 非受控	制度编号	

第1条　目的

为了准确、全面掌握公司固定资产的投入与使用现状，加强固定资产的管理工作，特制定本制度。

第2条　适用范围

本制度适用于价值在_____元以上（包括）的土地、房屋、机器设备等与公司生产经营相关的建筑物、设备、工器具等。

第3条　职责分工

公司成立盘点小组，负责固定资产盘点清查工作。

1．盘点小组的构成具体如下表所示。

盘点小组构成表

小组职务	人员
组长	财务部经理
副组长	财务主管
组员	固定资产管理员、固定资产会计、固定资产使用部门代表

2．盘点小组的工作职责具体如下所示：

（1）制定固定资产盘点清查计划及实施方案。

（2）实施固定资产盘查工作。

（3）分析解决固定资产盘查过程中出现的问题。

（4）进行固定资产相关账务处理。

（5）建立并完善固定资产账、卡等固定资产档案资料。

第4条　盘查频率

盘点小组根据公司固定资产管理的实际情况，确定如下两类盘查频率。

1．季度盘点。每季度最后一个月的___日前，完成固定资产的抽查盘点工作。

2．年度盘点。每年1月__日前，完成固定资产的全面清查工作。

第5条　盘点方式

本公司的盘点方式如下表所示。

盘点方式表

方式名称	适用范围	要求
抽查	季度盘点	每一类别的固定资产需至少抽查15项内容
全盘	年度盘点	对各类固定资产进行实物盘点

第6条　盘查内容

固定资产的盘查内容需包括但不限于以下四点。

1．固定资产原值、待报废或提前报废固定资产的数量及损失额。

2．固定资产的分类与使用情况。

3．固定资产的账务记录情况。

4．固定资产的管理相关合同、手续的完备情况。

制度名称		固定资产清查制度				
制度版本		受控状态	□ 受控	□ 非受控	制度编号	

第7条 盘查准备

1. 固定资产管理员需根据盘点计划准备"固定资产盘点表",并预先进行编号。

2. 盘点小组应在盘查前召开盘点准备会议,完成以下工作。

(1) 了解固定资产的购建、分布、使用、变动等情况。

(2) 制订盘点计划,编制、发放盘点表。

(3) 安排并动员盘查人员。

第8条 盘查实施

1. 盘点小组组长需安排固定资产管理员、固定资产会计及固定资产使用部门代表担任盘点人,实施固定资产的盘查工作,具体要求如下。

(1) 固定资产盘点以静态盘点为准则,盘点开始后,禁止一切固定资产的进出或移动。

(2) 固定资产盘点根据固定资产账务记录情况分为账载固定资产盘点与账外固定资产盘点两类。盘点人员盘点时需分类进行盘点。

(3) 账载固定资产盘点的工作要求如下图所示。

以账查物,仔细核对固定资产的编号、结构、使用日期、使用状况、原值等信息

涉及出租的固定资产,还需以发函的方式核实租借方名称、租借合同、租借应收金额等信息

账载固定资产盘点要求

(4) 账外固定资产盘点的工作要求如下所示。

① 盘点人需根据盘查准备会议内容,确定账外固定资产清单,并根据账载固定资产盘点要求进行实地盘查。

② 盘点人需在盘点过程中查明固定资产未入账原因、固定资产来源、产权情况及价值情况。

2. 盘点小组副组长作为监盘人,监督盘点工作的实施。

3. 盘点人需根据盘点结果,填写固定资产盘点表,并签字确认。

4. 盘点小组组长负责对盘点表进行分析,判断是否存在盘亏或盘盈现象。如出现盘亏或盘盈,按照以下要求进行处理。

(1) 要求固定资产管理员、固定资产会计及固定资产使用部门代表三方确定盘查异常情况,填写盘点差异表,并签字确认。

(2) 组织资产管理部门与固定资产使用部门需分析差异产生原因,落实责任人,并及时形成处理意见。

(3) 根据判断情况填制或注销"固定资产卡"。

(4) 安排财务主管根据盘查实际更改固定资产的相关账务。

5. 盘点小组在盘查完成后,需将盘点表、盘点差异表及处理意见报总经理审批,并在审批通过后,将相关文件交资产管理部门与财务部门分别归档保存。

第9条 本制度由总经理办公室制定、解释与修订。

第10条 本制度经总经理批准后颁布执行。

编制部门		审批人员		审批日期	

5.4.7 无形资产管理办法

制度名称	无形资产管理办法			
制度版本	受控状态	□ 受控　□ 非受控	制度编号	

总则 第1章	**第1条　目的** 为了规范公司无形资产的管理工作，有效预防无形资产的流失，特制定本办法。 **第2条　适用范围** 本办法适用于公司专利权、非专利技术、商标权、著作权、土地使用权等资产的管理。 **第3条　职责分工** 1．财务部负责无形资产的会计核算工作，协助无形资产归口管理部门建立无形资产台账，并参与无形资产的验收、检查、处置等。 2．行政部负责商标权、著作权、土地使用权的综合管理工作。 3．技术部负责专利权、非技术专利等技术类无形资产管理。 4．法务部负责无形资产管理涉及法律方面的工作。 5．审计部负责审计监督公司无形资产的获得、日常管理、处置等工作程序的合理性。
第2章 无形资产 获得	**第4条　无形资产预算管理** 1．财务部需根据公司的发展战略及生产经营的实际需要，综合考虑无形资产的投资方向、规模、预计盈利水平、资金成本及风险程度等因素编制无形资产预算，并报总经理审批。 2．总经理需组织相关人员对无形资产的投资项目进行可行性研究与论证，并根据论证结果安排投资进度与资金发放。 3．预算外的无形资产投资项目，无形资产归口管理部门需提出投资申请，报财务部、总经理审批。 **第5条　无形资产获得形式** 公司常见的无形资产获得形式分为如下五类。 1．外购。 2．投资者投入。 3．应收债权换入。 4．以非货币性交易换入。 5．公司自行研发。 **第6条　无形资产获得审批程序** 无形资产的获得需依照下图所示的程序展开。 无形资产归口管理部门根据实际需要提交无形资产投资申请，并编制可行性分析报告，报相关人员审批审议 除以自行研发形式获取的外，无形资产归口管理部门需在审批审议通过后，负责相关合同的签订工作 对于公司自行研发的无形资产，其相关责任部门需根据研发要求组织无形资产的研发工作 无形资产归口管理部门需进行无形资产的验收，并获取/编制相关说明书、证明等说明文件 财务部需根据相关发票、说明资料进行无形资产的账务处理 无形资产获得程序

制度名称			无形资产管理办法			
制度版本		受控状态	□ 受控	□ 非受控	制度编号	

第3章 **无形资产** **日常管理**	**第7条** 无形资产台账建立与登记 1．无形资产归口管理部门需在财务部的协助下，建立无形资产台账。 2．无形资产归口管理部门需根据无形资产的使用情况，及时登记部门无形资产台账，具体需包括无形资产的名称、价值、数量、使用部门、摊销年限、使用状态等信息。 **第8条** 计提无形资产减值准备 财务部需定期进行无形资产减值测试，将无形资产的账面价值与其可收回金额进行比较，如可收回金额小于无形资产的账面价值，对其差额计提无形资产减值准备。 **第9条** 无形资产摊销 无形资产摊销的具体要求如下所示。 1．财务部需从无形资产可供使用时开始摊销，到其不再作为无形资产确认时为止。 2．无形资产的摊销金额计算公式如下： 摊销金额＝成本－预计残值－减值准备金额 3．无形资产的摊销金额要求计入"当期损益"科目中。 **第10条** 无形资产使用 无形资产的使用要求具体如下所示。 1．各部门需使用公司无形资产的，需向无形资产归口管理部门提出申请，并由其向财务部申报。 2．公司无形资产需出租时，无形资产归口管理部门需协同财务部依照相关规定报批办理；在审批通过后，无形资产归口管理部门需与租入单位签订合同，明确无形资产特许使用期间的权利义务。
第4章 **无形资产** **处置**	**第11条** 无形资产出售 1．当公司无形资产不能继续为公司创造价值时，无形资产归口管理部门提出资产出售申请。 2．出售申请经过审批后，无形资产归口管理部门同资产购买方进行商务谈判，签订出售合同，并负责资产出售相关事宜。 3．财务部需进行无形资产相关账务处理，将价款同无形资产账面价值相减的差额计入"当期损益"科目。 **第12条** 无形资产报废 无形资产需做报废处理的，具体要求如下所示。 1．无形资产归口管理部门需填写资产报废申请表，注明报废理由、清理费用、回收残值、预计出售价值等内容。 2．公司各级负责人需依照权限要求审查无形资产报废申请表，并签署意见。 3．审计部审核无形资产的处置依据、处置方式、处置价格等信息，判断依据是否充分、方式是否恰当、价格是否合理。 4．财务部需审核无形资产处置凭证，检查批准手续是否齐全、批准权限是否恰当，并在审核无误后，编制记账凭证，进行相关的账务处理。
附则 **第5章**	**第13条** 本制度由总经理办公室制定，其解释权、修订权归财务部所有。 **第14条** 本制度经总经理批准后颁布执行。
编制部门		审批人员		审批日期	

第 6 章

企业财务报告管理风险控制

6.1 财务报告管理风险识别

6.1.1 报告违反法律法规风险点

财务报告是指企业对外提供的，反映自身特定时期内财务状况、经营成果等的文件。企业财务报告的编制、审计、报送、披露等都应严格遵守《企业财务会计报告条例》的有关规定，违反法律规定的财务报告将会给企业带来相应的处罚。

一般而言，财务报告违反法律法规的风险点主要包括图 6-1 所示的四项。

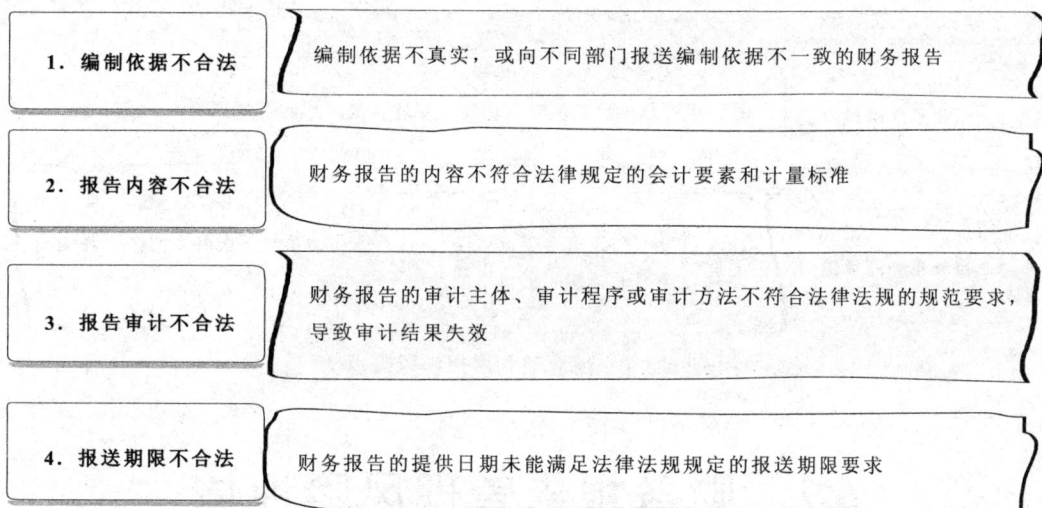

1. 编制依据不合法	编制依据不真实，或向不同部门报送编制依据不一致的财务报告
2. 报告内容不合法	财务报告的内容不符合法律规定的会计要素和计量标准
3. 报告审计不合法	财务报告的审计主体、审计程序或审计方法不符合法律法规的规范要求，导致审计结果失效
4. 报送期限不合法	财务报告的提供日期未能满足法律法规规定的报送期限要求

图 6-1 预算编制环节的风险点

6.1.2 提供虚假财务报告风险点

虚假财务报告是指违反法律、法规规定，不能真实反映企业现状的财务报告，企业提供虚假报告则会受到有关部门的处罚。

一般而言，提供虚假财务报告风险点主要包括图 6-2 所示的三项。

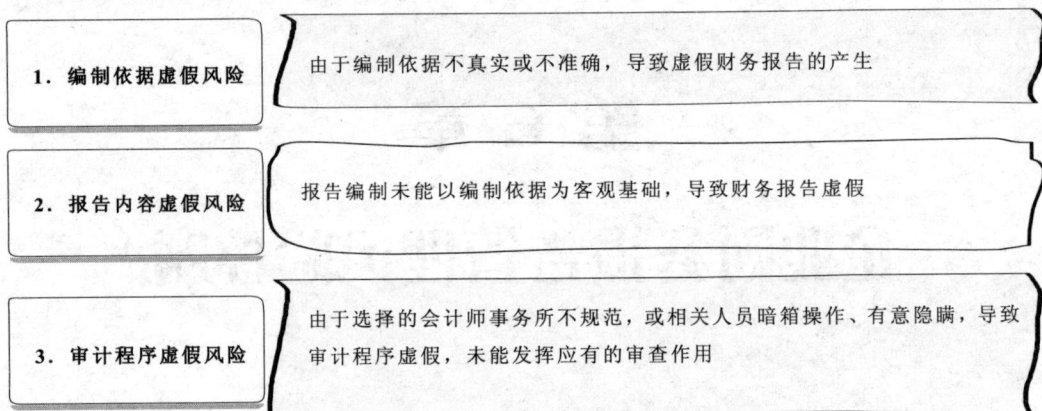

1. 编制依据虚假风险	由于编制依据不真实或不准确，导致虚假财务报告的产生
2. 报告内容虚假风险	报告编制未能以编制依据为客观基础，导致财务报告虚假
3. 审计程序虚假风险	由于选择的会计师事务所不规范，或相关人员暗箱操作、有意隐瞒，导致审计程序虚假，未能发挥应有的审查作用

图 6-2 提供虚假财务报告风险点

6.1.3 不能有效利用报告风险点

财务报告的利用在于分析其反映的企业现状，预测未来时期企业各方面的变动情况，从而为下一阶段的管理决策提供重要依据。一般而言，不能有效利用报告风险点主要包括图 6-3 所示的三项。

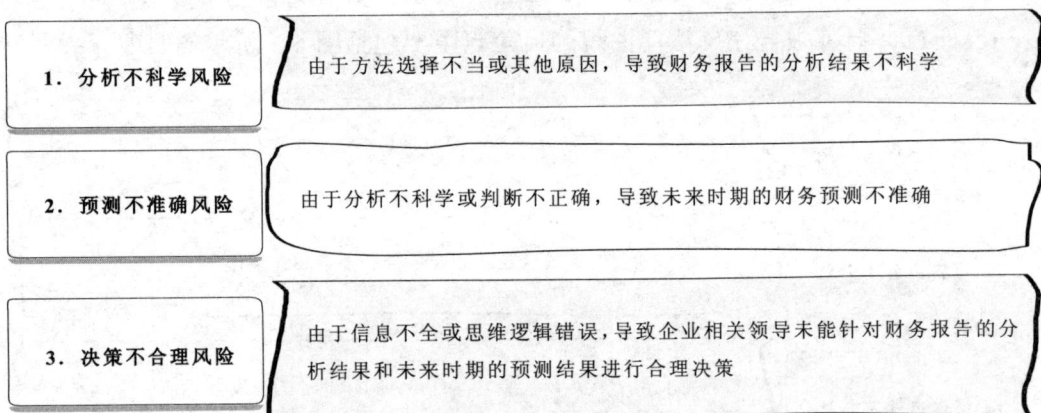

1. 分析不科学风险	由于方法选择不当或其他原因，导致财务报告的分析结果不科学
2. 预测不准确风险	由于分析不科学或判断不正确，导致未来时期的财务预测不准确
3. 决策不合理风险	由于信息不全或思维逻辑错误，导致企业相关领导未能针对财务报告的分析结果和未来时期的预测结果进行合理决策

图 6-3 不能有效利用报告风险点

6.2 财务报告管理风险评估

6.2.1 财务报告编制风险评估

财务报告编制风险包括可能出现的不完整、不规范、不准确、不真实等多种情况，评估的具体内容如图 6-4 所示。

可能出现的问题

1. 内容不完整
2. 会计要素、计量标准等不正确
3. 报告形式不规范
4. 相关数据不准确
5. 存在虚假信息

风险产生的原因

1. 编制人员的粗疏大意或专业知识技能不完善
2. 编制准备工作不规范，导致编制依据和准备存在问题
3. 监督和审批工作存在缺陷

财务报告编制风险评估

风险发生的概率

◎ 财务报告编制从准备到结束，涉及大量的数据信息，是一项复杂的工作，任一环节的问题都有可能影响到报告的编制结果，因而风险发生的概率较高

风险的影响程度

◎ 财务报告不仅要报送有关部门，还要作为下一阶段管理决策的重要依据，一旦发生问题，不仅会给企业带来直接的处罚损失，还可能影响到企业的未来发展

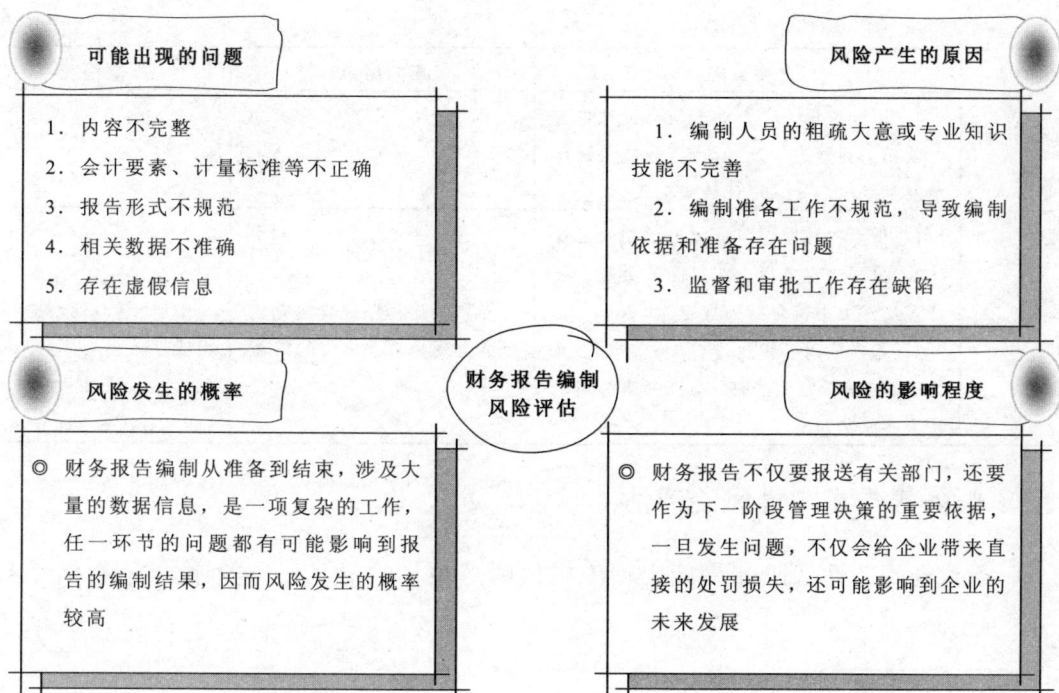

图 6-4　财务报告编制风险评估

6.2.2　财务报告合法性风险评估

财务报告合法性风险即可能出现的财务报告违反法律法规的情况，风险评估的具体内容如表 6-1 所示。

表 6-1　财务报告合法性风险评估

风险点	产生原因	影响结果	严重程度
编制依据不合法	1. 财务报告编制的前期准备工作存在问题，导致编制依据不真实或不准确 2. 出于各种原因，向不同部门报送了编制依据不一致的财务报告，被视为虚假处理	财务报告不准确或不真实	高，编制依据是财务报告编制的基础，会直接影响编制结果
报告内容不合法	1. 会计人员的专业知识技能存在缺陷 2. 未能全面掌握国家法律的统一标准，或该标准发生了变动而未能及时得知 3. 未能客观根据编制依据，而出于各种原因编造了虚假的报告内容	财务报告不符合法律规范要求	高，报告内容是财务报告的核心主体
报告审计不合法	1. 国家或地方规定必须审计的，却没有通过会计师事务所进行审计 2. 选聘的会计师事务所存在问题，不具备国家认定的审计资格 3. 由于各种原因，会计师事务所故意出示虚假的审计报告	未能及时发现并更正财务报告中存在的问题，或导致有关部门不认同报送的财务报告	严重程度视企业的实际情况而定，对财务报告审计的硬性要求越高，风险的严重程度就越高

81

风险点	产生原因	影响结果	严重程度
报告审计 不合法	4. 审计过程中，企业未与会计师事务所就相关问题进行及时沟通，致使关键环节发生纰漏，导致审计结果失效		
报送期限 不合法	1. 由于各种原因，导致报送期限延误 2. 报送的财务报告在封面、页数、装订等形式上不符合有关规定 3. 报送的财务报告没有加盖公章，或未经总经理、财务经理、会计师事务所负责人签字盖章	导致报送程序出现问题，可能会受到有关部门的责罚	中，一般不会对企业造成严重影响

6.2.3 财务报告真实性风险评估

财务报告真实性风险即可能出现的虚假财务报告的情况，风险评估的具体内容如图 6-5 所示。

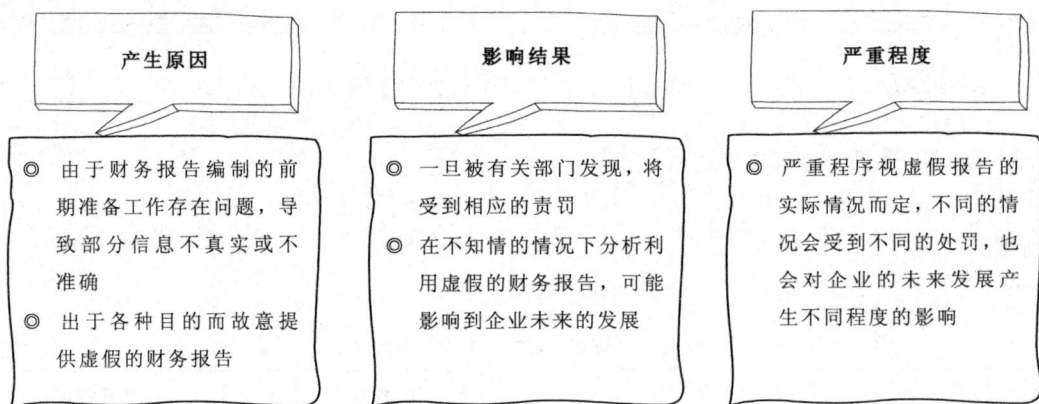

产生原因
◎ 由于财务报告编制的前期准备工作存在问题，导致部分信息不真实或不准确
◎ 出于各种目的而故意提供虚假的财务报告

影响结果
◎ 一旦被有关部门发现，将受到相应的责罚
◎ 在不知情的情况下分析利用虚假的财务报告，可能影响到企业未来的发展

严重程度
◎ 严重程序视虚假报告的实际情况而定，不同的情况会受到不同的处罚，也会对企业的未来发展产生不同程度的影响

图 6-5　财务报告真实性风险评估

6.2.4 财务报告分析利用风险评估

财务报告分析利用风险即可能出现的无法有效利用财务报告的情况，风险评估的具体内容如表 6-2 所示。

表 6-2　财务报告分析利用风险评估

风险点	产生原因	影响结果	严重程度
分析不科学 风险	1. 财务分析人员的专业知识技能存在缺陷，导致分析过程出现错误判断 2. 选择的分析方法不正确 3. 相关领导未履行监督和指导义务，导致分析过程得不到有效管控	分析结果不科学，与财务报告的真实信息不相符	高，分析工作是财务报告利用的基础前提

风险点	产生原因	影响结果	严重程度
预测不准确风险	1．分析结果不科学 2．预测人员的专业知识技能存在缺陷，导致预测过程出现错误判断 3．预测未能客观依据分析结果，而添加了不正确的主观因素 4．预测选择了不正确的方法或模型 5．预测时未能充分考虑到未来的不确定性和变化因素	预测结果不准确，不能很好地反映未来时期的可能情况	高，预测结果是最终决策的重要依据，很有可能影响企业未来的发展方向
决策不合理风险	1．预测结果不准确 2．相关领导的判断错误 3．未能正确利用预测结果 4．未能客观对待企业的实际情况	决策结果不合理，影响到企业的未来发展	高，错误的决策很有可能导致企业蒙受巨大的损失

6.3　财务报告管理风险控制策略

6.3.1　财务报告编制阶段风险管控策略

针对财务报告编制阶段风险，企业可采取图6-6所示的六项措施加以控制。

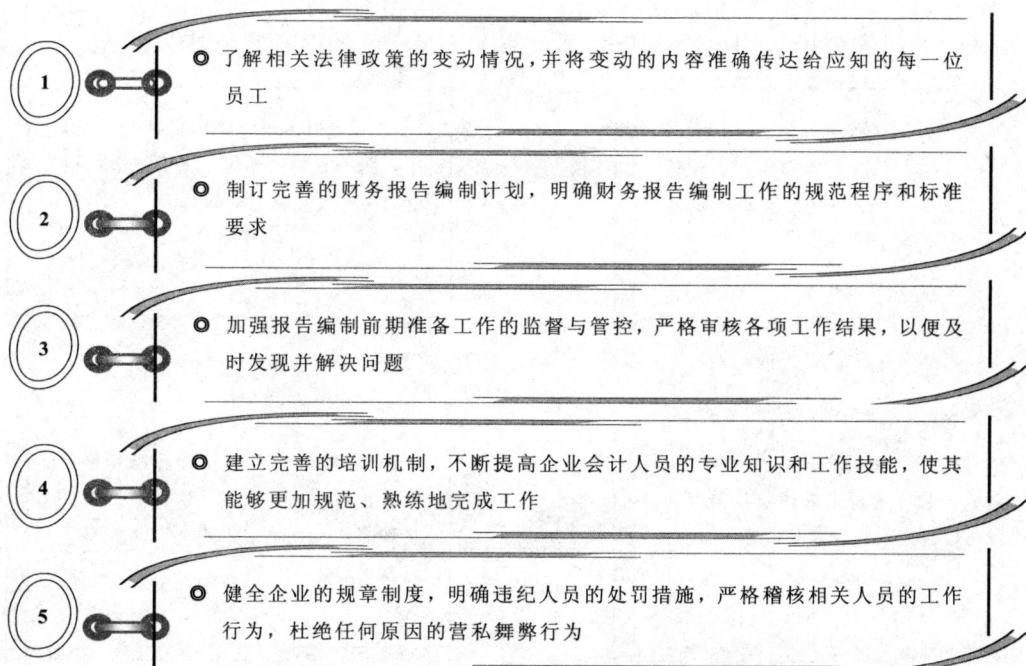

1. 了解相关法律政策的变动情况，并将变动的内容准确传达给应知的每一位员工

2. 制订完善的财务报告编制计划，明确财务报告编制工作的规范程序和标准要求

3. 加强报告编制前期准备工作的监督与管控，严格审核各项工作结果，以便及时发现并解决问题

4. 建立完善的培训机制，不断提高企业会计人员的专业知识和工作技能，使其能够更加规范、熟练地完成工作

5. 健全企业的规章制度，明确违纪人员的处罚措施，严格稽核相关人员的工作行为，杜绝任何原因的营私舞弊行为

图6-6　财务报告编制阶段风险管控策略

⑥　◎　规范财务报告的审批程序，明确财务报告审批的具体要求，确保各类问题能够得到及时发现

图 6-6　财务报告编制阶段风险管控策略（续）

6.3.2　财务报告对外提供风险管控策略

针对财务报告对外提供风险，企业可采取图 6-7 所示的三项措施加以控制。

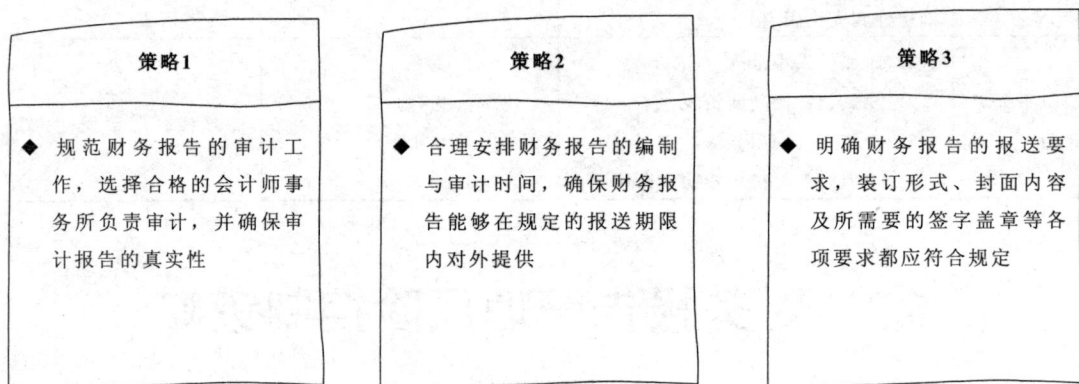

策略1	策略2	策略3
◆ 规范财务报告的审计工作，选择合格的会计师事务所负责审计，并确保审计报告的真实性	◆ 合理安排财务报告的编制与审计时间，确保财务报告能够在规定的报送期限内对外提供	◆ 明确财务报告的报送要求，装订形式、封面内容及所需要的签字盖章等各项要求都应符合规定

图 6-7　财务报告对外提供风险管控策略

6.3.3　财务报告分析利用风险管控策略

针对财务报告分析利用风险，企业可采取图 6-8 所示的四项措施加以控制。

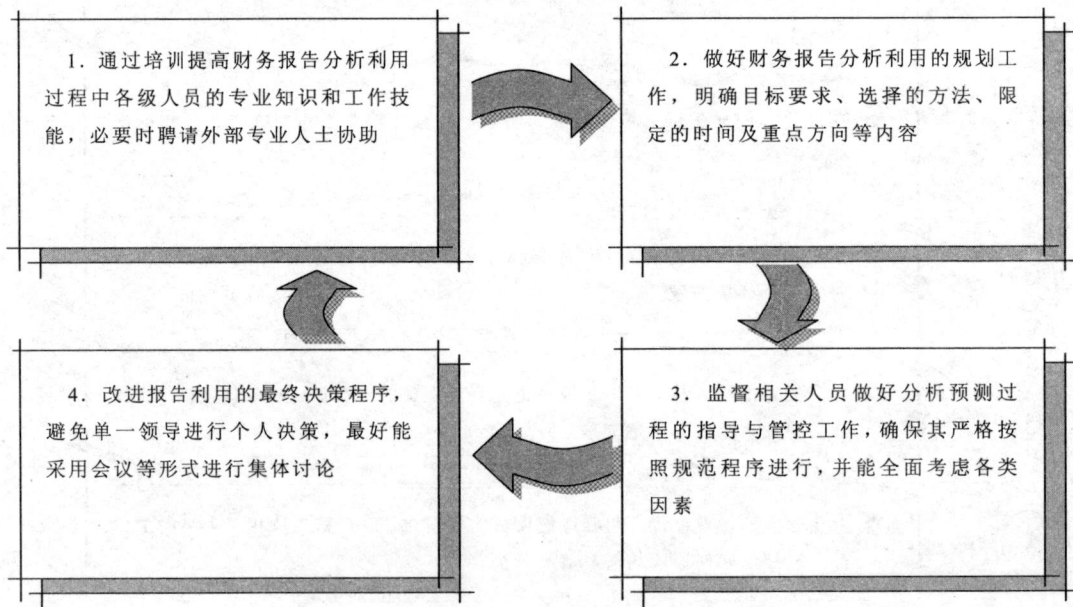

1．通过培训提高财务报告分析利用过程中各级人员的专业知识和工作技能，必要时聘请外部专业人士协助

2．做好财务报告分析利用的规划工作，明确目标要求、选择的方法、限定的时间及重点方向等内容

4．改进报告利用的最终决策程序，避免单一领导进行个人决策，最好能采用会议等形式进行集体讨论

3．监督相关人员做好分析预测过程的指导与管控工作，确保其严格按照规范程序进行，并能全面考虑各类因素

图 6-8　财务报告分析利用风险管控策略

6.4 财务报告管理风险控制实务

6.4.1 财务报告管理流程

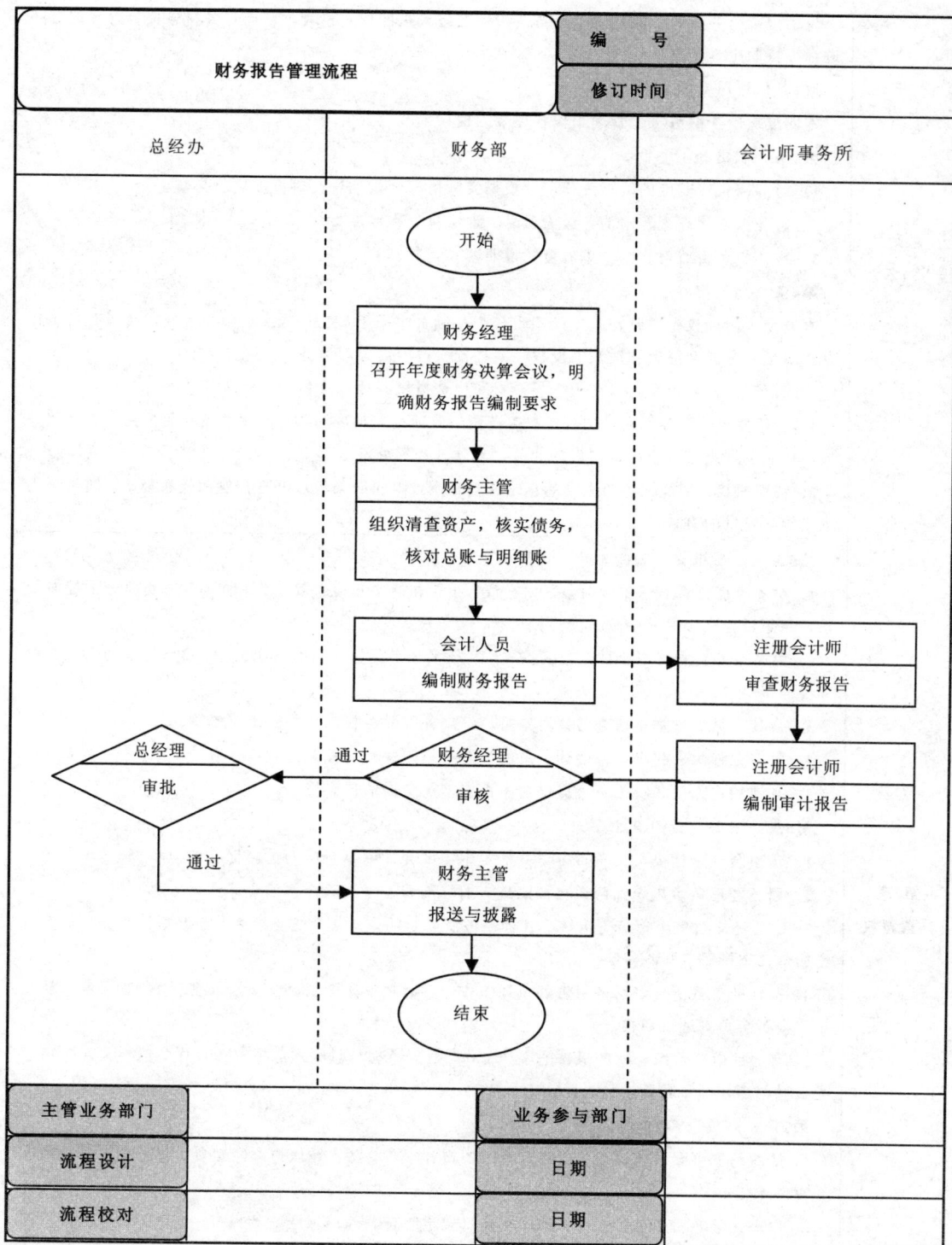

财务报告管理流程		编　号	
		修订时间	
总经办	财务部	会计师事务所	

```
                    ┌─────────┐
                    │  开始   │
                    └────┬────┘
                         ↓
              ┌──────────────────────┐
              │      财务经理         │
              ├──────────────────────┤
              │ 召开年度财务决算会议，明│
              │   确财务报告编制要求   │
              └──────────┬───────────┘
                         ↓
              ┌──────────────────────┐
              │      财务主管         │
              ├──────────────────────┤
              │ 组织清查资产，核实债务，│
              │   核对总账与明细账    │
              └──────────┬───────────┘
                         ↓
         ┌─────────────────┐      ┌─────────────────┐
         │    会计人员      │ ───→ │    注册会计师     │
         ├─────────────────┤      ├─────────────────┤
         │   编制财务报告   │      │   审查财务报告   │
         └─────────────────┘      └─────────────────┘
                                          │
                                          ↓
  ◇─────────◇        通过  ◇─────────◇   ┌─────────────────┐
  │ 总经理  │ ←──────────── │ 财务经理│ ←─│    注册会计师     │
  │  审批   │               │  审核   │   ├─────────────────┤
  ◇────┬────◇               ◇─────────◇   │   编制审计报告   │
       │                                  └─────────────────┘
    通过│
       │         ┌──────────────────────┐
       └───────→ │      财务主管         │
                 ├──────────────────────┤
                 │     报送与披露        │
                 └──────────┬───────────┘
                            ↓
                    ┌─────────────┐
                    │    结束     │
                    └─────────────┘
```

主管业务部门		业务参与部门	
流程设计		日期	
流程校对		日期	

6.4.2 财务报告授权批准制度

制度名称	财务报告授权批准制度				
制度版本		受控状态	□ 受控　□ 非受控	制度编号	

总则 第1章	**第1条　目的** 为了规范财务报告管理的各个环节，明确各级人员的权责设置，从而保障财务报告管理的有序进行，特制定本制度。 **第2条　适用范围** 本制度适用于财务报告管理工作各环节的授权批准设置。 **第3条　职责分工** 1. 财务部负责制度的编写工作，并根据实际情况，定期进行制度的更新与修正。 2. 财务报告管理流程中的各级人员负责遵照执行本制度。 3. 审计部负责监督、审查本制度的遵照落实情况。 **第4条　名词解释** 本制度中的授权批准是在基本的职责分工基础上，授予员工相应的权限与责任，使所有员工在办理每项业务前都能得到适当的授权，并在授权范围内办理业务。 一般而言，授权批准可以分为一般授权和特殊授权两种，具体如下所示。 1. 一般授权，即各级人员的正常权限范围，此种授权批准通常以制度形式进行明文规定，相关人员按制度规定办理权限范围内的业务，无须进行额外请示。 2. 特殊授权，即超出各级人员的正常权限范围，因而必须经过严格控制的授权批准，通常采用上级领导特批的方式。
第2章 一般授权	**第5条　财务报告的编制** 1. 财务经理负责召开年度财务决算会议，布置和落实年度决算工作，并明确财务报告的编制要求，组织讨论财经监督的政策变化。 2. 财务主管负责组织会计人员清查资产、核实债务，核对总账与明细账，并编制报告，提交财务经理审核。 3. 会计人员负责根据清查与核对结果，编制各类财务报表、附注及财务情况说明书。 4. 财务主管负责初步审定会计人员的编制结果，并将其汇总为财务报告。 5. 其他相关部门和员工负责提供财务报告编制所需的信息资料。 **第6条　财务报告的审计** 1. 董事会及审计委员会负责审议并确定本年度会计师事务所的选聘标准和程序。 2. 财务经理负责组织部门人员按照规定的标准和程序选聘合格的会计师事务所。 3. 财务经理与总经理负责审核会计师事务所制定的审计工作方案，董事会及审计委员会负责最终的审议审批。 4. 会计师事务所负责财务报告的审计工作，并编制审计报告，由财务经理、总经理、董事会及审议委员会负责逐层审核。 5. 有关部门负责配合财务报告的审计工作，财务经理与总经理应就审计过程中的相关问题和意见及时与会计师事务所进行沟通。 **第7条　财务报告的审批与报送** 1. 针对经董事会及审计委员会审议通过的审计报告，财务经理与总经理负责财务报告的最终核审审批工作。 2. 财务主管负责报告的装订工作，并按照规定向有关部门报送财务报告。报送的财务报告须符合规定形式，并由总经理（或总裁）、财务总监、会计师事务所负责人签字盖章。

制度名称	财务报告授权批准制度				
制度版本		受控状态	□ 受控　□ 非受控	制度编号	

<table>
<tr><td rowspan="1">第3章
特殊授权</td><td>

第8条　特殊授权的分类

按照所授权限的大小，特殊授权可分为如下所示的三类。

1．高级授权，即授予比授权对象级别更高的职位所具有的权限。

2．平级授权，即授予与授权对象级别相同的职位所具有的权限。

3．低级授权，即授予比授权对象级别较低的职位所具有的权限。

第9条　特殊授权的条件

当实际情况满足如下所示的任一条件时，相关责任人方可进行特殊授权。

1．责任岗位任职人员因出差、休假、处分等各种原因无法处理某项业务的情况。

2．各部门因激励和培养需要而进行的临时性放权、角色扮演、扩展学习等情况。

3．责任岗位因空缺而需要人暂时接替的情况。

4．其他需要进行特殊授权且得到批准的合理情况。

第10条　特殊授权的形式

1．一般性质的特殊授权必须取得权限职位的上级领导的批准，部分重要的关键业务视情况还需获得部门经理或总经理的审批。

2．因激励和培养需要而进行的特殊授权必须事先拟定计划，并按照计划规定的内容和要求有序进行。计划需通过多方论证，并经总经理审批。

3．较小事宜的特殊授权行为，相关管理人员可视情况便宜处理，以保证基本的工作效率，但需对授权结果负全部责任。

第11条　特殊授权的责任

1．实施特殊授权后，授权批准人或其他有关责任人员对授权对象负有监督和指导义务，凡未履行该义务而造成业务问题的，应承担相应的责任。

2．特殊授权未按规范程序进行，一旦业务运作出现问题，由授权批准人承担全部责任。

3．规范授权后业务仍出现问题时，视实际情况追究授权对象的责任。

</td></tr>
<tr><td>附则
第4章</td><td>

第12条　本制度由财务部负责制定，并每年修改一次，经总经理签字后立即生效颁行。

第13条　本制度的解释权归财务部所有，总经理对于该制度享有废止的权力。

</td></tr>
</table>

编制部门		审批人员		审批日期	

6.4.3　报告编制准备管理制度

制度名称	报告编制准备管理制度				
制度版本		受控状态	□ 受控　□ 非受控	制度编号	

<table>
<tr><td>总则
第1章</td><td>

第1条　目的

为了规范公司财务报告编制的准备工作，从而确保财务报告编制的准确性与科学性，特制定本制度。

第2条　适用范围

本制度适用于公司财务报告编制准备阶段的相关工作。

第3条　职责分工

1．财务部负责制度的编写工作，并根据实际情况，定期进行制度的更新与修正。

2．会计人员负责按制度要求完成各项编制准备工作。

3．出纳人员、资产管理人员等相关人员负责配合、参与准备工作。

</td></tr>
</table>

制度名称	报告编制准备管理制度				
制度版本		受控状态	□ 受控　□ 非受控	制度编号	
第2章 **编制规划**	**第4条**　了解政策法规 财务部相关人员应密切关注国家关于财务报告的有关政策法规，了解是否有新的变动，并及时将变动情况反馈给财务部全体员工。 **第5条**　明确编制要求 财务经理组织召开年度财务决算会议，明确财务报告的编制要求，包括编制时间、编制方法、职责分工等。 **第6条**　制定编制方案 财务主管负责制定财务报告编制方案，并将方案提交给财务经理审核。编制方案经财务经理审核通过后，下发给参与编制工作的各级人员。				
第3章 **账项调整**	**第7条**　账项调整的要求 财务部必须按权责发生制原则，对有跨期影响的经济业务进行账项调整，确定本期的收入和费用，从而正确计量本期的经营成果。 **第8条**　账项调整的内容 1．属于本期收入，无论其款项是否收到，都应作为本期收入，期末时将尚未收到的款项调整入账。 2．属于本期费用，无论其款项是否支付，都应作为本期费用处理，期末应将属于本期而未支付的费用调整入账。 3．本期已收款但不属于或部分属于本期收入的款项，其中预收收入记入"预收账款"科目，待确认为本期收入后，再转入有关收入科目。 4．本期已付款但不属于或不完全属于本期费用的款项，不能直接全部记入本期有关费用账户，应根据项目的预付性质分别记入"预付账款""其他应收款"或"其他流动资产"账户。 5．属于本期支出、尚未支付税金的应通过期末账项调整全部登记入账。				
第4章 **清产核债**	**第9条**　清产核债的内容 清产核债包括全面资产清查、减值测试和核实债务，主要内容如下所示。 1．各项结算款项（包括应收款项、应付款项、应交税金、银行借款等）是否存在，在债权、债务单位的相应金额是否一致。 2．各项存货的实存数量与账面数量是否一致，是否有报废损失和积压物资。 3．各项投资是否存在，投资收益是否按照国家统一的会计制度规定进行确认和计量。 4．各项固定资产的实存数与账面数是否一致。 5．资产存在减值迹象的，是否进行减值测试，测试是否符合会计准则。 6．在建工程的实际发生额与账面记录是否一致。 **第10条**　结果处理 1．清产核债后，如果账实相符，不必进行账务处理。 2．清产核债后，如果账实不符，不论盘盈、盘亏还是损毁，都需要进行账务处理，使账存数与实存数一致，确保账实相符。 3．会计人员需将清产核债结果及处理方式的相关资料提交给财务经理，财务经理审核无误后向董事会及审计委员会报告。				

制度名称	报告编制准备管理制度				
制度版本		受控状态	□ 受控　□ 非受控	制度编号	

第5章
编制底稿

第11条 编制试算表

会计人员先将总分类账各账户的名称填入会计科目栏内，同时将各账户的余额填入试算表的借方栏或贷方栏。在将总分类账户填入会计科目栏时，考虑到期末账项调整的需求，有些账户需要空留几行，以满足登记调整金额的需要。

第12条 填写账项调整

对于期末应调整账项，首先应确定其应借、应贷账户及金额，然后在账项调整栏内填写账项调整分录。

第13条 编制调整后的试算表

将"试算表"与"账项调整"两栏相同科目的借、贷金额合并，同方向金额相加，反方向金额相减，合并所得的金额就是"调整后试算表"相应会计科目的金额。

第14条 账项结转的填写要求

1. 对于期末应结转的账项，首先确定应借、应贷账户及金额，然后在"账项结转"栏内填写结转分录，根据结转分录登记到"账项结转"栏内。

2. 将"调整后试算表"各会计科目的余额与"账项结转"栏相同科目的金额合并，同方向金额相加，反方向金额相减，将合并所得金额，经过分析计算后分别填入"利润表"和"资产负债表"栏的有关科目。

第6章
核查账目

第15条 对账

会计人员应详细核对账簿记录、实物资产、会计凭证、往来单位或个人等，确保账证相符、账账相符、账实相符。

第16条 查账

1. 检查会计核算是否按照国家统一的会计制度规定进行。

2. 对于国家统一的会计制度中没有规定统一核算方法的交易和事项，检查其是否按照会计核算的一般原则进行确认和计量及相关账务处理是否正确。

3. 检查是否存在因会计差错、会计政策变更等原因需要调整的前期或本期项目。

4. 查账过程中发现的问题应按国家统一的会计制度规定进行调整和更正。

第17条 结账

1. 结账工作必须在会计期末进行，分为月结、季结和年结，不得为赶编会计报表而提前结账，不得预先编制会计报表后结账。

2. 结账前，必须将属于本期内发生的各项经济业务和应由本期受益的收入、负担的费用全部登记入账。结账时，应结出每个账户的期末余额。

3. 根据工作底稿资料编制调账、结账的会计分录。

附则
第7章

第18条 本制度由财务部负责制定，并每年修改一次，经总经理签字后立即生效颁行。

第19条 本制度的解释权归财务部所有，总经理对于该制度享有废止的权力。

编制部门		审批人员		审批日期	

6.4.4 企业财务报告编制方案

企业财务报告编制方案

编　号：　　　　　编制部门：　　　　　审批人员：　　　　　审批日期：____年__月__日

一、目的

为了规范财务报告的编制，根据《企业会计准则》的有关规定，结合公司的实际情况，特制定本方案。

二、适用范围

本方案适用于公司财务报告的编制工作。

三、术语解释

本方案中所称的财务报告，是指以公司日常核算资料为依据，总结并反映公司某一时期财务状况和经营成果的书面报告。

四、编制流程

财务报告的编制一般遵循如下所示的流程。

1．财务主管按要求组织财务部相关人员进行项目核算、资产及负债清查等相关工作。

2．财务主管将上述工作结果定期汇总，编制财务报告，并将报告呈交财务总监审核。

3．财务总监审核通过后，将财务报告提交总经理审阅。

4．总经理负责财务报告的审批、披露和公布工作。

五、编制要求

财务报表的编制应满足如下所示的七项基本要求。

1．财务报表必须按规定金额单位填制。

2．财务报表内的文字和数字必须工整清晰，不得潦草。

3．财务报表填写出现差错时，应按规定方法更正，并加盖制表人印章。

4．财务报表中出现负数的项目，应以"－"号表示，"－"号应在数字之前占两个数字格。

5．财务报表中有"年初数"的项目，数字必须与上年度财务报表中同类项目的"期末数"相一致。

6．年度决算一经批准，需要调整的事项要在下年度按规定进行调整。

7．各种财务报表中规定的补充资料，都要填写齐全，不得遗漏。

六、编制内容

一般而言，财务报告的编制内容主要包括如下所示的六项。

1．资产负债表

资产负债表的编制范例如下表所示。

资产负债表

编制单位：　　　　　　　　　____年__月__日　　　　　　　　　单位：元

资产	期末余额	期初余额	负债和所有者权益（或股东权益）	期末余额	期初余额
流动资产：			流动负债：		
货币资金			短期借款		
交易性金融资产			交易性金融负债		
应收票据			应付票据		
应收账款			应付账款		
预付账款			预收账款		
应收利息			应付职工薪酬		

资产	期末余额	期初余额	负债和所有者权益（或股东权益）	期末余额	期初余额
应收股利			应交税费		
其他应收款			应付利息		
存货			应付股利		
一年内到期的非流动资产			其他应付款		
其他流动资产			一年内到期的非流动负债		
流动资产合计			其他流动负债		
非流动资产：			流动负债合计		
可供出售金融资产			非流动负债：		
持有至到期投资			长期借款		
长期应收款			应付债券		
长期股权投资			长期应付款		
投资性房地产			专项应付款		
固定资产			预计负债		
在建工程			递延所得税负债		
工程物资			其他非流动负债		
固定资产清理			非流动负债合计		
无形资产			负债合计		
开发支出			所有者权益（或股东权益）：		
商誉			实收资本（或股本）		
长期待摊费用			资本公积		
递延所得税资产			减：库存股		
其他非流动资产			盈余公积		
非流动资产合计			未分配利润		
			所有者权益（或股东权益）合计		
资产合计			负债和所有者权益（或股东权益）总计		

2．利润表

利润表的编制范例如下表所示。

利润表

编制单位：　　　　　　　　____年__月　　　　　　　　金额单位：元

项目	本期金额	上期金额
一、营业收入		
减：营业成本		
营业税金及附加		

续表

项目	本期金额	上期金额
销售费用		
管理费用		
财务费用		
资产减值损失		
加：公允价值变动收益（损失以"－"号填列）		
投资收益（损失以"－"号填列）		
其中：对联营企业和合营企业的投资收益		
二、营业利润（亏损以"－"号填列）		
加：营业外收入		
减：营业外支出		
其中：非流动资产处置损失		
三、利润总额（亏损以"－"号填列）		
减：所得税费用		
四、净利润（净亏损以"－"号填列）		
五、每股收益		
（一）基本每股收益		
（二）稀释每股收益		

3．现金流量表

现金流量表的编制范例如下表所示。

现金流量表

编制单位： ____年__月 单位：元

项目	本期金额	上期金额
一、经营活动产生的现金流量		
销售商品、提供劳务收到的现金		
收到的税费返还		
收到的其他与经营活动有关的现金		
经营活动现金流入小计		
购买商品、接受劳务支付的现金		
支付给职工及为职工支付的现金		
支付的各种税费		
支付其他与经营活动有关的现金		
经营活动现金流出小计		
经营活动产生的现金流量净额		
二、投资活动产生的现金流量		
收回投资所收到的现金		

中·小·微企业风险控制实务

续表

项目	本期金额	上期金额
取得投资收益所收到的现金		
处置固定资产、无形资产和其他长期资产收回的现金净额		
处置子公司及其他营业单位收到的现金净额		
收到的其他与投资活动有关的现金		
投资活动现金流入小计		
购建固定资产、无形资产和其他长期资产支付的现金		
投资所支付的现金		
取得子公司及其他营业单位支付的现金净额		
支付的其他与投资活动有关的现金		
投资活动现金流出小计		
投资活动产生的现金流量净额		
三、筹资活动产生的现金流量		
吸收投资收到的现金		
取得借款收到的现金		
收到的其他与筹资活动有关的现金		
筹资活动现金流入小计		
偿还债务支付的现金		
分配股利、利润或偿付利息所支付的现金		
支付的其他与筹资活动有关的现金		
筹资活动现金流出小计		
筹资活动产生的现金流量净额		
四、汇率变动对现金及现金等价物的影响		
五、现金及现金等价物净增加额		
加：期初现金及现金等价物余额		
六、期末现金及现金等价物余额		

4. 所有者权益变动表

《企业会计准则》要求所有者权益变动表在年度财务报告中披露，具体范例如下表所示。

所有者权益变动表

编制单位：　　　　　　　　　　　　　　　年　　　　　　　　　　　　　　　单位：元

项目	本年金额						上年金额
	实收资本（或股本）	资本公积	减：库存股	盈余公积	未分配利润	所有者权益合计	（略）
一、上年年末余额							
加：会计政策变更							
前期差错更正							

项目	本年金额						上年金额
	实收资本（或股本）	资本公积	减：库存股	盈余公积	未分配利润	所有者权益合计	（略）
二、本年年初余额							
三、本年增减变动金额（减少以"－"号填列）							
（一）净利润							
（二）直接计入所有者权益的利得和损失							
1.可供出售金融资产公允价值变动净额							
2.权益法下被投资单位其他所有者权益变动的影响							
3.与计入所有者权益项目相关的所得税影响							
4.其他							
上述（一）与（二）小计							
（三）所有者投入和减少资本							
1.所有者投入资本							
2.股份支付计入所有者权益的金额							
3.其他							
（四）利润分配							
1.提取盈余公积							
2.对所有者（或股东）的分配							
3.其他							
（五）所有者权益内部结转							
1.资本公积转增资本（或股本）							
2.盈余公积转增资本（或股本）							
3.盈余公积弥补亏损							
4.其他							
四、本年年末余额							

5. 会计报表附注

会计报表附注是对上述会计报表的补充说明，具体主要包括如下所示的10项内容。

（1）不符合会计假设的说明。

（2）重要会计政策和会计估计与其变更情况、变更原因以及其对财务状况和经营成果的影响。

（3）或有事项和资产负债表日后事项的说明。

（4）关联方关系及其交易的说明。

（5）重要资产转让及其出售说明。

（6）公司合并、分立的说明。

（7）重大投资、融资活动的说明。

（8）会计报表中重要项目的明细资料。

（9）会计报表中重要项目的说明

（10）有助于理解和分析会计报表需要说明的其他事项。

6．财务情况说明书

财务情况说明书是对该段时期内公司财务状况的总结性书面报告，具体主要包括如下所示六项内容。

（1）公司的生产经营状况。

（2）利润实现与分配情况。

（3）资金增减与周转情况。

（4）税金缴纳情况。

（5）各种财产物资变动情况。

（6）其他需要说明的事项。

实施对象：   实施日期：＿＿＿年＿＿月＿＿日

6.4.5　会计信息技术应用方法

随着社会的发展，信息技术对于企业的价值与意义也已逐步凸显。会计信息技术便是将现代信息技术引入财务会计学科，从而实现传统会计工作的信息化、自动化。

一般而言，企业在应用会计信息技术时，可参照如下方法。

1．明确企业现状

在应用会计信息技术前，企业首先应当明确自身的实际情况，判断自己是否需要应用会计信息技术，是否适合应用会计信息技术，是否有能力、有条件应用会计信息技术。

会计信息技术虽然在提高效率、保障质量等诸多方面具有重要意义，但并非适用于每个企业。明确自身的实际情况，不仅能帮助企业管理者进行正确决策，还能为会计信息技术的具体应用提供基础依据。

2．拟订工作计划

企业决定应用会计信息技术后，应为其拟订具体的工作计划。会计信息技术的应用是一项十分复杂的过程，必须有周密的计划作为基础指导。

一般而言，完整的会计信息技术应用计划应当包括图6-9所示的七大模块。

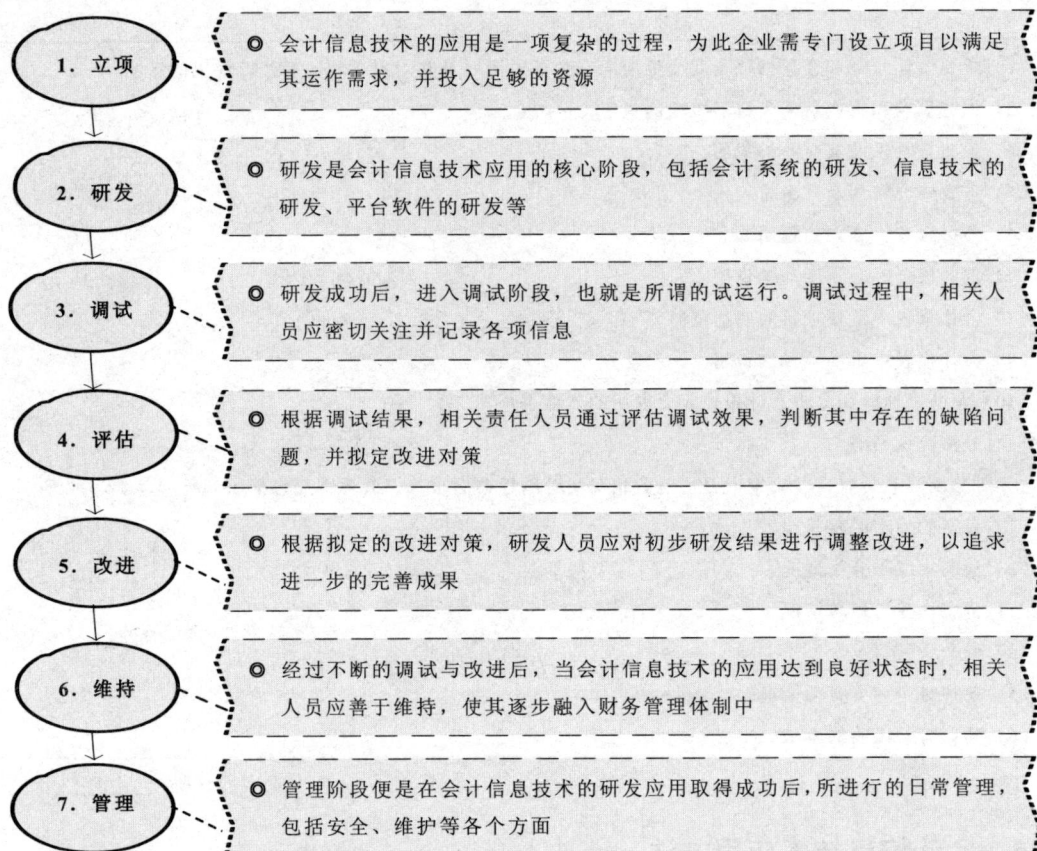

图 6-9　会计信息技术的应用计划

3. 招募培养人才

为了保证会计信息技术得到成功应用，企业还需不断招募培养人才，以满足会计信息技术的应用要求，具体需求包括图 6-10 所示的两类人才。

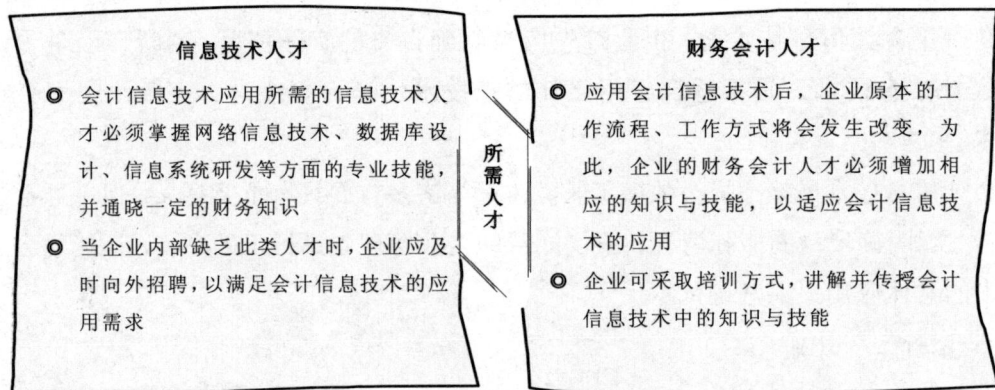

图 6-10　会计信息技术应用所需人才

4. 完善会计系统

在落实会计信息技术前，企业需完善自身的财务会计系统，从而为会计信息技术奠定良好的基础,使其能够发挥"百尺竿头,更进一步"的作用。完善会计系统不仅要发现和解决自身所存在的缺陷与问题,还要保证其与会计信息技术的相容性。

5. 建立支持平台

会计信息技术的应用需建立相应的硬性支持平台,以保障其落实和使用,一般包括图 6-11 所示的三个方面。

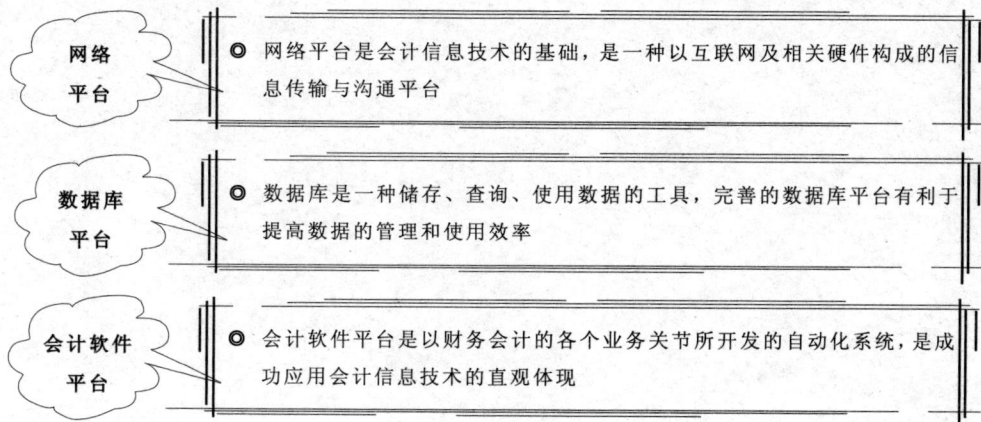

网络平台	◎ 网络平台是会计信息技术的基础,是一种以互联网及相关硬件构成的信息传输与沟通平台
数据库平台	◎ 数据库是一种储存、查询、使用数据的工具,完善的数据库平台有利于提高数据的管理和使用效率
会计软件平台	◎ 会计软件平台是以财务会计的各个业务关节所开发的自动化系统,是成功应用会计信息技术的直观体现

图 6-11 会计信息技术应用的支持平台

第 7 章

研究与开发风险控制

7.1 研究与开发风险识别

7.1.1 研发项目论证缺失风险点

企业在进行研发项目风险控制的过程中，需对研发项目论证缺失的风险点进行识别。只有正确识别企业研发项目论证缺失所面临的风险，才能够选择适当有效的方法进行防范、控制和处理。

研发项目论证缺失风险点主要包括设计风险、技术风险、费用风险、配套设备风险和进度风险等几个方面，具体的风险点说明如图 7-1 所示。

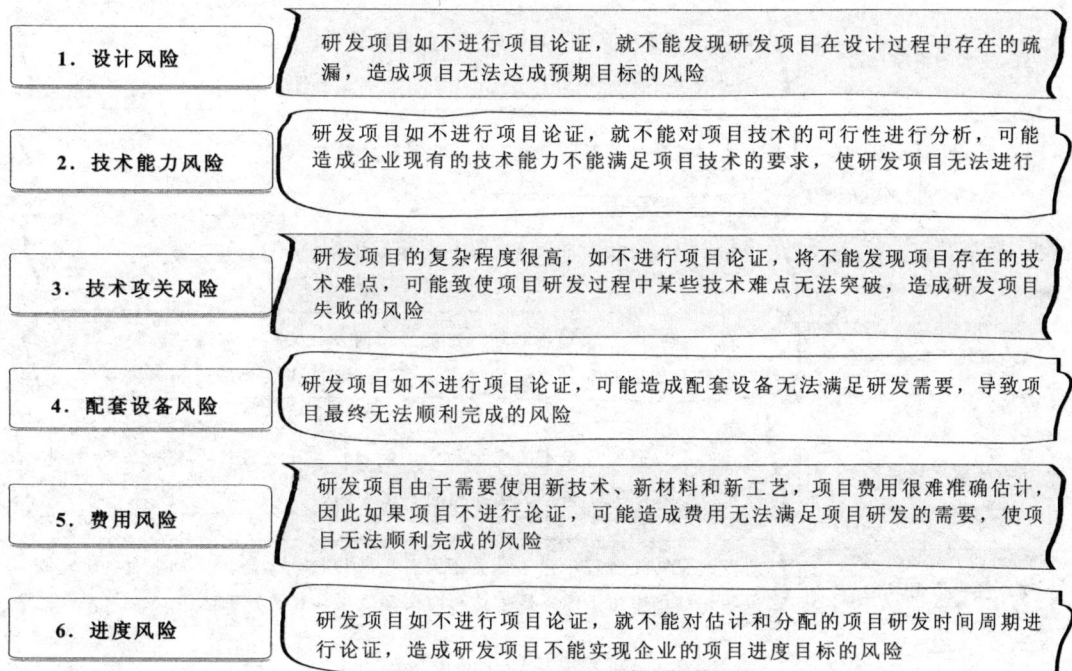

1. 设计风险	研发项目如不进行项目论证，就不能发现研发项目在设计过程中存在的疏漏，造成项目无法达成预期目标的风险
2. 技术能力风险	研发项目如不进行项目论证，就不能对项目技术的可行性进行分析，可能造成企业现有的技术能力不能满足项目技术的要求，使研发项目无法进行
3. 技术攻关风险	研发项目的复杂程度很高，如不进行项目论证，将不能发现项目存在的技术难点，可能致使项目研发过程中某些技术难点无法突破，造成研发项目失败的风险
4. 配套设备风险	研发项目如不进行项目论证，可能造成配套设备无法满足研发需要，导致项目最终无法顺利完成的风险
5. 费用风险	研发项目由于需要使用新技术、新材料和新工艺，项目费用很难准确估计，因此如果项目不进行论证，可能造成费用无法满足项目研发的需要，使项目无法顺利完成的风险
6. 进度风险	研发项目如不进行项目论证，就不能对估计和分配的项目研发时间周期进行论证，造成研发项目不能实现企业的项目进度目标的风险

图 7-1 研发项目论证缺失风险点

7.1.2　研发人员配备管理风险点

研发人员配备管理风险是指研发人员配备对项目研发可能造成的风险。研发人员配备管理风险点具体如图 7-2 所示。

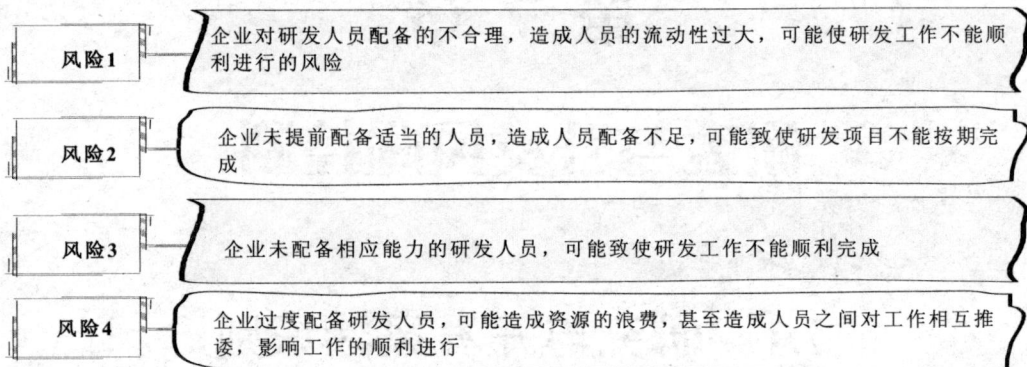

风险1	企业对研发人员配备的不合理，造成人员的流动性过大，可能使研发工作不能顺利进行的风险
风险2	企业未提前配备适当的人员，造成人员配备不足，可能致使研发项目不能按期完成
风险3	企业未配备相应能力的研发人员，可能致使研发工作不能顺利完成
风险4	企业过度配备研发人员，可能造成资源的浪费，甚至造成人员之间对工作相互推诿，影响工作的顺利进行

图 7-2　研发人员配备管理风险点

7.1.3　研发成果转化应用风险点

通常企业研发成果转化应用的成功率很低，其主要原因是不了解研发成果转化应用过程中存在的风险，也不能采取有效的措施进行应对，从而导致研发成果转化的失败。企业要想提高研发成果转化应用的成功率，首先需了解研发成果转化应用过程中存在的风险，常见的风险如图 7-3 所示。

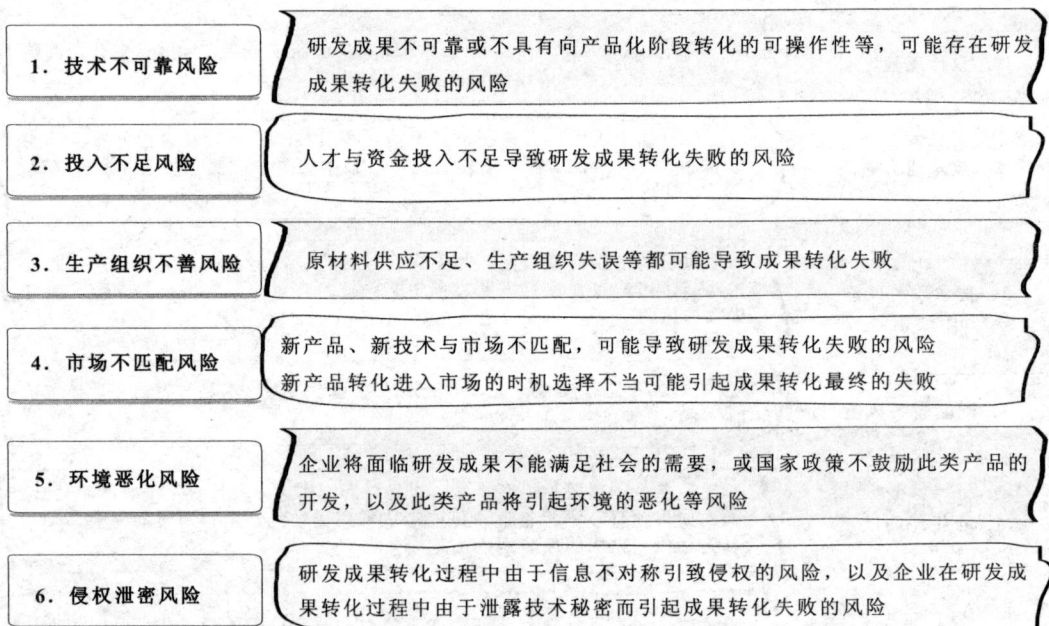

1．技术不可靠风险	研发成果不可靠或不具有向产品化阶段转化的可操作性等，可能存在研发成果转化失败的风险
2．投入不足风险	人才与资金投入不足导致研发成果转化失败的风险
3．生产组织不善风险	原材料供应不足、生产组织失误等都可能导致成果转化失败
4．市场不匹配风险	新产品、新技术与市场不匹配，可能导致研发成果转化失败的风险 新产品转化进入市场的时机选择不当可能引起成果转化最终的失败
5．环境恶化风险	企业将面临研发成果不能满足社会的需要，或国家政策不鼓励此类产品的开发，以及此类产品将引起环境的恶化等风险
6．侵权泄密风险	研发成果转化过程中由于信息不对称引致侵权的风险，以及企业在研发成果转化过程中由于泄露技术秘密而引起成果转化失败的风险

图 7-3　研发成果转化应用风险点

7.2 研究与开发风险评估

7.2.1 研发立项风险评估

研发项目立项的风险包括技术风险、市场风险、环境风险、财务风险、配套风险和管理风险 6 项。企业要想对这 6 项风险进行评估，就需要建立完整的立项风险评估指标体系，然后确定权重，评估各风险因素所处的风险等级，最后对项目立项的风险等级进行计算。研发项目立项风险评估的具体指标如图 7-4 所示。

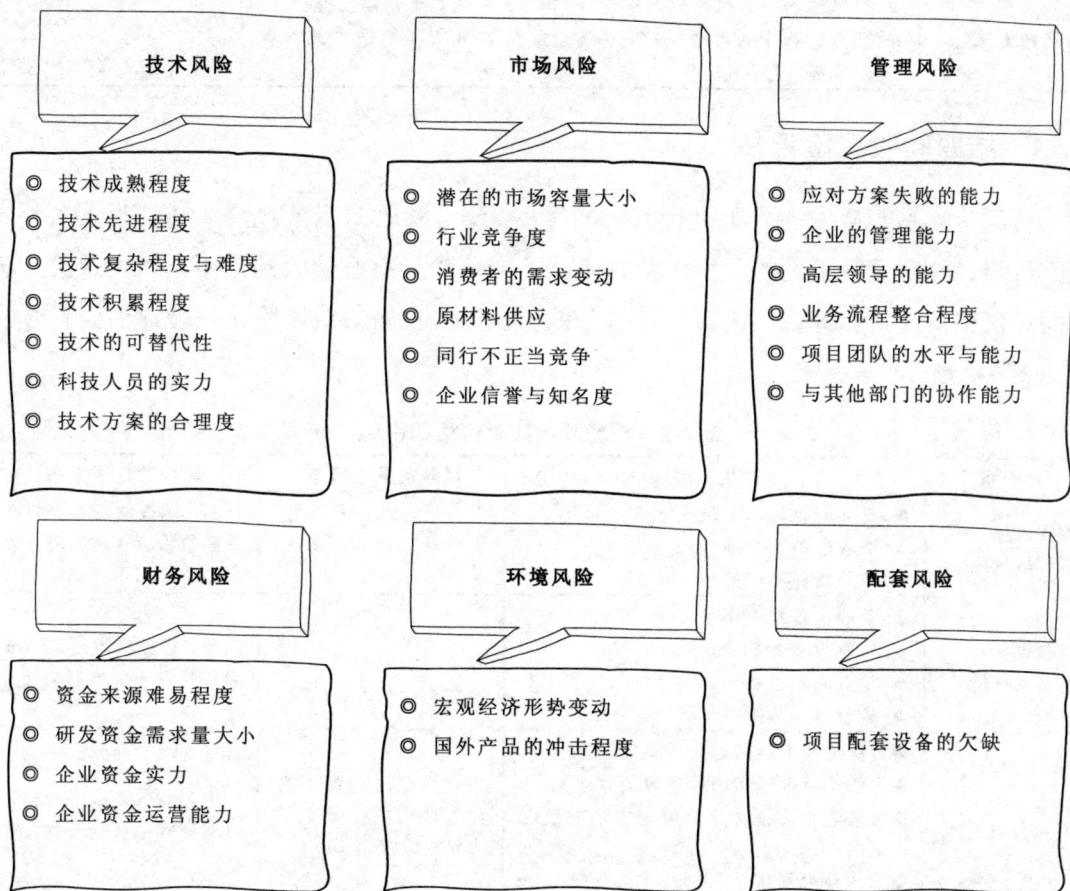

技术风险
- ◎ 技术成熟程度
- ◎ 技术先进程度
- ◎ 技术复杂程度与难度
- ◎ 技术积累程度
- ◎ 技术的可替代性
- ◎ 科技人员的实力
- ◎ 技术方案的合理度

市场风险
- ◎ 潜在的市场容量大小
- ◎ 行业竞争度
- ◎ 消费者的需求变动
- ◎ 原材料供应
- ◎ 同行不正当竞争
- ◎ 企业信誉与知名度

管理风险
- ◎ 应对方案失败的能力
- ◎ 企业的管理能力
- ◎ 高层领导的能力
- ◎ 业务流程整合程度
- ◎ 项目团队的水平与能力
- ◎ 与其他部门的协作能力

财务风险
- ◎ 资金来源难易程度
- ◎ 研发资金需求量大小
- ◎ 企业资金实力
- ◎ 企业资金运营能力

环境风险
- ◎ 宏观经济形势变动
- ◎ 国外产品的冲击程度

配套风险
- ◎ 项目配套设备的欠缺

图 7-4 立项风险评估指标

7.2.2 研发过程风险评估

企业在产品研发过程中，可能出现研发进度延误、研发成本过高、研发质量不合格、出现研发事故等风险。企业需对这些风险进行评估，以便采取有效的措施进行应对。研发过程风险评估说明如表 7-1 所示。

表 7-1　研发过程风险评估说明

风险点	产生原因	风险的发生概率	风险的危害大小
研发过程进度延误风险	◆ 研发过程组织安排不当 ◆ 研发管理监督人员责任心不强 ◆ 未进行进度检查和控制	研发进度在研发过程中基本能够有效控制	中，可能延误市场机会，影响企业效益
研发过程质量风险	◆ 供应商提供的物资质量不符合要求 ◆ 研发技术本身不成熟、不完善，导致研发过程质量风险 ◆ 研发过程中未进行阶段性的评审	研发本身技术问题不能控制但是可以提前进行评审，避免研发的进行	高，可能给企业带来巨大的经济损失，给用户也将造成经济、技术乃至人身安全等方面的损害
研发过程费用超支风险	◆ 研发预算估计不足 ◆ 研发过程中未执行成本预算 ◆ 研发过程中研发费用控制不力造成研发费用超支	研发费用在研发过程中基本能够有效控制，但预算的准确性不能有效保证	高，可能导致资金链断裂，迫使研发活动中止

7.2.3　结题验收风险评估

结题验收是对研发的成果进行验收的过程。结题验收常见的风险包括验收人员不合格的风险、验收设备不足的风险、验收方法不合理的风险及验收结果不可靠的风险。企业需对这些风险进行评估，以便采取有效的措施进行应对。结题验收风险评估的具体说明如表 7-2 所示。

表 7-2　结题验收风险评估的说明

风险点	产生原因	风险的发生概率	风险的危害大小
验收人员不合格风险	◆ 专业验收技术人员缺乏 ◆ 验收配备不合理 ◆ 验收责任不明确	企业采取有效措施，能够对此风险进行有效控制	高，不查出研发出的产品和技术存在的问题，会给企业带来很大的隐患
验收设备不足的风险	◆ 验收设备精度不足 ◆ 验收设备数量不足 ◆ 没有验收设备 ◆ 验收设备故障或损坏	在设备管理不善的情况下很可能会出现验收设备不足的风险	中，导致验收结果不准确，验收无法顺利进行
验收方法不合理的风险	◆方法选择未能考虑到成果的情况 ◆方法选择未能考虑到验收的要求 ◆方法选择未能考虑到特定方法的适用范围 ◆方法使用不当	验收方法选择不合理或使用不当都很可能导致验收出现风险	中，验收方法不合理，可能导致验收结果不准确
验收结果不可靠的风险	◆ 设计得不合理 ◆ 验收设备不可靠 ◆ 外购原材料、零部件不可靠 ◆ 验收管理不严格	研发设备不合理很可能造成验收结果不合格、不可靠	高，导致研发质量不合格，给企业带来严重损失

7.2.4　研究成果应用风险评估

研究成果应用风险评估是对研究成果应用风险发生的可能性大小、可能出现的后果和影响范围大小等进行估计。其主要是为进一步制定风险管理措施和进行风险监控提供依据。研究成果应用风险评估的要点如图 7-5 所示。

风险评估的方法	风险发生的概率	风险的危害大小
◎ 当累积较多的数据资料时，可以通过数据资料的分析，找出风险发生的概率 ◎ 有些风险事件已经形成了一定变化规律时，企业可根据具体情况，利用已知的概率求得风险发生的概率 ◎ 客观资料较少时，可以由专家根据以往的经验，给出风险发生的概率	◎ 研发成果在应用的过程中，由于外部环境因素的不确定性、项目进程中各种情况的发生及项目研发管理综合能力的制约将导致项目的中止、撤销、失败，或达不到预期的经济技术指标的可能性很大	◎ 研究成果应用的风险不同于其他项目的风险，其具有独特性和开拓性，因此其也会给企业造成有不可估量的损失和危害

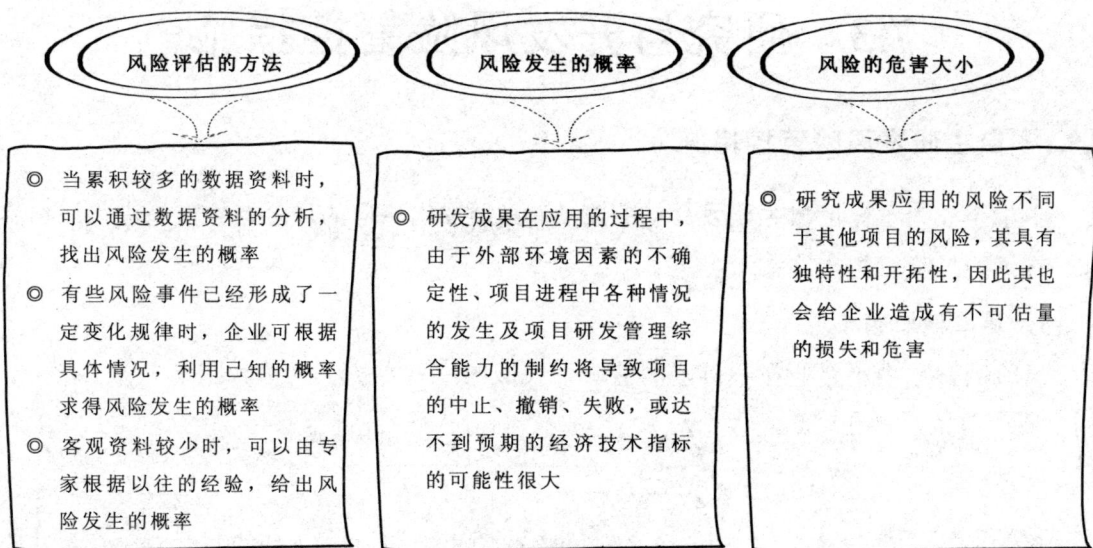

图 7-5　研究成果应用风险评估要点

7.2.5　研究成果保护风险评估

研究成果保护即保护企业研发成果的知识产权。企业在对研究成果进行保护的过程中，最常见的风险包括侵权的风险、泄密的风险。企业需对这些风险发生的原因和可能性，以及危害大小进行评估，以便制定风险管控措施进行风险控制。研究成果保护风险评估要点如图 7-6 所示。

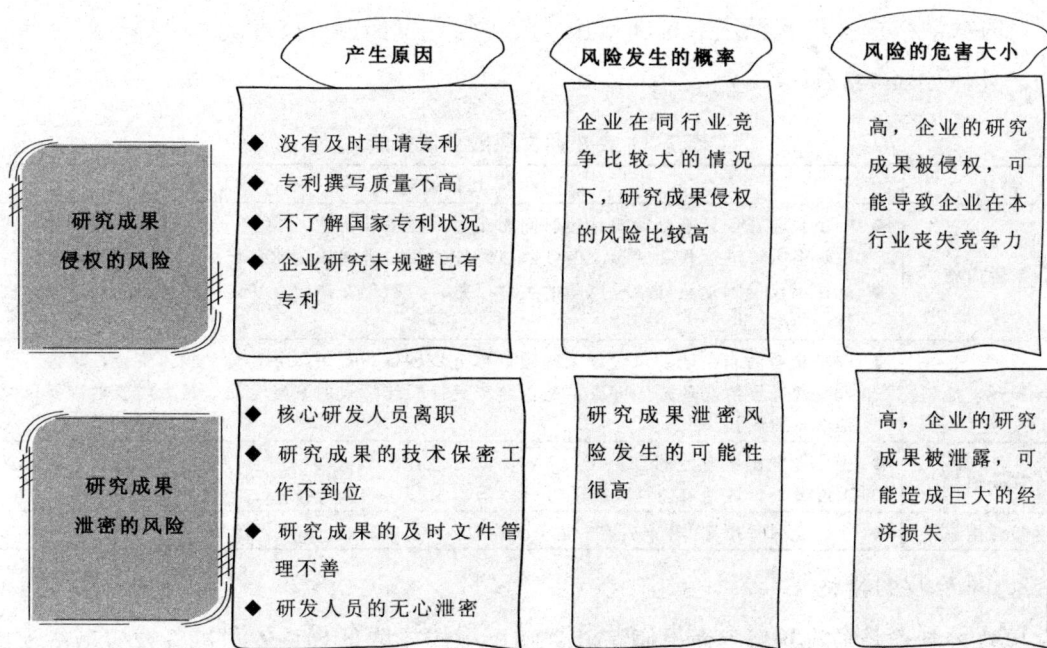

	产生原因	风险发生的概率	风险的危害大小
研究成果侵权的风险	◆ 没有及时申请专利 ◆ 专利撰写质量不高 ◆ 不了解国家专利状况 ◆ 企业研究未规避已有专利	企业在同行业竞争比较大的情况下，研究成果侵权的风险比较高	高，企业的研究成果被侵权，可能导致企业在本行业丧失竞争力
研究成果泄密的风险	◆ 核心研发人员离职 ◆ 研究成果的技术保密工作不到位 ◆ 研究成果的及时文件管理不善 ◆ 研发人员的无心泄密	研究成果泄密风险发生的可能性很高	高，企业的研究成果被泄露，可能造成巨大的经济损失

图 7-6　研究成果保护风险评估要点

7.3 研究与开发风险管控措施

7.3.1 自主研发风险管控措施

中小企业为了保证自主研发活动的成功，必须提出相应的风险管控措施进行严格实施。具体的风险管控措施如下。

1. 风险回避措施

风险回避是中小企业在不得已的情况下采取的一种措施，具体如图 7-7 所示。

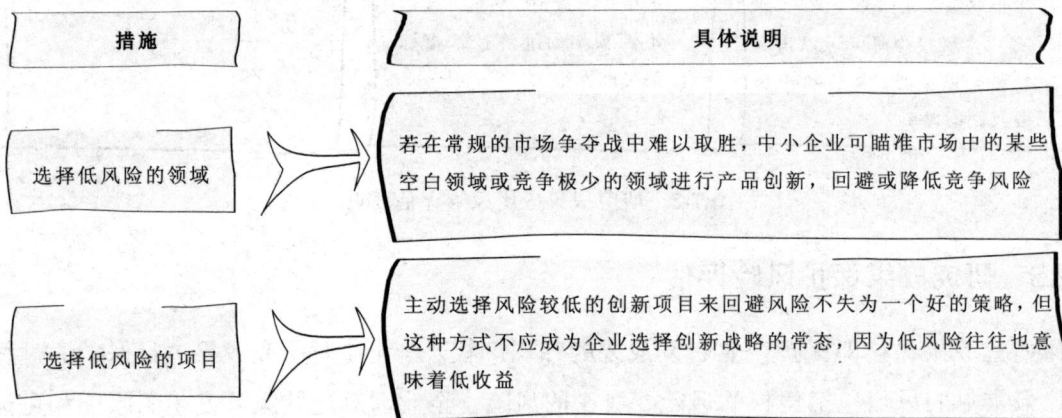

措施	具体说明
选择低风险的领域	若在常规的市场争夺战中难以取胜，中小企业可瞄准市场中的某些空白领域或竞争极少的领域进行产品创新，回避或降低竞争风险
选择低风险的项目	主动选择风险较低的创新项目来回避风险不失为一个好的策略，但这种方式不应成为企业选择创新战略的常态，因为低风险往往也意味着低收益

图 7-7 自主研发风险回避措施

2. 风险分散措施

风险分散措施主要包括联合创新措施、分步骤开发措施、技术优胜措施和产品组合四种，具体如表 7-3 所示。

表 7-3 自主研发风险分散措施

措施	具体说明
联合创新措施	◆ 中小企业在创新基础薄弱且短时间内难以改变的情况下，可结合自身实际，选择和高校、科研院所等进行联合创新，也可以与国外的相关机构或企业合作 ◆ 这样不仅能增加企业承担风险的主体个数，分散创新风险，还能实现优势互补，提高创新成功率
分步骤开发措施	◆ 中小企业对自主研发风险较大的项目可分步骤逐步推进，分期分批投入资金，根据前一阶段的进展情况及效果再决定是否继续进行后续阶段的开发工作，最大限度地降低风险带给企业的损失
技术优胜措施	◆ 中小企业围绕既定的自主开发方案，同时进行多个相同级别的自主研发，最后选取研发进展最快、成功可能性最高的项目作为自主开发的核心技术
产品组合措施	◆ 小企业同时开发和生产具有一定关联性的多种终端产品，减低产品单一所带来的市场风险

3. 风险控制措施

风险控制不是放弃风险，而是制订计划和采取措施降低损失的可能性或者减少实际损失。具体的风险控制措施如图 7-8 所示。

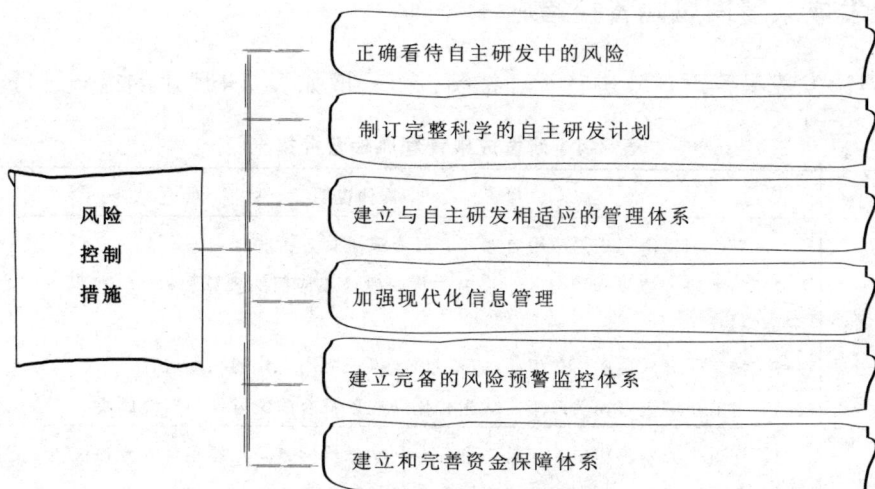

图 7-8　自主研发风险控制措施

7.3.2　结题验收风险管控措施

在结题验收过程中，企业将面临多重风险，若不能合理地管控规避该风险，将给企业带来不可估量的损失。为此，企业应采取合理的管控措施，尽量减低该风险对企业带来的危险。具体的管控措施如图 7-9 所示。

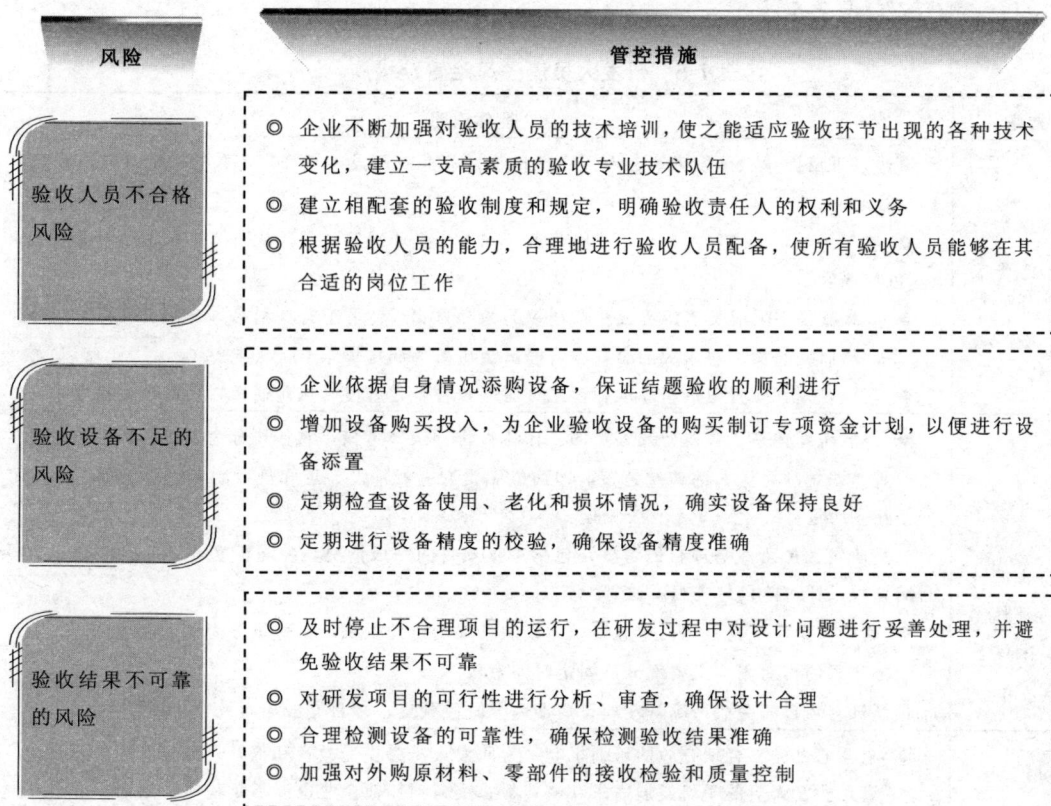

图 7-9　结题验收风险管控措施

7.3.3　研发成果管理风险管控措施

企业对研发成果管理风险进行管理控制，可采取如表 7-4 所示的措施进行。

表 7-4　研发成果管理风险管控措施

风险管控措施	具体说明
研发成果应用风险管控措施	1．提前制定研究成果应用方案，并对方案进行分析和评估 2．加大研究成果应用投入，提前进行研发成果应用的预算和筹资，确保应用工作不出现资金短缺 3．做好研究成果应用的组织动员工作，保证应用工作的顺利进行 4．提前了解国家相关政策，优先转化和应用符合国家方针的研究成果
研发成果保护风险管控措施	1．在研究开发工作中，应首先进行专利文献检索，防止侵犯他人专利权 2．及时申请专利，以保证研究开发成果的独占权，实现知识产权保护 3．企业制定技术保密制度，并与研发人员签订保密协议，避免研发成果泄露 4．对企业员工进行保密培训，提高员工的保密意识 5．对研究成果的技术文件进行加密管理，避免技术文件的泄露

7.3.4　研发人员流失风险管控措施

企业为了降低研发人员的流失风险，需采取适当的管控措施进行研发人员的管理，具体的管控措施如表 7-5 所示。

表 7-5　研发人员流失风险管控措施

措施	具体说明
树立企业与员工是合作伙伴关系的理念	通过以下措施承认研发人员在企业中的地位，从而对研发人员产生持久的激励效应，降低其离职意愿： ◆ 参与管理。让研发人员与企业经营者一同参与企业决策过程，从而使他们感受到企业的认可与尊重 ◆ 股权激励。采取员工持股或股票期权的激励方式，使员工自身利益与企业长远利益结合起来，从而提高员工对企业的忠诚度，降低员工的离职意愿 ◆ 自主管理。实行灵活机动的弹性工作时间，在一定程度上满足研发人员的自主权要求
建立基于研发人员工作特点的绩效考评体系和薪酬体系	◆ 绩效考评体系。针对研发人员的工作特点进行绩效考核，具体可分为以下两部分进行： 一是与研发项目无关的传统考核，即岗位职责的完成情况、遵守规章制度的情况等，考核可安排在平时进行 二是研发人员所参与项目的考核，包括考核项目的完成情况、参与程度等。考核可在一个项目周期内，针对阶段性的目标进行 ◆ 薪酬体系。根据上述两部分绩效考核的结果确定的报酬，具体可分为以下两部分： 一是传统的相对固定工资部分，固定时间发放 二是针对项目的完成情况，在项目周期内分阶段预支，项目完成后再统一结算
提供学习培训机会	◆ 企业通过建立合理有效的培训机制，为研发人员提供受教育和提升自身技能的学习机会，满足研发人员的学习发展需求，使其不必跳槽到其他企业也能不断获得新知识，从而减少了研发人员流失的可能性

措施	具体说明
开展职业生涯管理	开展职业生涯管理，可以使研发人员清楚地看到自己在组织中的发展道路，而不至于为自己目前所处的地位和未来的发展感到迷茫，从而有助于降低研发人员的流失率
做好人才储备工作	人才储备有利于保证企业不会因某些关键研发人员的流失而中断新产品的研发和市场开拓。人才储备的具体措施如下： ① 强化人才储备和技术培训，使某项关键技术不会只被一两人独占 ② 同一尖端技术岗位至少要有两至三人同时攻关
建立工作分担机制	◆ 企业建立工作分担机制，使项目开发通过工作团队来完成，因为每个成员都不可能单独完成整个项目和掌握全部技术，所以，即使某个员工跳槽，也不会因影响到项目的进展而对企业构成威胁 ◆ 企业这一机制的建立，可以有效降低因研发人员流失而导致关键技术泄露的风险
合同约束	◆ 合同约束即在员工进入企业之前，采用契约的形式规定员工对企业的义务，约束其行为，以防范由于员工流失而给企业带来损害 ◆ 企业与研发人员事先签订"竞业禁止"协定，要求员工在离开企业后的一段时间内不得从事与本企业有竞争关系的工作 ◆ 企业在合同中规定如果员工离开企业，需要继续为本企业保守商业及技术秘密等，同时规定相应的补偿措施

7.4　研究与开发风险控制实务

7.4.1　项目可行性研究报告

　　为了给相关人员编制项目可行性研究报告提供可用的模板，本节特给出了如下的项目可行性研究报告框架。

项目可行性研究报告（框架）

编　号：　　　　编制部门：研发部　　　　审批人员：　　　　　　　审批日期：＿＿＿年＿＿月＿＿日

一、总论	三、资源条件评估
1．项目提出的背景	1．资源可利用量
2．项目概括	2．资源品质情况
3．问题与建议	3．资源开发价值
二、市场预测	四、建设规模与产品方案
1．市场现状调查	1．产品方案构成、比选和推荐
2．产品供需预测	2．技术改造项目与原有设施利用情况
3．产品价格预测	3．说明本项目预计的建设规模
4．竞争力分析	
5．市场风险分析	

五、地址选择	十三、项目实施进度
1. 场址现状	1. 项目工期
2. 场址方案比选和推荐的场址方案	2. 实施进度安排
3. 项目现有场址的利用情况	3. 研发项目与生产的衔接
六、技术方案、设备方案和工程方案	十四、投资估算
1. 技术方案选择	1. 研发投资估算
2. 主要设备方案选择	2. 流通资金估算
七、原材料、燃料供应	3. 资金使用计划
1. 主要原材料供应方案	十五、融资方案
2. 燃料供应方案	1. 融资组织形式
八、总图运输与公用辅助工程	2. 资金筹措
1. 总图布置方案	3. 债务资金筹措
2. 场内外运输方案	4. 融资方案分析
3. 公用工程与辅助工程方案	十六、财务评价
4. 现有辅助设施利用情况	1. 财务评价基础数据与参数选取
九、节能节水措施	2. 销售收入与成本费用估算
1. 节能措施与能耗指标分析	3. 财务评价报表
2. 节水措施与水耗指标分析	4. 盈利能力分析、偿债能力分析、不确定性分析、
十、环境影响评价	财务评价分析
1. 环境条件调查	十七、技术可行性分析
2. 影响环境因素分析	1. 技术成熟性论证和产品可行性论证
3. 环境保护措施	2. 本产品与国家现有规范、标准的符合程度
十一、劳动安全卫生与消防	十八、社会评价
1. 危险因素和危险程度分析	1. 项目对社会影响分析
2. 安全防范措施	2. 项目与所在地相互适应性的分析
3. 卫生保健措施	3. 社会风险分析
4. 消防设施	
十二、组织结构与人力资源配置	
1. 组织机构设置及其适应性分析	
2. 人力资源配置	
3. 员工培训	

7.4.2 研究开发立项审批制度

制度名称	研究开发立项审批制度				
制度版本		受控状态	□ 受控 □ 非受控	制度编号	
第1条 目的 为了明确公司研究开发项目的立项审批流程,明确项目立项审批需经过的步骤和审批的人员,特制订本制度。					

制度名称		研究开发立项审批制度			
制度版本		受控状态	□ 受控 □ 非受控	制度编号	

第2条 适用范围

本制度适用于产品或技术研发项目的立项审批工作。

第3条 项目分类

根据估计的项目工作量，将项目分成以下3类：

1．A类项目：估计的项目工作量大于12个月。

2．B类项目：估计的项目工作量大于4个月，小于12个月。

3．C类项目：估计的项目工作量在4个月之内。

第4条 职责分工

1．研发项目的整个立项过程，由项目经理协同项目管理监督岗组织。

2．项目经理负责提出立项申请。

3．研发部经理、公司总经理进行立项审批。

4．对于A类项目，研发部经理需组织成立评审委员会，并且外聘相关领域的专家参与评审，以便获得更为客观的意见。具体的评审委员会成员如下所示。

评审委员会成员表

组成人员	研发部	市场部人员	生产部	财务部
名额	2	2	1	1

第5条 立项评审流程

1．项目管理监督岗及项目经理共同审定该项目的估计工作量。

2．项目经理提交"项目立项申请书"，项目管理监督岗对其进行预审。

3．研发部经理确定评审委员会人选及评审日期，通知会议时间。

4．提前5天将资料发放给参与评审的人员，如有必要可召开预审会。

5．研发部经理需确定评审委员会成员均阅读了评审资料。

6．评审委员会进行讨论，提出意见，形成评审结论。

第6条 立项审批

研发项目按照项目的分类，分级别进行审批。

1．对于A类项目，由公司总经理审批确定是否可以立项，对通过审批的项目发放"立项评审结论报告"。

2．对于B类项目，由公司研发部经理审批是否可以立项，对通过审批的项目发放"立项通知单"。

第7条 立项备案

无论项目是否被批准立项，均要在项目管理监督岗备案。

第8条 本制度由研发部和人力资源部联合制定，其解释权归人力资源部所有。

第9条 本办法自　年　月　日起实施。

编制部门		审批人员		审批日期	

7.4.3 研发项目立项管理流程

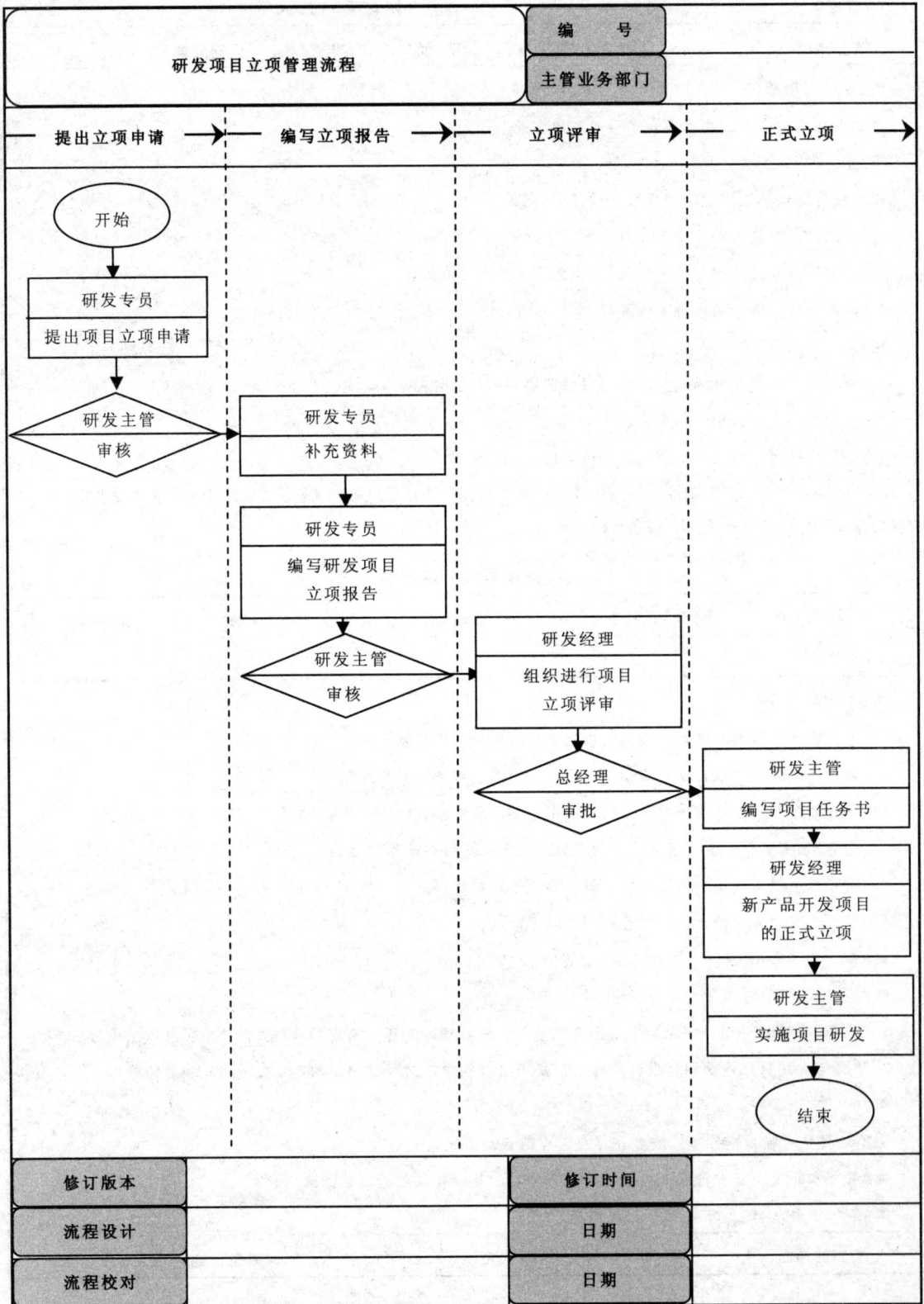

| 研发项目立项管理流程 | 编　　号 |
| | 主管业务部门 |

提出立项申请 →	编写立项报告 →	立项评审 →	正式立项 →

```
        开始

   研发专员
   提出项目立项申请

   研发主管          研发专员
   审核      →      补充资料

                    研发专员
                    编写研发项目
                    立项报告

                    研发主管          研发经理
                    审核      →      组织进行项目
                                      立项评审

                                      总经理          研发主管
                                      审批      →     编写项目任务书

                                                      研发经理
                                                      新产品开发项目
                                                      的正式立项

                                                      研发主管
                                                      实施项目研发

                                                        结束
```

修订版本		修订时间	
流程设计		日期	
流程校对		日期	

7.4.4 委托研发招标管理流程

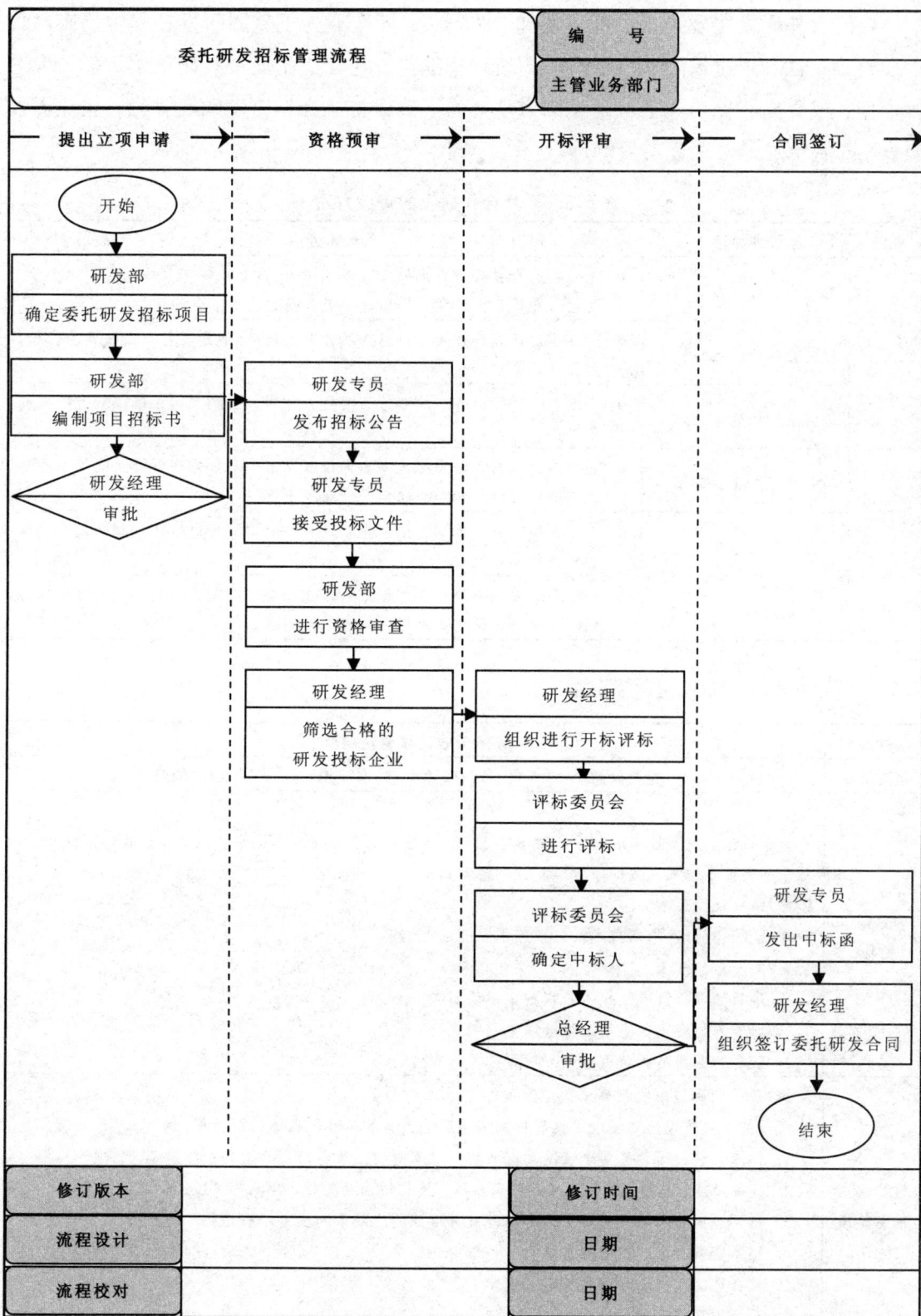

委托研发招标管理流程	编　　号	
	主管业务部门	

提出立项申请　→	资格预审　→	开标评审　→	合同签订　→

```
提出立项申请:
  开始
   ↓
  研发部
  确定委托研发招标项目
   ↓
  研发部
  编制项目招标书
   ↓
  研发经理
  审批

资格预审:
  研发专员
  发布招标公告
   ↓
  研发专员
  接受投标文件
   ↓
  研发部
  进行资格审查
   ↓
  研发经理
  筛选合格的研发投标企业

开标评审:
  研发经理
  组织进行开标评标
   ↓
  评标委员会
  进行评标
   ↓
  评标委员会
  确定中标人
   ↓
  总经理
  审批

合同签订:
  研发专员
  发出中标函
   ↓
  研发经理
  组织签订委托研发合同
   ↓
  结束
```

修订版本		修订时间	
流程设计		日期	
流程校对		日期	

7.4.5 委托合作研发管控方法

委托合作研发主要是指委托研发和合作研发。即企业为了克服研发过程中的高额投入和不确定性、规避风险、缩短产品的研发周期等，与其他企业或科研单位、学校等进行合作，或委托其他企业进行研发的方法。为了确保委托合作研发顺利进行，企业需按照表 7-6 所示的方法进行有效管理。

表 7-6　委托合作研发的管控方法

阶段	管控方法	具体说明
前期	选择合适的研发公司	◆ 企业在选择委托合作的研发合作单位时，需重点参考其成功的研发经验，继而对比项目报价和业界口碑，最终确定合适的合作单位
	设定合作研发的目标	◆ 企业需对研发合作单位进行实质性的了解后，设定委托合作研发的目标，确保其符合实际
	进行合同约定	◆ 企业需与委托合作单位签订《委托合作研发合同》，以确保双方的权利和义务
中期	进行合理的工作分配	◆ 企业在进行合作研发时，需对内部研发部门与外部研发师之间的工作进行合理的分配，避免引起他们之间的矛盾
	研发项目的跟踪管理	◆ 企业在委托或合作研发的过程中，需对研发项目进行跟踪和管理，确保项目按预期进行
后期	进行量化考核	◆ 在项目研发的阶段性工作结束后，企业需对委托合作的项目研发成果进行阶段性的量化考核，以便进行工作评估

7.4.6 技术验收测试鉴定制度

制度名称	技术验收测试鉴定制度				
制度版本		受控状态	□ 受控　□ 非受控	制度编号	
总则 第1章	第1条　目的 为了规范公司新技术的验收测试鉴定工作，强化技术创新管理，加快自主创新进程，促进先进、适用的新技术得到有效推广应用，特制定本制度。 第2条　适用范围 本企业自行开发的新技术，可按照本制度进行鉴定。 第3条　职责分工 1. 项目经理负责提交技术验收鉴定申请书。 2. 研发部经理负责组织进行技术验收鉴定。 3. 验收鉴定委员会负责对项目进行技术验收鉴定。				
第2章 准备阶段	第4条　明确技术验收测试鉴定的条件 研发部主管首先需要明确申请新技术鉴定应当具备的条件，具体如下所示。 1. 技术先进适用、具备全新的功能或较原技术有明显改进，有应用、推广价值。 2. 具备必需的标准、工艺规程、安全规程、操作规程及工装、检测等手段，工艺技术文件齐全。 3. 达到设计要求，符合国家标准、行业标准或用户要求的技术经济指标。 4. 技术资料齐全，数据真实准确。 5. 符合环保、安全、卫生等有关规定。 6. 符合规定的鉴定申报程序。				

制度名称	技术验收测试鉴定制度				
制度版本		受控状态	□ 受控　□ 非受控	制度编号	

第2章 **准备阶段**	**第5条**　明确技术验收测试鉴定的内容 研发部主管需要明确技术验收测试鉴定的主要内容，具体内容如下所示。 1．评价新技术的性能、采用标准、技术水平、生产工艺条件。 2．考核新技术使用所需条件是否具备，安全、卫生、环保等是否符合要求。 3．预测分析市场前景、经济效益和社会效益。 **第6条**　选择技术验收测试鉴定的方式 研发部主管选择合适的技术验收测试鉴定的方式，对重大项目采取委外鉴定的方式进行，不太重要的项目采取内部组织鉴定即会议鉴定和合同验收的方式进行。具体的鉴定方式如下图所示。 检测鉴定　　委托国家认定的专业检测机构，按照国家标准、行业标准规定的有关指标，对新技术进行检测分析，并提出检测报告 会议鉴定　　研发部聘请有关方面专家及主要用户组成鉴定委员会，以鉴定会形式对新技术进行审查和评价，并作出结论 合同验收　　研发部聘请有关方面的专家及用户组成鉴定委员会，按照合同双方约定的验收标准和方法进行测试、评价，并做出结论 **技术验收测试鉴定的方式**
第3章 **委外鉴定**	**第7条**　提出验收鉴定申请 新技术研发部门通过自审确认已具备验收鉴定条件后，填写"技术验收鉴定申请表"。 **第8条**　预审 技术研发部门将验收鉴定的有关资料送国家相关部门委托的单位或机构预审，符合鉴定验收条件的，由预审单位盖章后报省、国家相关部门审批。 **第9条**　验收鉴定 国家相关部门将根据各预审单位的意见，在7个工作日内做出是否受理的答复，并确定鉴定验收类别和方式，进而向主持鉴定验收活动的单位发文实施。 **第10条**　核发证书 实施鉴定验收活动的单位和机构，在鉴定验收工作结束后10个工作日内，将鉴定验收意见及有关资料报国家相关部门审查，通过后核发鉴定证书。
第4章 **内部鉴定**	**第11条**　提出验收鉴定申请 项目实施完成后，项目经理向研发部提交"技术验收鉴定申请表"，申请进行技术验收鉴定。 **第12条**　组织验收鉴定会议 研发部经理组织成立验收鉴定委员会进行鉴定验收会议，对技术进行验收鉴定。具体的实施程序如下。 1．主持人介绍技术项目研发单位、技术项目内容及完成情况。 2．主持人介绍验收鉴定委员会专家，并确定验收鉴定委员会主任1人、副主任1～2人、委员若干。

制度名称	技术验收测试鉴定制度				
制度版本	受控状态	□ 受控	□ 非受控	制度编号	
第4章 内部鉴定	3. 验收鉴定委员会主任讲话。宣布成立技术资料审查组、性能测试及生产条件审查组，并指定2个工作组组成人员。 4. 验收鉴定委员会对技术进行验收和鉴定。 5. 验收鉴定委员会提出鉴定过程中的问题，项目研发单位回答专家质疑。 6. 验收鉴定委员会审查资料，出具验收鉴定意见。 7. 验收鉴定委员会宣读验收鉴定意见，然后签字。				
第5章 附则	第13条 本制度由研发部制定，其解释权归研发部所有。 第14条 本办法自 年 月 日起实施。				
编制部门	审批人员			审批日期	

7.4.7 核心研发人员管理制度

制度名称	核心研发人员管理制度				
制度版本	受控状态	□ 受控	□ 非受控	制度编号	
第1章 总则	第1条 目的 为了吸引、凝聚和留住核心人才，充分调动和发挥他们的工作积极性，为企业创造更大的价值，同时减少核心研发人员的流失，特制订本制度。 第2条 适用范围 本制度适用于核心研发人员的管理。 第3条 职责分工 人力资源部负责制定核心研发人员的胜任条件和管理制度。 核心研发人员综合评审推荐委员会负责对核心研发人员进行确定和调整。 第4条 术语解释 本制度所指的核心研发人员是指处于核心层的技术员工。				
第2章 确定核心 研发人员 胜任特征	第5条 公司核心研发人员的胜任特征 1. 人力资源部结合战略发展规划和人力资源发展规划的实际，通过确立研发关键岗位、进行岗位评估等方法，确定核心研发人员胜任特征。 2. 制定公司核心研发人员的胜任特征可从内隐特征和外显特征两方面进行。 第6条 内隐特征 内隐特征主要涉及研发人员的心理动机和个人品德。核心研发人员的内隐特征如下。 1. 具备良好的社会道德素质，并遵守职业道德，具有奉献精神。 2. 有事业心、责任心、进取心，有不断学习提高的愿望。 3. 具有团队合作精神、创新精神和奉献精神。 4. 核心研发人员要认同企业核心价值观和企业文化，忠诚于企业。 第7条 外显特征 外显特征是核心研发人员的专业素质，主要涉及专业知识和专业技能等，可以作为鉴别其工作绩效和发展潜力的素质特征。核心研发人员的外显特征如下。 1. 基本特征：必须具备本科及以上学历，中级及以上职称，五年以上本专业岗位工作经历。 2. 具体特征：公司根据实际情况，制定外显特征的具体条件，通常包括如下人员。				

制度名称	核心研发人员管理制度				
制度版本		受控状态	□ 受控　□ 非受控	制度编号	

第2章 确定核心 研发人员 胜任特征	（1）获得市（部）以上科技进步奖、自然发明奖、重大管理成果奖的主要完成人。 （2）主持或参与职务发明获得国家发明专利或实用新型专利的主要完成人，其成果转化取得较好的经济效益和社会效益。 （3）在引进、消化、开发、推广国内外先进科学技术中，解决了关键技术问题，技术处于同行领先水平，并取得显著效益。 （4）被列为市级以上重点工程的主要技术完成人或负责人，研究成果处于同行业领先地位。
第3章 建立核心 研发人员 管理制度	**第8条　建立沟通机制** 人力资源部需首选建立沟通机制，与核心人员建立联系，实现与核心人员的有效交流和沟通。沟通机制可通过召开核心研发人员座谈会的方式进行。 **第9条　建立培训制度** 人力资源部需建立培训制度，通过对核心研发人员提供培训，可以提高核心研发人员的专业知识和技能，并且通过培训可以提高企业的竞争力。具体的培训方式如下。 1．定期组织核心研发人员学习企业的重大方针政策，不断提高他们的素养和全局观念。 2．组织参加国内外研发技术交流会，及时更新研发的相关知识，不断提高他们的研发能力，使他们跟上时代步伐。 **第10条　建立绩效考核制度** 1．人力资源部需结合实际，制定核心研发人员的绩效考核制度，以便对核心研发人员进行考核，实施奖励。 2．绩效考核制度需规定公司的核心研发人员每年年初确立研发课题，具体的课题如下。 （1）新产品开发项目和技术引进、消化、吸收应用项目课题。 （2）在重大工程建设、设备研制和技术改造中采用新技术、新工艺、新材料的课题。 **第11条　建立动态管理制度** 人力资源部需完善考核竞争机制，对核心研发人员队伍进行动态管理，鼓励取得突出工作业绩，让具有优秀技能的研发人员进入核心研发人员队伍，让一些跟不上公司发展需要的核心研发人员平稳地退出核心研发人员队伍。具体的办法如下。 1．核心研发人员每三年选拔一次，管理期限为三年。在管理期限内，取得新科研成果，做出突出贡献，继续符合核心人员胜任特征的，可作为下届人选。 2．在管理期内，因工作业绩不突出，或其他原因不再符合标准的，经公司核心研发人员综合评审推荐委员会认定后，予以及时调整，不再享受核心人员待遇。 3．同时人力资源部通过制定"1+3+5"的核心研发人员培养方案，即通过一年实习期、三年选择期和五年成长期的培养，为公司培养一批核心研发人员后备队伍，实现动态管理。 **第12条　建立责任管理制度** 1．人力资源部将核心研发人员的管理责任落实到各所属项目团队，作为项目团队经济责任制考评的一项内容，并要求各项目团队每年就核心研发人员的管理情况向公司人力资源部作书面汇报。 2．对于核心研发人员提出要求调离本团队或离职的，要及时向公司人力资源部报告以便采取必要措施。 3．公司规定核心研发人员流失与部门负责人业绩挂钩，督促部门负责人加强对核心人员的重视和关心。

制度名称	核心研发人员管理制度				
制度版本		受控状态	□ 受控　　□ 非受控	制度编号	

第4章 建立激励 制度	**第13条　物质激励** 1. 人力资源部采取多劳多得、多得光荣的原则，将绩效考核与薪酬挂钩，同时对参与核心研发人员获奖项目的完成人，根据其所获奖项，给予物质奖励。 2. 公司核心研发人员在三年管理期内，每人每年享受核心研发人员特殊荣誉工作津贴，在每年春节前由公司一次性发放，以改善研发核心人员的生活条件。 3. 此外，公司每年组织核心人员进行健康保健检查，关心他们的身体健康。 **第14条　精神激励** 1. 人力资源部可采取精神激励的方法，让核心研发人员参加高层领导的工作会议，尊重他们的知情权。 2. 核心研发人员完成了工作任务，取得成果，人力资源部对核心研发人员给予相应的表扬和奖励，并表达企业对核心研发人员劳动的尊重和工作的认可，以使其获得成就感。 3. 对核心研发人员生活上遇到的困难和问题，积极施以援手，对引进的核心研发人员帮助解决户籍问题、住房问题、配偶工作安置和子女就读问题等。 **第15条　目标激励** 1. 人力资源部利用企业广播、内部刊物和板报的形式宣传企业的长期目标、中期目标和短期目标，以及企业战略目标的实现与核心研发人员个人目标实现的一致性。 2. 对核心研发人员申报的科研项目，所需的科研经费、图书资料、仪器设备或参加国内学术交流等活动，给予积极支持，优先安排。 3. 当核心研发人员需配备助手或其他人员时，人力资源部尽可能尊重其本人意见，以组成最佳创新团队和群体结构。	
附则 第5章	**第16条**　本制度由人力资源部制定，其解释权归人力资源部所有。 **第17条**　本办法由总经理审批通过后实施。	

编制部门		审批人员		审批日期	

7.4.8　企业研究成果保护制度

制度名称	企业研究成果保护制度				
制度版本		受控状态	□ 受控　　□ 非受控	制度编号	

总则 第1章	**第1条　目的** 为了对企业研究成果进行有效的保护，企业特制定本管理制度。 **第2条　适用范围** 本制度适用于研究成果的侵权保护和泄密保护。 **第3条　职责分工** 1. 研发部专利管理员负责对专利进行初审。 2. 知识产权室负责向国家专利局进行专利的申请及后期的专利管理和保护。 3. 研发部负责研发成果资料的准备。 4. 人力资源部负责研发人员的保密管理。

制度名称			企业研究成果保护制度			
制度版本		受控状态	□ 受控　□ 非受控		制度编号	

<table>
<tr>
<td rowspan="1">第2章
专利申请</td>
<td>

第4条　提出专利申请

1．对于研究成果符合专利授予条件的，研发部应及时向国家专利局申请专利，以获得法律的保护。

2．研发部申请专利时，应填写本公司的"专利申报表"，具体的填写要求如下所示。

（1）在填写"申请专利的主要内容"栏时，应对研究成果的技术特点，包括新颖性、创造性、实用性、效益性等，做出清楚完整的说明，并根据已知技术对发明创造的专利性做出评价。

（2）研发部专利管理员应在"部门初审的意见"栏里，就专利申请是否符合专利法有关规定做出初审意见。

3．研发部专利管理员将此表交至知识产权室。

第5条　内部审批

公司知识产权室需对研究成果的专利申请进行审批，具体的审批流程如下所示。

1．知识产权室由专职人员对研究成果的专利申请进行专利文献检索和专利性审查，并将检索的情况及专利三性审查意见填入"专利申报表"。

2．知识产权室领导审查"专利申报表"并签字。

3．知识产权室将"专利申报表"报公司主管技术副总经理审批。

4．公司主管技术副总批准后，知识产权室将"专利申报表"复印件返回到研发部，进行专利申请的办理工作。

第6条　专利的受理、审查和授权或驳回。

1．研发部将研究成果的相关资料交知识产权室，由知识产权室将研究成果报国家专利局进行审批。

2．国家专利局则按《专利法》及相关规定对研究成果进行初审、实质性审查，若专利局认为申请专利的文件资料不符合《专利法》要求需补正，则知识产权室的承办人必须及时与研发部联系，在15个工作日内予以补正。

3．国家专利局根据审查情况，依据《专利法》及相关规定，对符合《专利法》要求的分别授予专利权并颁发专利证书，对不符合要求的做出予以驳回的决定。

</td>
</tr>
<tr>
<td rowspan="1">第3章
专利的
日常管理</td>
<td>

第7条　专利归档

对获得国家专利的研究成果，知识产权室需指定专人负责整理、编号、登记在册，做好归档管理工作，以便待用。

第8条　专利使用

因公司生产经营需要查阅专利技术资料，应按下列程序办理。

1．使用部门应提出书面报告，说明需要使用专利文献资料的原因、用途及使用范围。

2．由知识产权室对书面申请内容的必要性及合法性进行审查，并在3个工作日出具审查意见。

第9条　专利转用

公司许可他人使用其专利的，应按下列程序办理。

1．使用人以书面报告向知识产权室提出使用申请，知识产权室审查后做出是普通许可、排他许可或独占许可的意见，报送公司领导批示。

</td>
</tr>
</table>

制度名称	企业研究成果保护制度				
制度版本		受控状态	□ 受控　□ 非受控	制度编号	

第3章 专利的 日常管理	2．公司领导给出批准后，由使用人与公司签订专利许可使用合同，明确双方的权利义务。专利许可使用合同应当到合同签订地或被许可方机构注册地或专利实施地专利管理机关认定登记。 3．专利许可合同生效后，知识产权室应将合同做好编号、归档管理工作。 **第10条　专利转让** 公司转让专利技术的，应当经公司领导批准进行。 1．法律事务部根据公司的指示，与受让人签订专利转让合同。 2．合同签订后，法律事务部指定知识产权室在3个工作日内将专利转让合同报国家专利局审查批准并公告。 3．专利技术转让后，知识产权室应及时做好档案管理工作。
第4章 专利保护规定	**第11条　专利跟踪** 知识产权室应充分利用专利信息，掌握与本企业有关的国内和国外申请专利的动向，及时发现侵犯本公司专利权的行为。 **第12条　专利诉讼** 1．对于侵犯本公司专利权的，知识产权需请求调查处理专利纠纷和进行专利诉讼，必要时也可委托专利代理机构或法律事务部办理。 2．对委托专利代理机构办理专利诉讼的，应有法律事务部参与，并将有关材料送法律事务部备案。 **第13条　专利保护要求** 1．公司及员工有权保护本公司专利权不受侵犯，维护公司的合法权益。一旦发现侵权行为，应及时报知识产权室，并帮助做好调查取证工作。 2．公司在保护自有专利的同时，也应避免侵犯他人的专利权。 3．本公司专利权涉及海关保护的，要按照知识产权海关保护条例要求，及时向海关总署申请办理专利权海关保护备案。
第5章 研发人员的 保密管理	**第14条　入职管理** 人力资源部为参与和可能涉及研究成果的人员办理入职手续时，应当主动了解该人员在原公司所承担的保密义务和竞业限制义务，以免侵犯他人的合法权益。 **第15条　签订技术保密协议** 人力资源部需与公司研发人员、行政管理人员以及因业务上可能知悉研究成果秘密的人员签订保密协议。 **第16条　离职处理** 1．对涉密的科技人员，在科研任务尚未结束前要求辞职，并可能泄漏研究成果秘密，损害公司利益的，原则上不予批准。 2．确有特殊情况需辞职的，需向该人员重申其保密义务，并专档跟踪履行情况。 3．未经同意强行离职人员，列专档跟踪调查，一旦发现有违规行为，公司将通过法律程序保护本单位合法权益。
第6章 研究成果文件 的保密管理	**第17条　文件的日常管理** 对载有研究成果秘密的文件材料、图纸、磁（光）盘、图像、声像等资料及样品，必须注明保密和密级字样，并根据密级采取保密措施，归档保存，严格查阅、借阅制度。

制度名称	企业研究成果保护制度				
制度版本		受控状态	□ 受控　□ 非受控	制度编号	
第6章 研究成果文件 的保密管理	**第18条** 档案管理 研究成果的档案资料所涉及的秘密，应按照《档案资料保密规定》执行。 **第19条** 离职文件交接 离休、退休、辞职或调离的职工，在离开公司前必须将在公司从事研发工作的技术资料、实验材料、实验设备和产品等交回公司，不得擅自复制、发表、泄露、使用或转让涉及公司技术秘密的资料和物品等。				
附则 第7章	**第20条** 本制度由人力资源部和知识产权室联合制定，其解释权归人力资源部所有。 **第21条** 本办法由总经理审批通过后实施。				
编制部门		审批人员		审批日期	

第 8 章

企业采购业务风险控制

8.1 采购业务的风险识别

8.1.1 采购计划不合理风险

采购计划是根据生产部门或其他需求部门的计划制订的包括采购物料、采购数量、需求日期等内容的文书。企业采购计划不合理的表现主要包括 5 个方面，具体如图 8-1 所示。

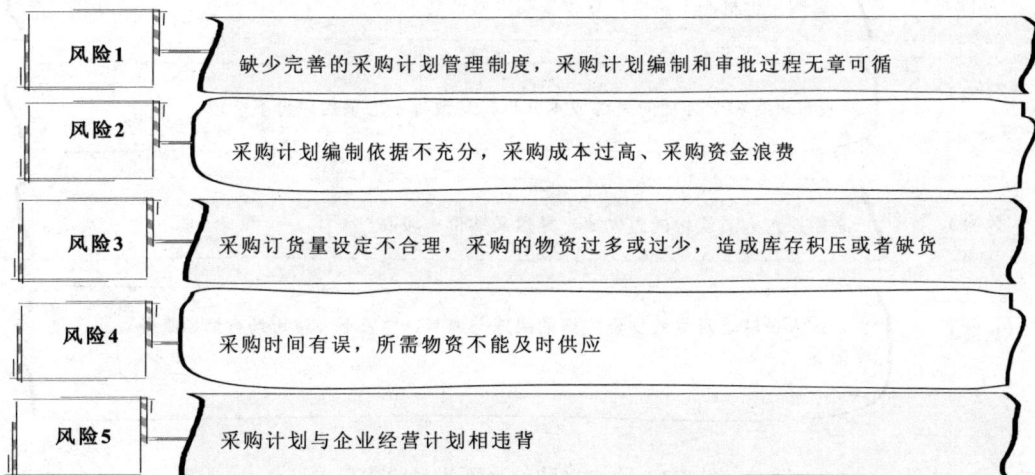

风险1 —— 缺少完善的采购计划管理制度，采购计划编制和审批过程无章可循

风险2 —— 采购计划编制依据不充分，采购成本过高、采购资金浪费

风险3 —— 采购订货量设定不合理，采购的物资过多或过少，造成库存积压或者缺货

风险4 —— 采购时间有误，所需物资不能及时供应

风险5 —— 采购计划与企业经营计划相违背

图 8-1　采购计划不合理风险表现

8.1.2 供应商选择不当风险

企业选择供应商时，应注意对供应商进行评估，选择合适的供应商。供应商选择不当是企业采购业务的主要风险之一，该风险的表现主要有以下 5 个方面，具体如图 8-2 所示。

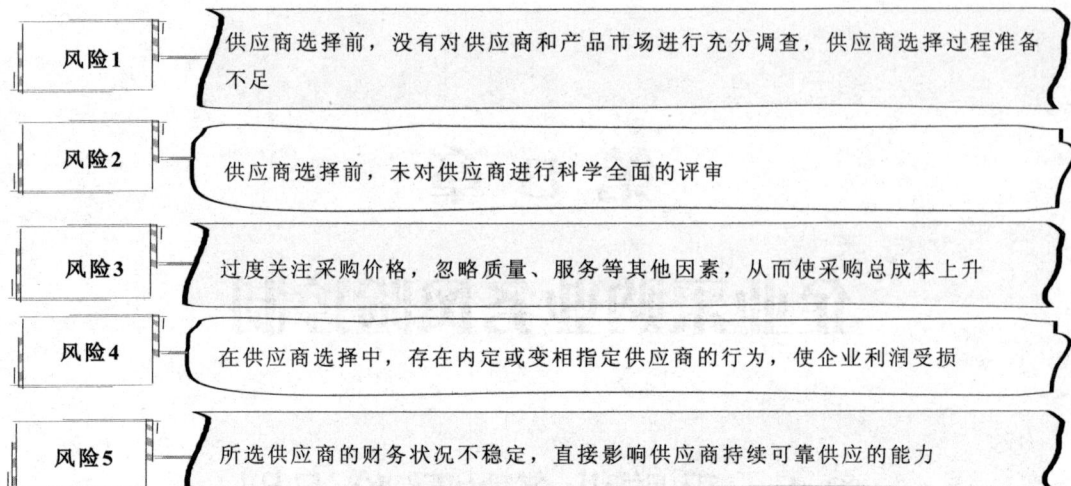

图 8-2　供应商选择不当风险表现

8.1.3　确定采购价格不当风险

采购价格不当是企业采购业务的主要风险之一。采购价格不当的风险主要表现在图 8-3 所示的四个方面。

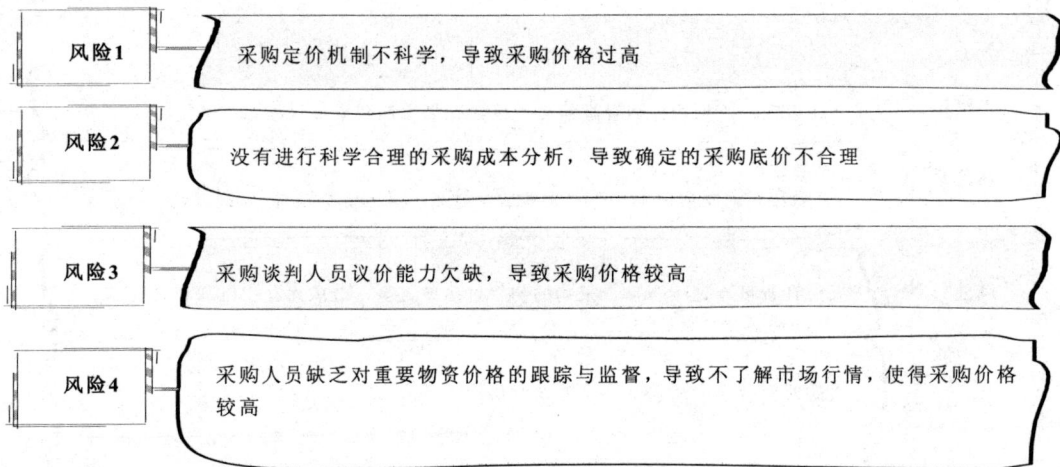

图 8-3　确定采购价格不当风险表现

8.1.4　采购验收不规范风险

采购验收是指企业对采购物资的检验与接收,采购验收的目的在于确保所采购的物资符合合同的相关规定或产品的质量要求。采购验收不规范的主要风险包括验收标准不规范、验收方式不正确、验收程序不规范、检验异常处理不当等,具体说明如图 8-4 所示。

1. 验收标准不规范	采购验收标准不规范，导致验收标准无效
2. 验收方式不正确	采购验收方式不正确，导致接收的物料在质量、数量、性能等方面存在偏差
3. 验收程序不规范	采购验收程序不规范，且采购程序相关文件缺乏，导致采购验收工作分工不明确，存在推诿现象，使得物资验收结果缺乏权威性与有效性
4. 检验异常处理不当	检验的不合格品未及时拒收或返工，或未经批准后采用，导致不良品的混入及造成安全隐患

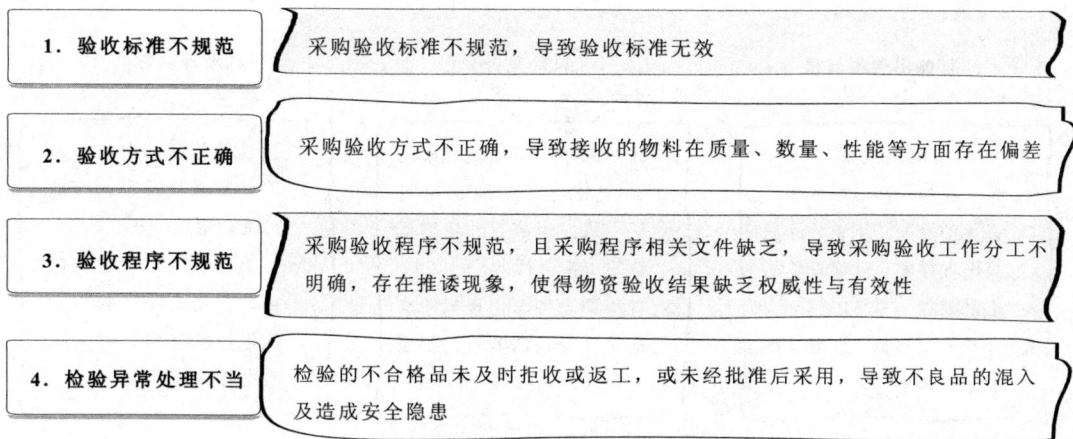

图 8-4　采购验收不规范的风险表现

8.2　采购业务的风险评估

8.2.1　供应商选择风险评估

供应商选择风险是供应商开发、调查、评价、考核等环节中可能出现的风险。供应商选择风险评估主要从风险危害大小、风险评估方法两个方面进行，具体如图 8-5 所示。

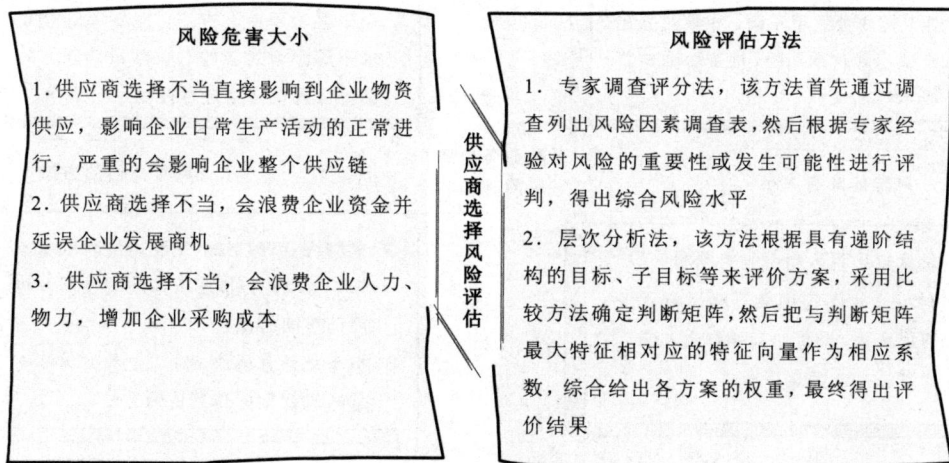

风险危害大小

1. 供应商选择不当直接影响到企业物资供应，影响企业日常生产活动的正常进行，严重的会影响企业整个供应链

2. 供应商选择不当，会浪费企业资金并延误企业发展商机

3. 供应商选择不当，会浪费企业人力、物力，增加企业采购成本

风险评估方法

1. 专家调查评分法，该方法首先通过调查列出风险因素调查表，然后根据专家经验对风险的重要性或发生可能性进行评判，得出综合风险水平

2. 层次分析法，该方法根据具有递阶结构的目标、子目标等来评价方案，采用比较方法确定判断矩阵，然后把与判断矩阵最大特征相对应的特征向量作为相应系数，综合给出各方案的权重，最终得出评价结果

图 8-5　供应商选择风险评估

8.2.2　订单跟单环节风险评估

订单跟单环节风险主要包括订单处理周期过长、订单状态异常、订单变更三个方面。订单跟单环节风险评估主要从以下三个方面进行，具体如图 8-6 所示。

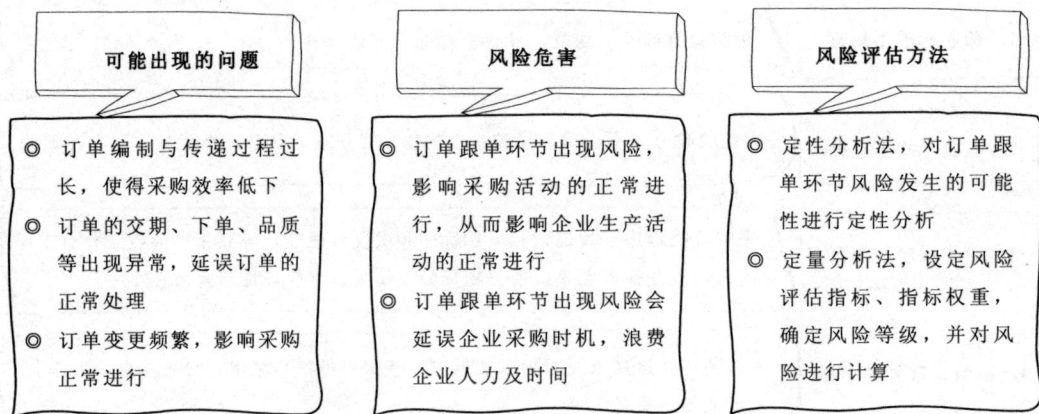

可能出现的问题	风险危害	风险评估方法
◎ 订单编制与传递过程过长，使得采购效率低下 ◎ 订单的交期、下单、品质等出现异常，延误订单的正常处理 ◎ 订单变更频繁，影响采购正常进行	◎ 订单跟单环节出现风险，影响采购活动的正常进行，从而影响企业生产活动的正常进行 ◎ 订单跟单环节出现风险会延误企业采购时机，浪费企业人力及时间	◎ 定性分析法，对订单跟单环节风险发生的可能性进行定性分析 ◎ 定量分析法，设定风险评估指标、指标权重，确定风险等级，并对风险进行计算

图 8-6　订单跟单环节风险评估

8.2.3　采购业务付款风险评估

采购业务付款风险是指企业在采购结算过程中存在的风险，采购业务付款风险主要表现为付款审核不严格、付款方式不恰当、付款金额不正确。采购业务付款风险的主要风险评估工作从以下四个方面进行，具体如图 8-7 所示。

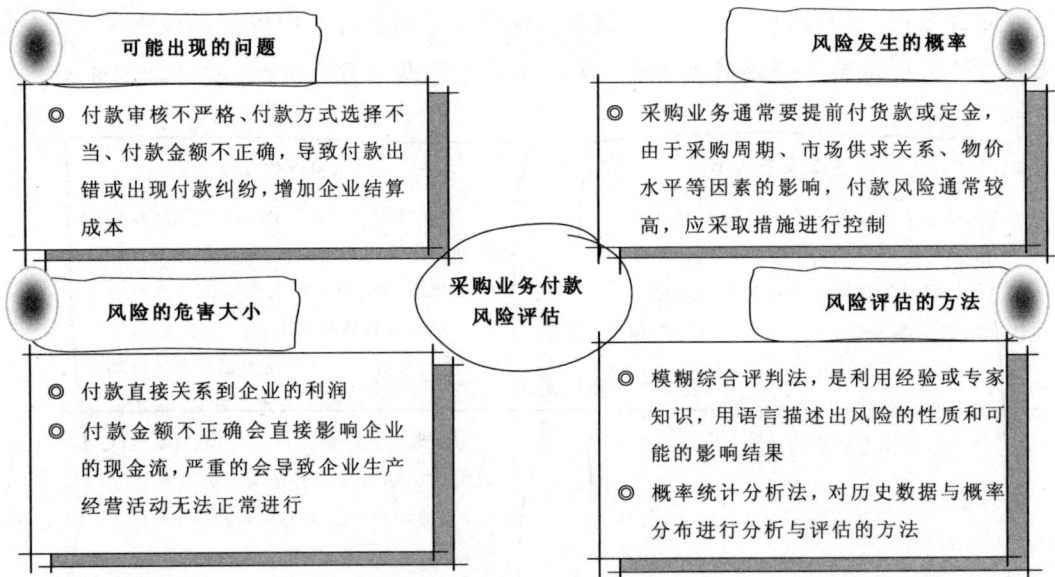

可能出现的问题	风险发生的概率
◎ 付款审核不严格、付款方式选择不当、付款金额不正确，导致付款出错或出现付款纠纷，增加企业结算成本	◎ 采购业务通常要提前付货款或定金，由于采购周期、市场供求关系、物价水平等因素的影响，付款风险通常较高，应采取措施进行控制
风险的危害大小	**风险评估的方法**
◎ 付款直接关系到企业的利润 ◎ 付款金额不正确会直接影响企业的现金流，严重的会导致企业生产经营活动无法正常进行	◎ 模糊综合评判法，是利用经验或专家知识，用语言描述出风险的性质和可能的影响结果 ◎ 概率统计分析法，对历史数据与概率分布进行分析与评估的方法

（采购业务付款风险评估）

图 8-7　采购业务付款风险评估

8.2.4　采购验收环节风险评估

采购验收环节风险是指采购物资验收过程中出现的风险，采购验收环节风险评估工作主要从风险可能出现的问题、风险发生的概率和风险的危害大小这三个方面展开，具体如图 8-8 所示。

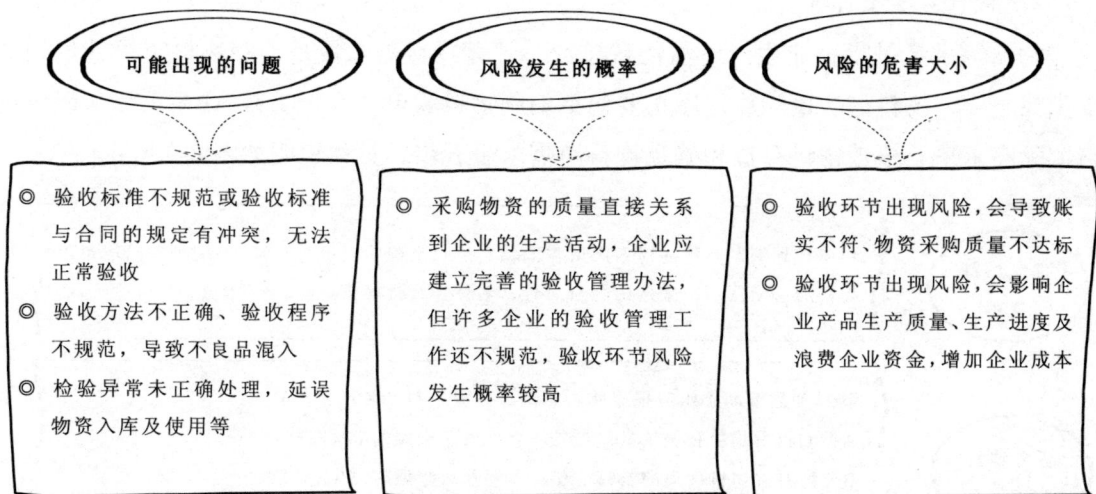

图 8-8　采购验收环节风险评估

8.3　采购业务风险管控措施

8.3.1　生产物料需求计划编制

企业在采购生产物料前，需编制物料需求计划，物料需求计划的编制要点主要包括物料需求计划编制准备、物料需求量计算和确定物料需求计划三个方面。

1. 物料需求计划编制准备

企业编制物料需求计划前，应做好物料需求计划编制准备。物料需求计划编制准备主要包括成立物料需求计划编制小组、制定物料需求计划编制原则和明确物料需求计划编制依据三个方面，具体如表 8-1 所示。

表 8-1　物料需求计划编制准备

项目	说明
成立物料需求计划编制小组	◆ 物控部应组织成立物料需求计划编制小组，负责物料需求计划的编制工作 ◆ 通常，物料计划编制小组成员应由物控主管、物料计划员、物料定额员、物料采购员、物料仓管员等人员构成
制定物料需求计划编制原则	◆ 物料计划编制小组需根据企业相关规定及实际需要，确立物料需求计划的编制原则 ◆ 物料需求计划编制原则通常为物料需求计划编制需及时、物料需求计划内容需全面、物料计划实施程序需合理、物料计划操作需具有可行性等
明确物料需求计划编制依据	◆ 物料计划编制小组需明确计划编制的参考依据，并严格按照各依据完成物料需求计划的编制 ◆ 物料需求计划的编制依据主要包括年度营销计划、年度生产计划、用料清单、存量管制卡等

2. 物料需求量计算

物料需求量是指企业生产所需物料总数。计算物料需求量是编制物料需求计划的关键步骤之一，物料需求量计算程序主要包括编制物料清单、区分物料 ABC 项目、确定物料实际需求量、核查物料存量和确定物料净需求量五步，具体说明如图 8-9 所示。

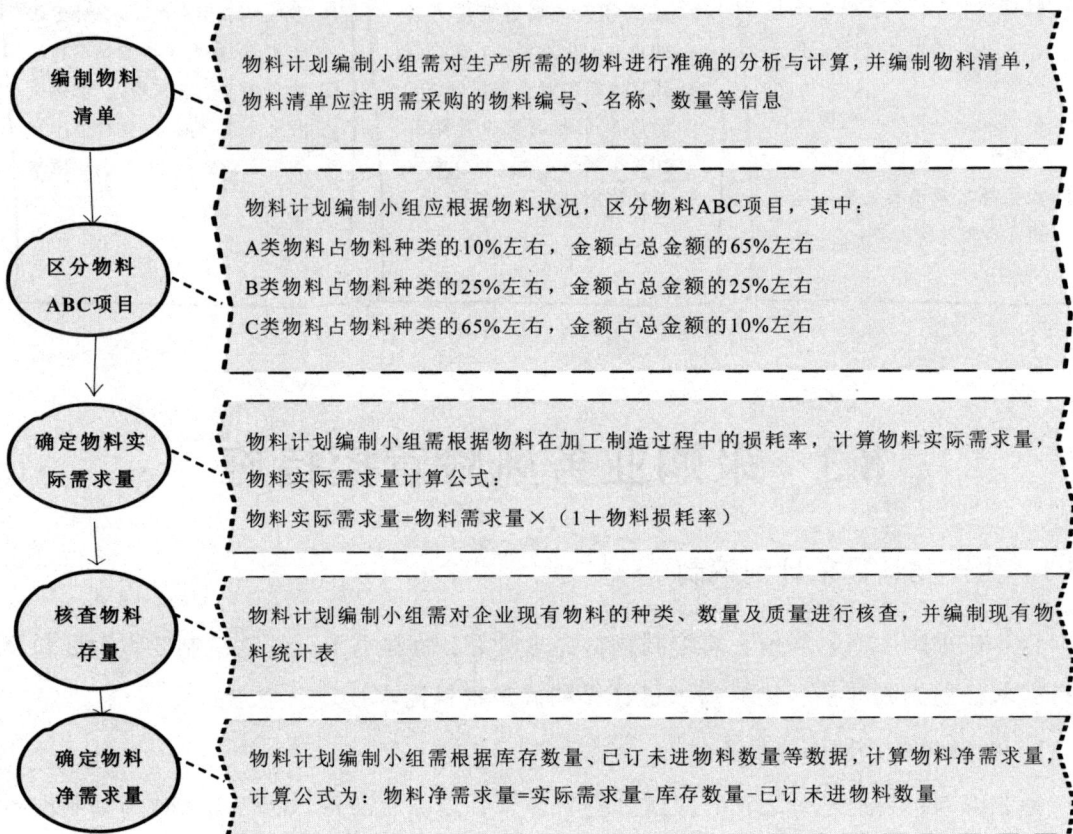

编制物料清单 —— 物料计划编制小组需对生产所需的物料进行准确的分析与计算，并编制物料清单，物料清单应注明需采购的物料编号、名称、数量等信息

区分物料ABC项目 —— 物料计划编制小组应根据物料状况，区分物料ABC项目，其中：
A类物料占物料种类的10%左右，金额占总金额的65%左右
B类物料占物料种类的25%左右，金额占总金额的25%左右
C类物料占物料种类的65%左右，金额占总金额的10%左右

确定物料实际需求量 —— 物料计划编制小组需根据物料在加工制造过程中的损耗率，计算物料实际需求量，物料实际需求量计算公式：
物料实际需求量=物料需求量×（1＋物料损耗率）

核查物料存量 —— 物料计划编制小组需对企业现有物料的种类、数量及质量进行核查，并编制现有物料统计表

确定物料净需求量 —— 物料计划编制小组需根据库存数量、已订未进物料数量等数据，计算物料净需求量，计算公式为：物料净需求量=实际需求量-库存数量-已订未进物料数量

图 8-9　物料需求量计算程序

3. 确定物料需求计划

物料需求量计算后，物料计划编制小组需做好以下四个方面的工作，以确定物料需求计划。

（1）物料计划编制小组需编制物料计划清单。

（2）物料计划编制小组需根据经济订购量、库存状况及生产计划，确定物料每次订购数量及交货期。

（3）物料计划编制小组需根据采购前置期（即发出订单到物料入库之间的时间）确定订货日期。

（4）物料计划编制小组需编制订货通知，并按时将通知发给供应商进行订货。

8.3.2 企业采购计划编制要点

企业采购实施前，需编制采购计划。采购计划编制要点主要包括掌握采购计划编制原则、计划编制依据、采购计划编制程序、采购计划书的内容和采购计划编制注意事项五个方面。

1. 采购计划编制原则

企业采购人员应依据采购计划编制原则编制采购计划。通常，企业采购计划编制原则主要包括图 8-10 所示的两个方面。

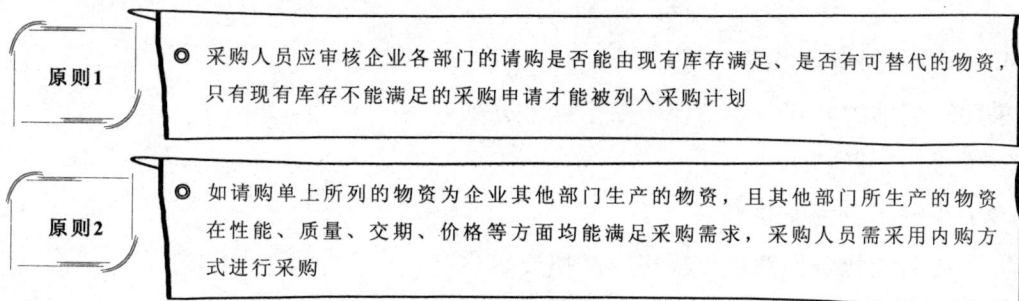

原则1 ⊙ 采购人员应审核企业各部门的请购是否能由现有库存满足、是否有可替代的物资，只有现有库存不能满足的采购申请才能被列入采购计划

原则2 ⊙ 如请购单上所列的物资为企业其他部门生产的物资，且其他部门所生产的物资在性能、质量、交期、价格等方面均能满足采购需求，采购人员需采用内购方式进行采购

图 8-10　采购计划编制需掌握的两大原则

2. 采购计划编制依据

企业采购人员编制采购计划前，应明确采购计划编制依据，并依据采购计划编制依据编制采购计划。图 8-11 为采购计划编制的主要依据，供读者参考。

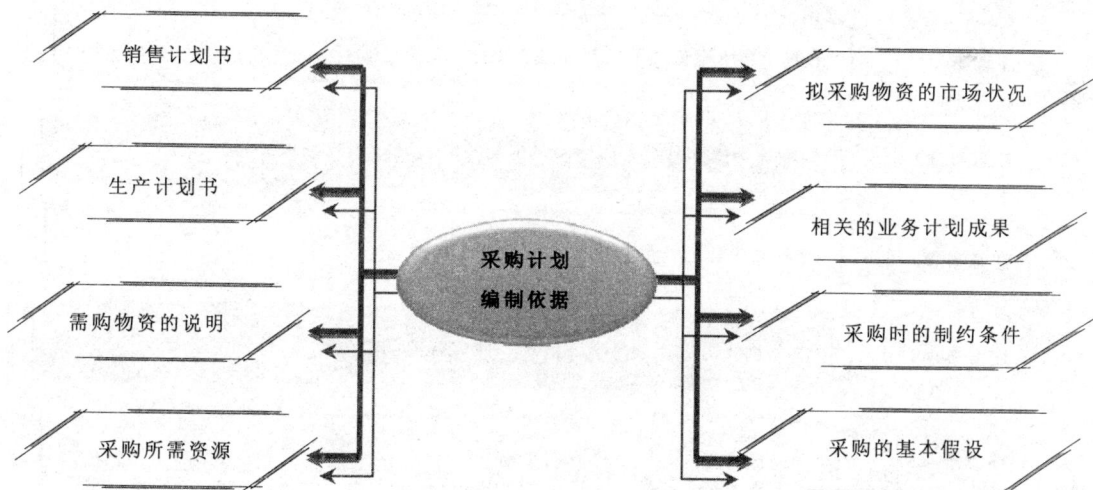

销售计划书

生产计划书

需购物资的说明

采购所需资源

采购计划
编制依据

拟采购物资的市场状况

相关的业务计划成果

采购时的制约条件

采购的基本假设

图 8-11　采购计划编制依据

3. 采购计划编制程序

企业采购人员编制采购计划前，应收集采购相关资料，并按采购计划编制程序编制采购计划。采购计划编制程序主要包括以下 6 步，具体如图 8-12 所示。

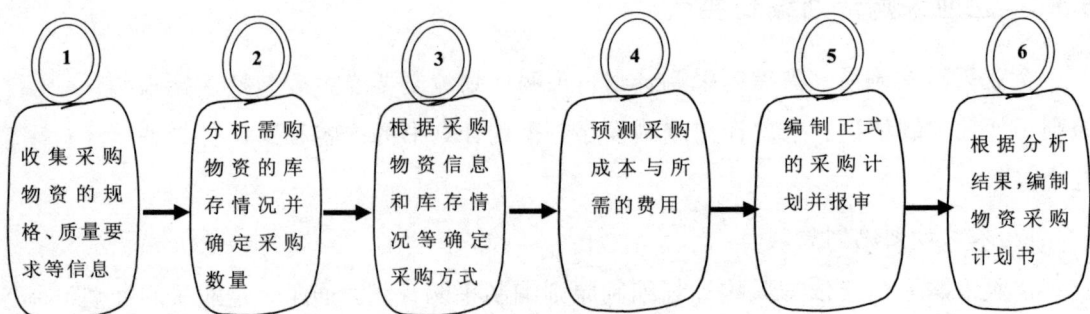

图 8-12　采购计划编制程序

4. 采购计划书的内容

采购计划书的内容应包括但不限于以下五项内容。

（1）采购原则。

（2）采购预算管理要求。

（3）待采购物资的数量、规格、品质要求信息。

（4）供应商管理安排。

（5）采购工作要点说明。

5. 采购计划编制注意事项

企业采购人员编制采购计划时，应明确采购计划编制注意事项，从而提高采购计划的质量。采购计划编制注意事项主要包括以下 6 项，具体如图 8-13 所示。

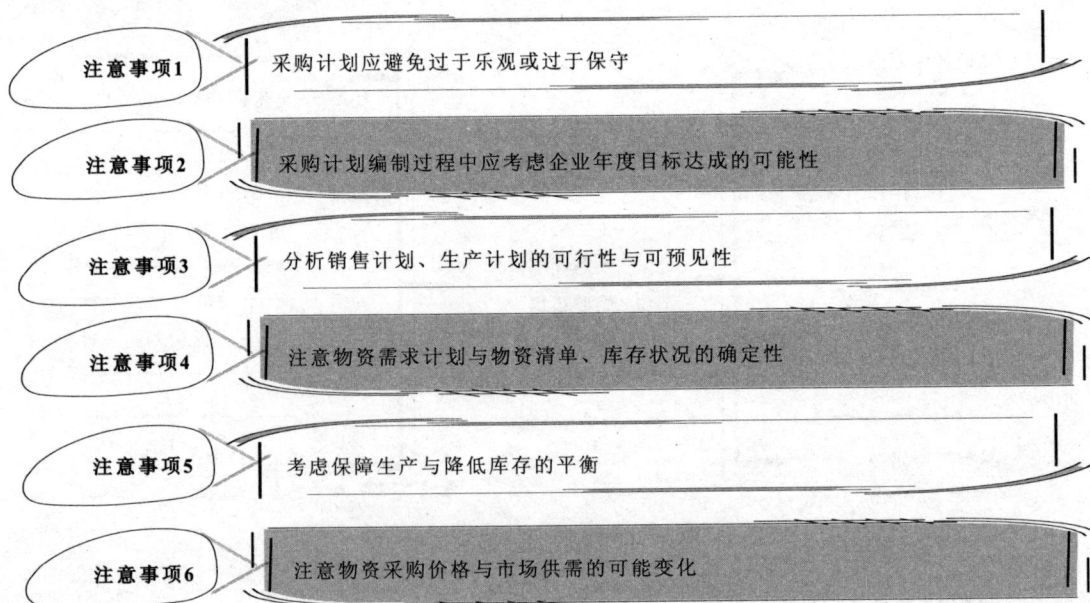

图 8-13　采购计划编制注意事项

8.3.3 采购申请审批管理程序

采购人员应按采购申请的审批程序，办理申请手续，采购所需物资。通常，采购申请审批程序主要包括以下 6 步，具体如图 8-14 所示。

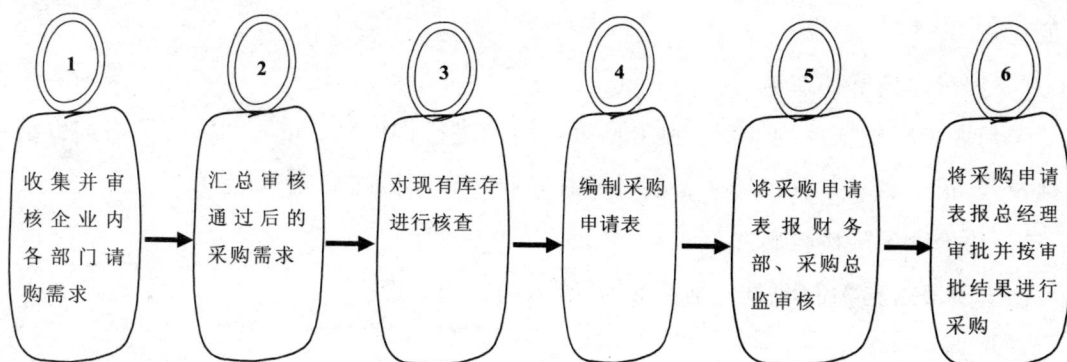

图 8-14 采购申请审批管理程序

8.3.4 供应商选择与准入原则

企业应遵循全面、具体、客观的原则选择供应商，具体原则应包括以下 7 个方面，如图 8-15 所示。

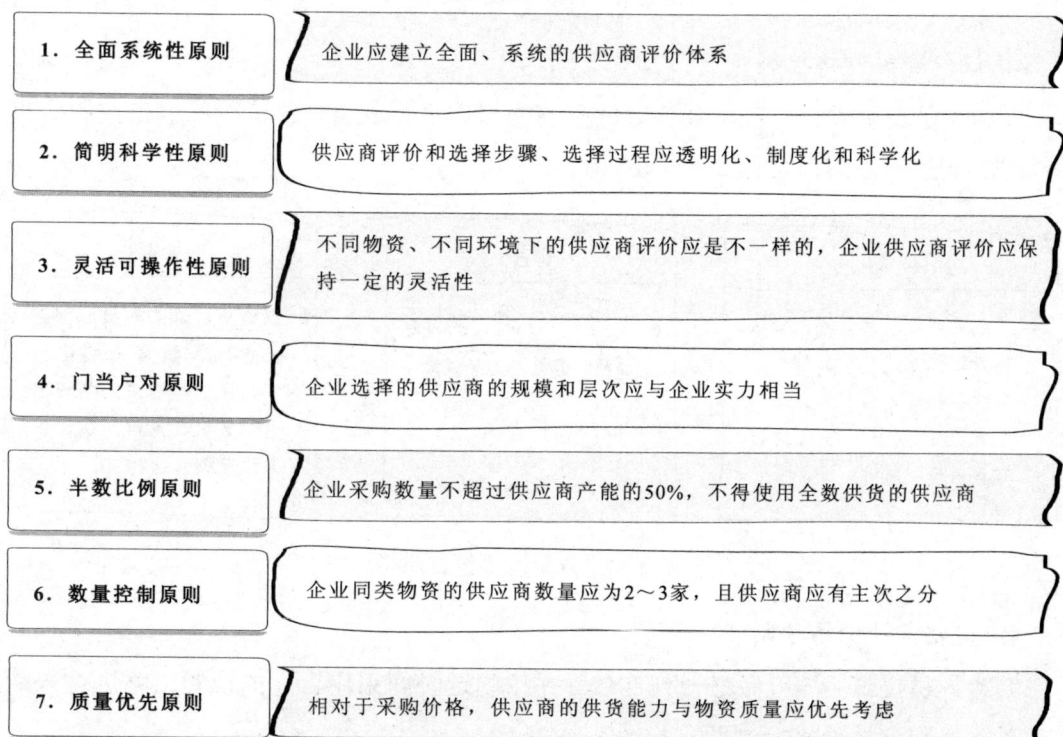

1．全面系统性原则	企业应建立全面、系统的供应商评价体系
2．简明科学性原则	供应商评价和选择步骤、选择过程应透明化、制度化和科学化
3．灵活可操作性原则	不同物资、不同环境下的供应商评价应是不一样的，企业供应商评价应保持一定的灵活性
4．门当户对原则	企业选择的供应商的规模和层次应与企业实力相当
5．半数比例原则	企业采购数量不超过供应商产能的50%，不得使用全数供货的供应商
6．数量控制原则	企业同类物资的供应商数量应为2～3家，且供应商应有主次之分
7．质量优先原则	相对于采购价格，供应商的供货能力与物资质量应优先考虑

图 8-15 供应商选择与准入原则

8.3.5　企业采购价格控制策略

企业加强采购价格的控制，有利于降低采购成本，提高经济效益。因此，企业需制定采购价格控制策略，加强对采购价格的控制。通常，采购价格控制策略主要包括以下五个方面。

1. 采购价格审批控制

采购人员应根据采购计划、按价格采购原则进行询价后，填写"采购价格询价结果审批表"，报主管领导审批。主管领导应按审批数额权限进行审批。

2. 询价阶段价格控制

询价阶段价格控制要点包括图 8-16 所示的两个方面。

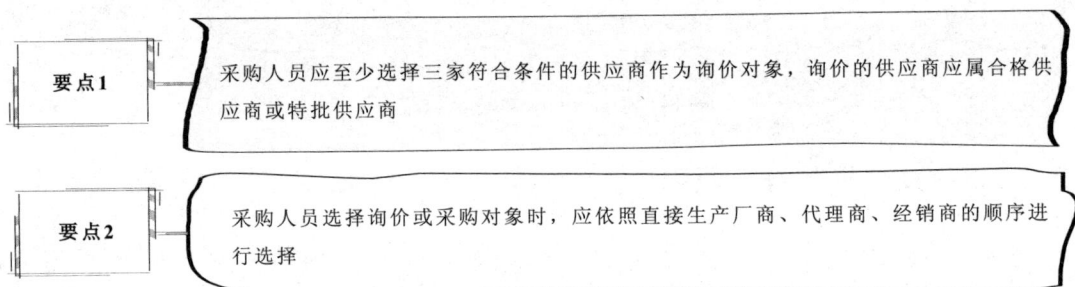

要点1	采购人员应至少选择三家符合条件的供应商作为询价对象，询价的供应商应属合格供应商或特批供应商
要点2	采购人员选择询价或采购对象时，应依照直接生产厂商、代理商、经销商的顺序进行选择

图 8-16　询价阶段价格控制

3. 议价阶段价格控制

采购人员询价后，一般均会针对供应商的报价进行议价。议价阶段价格控制要点主要包括以下三个方面，具体如图 8-17 所示。

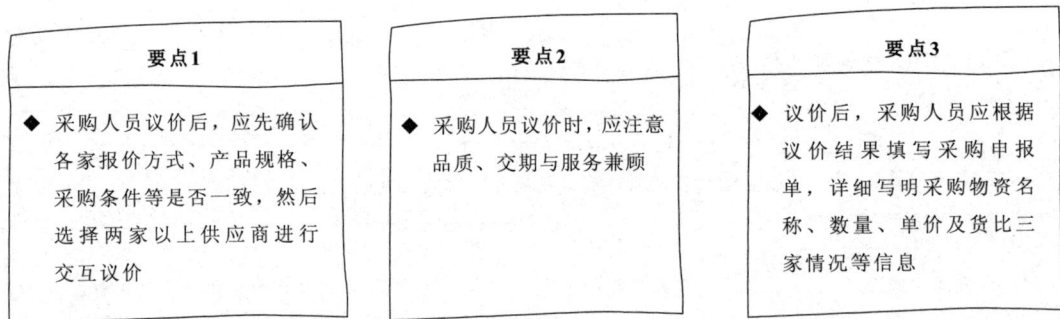

要点1	要点2	要点3
◆ 采购人员议价后，应先确认各家报价方式、产品规格、采购条件等是否一致，然后选择两家以上供应商进行交互议价	◆ 采购人员议价时，应注意品质、交期与服务兼顾	◆ 议价后，采购人员应根据议价结果填写采购申报单，详细写明采购物资名称、数量、单价及货比三家情况等信息

图 8-17　议价阶段价格控制

4. 谈判审批价格控制

采购人员议价后，应做好谈判准备，并按约定时间采用合适的谈判策略进行采购谈判。采购谈判审批价格控制要点如图 8-18 所示。

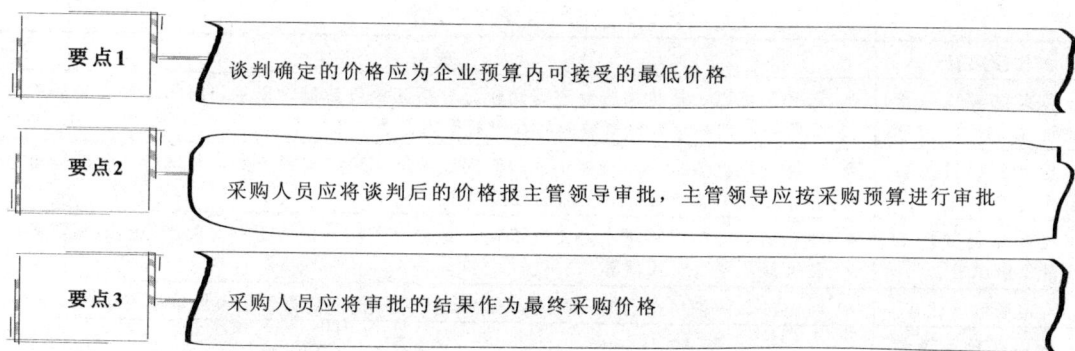

要点1	谈判确定的价格应为企业预算内可接受的最低价格
要点2	采购人员应将谈判后的价格报主管领导审批，主管领导应按采购预算进行审批
要点3	采购人员应将审批的结果作为最终采购价格

图 8-18 谈判审批价格控制要点

5. 采购价格调整控制

采购价格调整控制策略主要包括四个方面，具体如下。

（1）加强市场价格的及时调查。采购人员应对采购物资的市场行情予以及时调查，收集、整理、储存企业采购物资的市场价格信息。

（2）做好价格分析与预测工作。企业有了市场调查的相关价格信息及数据资料后，采购人员要加强采购价格分析，科学分析导致价格上涨的因素，全面预测市场价格动态。

（3）企业采购人员应根据采购市场价格预测资料，对企业采购预算、采购市场实时平均价格、市场预测价格进行比较分析。如果价格上涨合理，则允许供应商在合理的价格范围内提高采购价格；如果价格上涨不合理，则采购人员应对其他供应商进行询价，选择价格较低的供应商，从而最大限度地降低采购成本，节约采购资金。

（4）为防止市场价格上升，可与供应商签订较长时间内价格不随市场行情变化的采购与供应合作战略协议，以此来规避市场价格上升而导致的风险。

8.3.6 供应商报价分析的实施

供应商报价的分析是对供应商报价进行合理的评估，确定其报价是否过高或过低。供应商报价的分析可为采购的后续谈判工作打好基础，使得采购双方在公平合理的基础上进行合作。供应商报价分析方法主要有价格比较、价格细化分析、固定成本与变动成本分析、数量折扣分析四种。

1. 价格比较分析

通过价格比较进行价格分析是对所接收的供应商报价进行检查和评价的过程，具体要比较的项目包括将某供应商的报价与其他供应商的报价、供应商过去的报价、产品目录价格、市场价格、外部预估价格等进行比较分析。其具体说明如表 8-2 所示。

表 8-2　采购价格比较分析

比较项目	说明
多家供应商报价比较	◆ 选择三家以上报价供应商进行比较，分析其供货数量、质量、时间保证和售后服务等条件，选择综合价格最低的供应商作为订货对象
与供应商过去报价比较	◆ 了解供应商过去产品价格上涨的时间、上涨幅度、通报方式，与同行业上涨幅度进行比较，了解物资价格上涨的原因
与产品目录所制定的价格比较	◆ 注意所制定的价格是不是实际价格，是否有折扣；价格所针对的产品是否与所需产品类似、是否可代替等
与市场价格比较	◆ 特定产品的价格在短期内可能会有波动，应将供应商报价与市场价格相比较
与外部预估价格比较	◆ 将从外部供应商处收到的报价与外部评估者拟定的公开价格进行比较

2. 价格细化分析

价格细化是将供应商报价细分成多个基本要素进行分析，确定报价中所包含的成本，以判断报价中所需费用的合理性。价格细化分析可以基于以下三项条件来进行，具体如图 8-19 所示。

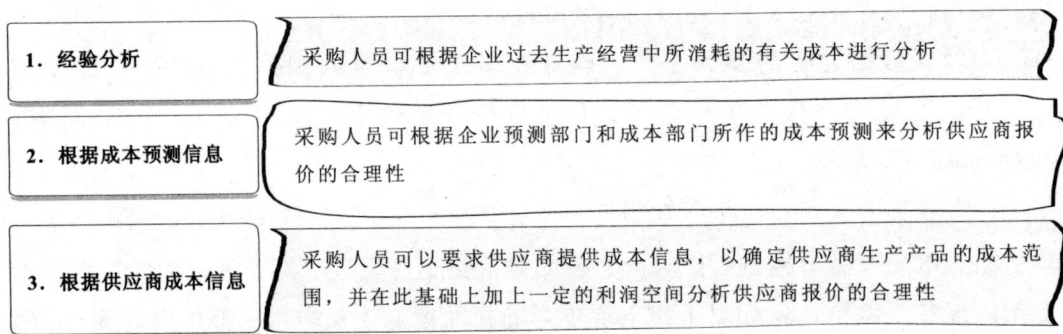

1. 经验分析	采购人员可根据企业过去生产经营中所消耗的有关成本进行分析
2. 根据成本预测信息	采购人员可根据企业预测部门和成本部门所作的成本预测来分析供应商报价的合理性
3. 根据供应商成本信息	采购人员可以要求供应商提供成本信息，以确定供应商生产产品的成本范围，并在此基础上加上一定的利润空间分析供应商报价的合理性

图 8-19　价格细化分析说明

3. 固定成本与变动成本分析

固定成本与变动成本分析法是企业分析供应商报价的常用方法之一。采购人员采用固定成本与变动成本分析法对供应商报价进行分析时，应获得不同采购数量下的供应商报价，然后将供应商报价根据物资的成本构成进行分析，最后将物资成本分成固定成本与变动成本两部分进行分析。供应商报价可按下列公式进行分析：

$$P = \frac{F}{Q} + V$$

其中：P——价格；F——固定成本；Q——数量；V——单位可变动成本。

现假设某企业采购部在询价时，得到某一供应商的报价情况，如表 8-3 所示。

表 8-3　拟采购数量与供应商报价情况表

情形	1	2	3
数量（单位：个）	20	50	100
供应商报价（单位：元）	5 000	4 500	4 300

采购部利用上述公式对该供应商的固定成本及单位可变动成本进行计算后，得出一个二元一次方程组：

$$\begin{cases} \dfrac{F}{20} + V = 5\ 000 \\[2mm] \dfrac{F}{100} + V = 4\ 300 \end{cases}$$

通过以上计算解得 $F=17\ 500$，$V=4\ 125$。将 F、V 的值带入计算公式 $P = \dfrac{F}{Q} + V$，解得 $P = \dfrac{17\ 500}{Q} + 4\ 125$。将第 2 列的数据带入公式 $P = \dfrac{17\ 500}{Q} + 4\ 125$，求得 $P=4\ 475$，从而得知，在采购数量为 50 的情况下，供应商提供的报价比实际的报价高出 25 元。

4. 数量折扣分析

数量折扣是指供应商为了吸引客户购买更多的物资而采取的激励措施。在有了数量折扣的情况下，物资的单价会随着采购数量的增加而减少。一般来说，供应商通常会提供两种翔实的数量折扣报价单。

（1）针对具体数量的报价，如采购一台仪器的单价为 900 元，采购两台的单价为 850 元，采购三台的单价为 800 元等，依次类推。

（2）针对某一数量范围内的报价，采购订货量超过给定量通常会获得比较优惠的价格。如采购量在 50 个以内单价为 10 元，采购量在 50～100 个单价为 8 元，采购量在 100～150 个单价为 6 元等。

以下将通过示例讲解这种方法在供应商报价分析中的应用，针对具体数量的折扣报价分析如表 8-4 所示。

表 8-4　针对具体数量的折扣报价分析实例

数量（单位：个）	50	100	250	500	1000
报价（单位：元）	17.7	16.7	16.7	16.3	16.1
每单位新价格（单位：元）	17.7	15.7	16.4	16.1	16.1
拐点每单位差价（单位：元）	—	2.00	0.7	0.3	0.00
价格降低百分比（单位：%）	—	11.3%	-4.45%	1.83%	0.00%

通过表 8-4 可以看出，当采购数量由 50 个增加到 100 个时，单位价格降低幅度很大；当采购数量由 100 个增加到 250 个时，采购价格降低百分比为负值，说明此时随着采购数量的增大，供应商报价并没有下降；当采购数量由 500 个增加到 1000 个时，采购价格降低幅度为 0。

从以上分析可以得知，供应商提供的这种报价并非随着采购数量的增加而逐渐减少，因此，采购人员应谨慎对待供应商提供的数量折扣报价。

8.3.7 供应商质量的提升策略

企业可通过与供应商建立合作伙伴关系、完善供应商考核体系等策略提升供应商的质量，具体策略说明如下。

1. 与供应商建立合作伙伴关系

合作伙伴关系是企业与供应商之间达成的最高层次的合作关系，合作伙伴关系是指企业与供应商之间在相互信任的基础上，为实现共同目标而采取的共担风险、共享利益的长期合作关系。企业与供应商建立合作伙伴关系的具体实施步骤如图8-20所示。

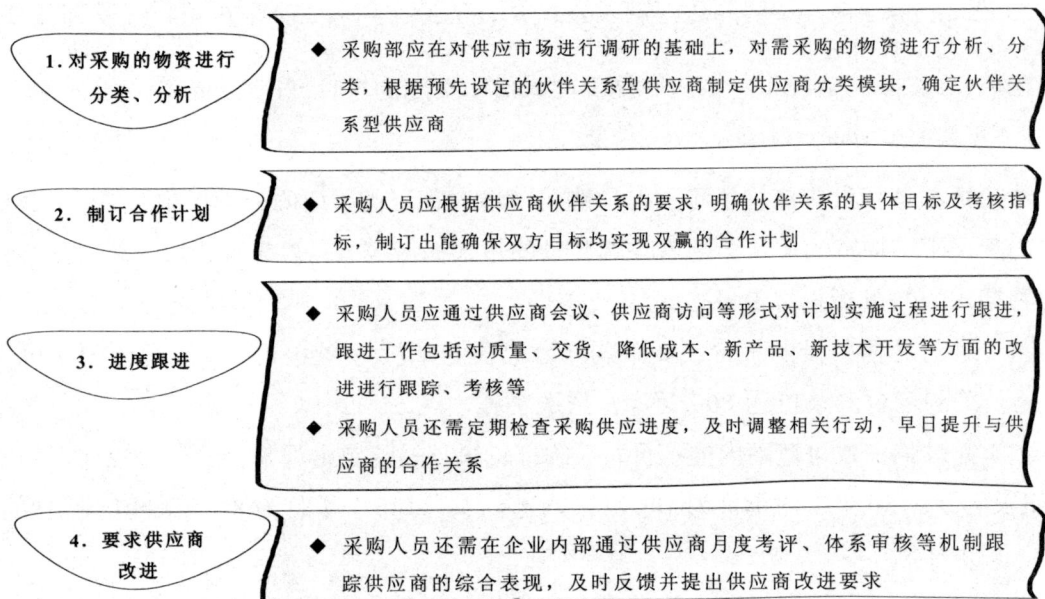

图 8-20 企业与供应商建立合作伙伴关系的步骤

2. 完善供应商考核体系

与供应商建立合作伙伴关系后，采购人员需及时考核供应商的绩效，及时发现供应商工作中的不足之处，以促使其改进。完善的供应商考核体系应主要包括以下四个方面的内容，具体如图8-21所示。

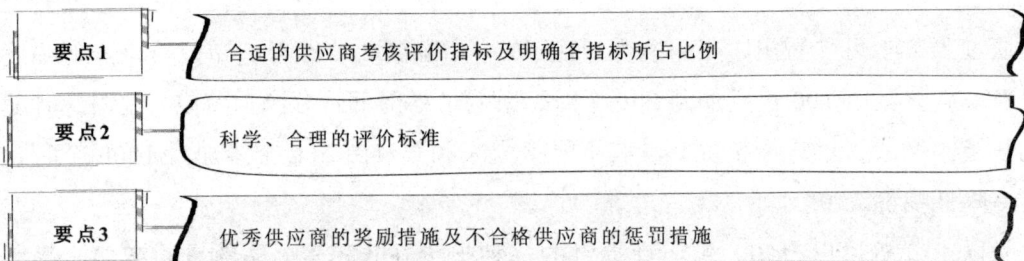

图 8-21 供应商考核体系的内容

| 要点4 | 合理的考核期限，并明确考核评价工作的分工 |

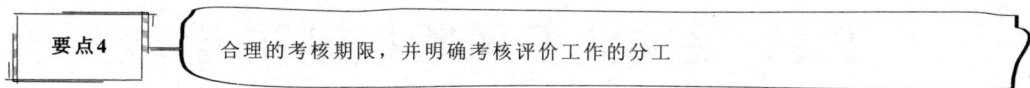

图 8-21　供应商考核体系的内容（续）

8.3.8　采购付款风险控制策略

针对企业采购付款中存在的风险，企业需制定有效的风险控制策略，以有效管理、控制采购付款中的风险，具体的控制策略如图 8-22 所示。

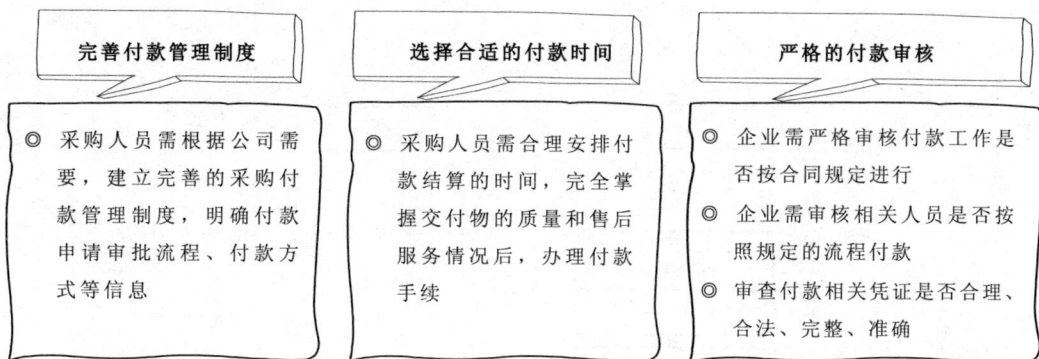

完善付款管理制度
◎ 采购人员需根据公司需要，建立完善的采购付款管理制度，明确付款申请审批流程、付款方式等信息

选择合适的付款时间
◎ 采购人员需合理安排付款结算的时间，完全掌握交付物的质量和售后服务情况后，办理付款手续

严格的付款审核
◎ 企业需严格审核付款工作是否按合同规定进行
◎ 企业需审核相关人员是否按照规定的流程付款
◎ 审查付款相关凭证是否合理、合法、完整、准确

图 8-22　采购付款风险控制策略

8.3.9　采购费用支出控制策略

为能够控制住采购成本、提升企业整体经济效益，企业需对相关采购费用的支出进行控制。采购费用控制策略主要包括建立费用支出标准、完善费用责任体系、完善费用支出流程、严格审核费用支出四个方面，具体如图 8-23 所示。

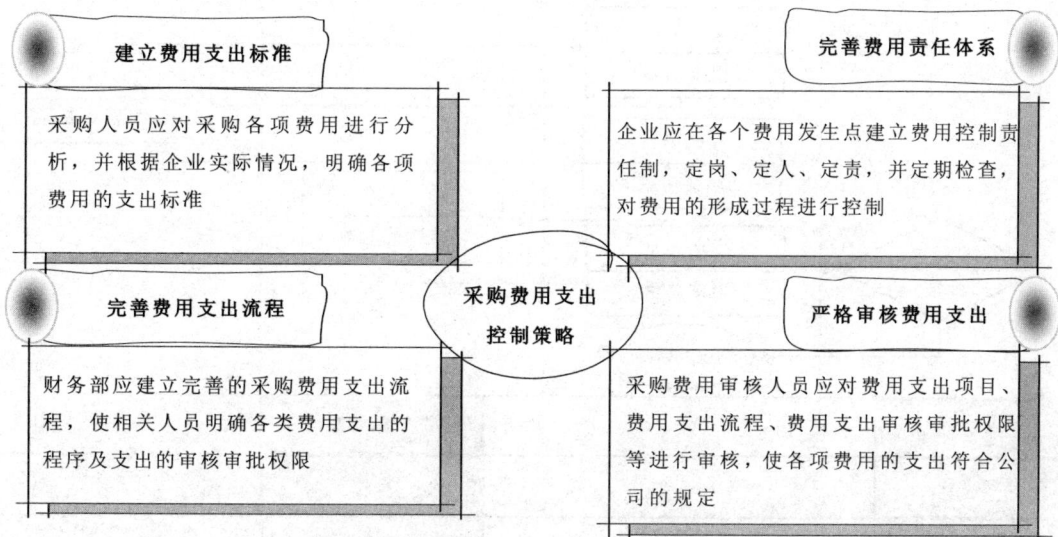

建立费用支出标准
采购人员应对采购各项费用进行分析，并根据企业实际情况，明确各项费用的支出标准

完善费用责任体系
企业应在各个费用发生点建立费用控制责任制，定岗、定人、定责，并定期检查，对费用的形成过程进行控制

采购费用支出控制策略

完善费用支出流程
财务部应建立完善的采购费用支出流程，使相关人员明确各类费用支出的程序及支出的审核审批权限

严格审核费用支出
采购费用审核人员应对费用支出项目、费用支出流程、费用支出审核审批权限等进行审核，使各项费用的支出符合公司的规定

图 8-23　采购费用支出控制策略

8.4 采购业务风险控制实务

8.4.1 采购业务管理流程

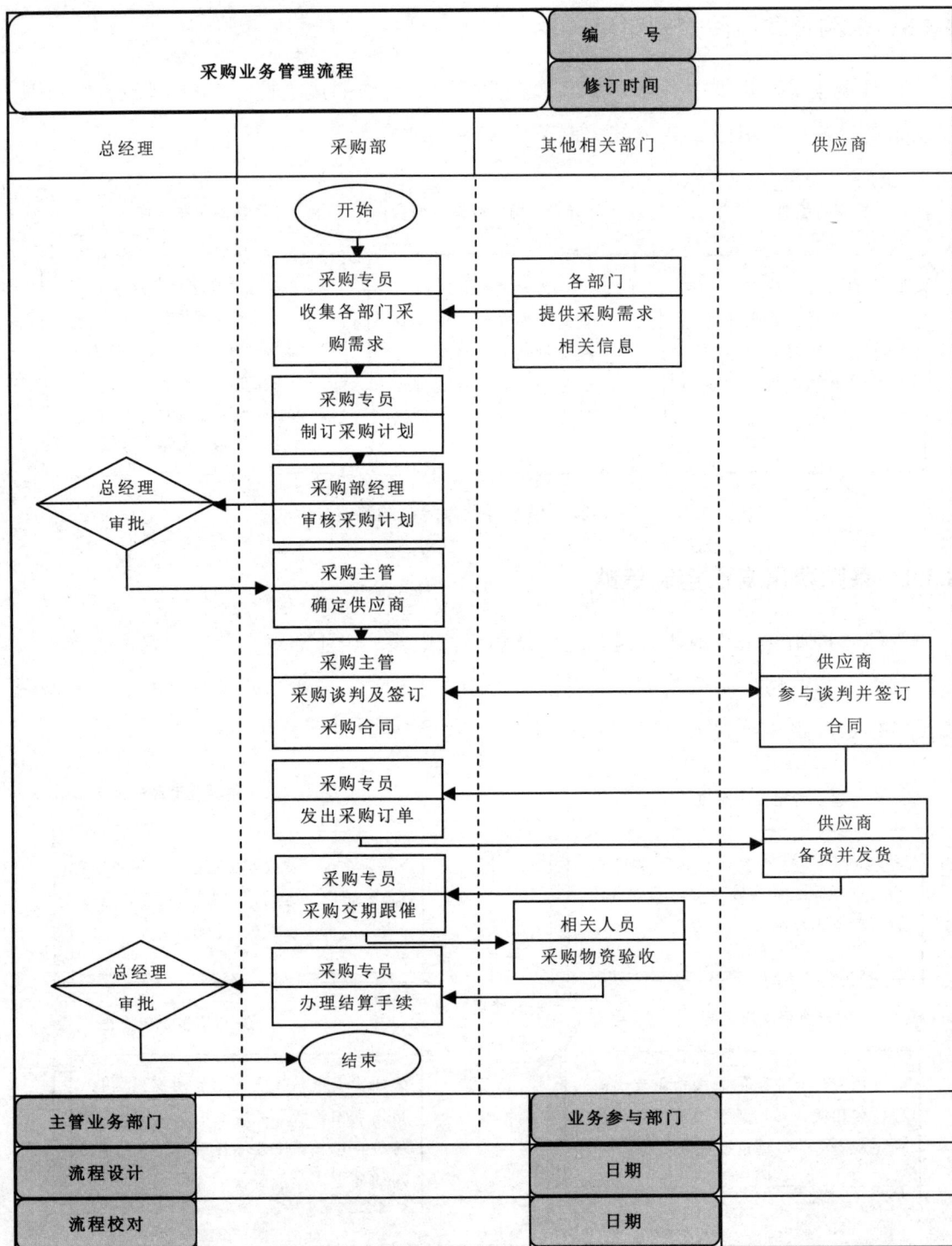

| 采购业务管理流程 | 编　号 | |
| | 修订时间 | |

总经理	采购部	其他相关部门	供应商

开始

采购专员
收集各部门采购需求

各部门
提供采购需求相关信息

采购专员
制订采购计划

总经理
审批

采购部经理
审核采购计划

采购主管
确定供应商

采购主管
采购谈判及签订采购合同

供应商
参与谈判并签订合同

采购专员
发出采购订单

供应商
备货并发货

采购专员
采购交期跟催

相关人员
采购物资验收

总经理
审批

采购专员
办理结算手续

结束

主管业务部门		业务参与部门	
流程设计		日期	
流程校对		日期	

8.4.2 采购底价确定流程

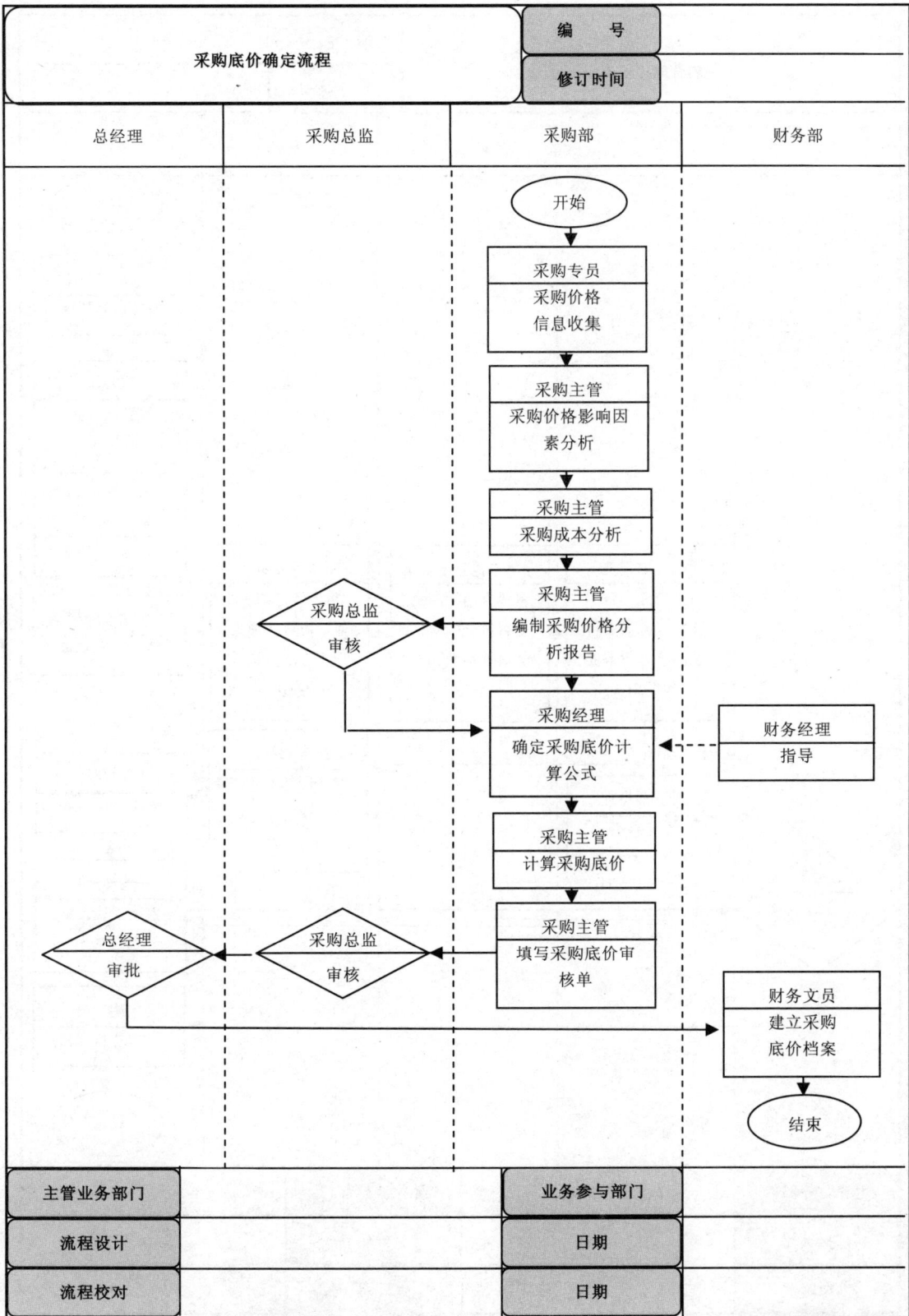

采购底价确定流程			编　号
			修订时间

总经理	采购总监	采购部	财务部

```
                                        ┌─────────┐
                                        │  开始   │
                                        └─────────┘
                                             │
                                        ┌─────────┐
                                        │ 采购专员 │
                                        │ 采购价格 │
                                        │ 信息收集 │
                                        └─────────┘
                                             │
                                        ┌─────────┐
                                        │ 采购主管 │
                                        │采购价格影响因│
                                        │  素分析  │
                                        └─────────┘
                                             │
                                        ┌─────────┐
                                        │ 采购主管 │
                                        │ 采购成本分析│
                                        └─────────┘
                                             │
                          ◇采购总监◇◄────┌─────────┐
                          ◇ 审核 ◇       │ 采购主管 │
                                         │编制采购价格分│
                             │           │  析报告  │
                             ▼           └─────────┘
                          ┌─────────┐         │                ┌─────────┐
                          │ 采购经理 │◄╌╌╌╌╌╌╌╌╌╌╌╌│ 财务经理 │
                          │确定采购底价计│                       │  指导   │
                          │  算公式  │                       └─────────┘
                          └─────────┘
                               │
                          ┌─────────┐
                          │ 采购主管 │
                          │ 计算采购底价│
                          └─────────┘
                               │
   ◇总经理◇◄── ◇采购总监◇◄──┌─────────┐
   ◇ 审批 ◇    ◇ 审核 ◇    │ 采购主管 │
                            │填写采购底价审│
     │                      │  核单   │        ┌─────────┐
     │                      └─────────┘        │ 财务文员 │
     └──────────────────────────────────────►│ 建立采购 │
                                               │ 底价档案 │
                                               └─────────┘
                                                    │
                                               ┌─────────┐
                                               │  结束   │
                                               └─────────┘
```

主管业务部门		业务参与部门	
流程设计		日期	
流程校对		日期	

8.4.3 采购合同评审流程

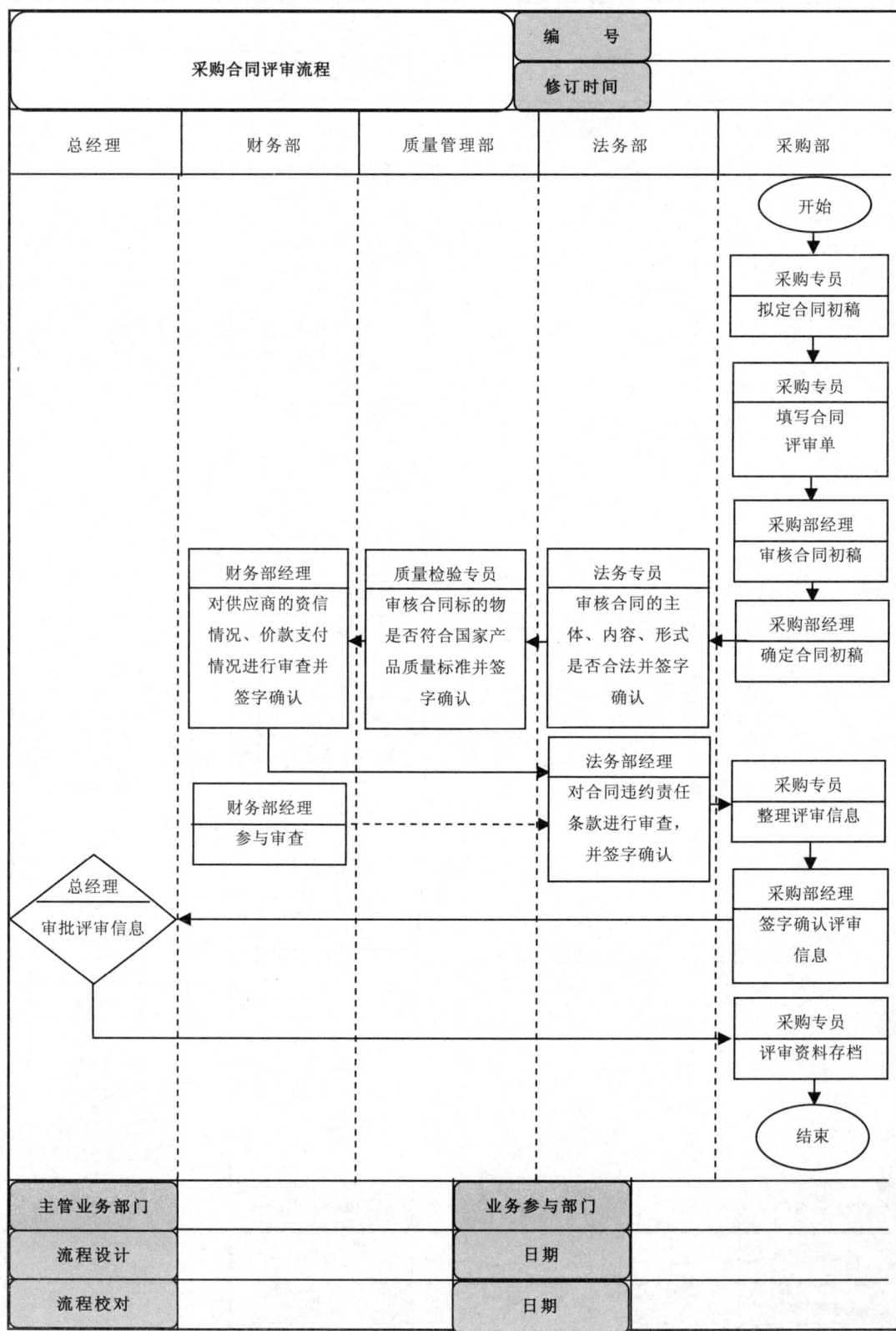

采购合同评审流程			编　　号	
			修订时间	

总经理	财务部	质量管理部	法务部	采购部
				开始
				采购专员 拟定合同初稿
				采购专员 填写合同 评审单
				采购部经理 审核合同初稿
	财务部经理 对供应商的资信情况、价款支付情况进行审查并签字确认	质量检验专员 审核合同标的物是否符合国家产品质量标准并签字确认	法务专员 审核合同的主体、内容、形式是否合法并签字确认	采购部经理 确定合同初稿
	财务部经理 参与审查		法务部经理 对合同违约责任条款进行审查，并签字确认	采购专员 整理评审信息
总经理 审批评审信息				采购部经理 签字确认评审信息
				采购专员 评审资料存档
				结束

主管业务部门		业务参与部门	
流程设计		日期	
流程校对		日期	

8.4.4 采购申请审批制度

制度名称	采购申请审批制度				
制度版本		受控状态	□ 受控　□ 非受控	制度编号	
总　则 第1章	**第1条　目的** 为规范采购申请审批程序，确保采购的物资符合公司需求和相关规范，特制定本制度。 **第2条　适用范围** 本制度适用于公司采购申请审批的管理工作。 **第3条　职责分工** 1．采购部负责采购需求审核、汇总及采购申请程序的办理。 2．采购总监、总经理负责采购申请的审核、审批。 3．各部门负责采购申请的提出及协助采购部完成采购申请审批工作。				
第2章 物资请购 与审核	**第4条　物资请购** 公司各部门应根据日常经营活动的需要，编制"采购申请单"，并将"采购申请单"交采购部。 **第5条　审核请购** 采购部应对各部门提交的"采购申请单"进行审核，审核过程中应主要分析请购需求是否和实际需求相符。				
第3章 采购申请 与审批	**第6条　采购需求汇总** 1．采购部应及时汇总各部门的采购需求，并编制"采购需求汇总表"。 2．"采购需求汇总表"编制完成后，采购人员应仔细核查是否存在缺漏。 **第7条　库存调查** 采购需求汇总后，采购部应对现有库存进行核查，了解现有库存的实际情况。 **第8条　编制采购申请表** 采购计划主管、采购专员应根据物资库存数量、安全存量等，计算出物资实际需求数量，并编制采购计划及采购申请表。 **第9条　采购申请的审批** 1．采购部应将采购申请表报采购总监审核，总经理审批。 2．一般替代品采购申请由采购总监审批，重要物资或关键物资的替代品采购申请由总经理审批。若采购物资涉及技术方面的问题，应有相关技术人员参与审批工作。 **第10条　采购预算制定及审批** 采购申请审批后，采购部应及时制定采购预算，并将采购预算报采购总监审核、财务部审核、总经理审批。				
附　则 第4章	**第11条**　本制度由采购部制定，经总经理批准后通过。 **第12条**　本制度自颁布之日起实施。				
编制部门		审批人员		审批日期	

8.4.5 采购招标管理制度

制度名称	采购招标管理制度				
制度版本		受控状态	□ 受控　□ 非受控	制度编号	
总　则 第1章	**第1条　目的** 本着以下三大目的，结合本公司实际情况，特制定本制度。				

中·小·微企业风险控制实务

制度名称	采购招标管理制度				
制度版本		受控状态	□ 受控 □ 非受控	制度编号	

总则 第1章	1. 保证采购的产品、设备价格合理。
	2. 保证采购的物资符合规定的质量和交期要求。
	3. 保证采购招标按照公开、公正、公平、择优的原则进行。
	第2条 适用范围
	本制度适用于公司采购公开招标、邀请招标及评标的全过程。

第2章 采购招标 准备	**第3条** 编制招标文件

第3条 编制招标文件

招标文件是供应商准备投标文件和参加投标的依据，同时也是评标和签订合同的重要依据，招标文件应至少包括如下表所示的9项内容。

招标文件内容一览表

序号	内容	具体说明
1	投标邀请	◆ 投标邀请应明确文件编号、项目名称及性质 ◆ 投标邀请应明确投标人资格要求，项目性质不同，投标人的资格要求不同 ◆ 发售文件时间应从公告时间开始到投标截止时间结束 ◆ 投标邀请应明确提交投标文件的方式、地点和提交的截止时间
2	投标须知	◆ 投标须知包括资金来源、投标商的资格要求、投标内容要求、投标语言、投标价格和货币规定、修改和撤销投标的规定、评标的标准和程序、投标截止日期、开标时间和地点等
3	合同条款	◆ 合同条款一般包括合同条款和特殊合同条款 ◆ 特殊合同条款是针对具体采购项目的性质和特点而制定的补充性规定，是对某些补充性条款的具体化说明
4	技术规格	◆ 技术规格是指所购物资的性能和标准 ◆ 采购技术规格不得要求或标明某一特定的商标、名称、专利、设计、原产地或生产厂家，不得有针对某一潜在供应商或排斥某一潜在供应商的内容
5	标书编制要求	◆ 标书是投标商编制投标书的依据，投标商必须针对标书的内容进行实质性的响应，否则将被判为无效标（按废弃标处理）
6	投标保证金	◆ 投标保证金可采用现金、支票、不可撤销的信用证、银行保函、保险公司或证券公司出具的担保书等方式缴纳 ◆ 招标完成之后，企业应及时退还投标商所押的投标保证金，若供应商有违约、违规、违纪等情况，企业可没收其投标保证金
7	供货表和报价表	◆ 供货表包括采购商品的品名、数量、交货时间和地点等 ◆ 采购人员应详细填写报价表中的商品品名、商品简介、原产地、数量、出厂单价、总价、中标后应缴纳的税费等信息
8	履约保证金	◆ 履约保证金可保证企业的利益，避免因供应商违约给企业带来损失 ◆ 物资采购的履约保证金一般为合同总价的5%~10%
9	合同协议书的内容	◆ 合同协议书的主要内容包括协议双方名称、供货范围或工程简介、合同包括的文本及协议双方的责任和义务等

制度名称	采购招标管理制度				
制度版本		受控状态	□ 受控　□ 非受控	制度编号	

<table>
<tr><td rowspan="1">第2章
采购招标
准备</td><td>

第4条　发布招标信息

采购部在正式招标前，应在指定媒体上刊登招标公告。如果是国际性招标采购，采购部还应在国际性刊物上刊登招标通告。

第5条　资格预审

采购部在正式组织招标前，需对供应商的资格和能力进行预审，资格预审包括基本资格预审和专业资格预审。

1．基本资格预审是指供应商的合法地位和信誉，包括是否注册、是否破产、是否存在违法违纪行为等。

2．专业资格是指已具备基本资格的供应商履行拟定采购项目的能力。

第6条　发售招标文件

采购部应将招标文件直接发售给通过资格预审的供应商。在没有资格预审程序的情况下，采购部应将招标文件发售给任何对招标通告做出反应的供应商，并要求供应商在收到招标文件后立刻通知采购部。

</td></tr>
<tr><td rowspan="1">第3章
采购开标
管理</td><td>

第7条　开标条件

采购部应按招标通告中规定的时间、地点进行公开开标，并应邀请投标商或其委派的代表参加开标。

第8条　宣读投标文件

1．开标前，采购部招标负责人应公开检查投标文件的密封情况，并当众宣读供应商名称、有无撤标情况、提交投标保证金的方式是否符合要求、投标项目的主要内容、投标价格等内容。

2．开标时，对于投标文件中含义不明确的地方，应允许投标商做简要解释，但所做的解释不能超过投标文件记载的范围，或实质性地改变投标文件的内容。以电传、电报方式投标的，不予开标。

3．投标文件中规定使用密封投标方式的，宣读投标文件时，不得透露投标商价格信息。

第9条　开标记录

开标时，采购专员应做好开标记录，开标记录应主要记录采购项目名称、招标号、刊登招标通告的日期、发售招标文件的日期、购买招标文件单位的名称、投标商的名称及报价、截标后收到标书的处理情况等。

第10条　开标变更

特殊情况下，采购部可以暂缓或推迟开标时间，特殊情况包括但不限于以下三种。

1．招标文件发售后对原招标文件做出变更或补充。

2．开标前，发现有足以影响采购公正性的违法或不正当行为。

3．采购计划变更。

</td></tr>
<tr><td rowspan="1">第4章
采购评标
管理</td><td>

第11条　成立评标小组

采购部应组织质量管理部、技术部、生产部、财务部等部门相关人员成立评标小组，由评标小组对收到的标书做出评价。

第12条　审查投标文件

1．评标小组首先应对所有标书进行审查，对不符合招标文件基本条件的标书定为无效标书。

2．评价小组可对标书中不明确的地方做必要的澄清与提问，但不能做实质性修改。

</td></tr>
</table>

制度名称	采购招标管理制度				
制度版本		受控状态	□ 受控　□ 非受控	制度编号	

第4章 采购评标 管理	**第13条　评标方法** 招标采购的评标方法主要包括最低标价法、综合评分法和性价比法，评标小组应根据具体情况选择合适的评标方法。评标方法详细说明如下表所示。 <div align="center">**招标采购评标方法一览表**</div>

评标方法	方法介绍	适用条件	不适用情况
最低标价法	在全部满足招标文件实质性要求的前提下，以价格决定中标候选供应商或者中标供应商	标准定制商品及通用服务项目	接收到相同报价，投标商可能存在串标行为，最低报价高于市场合理价格
综合评分法	综合考虑采购要求的各种因素，确定得分最高者为中标供应商	一般采购项目均可使用	无不适用情况
性价比法	用技术项目的得分除以报价，以商数高低决定中标供应商	招标侧重单位价格技术性能的体现	难以确定投标供应商技术性能指标，或者对技术要求不是很高时

第4章 采购评标 管理	**第14条　评标报告** 评标结束后，评标小组应写出完整的"评标报告"，经采购部经理审核后报总经办审批。
第5章 采购定标 管理	**第15条　定标** 1．总经办确认招标过程和结果均合理后，确定评标结果。 2．中标供应商确定后，采购部应向中标供应商发出"中标通知书"。 3．采用密封投标方式的，严禁透露竞标失败的投标商与竞标成功的投标商的价格差距。 **第16条　合同签订** 1．定标后，采购部应与中标供应商于＿＿日内签订采购合同。 2．如中标供应商未于＿＿日内与企业签订合同，则企业可与其他供应商签订采购合同。
附则 第6章	**第17条**　本制度由采购部制定，采购部对本制度有解释、修订权。 **第18条**　本制度自审核通过之日起生效并予以实施。

编制部门		审批人员		审批日期	

8.4.6　采购质量验收制度

制度名称	采购质量验收制度				
制度版本		受控状态	□ 受控　□ 非受控	制度编号	

总则 第1章	**第1条　目的** 为保证公司采购物资的质量水平，防止不合格品流入公司内部，确保公司生产经营的正常进行，特制定本制度。 **第2条　适用范围** 本制度适用于公司采购物资的质量验收工作。 **第3条　职责分工** 1．质量管理部负责采购物资质量验收。 2．采购部、仓储部协助质量管理部做好采购质量验收工作。

制度名称	采购质量验收制度				
制度版本		受控状态	□ 受控　□ 非受控	制度编号	

第2章 质量验收 准备	**第4条**　收集与了解采购基本资料 采购部应收集与整理采购相关资料，并组织质量检验人员熟悉采购项目、采购数量、采购时间、到货时间、采购方式等事项。 **第5条**　确定物资验收标准 质量管理部应协同生产部、工艺技术部、采购部等部门，确定采购物资验收标准。 **第6条**　明确物资验收内容 采购部应协助质量管理部确定物资验收的内容，物资验收内容应包括以下三点。 1．核对采购订单与供应商发货清单是否一致。 2．检查到货物资的外观，包括物资包装是否完整、标识标签是否符合公司订单要求、物资是否有损坏、短缺及变质情况等。 3．对到货物资进行质量检验，检查其关键指标是否符合公司质量要求。 **第7条**　选择质量检验方式 质量检验人员检验前，应选择合适的质量检验方式。常见的质量检验方式主要有下表所示的几种。

质量检验方式一览表

检验方式	适用范围	具体方法
抽样检验	◆ 数量较多并经常使用的物资	◆ 从一批采购物资中随机抽取少量样本进行检验
全部检验	◆ 数量少、价值高的物资	◆ 按质量检验标准对所有物资进行检验
免检	◆ 数量很大、价值低的辅助性物资 ◆ 经认定的免检供应商提供的物资 ◆ 生产急用而特批免检的物资	◆ 免除质量检验程序

第8条　选择质量检验方法

常用的物资质量检验方法主要有感官检验法、物理检验法、化学检验法、微生物检验法和产品试验法五种，质量检验人员应根据采购物资的性质、检验标准等确定合适的检验方法。

第3章 质量验收 程序	**第9条**　通知验货 采购人员应根据采购物资的到货时间、验收要求等，通知质量管理部验收货物。 **第10条**　物资清点 仓库管理员应对物资的品种、规格、数量、包装等进行检查。 **第11条**　质量检验 质量检验人员应在指定的待检区域，按照公司质量检验标准及程序对采购的物资进行检验，并填写"采购检验报告单"。 **第12条**　质量检验结果审批 质量检验人员应将"采购检验报告单"呈质量管理部经理审批，并将审批意见作为检验结果的处理依据。

制度名称	采购质量验收制度				
制度版本		受控状态	□ 受控　□ 非受控	制度编号	

	第13条　合格品处理办法
第4章 **质量验收** **结果处理**	质量管理人员应将审批通过的"采购检验报告单"作为物资放行证明,交仓储人员办理入库手续。 **第14条**　不合格品处理办法 公司可针对物资检验不合格的情况,采取补交、拒收退货、换货、返工及偏差特采等处理办法,具体说明如下表所示。

不合格品处理办法一览表

措施	适用情况	具体方法
补交处理	◆ 交货数量未达到订货数	◆ 补交,经请购部门经理批准后可免去补交
拒收退货	◆ 不符合公司质量标准且批次合格率不达标	◆ 经采购经理批准后联系供应商办理退货手续
换货处理	◆ 提供不合格品的供应商过往质量记录良好 ◆ 请购部门不急于使用采购物资	◆ 要求供应商换货
返工处理	◆ 当批物资检验不合格,加工后即为合格品	◆ 由供应商或公司进行物资再加工,并要求供应商对误工和加工成本进行赔偿
特采处理	◆ 物资检验不合格,但不影响最终产品质量	◆ 采用偏差特采,并要求供应商对公司的耗费工时成本进行赔偿

附则 **第5章**	**第15条**　本制度由采购部与质量管理部共同制定、解释与修订。 **第16条**　本制度经总经办审批通过后,自颁布之日起实施。

编制部门		审批人员		审批日期	

8.4.7　采购订单跟踪制度

制度名称	采购订单跟踪制度				
制度版本		受控状态	□ 受控　□ 非受控	制度编号	

	第1条　目的
总则 **第1章**	为促进订单正常执行,满足公司物资需求,确保公司生产经营活动的顺利进行,结合本公司实际情况,特制定本制度。 **第2条**　适用范围 本制度适用于公司采购部所有采购订单的跟踪工作。 **第3条**　职责分工 1.采购经理负责对订单跟踪工作进行监督。 2.采购主管负责对供应商供货能力进行评估。 3.采购跟单员全面负责订单跟踪工作。

制度名称	采购订单跟踪制度				
制度版本		受控状态	□ 受控　□ 非受控	制度编号	

| 第2章
订单跟踪工作内容 | **第4条　订单状态跟踪**
1．跟踪订单接收情况。采购部向供应商下单后，采购跟单员需对订单接收情况进行跟踪，确保供应商接到企业采购订单。
2．跟踪订单处理情况。供应商接收订单后，采购跟单员应及时跟踪供应商的订单处理情况，监督供应商及时根据订单要求安排生产或备货、发货。
3．运输情况跟踪。供应商发货后，采购跟单员应对货物运输情况进行跟踪，确保相关人员能够及时进行到货检验和办理入库手续。
第5条　物资检验跟踪
1．采购跟单员确定到货日期后，应通知质量管理部检验人员进行物资检验。
2．如检验过程中物资出现问题，采购跟单应及时与供应商联系，并协商处理检验过程中出现的问题。
第6条　物资入库跟踪
物资验收后，采购跟单员应协助仓储人员办理入库手续。
第7条　付款情况跟踪
采购部按合同规定的支付条款办理付款手续后，采购跟单员需对付款工作进行跟踪，确保付款人员按合同约定的时间与数额进行结算。 |

| 第3章
催货管理 | **第8条　催货目的**
催货目的是使供应商及时送达所需的物料，降低公司经营成本。
第9条　催货方法
催货常用方法主要有订单联单跟催、订单统计跟催和定期跟催三种，采购跟单员应根据采购物资的性质及企业的需要选择合适的催货方法进行跟催。
三种催货方法的详细说明如下表所示。 |

催货方法一览表

跟催方法	具体说明
订单联单跟催	将订单预订到货日期按顺序排好，提前一定时间进行订单跟催
订单统计跟催	将订单统计成报表，提前一定时间进行跟催
定期跟催	每周固定时间将需要跟催的订单进行整理，总结成报表定期统一跟催

| 第4章
供应商跟踪管理 | **第10条　供应商跟踪要求**
1．对于一般供应商，采购跟单员应采取定期和不定期检查的方式对供应商进行跟踪。
2．对于那些长期合作的、信誉良好的供应商，采购跟单员可以不进行订单跟踪或减少订单跟踪。
3．对于一些重要或紧急的采购，采购跟单员应全力对供应商进行跟踪。
第11条　供应商交货状况分析
采购物资入库后，采购主管应填写"供应商交货状况一览表"，详细记录供应商的交货、合格、特采、退货等情况，对供应商的交货情况进行分析、评估，判定供应商等级。
第12条　供应商奖惩措施
进行供应商交货能力分析后，企业应给予按时或提早交货的供应商一定的奖励，给予延迟交货的供应商一定的处罚。
第13条　供应商跟踪注意事项
采购跟单员必须保持对供应商的尊重，在跟单与催货的过程中需注意言谈举止，自觉维护公司的良好形象。 |

制度名称	采购订单跟踪制度				
制度版本		受控状态	□ 受控　□ 非受控	制度编号	
附则 第5章	第14条	本制度由采购部制定，经总经理批准后通过。			
	第15条	本制度自颁布之日起实施。			
编制部门		审批人员		审批日期	

8.4.8　供应商评价考核流程

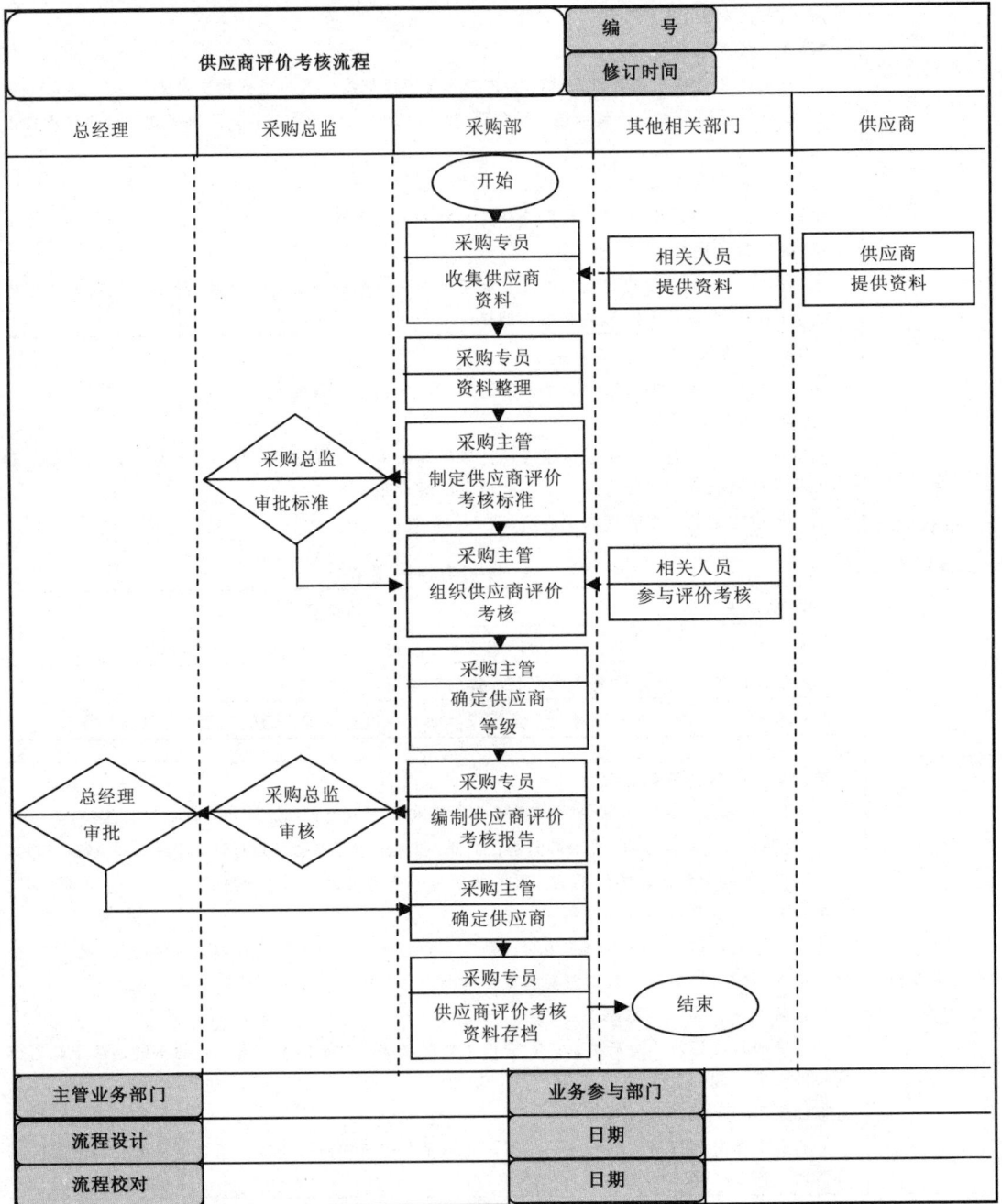

146

第 9 章
企业销售业务风险控制

9.1　销售业务的风险识别

9.1.1　销售策略不对风险点

销售策略是企业为合理整合销售计划中各种因素（包括产品、价格、广告、渠道、促销等因素），完成销售目标而制定的策略。销售策略的好坏直接影响到产品销售额与产品的市场占有率，具体来说，销售策略不对存在的风险如图 9-1 所示。

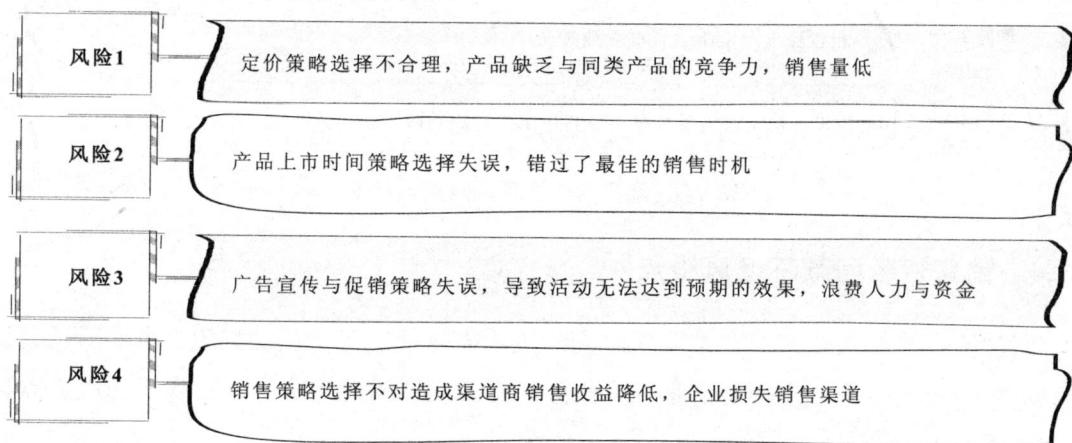

风险1	定价策略选择不合理，产品缺乏与同类产品的竞争力，销售量低
风险2	产品上市时间策略选择失误，错过了最佳的销售时机
风险3	广告宣传与促销策略失误，导致活动无法达到预期的效果，浪费人力与资金
风险4	销售策略选择不对造成渠道商销售收益降低，企业损失销售渠道

图 9-1　销售策略不对风险点示意图

9.1.2　市场预测不准风险点

市场预测涉及的范围主要包括市场规模预测、消费群体预测、消费能力预测、市场需求预测等。对市场的预测如果不合理、不准确，容易造成企业资源的极大浪费，导致产品市场占有率低下甚至丢失市场的风险。以下是市场预测不准的主要风险点说明，如图 9-2 所示。

风险1	对市场规模预测不准确，使人员、产品准备不足或准备过剩
风险2	对消费群体预测不准确，造成产品无人问津，销售目标无法完成
风险3	对市场需求预测不准确，导致销售业绩下滑，企业销售收入降低
风险4	对市场需求变化预测不准确，导致产品积压，给企业造成损失

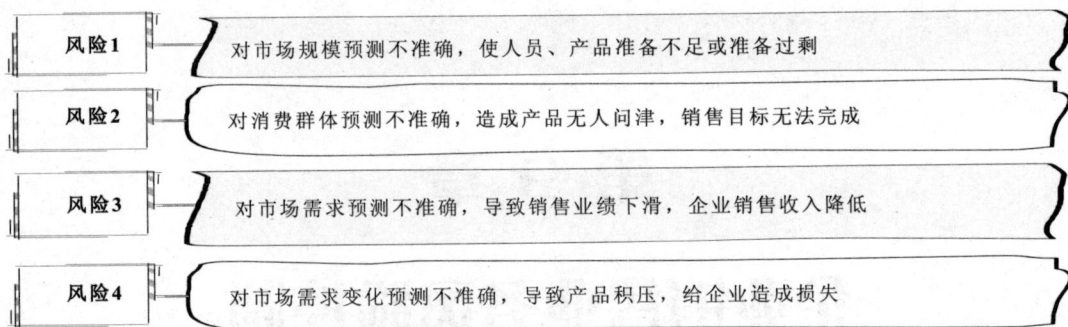

图 9-2　市场预测不准风险点示意图

9.1.3　客户信用管理风险点

客户信用管理是对企业客户信用调查、客户信用评级、客户授信等工作的总称。科学、高效的客户信用管理能够显著提高企业客户管理水平。然而，客户信用管理中也存在着各类风险，具体风险点如图 9-3 所示。

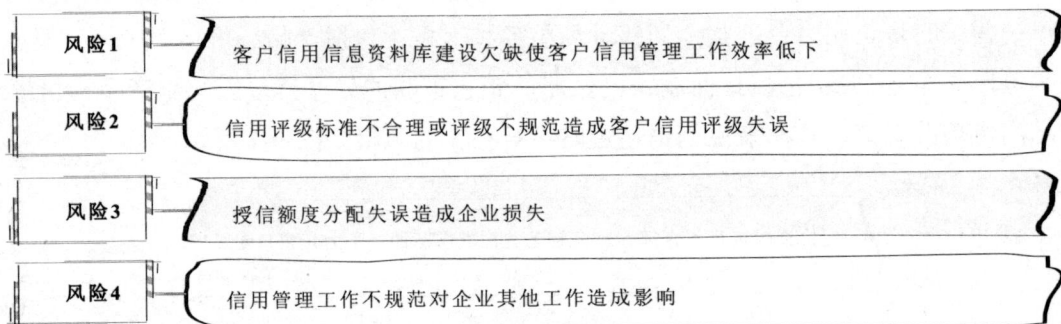

风险1	客户信用信息资料库建设欠缺使客户信用管理工作效率低下
风险2	信用评级标准不合理或评级不规范造成客户信用评级失误
风险3	授信额度分配失误造成企业损失
风险4	信用管理工作不规范对企业其他工作造成影响

图 9-3　客户信用管理风险点示意图

9.1.4　销售货款回款不畅风险点

回款不畅是指企业客户在结算期内无法足额向企业支付货款的现象。回款不畅会给企业造成一定的亏损，并影响企业其他业务正常开展所需的现金流。回款不畅风险点具体如图 9-4 所示。

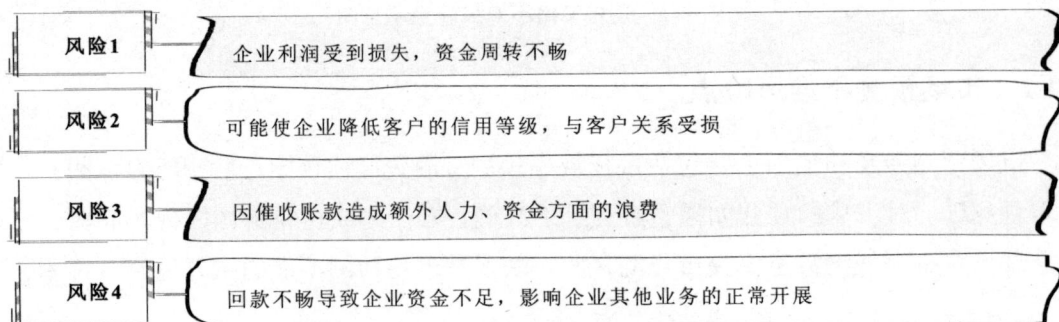

风险1	企业利润受到损失，资金周转不畅
风险2	可能使企业降低客户的信用等级，与客户关系受损
风险3	因催收账款造成额外人力、资金方面的浪费
风险4	回款不畅导致企业资金不足，影响企业其他业务的正常开展

图 9-4　销售货款回款不畅风险点示意图

9.1.5 销售过程舞弊行为风险点

销售舞弊行为是指销售人员利用企业相关制度、监管中的漏洞，在销售过程中牟求私利或虚报销售额的行为。销售舞弊会对企业销售收入、员工管理工作、组织风气造成较大的负面影响。具体来说，销售过程舞弊行为风险点如图9-5所示。

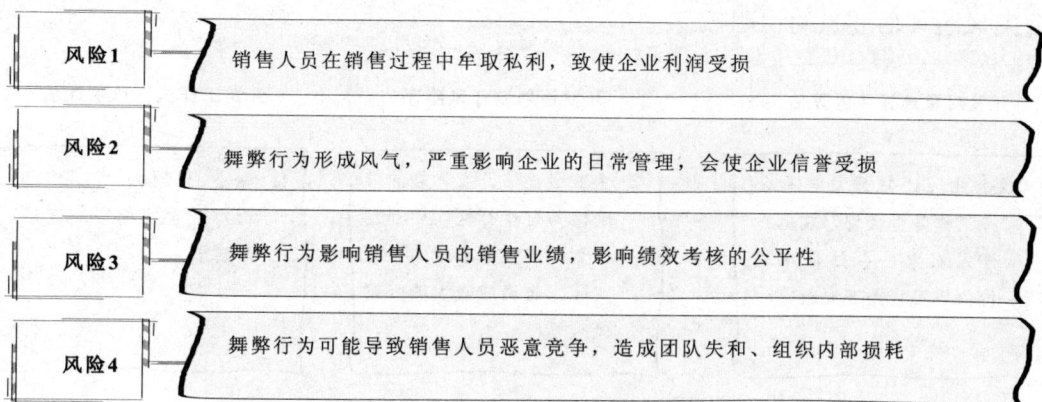

风险1	销售人员在销售过程中牟取私利，致使企业利润受损
风险2	舞弊行为形成风气，严重影响企业的日常管理，会使企业信誉受损
风险3	舞弊行为影响销售人员的销售业绩，影响绩效考核的公平性
风险4	舞弊行为可能导致销售人员恶意竞争，造成团队失和、组织内部损耗

图9-5 销售过程舞弊行为风险点示意图

9.2 销售业务的风险评估

9.2.1 销售计划风险评估

销售计划是企业一切销售工作的前提，科学、可行的销售计划能够帮助企业实现销售目标，增加销售收益。因此，企业销售部应预先对销售计划存在的风险进行准确评估，进而根据评估结果采取有效的措施做好风险规避与控制工作。

一般，企业在销售计划方面的风险评估工作可从以下两个方面开展，如图9-6所示。

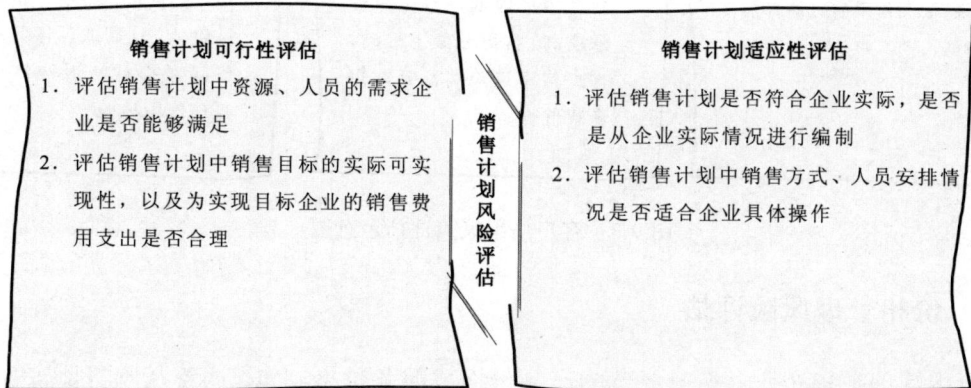

销售计划可行性评估
1. 评估销售计划中资源、人员的需求企业是否能够满足
2. 评估销售计划中销售目标的实际可实现性，以及为实现目标企业的销售费用支出是否合理

销售计划风险评估

销售计划适应性评估
1. 评估销售计划是否符合企业实际，是否是从企业实际情况进行编制
2. 评估销售计划中销售方式、人员安排情况是否适合企业具体操作

图9-6 销售计划风险评估示意图

9.2.2　客户开发风险评估

客户开发是指企业销售部销售代表根据客户开发计划对可能成为企业客户的潜在客户进行开发，其目的是为增加企业客户数量、拓宽业务范围、提高产品市场占有率。

在客户开发工作方面，同样存在着可能使企业遭受损失的各类风险，图9-7是对客户开发风险评估要点的说明。

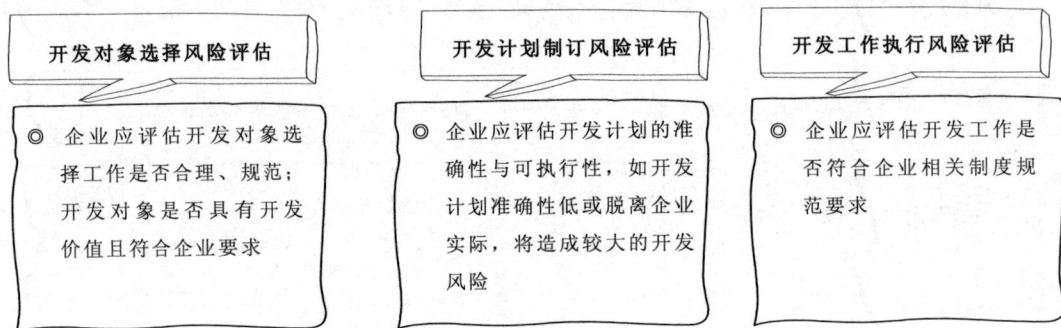

开发对象选择风险评估	开发计划制订风险评估	开发工作执行风险评估
◎ 企业应评估开发对象选择工作是否合理、规范；开发对象是否具有开发价值且符合企业要求	◎ 企业应评估开发计划的准确性与可执行性，如开发计划准确性低或脱离企业实际，将造成较大的开发风险	◎ 企业应评估开发工作是否符合企业相关制度规范要求

图9-7　客户开发风险评估示意图

9.2.3　客户信用风险评估

客户信用风险是指企业因客户信用管理工作疏漏或缺陷给企业带来的经济损失，其主要评估点如图9-8所示。

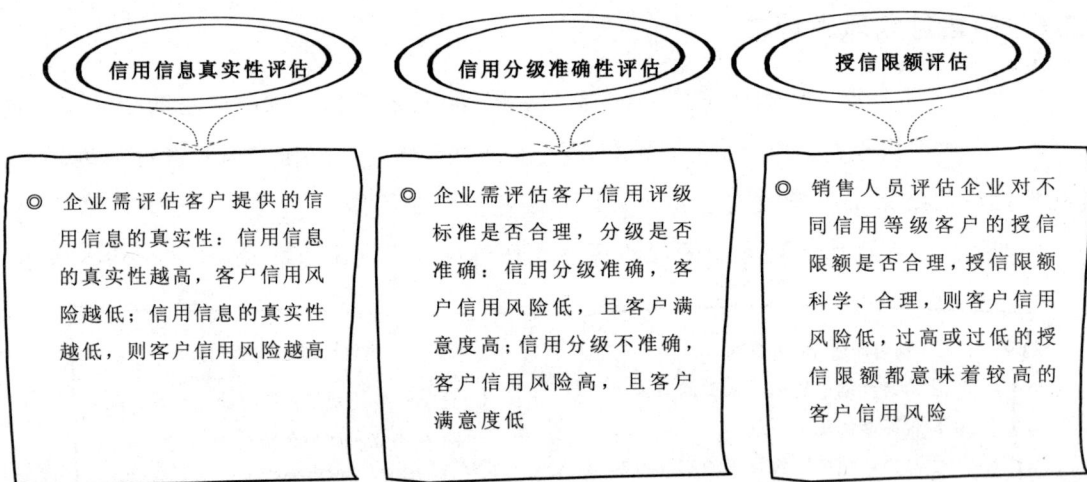

信用信息真实性评估	信用分级准确性评估	授信限额评估
◎ 企业需评估客户提供的信用信息的真实性：信用信息的真实性越高，客户信用风险越低；信用信息的真实性越低，则客户信用风险越高	◎ 企业需评估客户信用评级标准是否合理，分级是否准确：信用分级准确，客户信用风险低，且客户满意度高；信用分级不准确，客户信用风险高，且客户满意度低	◎ 销售人员评估企业对不同信用等级客户的授信限额是否合理，授信限额科学、合理，则客户信用风险低，过高或过低的授信限额都意味着较高的客户信用风险

图9-8　客户信用风险评估示意图

9.2.4　价格管理风险评估

价格管理是指企业对自身经营的产品价格或服务价格制定、调整及监督检查等一系列管理工作的总称。有效的价格管理能够提高企业产品的竞争能力和经营效益，但在价值管理工作中存在着因定价不合理、价格不统一、价格调整不及时造成的顾客满意度下降、产品缺乏竞争力等风险。

9.2.5 销售合同风险评估

销售合同是企业销售部与客户在销售业务发生前签订的合作协议。销售人员在签订合同与履行合同时均存在相关风险，销售合同风险评估如图 9-9 所示。

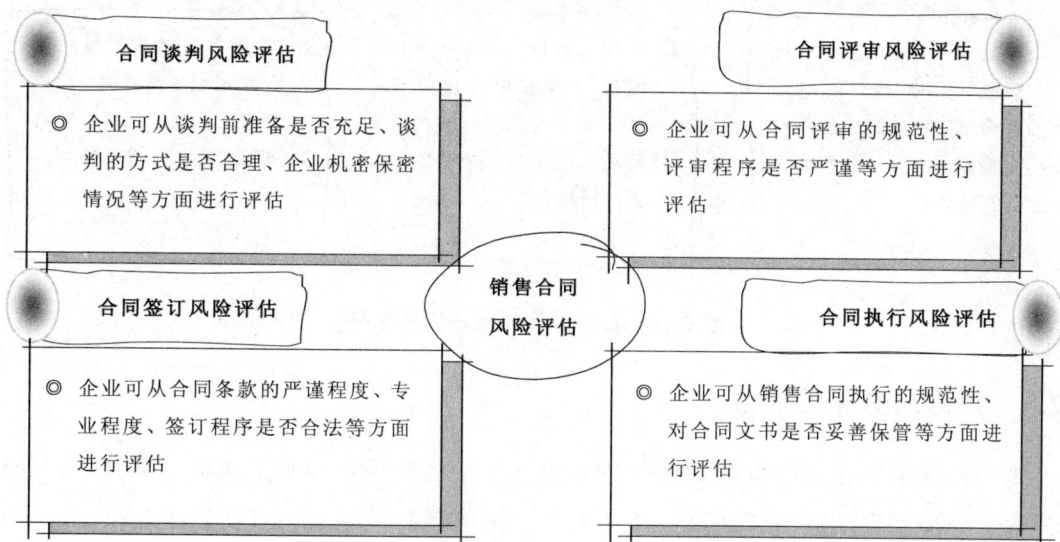

合同谈判风险评估
◎ 企业可从谈判前准备是否充足、谈判的方式是否合理、企业机密保密情况等方面进行评估

合同评审风险评估
◎ 企业可从合同评审的规范性、评审程序是否严谨等方面进行评估

销售合同风险评估

合同签订风险评估
◎ 企业可从合同条款的严谨程度、专业程度、签订程序是否合法等方面进行评估

合同执行风险评估
◎ 企业可从销售合同执行的规范性、对合同文书是否妥善保管等方面进行评估

图 9-9 销售合同风险评估示意图

9.2.6 货款回收风险评估

货款回收是指企业销售人员在结算期前对货款进行回收操作，销售人员在回收货款时存在客户延迟付款、不足额付款等风险，具体说明如图 9-10 所示。

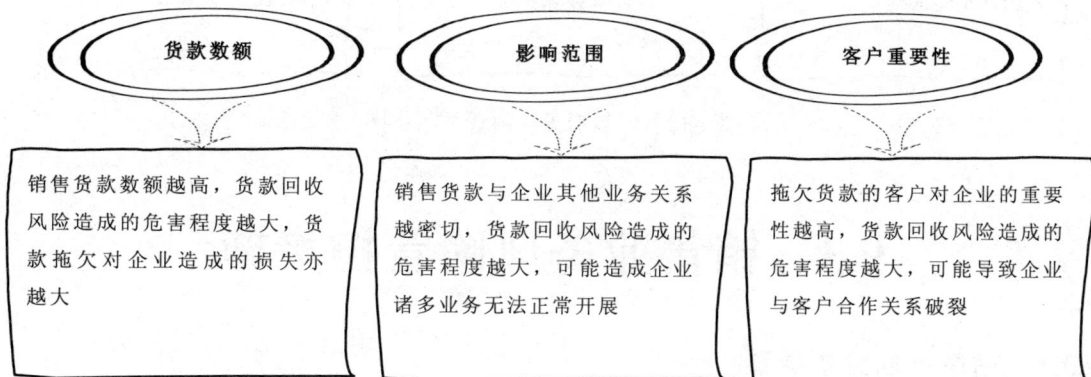

货款数额
销售货款数额越高，货款回收风险造成的危害程度越大，货款拖欠对企业造成的损失亦越大

影响范围
销售货款与企业其他业务关系越密切，货款回收风险造成的危害程度越大，可能造成企业诸多业务无法正常开展

客户重要性
拖欠货款的客户对企业的重要性越高，货款回收风险造成的危害程度越大，可能导致企业与客户合作关系破裂

图 9-10 货款回收风险评估示意图

9.2.7 客户投诉风险评估

客户投诉风险是客户因企业产品质量、服务态度等方面的问题，向企业客服部门反映情况、检举问题，并要求得到相应补偿的一种风险。企业客服部门可参照以下内容评估客户投诉风险的严重程度，具体如图 9-11 所示。

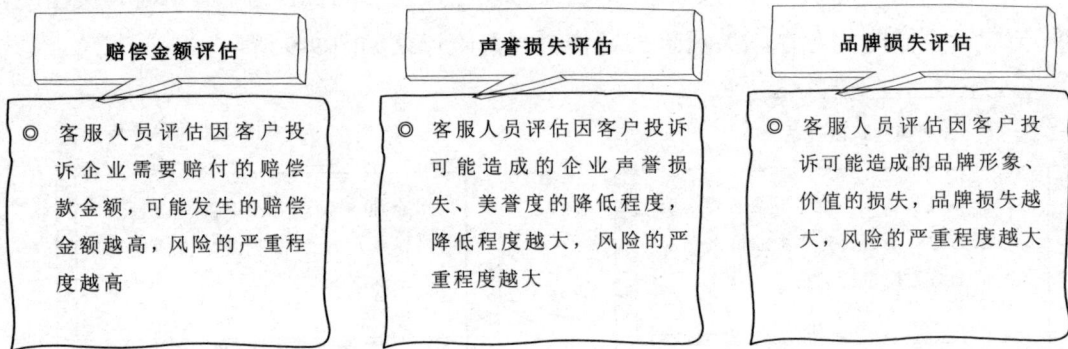

赔偿金额评估
◎ 客服人员评估因客户投诉企业需要赔付的赔偿款金额，可能发生的赔偿金额越高，风险的严重程度越高

声誉损失评估
◎ 客服人员评估因客户投诉可能造成的企业声誉损失、美誉度的降低程度，降低程度越大，风险的严重程度越大

品牌损失评估
◎ 客服人员评估因客户投诉可能造成的品牌形象、价值的损失，品牌损失越大，风险的严重程度越大

图 9-11 客户投诉风险评估示意图

9.2.8 销售财务风险评估

销售财务风险是指企业因财务计划不合理、财务管理不规范造成的呆坏账、财务费用开支、分公司回款截流等风险。具体来说，销售财务风险大小可从以下三个方面进行评估，如图 9-12 所示。

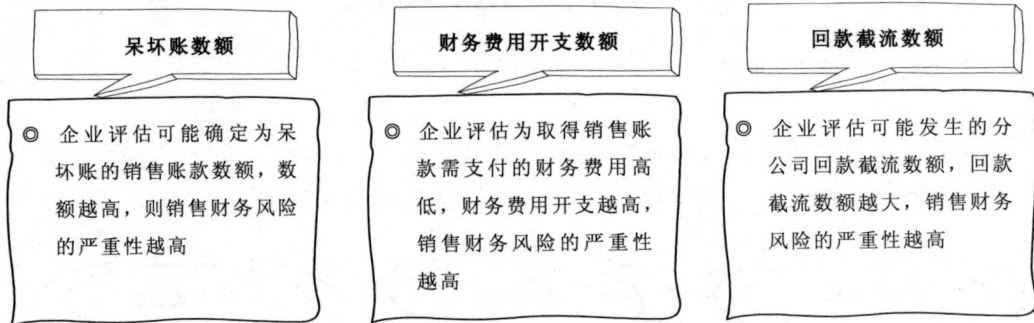

呆坏账数额
◎ 企业评估可能确定为呆坏账的销售账款数额，数额越高，则销售财务风险的严重性越高

财务费用开支数额
◎ 企业评估为取得销售账款需支付的财务费用高低，财务费用开支越高，销售财务风险的严重性越高

回款截流数额
◎ 企业评估可能发生的分公司回款截流数额，回款截流数额越大，销售财务风险的严重性越高

图 9-12 销售财务风险评估示意图

9.3 销售业务风险管控措施

9.3.1 销售计划分析调整

企业销售部完成销售计划的编制工作后，应对销售计划进行科学、全面的分析，以发现计划中存在的欠缺与漏洞，并进行有效的调整，避免销售计划中存在的各项风险。

1. 销售计划分析

销售计划分析主要包括四个方面的内容，如图 9-13 所示。

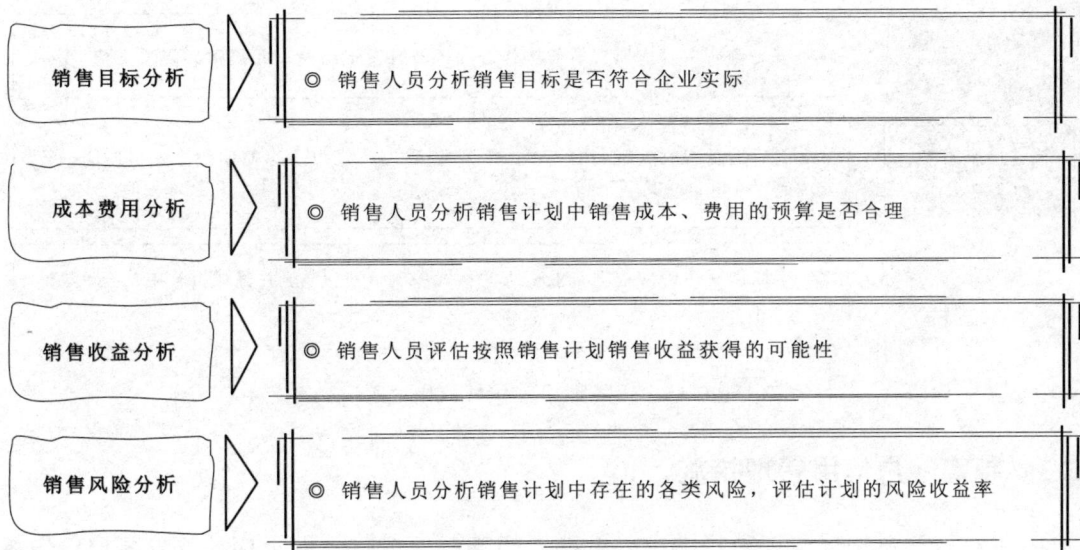

销售目标分析	◎ 销售人员分析销售目标是否符合企业实际
成本费用分析	◎ 销售人员分析销售计划中销售成本、费用的预算是否合理
销售收益分析	◎ 销售人员评估按照销售计划销售收益获得的可能性
销售风险分析	◎ 销售人员分析销售计划中存在的各类风险，评估计划的风险收益率

图 9-13　销售计划分析调整内容说明

2. 销售计划调整

在销售计划实际执行的过程中，企业需要根据计划分析结果及实施情况对销售计划进行合理的调整，具体说明如图 9-14 所示。

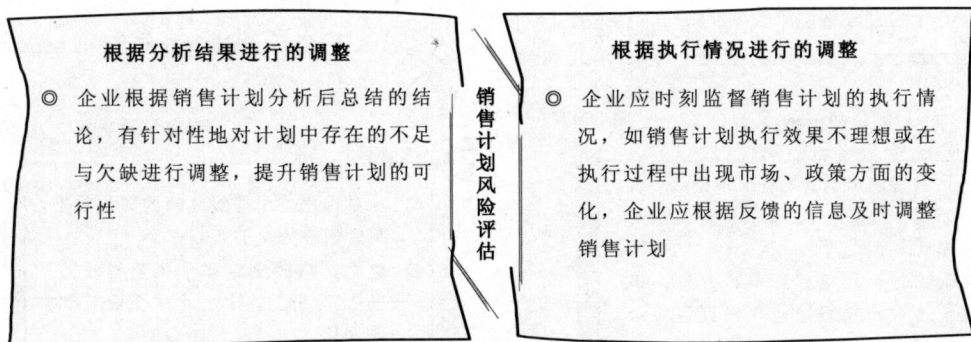

根据分析结果进行的调整

◎ 企业根据销售计划分析后总结的结论，有针对性地对计划中存在的不足与欠缺进行调整，提升销售计划的可行性

销售计划风险评估

根据执行情况进行的调整

◎ 企业应时刻监督销售计划的执行情况，如销售计划执行效果不理想或在执行过程中出现市场、政策方面的变化，企业应根据反馈的信息及时调整销售计划

图 9-14　销售计划调整说明

9.3.2　规范市场调研工作

企业规范市场调研工作可有效提高市场调研结果的准确性，进而提升市场策略、销售计划的科学性与合理性。具体来说，企业可从调研工作的各实施环节入手，具体如图 9-15 所示。

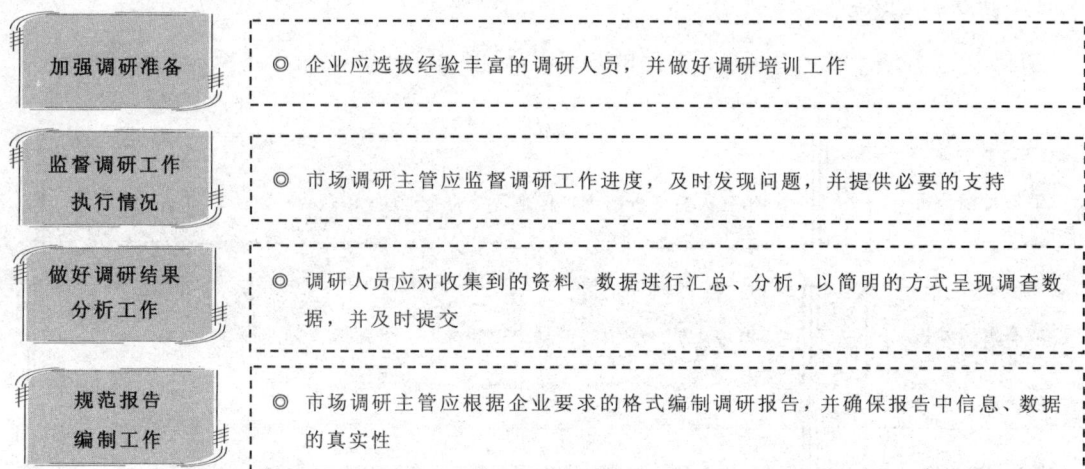

图 9-15　市场调研工作规范化说明

9.3.3　制定客户信用管理措施

为应对客户信用风险，销售部应采取以下措施开展风险管理工作，减少客户信用风险给企业造成的损失，如图 9-16 所示。

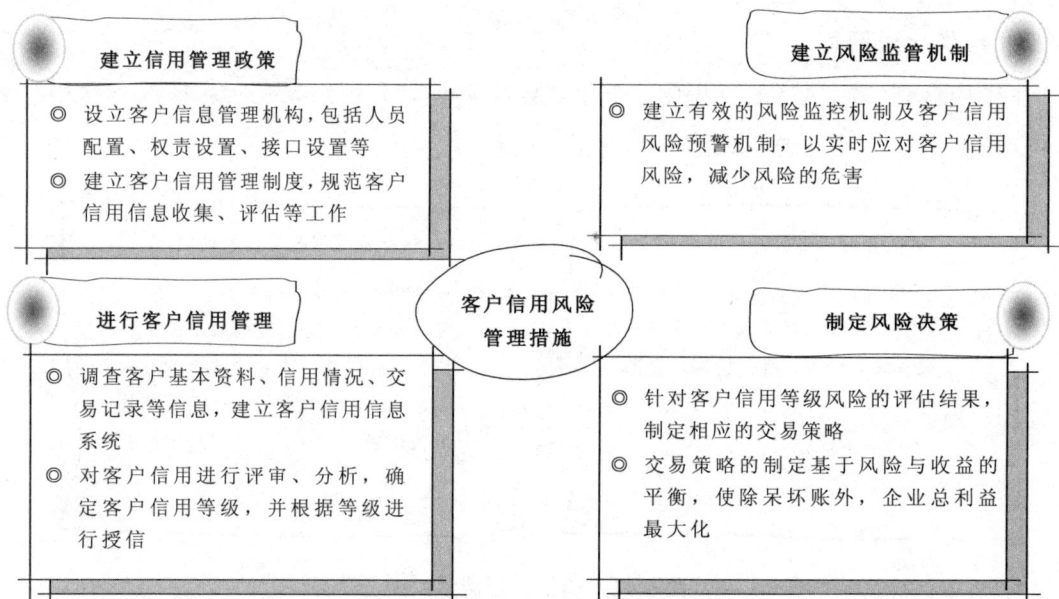

图 9-16　有效的客户信用风险管理措施

9.3.4　明确销售合同订立依据

企业在与客户签订销售合同前，应明确签订该销售合同的理由及依据，避免合同欺诈、合同违法等风险，图 9-17 是销售合同的订立依据，只有所有条件同时满足时，销售人员方可签订销售合同。

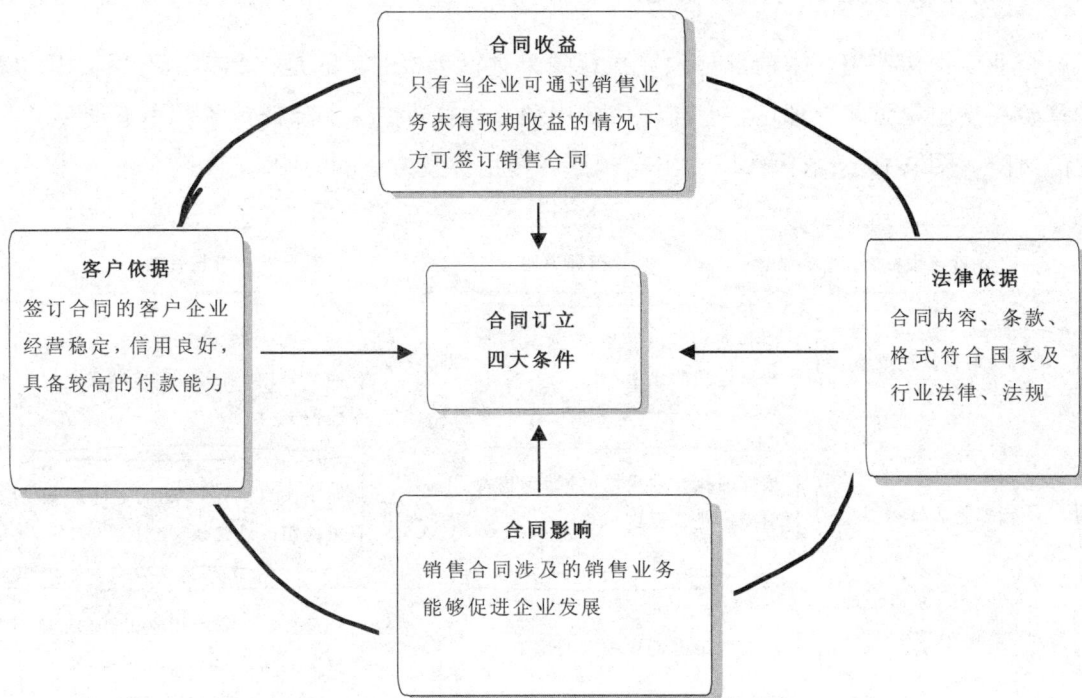

图 9-17　销售合同订立依据

9.3.5　发货与货款回收管理策略

为有效规避发货与货款回收工作中存在的风险，企业可采取的策略如图 9-18 所示。

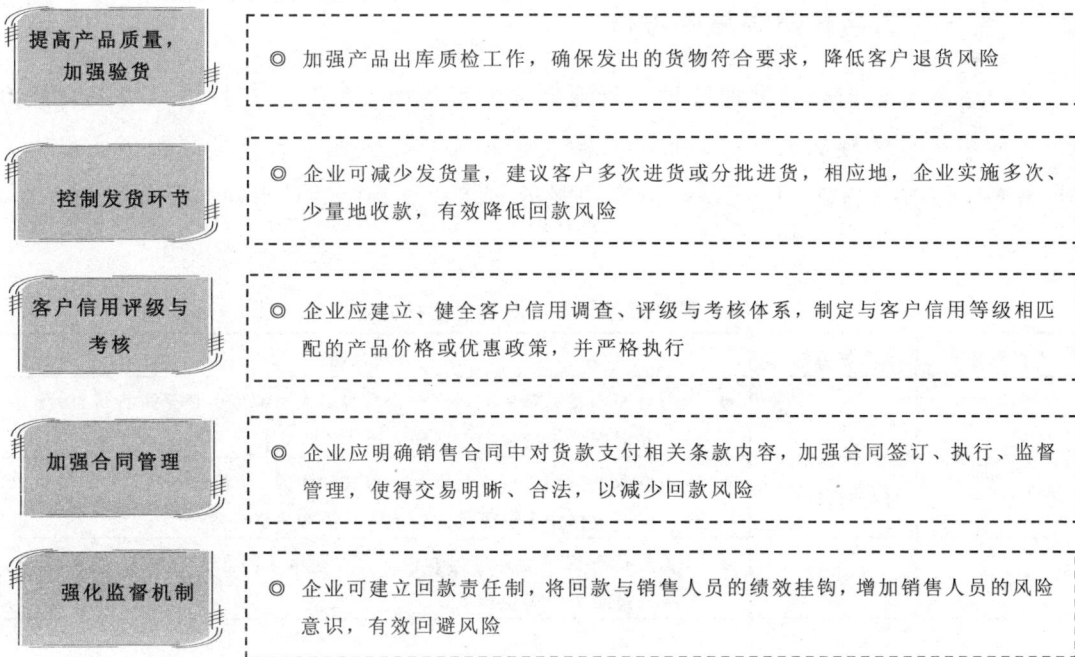

提高产品质量，加强验货	◎ 加强产品出库质检工作，确保发出的货物符合要求，降低客户退货风险
控制发货环节	◎ 企业可减少发货量，建议客户多次进货或分批进货，相应地，企业实施多次、少量地收款，有效降低回款风险
客户信用评级与考核	◎ 企业应建立、健全客户信用调查、评级与考核体系，制定与客户信用等级相匹配的产品价格或优惠政策，并严格执行
加强合同管理	◎ 企业应明确销售合同中对货款支付相关条款内容，加强合同签订、执行、监督管理，使得交易明晰、合法，以减少回款风险
强化监督机制	◎ 企业可建立回款责任制，将回款与销售人员的绩效挂钩，增加销售人员的风险意识，有效回避风险

图 9-18　发货与回款管理策略说明

9.3.6　销售费用支出与预算考核

企业对销售费用支出情况与预算执行结果进行考核的目的是控制销售费用支出，使销售费用支出尽可能合理化，提高销售费用预算的执行效果，降低销售费用管理环节存在的风险。图 9-19 是销售费用支出与预算考核指标及方法的说明。

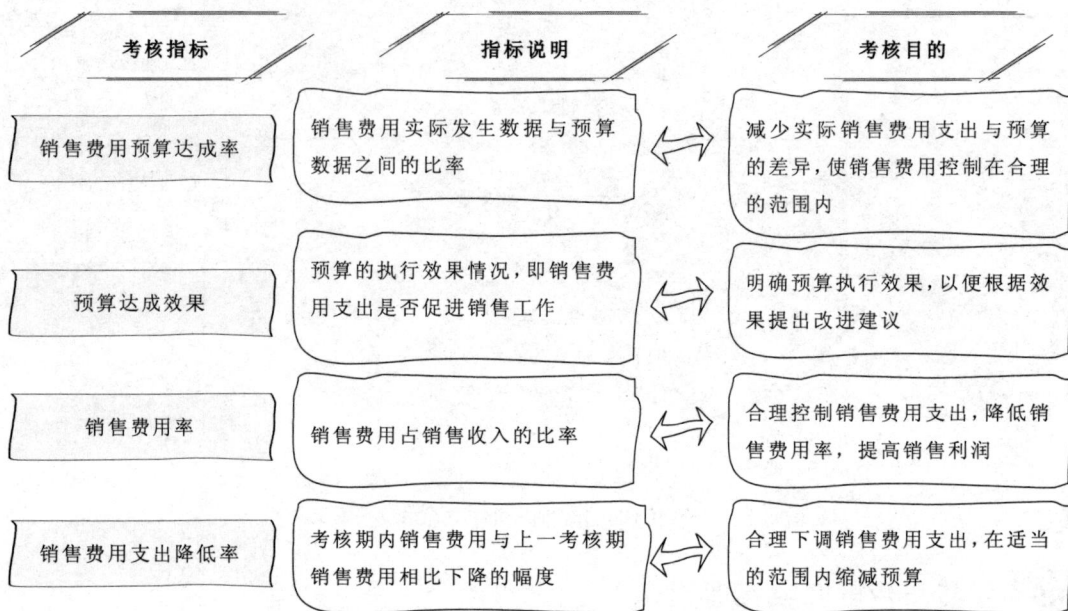

考核指标	指标说明	考核目的
销售费用预算达成率	销售费用实际发生数据与预算数据之间的比率	减少实际销售费用支出与预算的差异，使销售费用控制在合理的范围内
预算达成效果	预算的执行效果情况，即销售费用支出是否促进销售工作	明确预算执行效果，以便根据效果提出改进建议
销售费用率	销售费用占销售收入的比率	合理控制销售费用支出，降低销售费用率，提高销售利润
销售费用支出降低率	考核期内销售费用与上一考核期销售费用相比下降的幅度	合理下调销售费用支出，在适当的范围内缩减预算

图 9-19　销售费用支出与预算考核指标及方法说明

9.3.7　客户服务与客户满意度考核

客户服务与客户满意度考核是一种降低客户投诉率、控制客户投诉风险的有效措施，企业可通过考核加强客服人员的风险意识，使其在工作中自觉提高服务质量，为客户着想，让客户满意。以下是针对客户服务与客户满意度进行考核的方法，如表 9-1 所示。

表 9-1　客户服务与客户满意度考核方法说明

考核对象	考核方法	方法说明
客户服务水平	第三方调查法	◆ 人力资源部委托第三方调查公司对客服人员的服务质量进行调查，如评估，并根据评估结果确定客服人员的考核成绩
	技能测试法	◆ 人力资源部组织客服人员参加客服技能测试，并聘请专业的客服专家担任评审，根据评审意见确定客服人员的客户服务水平
客户满意度	客户访谈法	◆ 人力资源部通过满意度问卷或与客户通电话的方式向客户了解其对于客服人员服务的满意程度

9.4 销售业务风险控制实务

9.4.1 销售业务管理流程

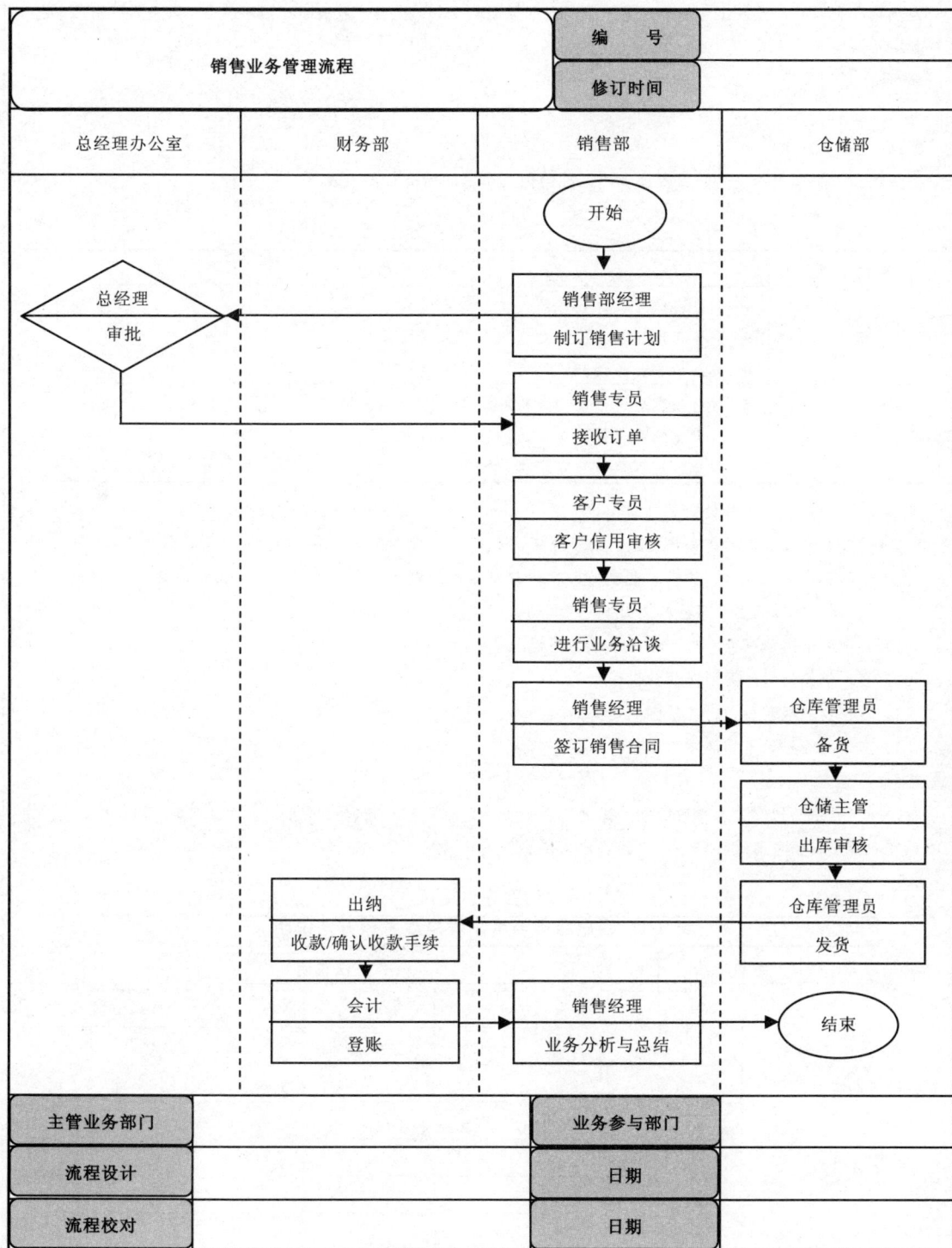

| 销售业务管理流程 | | | 编　号 | |
| | | | 修订时间 | |
总经理办公室	财务部	销售部	仓储部

开始

销售部经理
制订销售计划

总经理
审批

销售专员
接收订单

客户专员
客户信用审核

销售专员
进行业务洽谈

销售经理
签订销售合同

仓库管理员
备货

仓储主管
出库审核

出纳
收款/确认收款手续

仓库管理员
发货

会计
登账

销售经理
业务分析与总结

结束

主管业务部门		业务参与部门	
流程设计		日期	
流程校对		日期	

157

9.4.2 客户开发管理制度

制度名称	客户开发管理制度				
制度版本		受控状态	□ 受控　□ 非受控	制度编号	

第1条　目的

为规范本企业客户开发工作，提高新开发客户的质量与数量，使客户开发目标顺利实现，降低客户开发风险，特制定本制度。

第2条　适用范围

本制度适用于客户调查、客户识别、目标客户沟通与谈判等所有客户开发工作。

第3条　职责分工

企业销售部是客户管理的归口管理部门，部门内人员的职责分工如下表所示。

客户开发工作职责分工表

岗位名称	职责描述
销售经理	◆ 制订客户开发计划并监督客户开发工作 ◆ 指导客户开发工作，对客户开发人员提供支持 ◆ 负责相关业务合同的签订
客户开发专员	◆ 对潜在客户进行初步分析并提交新客户认定材料（新客户认定表） ◆ 负责实施客户开发工作，与客户进行业务洽谈 ◆ 划分客户等级，建立新客户档案

第4条　客户信息获取与分析

1．客户开发专员收集潜在客户资料，初步分析潜在客户的相关情况，并编制"潜在客户目录"。

2．为保障企业客户质量，维护企业利益，客户开发专员应对"潜在客户目录"中的客户进行深入分析，选择符合以下四项标准的潜在客户作为开发对象。

（1）客户的信用情况良好，不存在不良信用记录。

（2）客户信誉良好，无泄露商业机密行为。

（3）客户企业经营稳定，有较强的财务能力。

（4）客户的成本管理和成本水平符合本企业要求。

第5条　新客户认定

客户开发专员与拟开发客户进行初步沟通，进一步确定客户符合新客户要求后，填写"新客户认定表"，并将认定表提交营销总监进行审核。"新客户认定表"的样式如下所示。

新客户认定表

客户基本情况	企业全称			成立时间		交易时间
	法人代表	姓名		主要股东		
		职位		注册总资本		
	所在地	邮编	地址	电话		传真
	总部					
	分企业					

制度名称	客户开发管理制度				
制度版本		受控状态	☐ 受控 ☐ 非受控	制度编号	

经营规模	企业性质			员工总数	
	销售总额	___万元/年		营业利润	___万元/年
	客户主要产品				
	名称	市场占有率		名称	市场占有率
		___%			___%
		___%			___%
供货与支付	产品需求			交易理由	交易方针
	名称	货号	数量		
	支付方式	☐ 现金 ☐ 支票		开户银行	
备注				总经理签字	

第6条 客户开发工作实施

1．销售经理根据总经理签字确认的客户认定表信息编制客户开发名单，安排下属客户开发专员每人负责开发若干个客户（根据开发难度及客户专员的能力确定开发数量），将客户的详细信息印发给客户开发专员。

2．客户开发专员根据客户特点，选择合适的沟通渠道、开发方式对客户进行开发，具体说明如下。

客户开发工作实施说明

客户类型	开发方式	开发专员要求
本地客户	电话、上门拜访	◆ 客户开发专员在上门拜访客户前应先通过电话与客户进行预约 ◆ 客户开发专员拜访客户时应穿企业工作服，并携带产品样品及详细介绍资料（如需进行幻灯片演示的应携带平板电脑），与客户沟通时，应注意礼貌并展示企业合作的诚意 ◆ 如客户有意合作，客户开发专员应留下企业的详细地址与联系方式，并留下产品样品
外地客户	电话、邮件、传真	◆ 客户开发专员通过电话、邮件、传真等方式向客户介绍企业产品，洽谈合作事宜，在沟通时，客户开发专员应详细说明企业产品的功能、优势及价格优惠政策 ◆ 如客户有合作意向，客户开发专员应向客户邮寄样品并进行进一步商谈，力争与其建立业务联系

第7条 客户开发工作要求

客户开发专员在执行客户开发工作时应遵守以下两点要求：

1．客户开发专员应及时将开发进度及客户要求向销售经理进行报告。

2．客户开发专员如在开发工作中发现客户信用存在问题，应立即报告销售经理并请求终止业务洽谈。

第8条 合同签订

合作洽谈完成后，由销售经理出面与客户企业代表签订业务合作合同，销售经理需仔细检查合同的各项条款，确保企业利益，降低合同风险。

制度名称	客户开发管理制度				
制度版本		受控状态	□ 受控　□ 非受控	制度编号	

第9条 客户等级划分

销售部应按以下标准对新客户进行等级划分。

新客户等级说明表

客户等级	等级说明	备注
A类客户	与本企业的交易额在___万元以上	各等级的客户如其合同履约率低于___%，则直接降级为D级客户
B类客户	与本企业的交易额在___万~___万元	
C类客户	与本企业的交易额在___万~___万元	
D类客户	与本企业的交易额在___万元以下	

第10条 新客户档案建立

对于已确定合作关系（签订合同）的客户，客户开发专员应根据客户信息建立客户档案，并更新企业客户资料数据库。

第11条 奖励与惩罚

1. 当月提前完成客户开发任务的客户开发专员，企业给予500元现金奖励。

2. 当月未能完成客户开发任务的客户开发专员，扣发当月绩效奖金的5%。

第12条 本制度由企业销售部负责制定，制度的解释权、修订权归销售部所有。

第13条 本制度自____年__月__日起生效。

编制部门		审批人员		审批日期	

9.4.3　客户信用管理制度

制度名称	客户信用管理制度				
制度版本		受控状态	□ 受控　□ 非受控	制度编号	

<table>
<tr><td rowspan="1">总则
第1章</td><td>

第1条 目的

为加强对本企业客户的管理，掌握客户的信用情况，合理划分客户等级，有效控制产品购销中可能存在的客户信用风险，减少呆坏账的发生率，保障企业利益，特制定本制度。

第2条 适用范围

本制度适用于销售部中客户信用调查、信用等级评估、信用额度管理等所有与客户信用管理相关的工作。

第3条 名词定义

1. 本制度中的客户信用包括信用额度和信用期限。信用额度是指企业在一定期限内允许客户赊销的金额；信用期限指的是客户赊销后延期付款的时限，即结算期。

2. 本制度中的信用风险是因客户到期不付货款、不发货或者到期没有能力付款、无法发货的风险。

3. 本制度中的客户是指所有企业发生产品购销业务往来的单位及个人。

第4条 职责分工

客户信用管理的相关部门及人员职责分工如下表所示。

</td></tr>
</table>

制度名称	客户信用管理制度			
制度版本	受控状态	□ 受控 □ 非受控	制度编号	

客户信用管理职责分工

	部门	岗位名称	职责概述
总则 **第1章**	销售部	销售经理	负责指导与监督客户信用调查、信用等级评估等客户信用管理工作，并审核相关报告
		销售人员	负责实施客户调查、客户信用等级评估等工作
	财务部	财务部经理	负责审批客户定级、客户信用额度及信用期限
		财务人员	负责核查并分析客户企业的财务情况

第5条 调查内容

销售部负责实施客户信用调查工作，信用调查主要包括四个方面的内容，如下表所示。

客户信用调查的主要内容

调查类型	主要调查内容
客户可靠性调查	1．客户是否正当经营 2．客户经营时间的长短 3．客户企业的性质（合资企业还是独资企业） 4．客户企业的主要负责人及经营权所属
客户可信度调查	1．客户企业主要往来结算的银行账户 2．客户以往的付款情况（核实客户是否存在不良信用记录）
经营状态调查	1．客户企业的基本经营状况，包括企业经营方式、市场范围、营业额等 2．客户企业的付款能力、付款态度
财务现状调查	1．回款率调查 2．还款能力（支付能力）调查

第2章 客户信用调查管理

第6条 调查渠道

负责实施调查的销售人员可通过以下渠道收集客户信用资料：

1．调查人员向客户寻求配合，索取有关资料。

2．从工商局、税务局、银行、中介机构等单位获取客户企业信用记录信息。

3．查询企业客户档案和与客户往来交易的资料。

4．委托专业调查机构进行调查。

第7条 信用材料审核

销售部经理对送报来的客户信用资料进行审核，重点审核以下三个方面的内容：

1．客户信用资料之间是否相互矛盾。

2．本企业与客户企业的业务往来情况。

3．客户的业务信用记录。

第3章 信用分级管理

第8条 客户信用分级

销售部应根据客户信用资料中的相关内容，将客户按重要程度划分为A、B、C、D四个等级，下表是对客户信用等级的具体说明。

制度名称	客户信用管理制度				
制度版本		受控状态	□ 受控 □ 非受控	制度编号	

客户信用等级说明

信用等级	等级说明
A级	◆ 注册资本＿＿万元以上，行业经验5年以上，企业经营处于良性循环状态，盈利水平和债务偿还能力很高，不确定因素对企业的发展影响很小
B级	◆ 注册资本＿＿万元以上，行业经验3年以上，企业经营处于良性循环状态，偿债能力较强，但受不确定因素影响较大
C级	◆ 注册资本＿＿万元以上，行业经验2年以上，经营状况不良，企业盈利水平相对较低，偿债能力有限
D级	◆ 注册资本＿＿万元以下，行业经验1年以内，企业已严重亏损，经营处于恶性循环，在银行等机构存在信用不良记录，资不抵债，基本无偿债能力

第9条 信用限度授权

不同信用等级客户本企业授予不同的信用额度及信用期限，如下表所示。

客户信用限度表

客户信用等级	A级	B级	C级	D级
信用额度	＿＿万～＿＿万元	＿＿万～＿＿万元	＿＿万～＿＿万元	＿＿万～＿＿万元
信用期限	＿＿＿天以内	＿＿＿天以内	＿＿＿天以内	＿＿＿天以内

第10条 信用限度调整

销售部每季度对客户信用情况进行评估，并根据评估结果调整信用额度和期限。

1. 当客户回款情况良好或业务规模逐渐增大时，销售人员应适时提起调整信用额度申请，经上级批准授权后，进行上调调整，回款情况一直良好的客户，可上调一个信用等级或以每次不高于＿＿%的增长幅度进行阶段性调整。

2. 当客户出现不良回款记录时，经与客户沟通，延时付款理由充分，属正常变动，可不下调客户等级或信用额度。

3. 当客户持续两个月回款不畅，或外加预期规模会不断增大，经与其沟通，无充分理由说明原因的，应视情况下调客户等级或信用额度。

4. 当客户信用额度发生变更时，销售人员应及时记录变更情况，填写客户信用变更表。

客户信用变更表

客户名称		法人代表	
公司地址		联系方式	
年交易额			
变更原因			
原信用等级		调整后等级	
信用限额调整幅度			
备注			

第3章 信用分级管理

制度名称	客户信用管理制度				
制度版本		受控状态	□ 受控 □ 非受控	制度编号	
第3章 信用分级 管理	**第11条** 客户信用的执行与监督 1. 销售部人员应根据信用限额进行跟踪管理，财务部协助进行信用限额管理，当客户欠款达到信用限额的80%时，销售人员应及时通知销售经理；当欠款达到信用限额的90%时，销售人员应在通知经理后与客户沟通，要求客户做出相应的回款计划和承诺，若与客户沟通失败，销售经理应立即将情况反映给总经理。 2. 当客户因各方面原因延期付款时，销售人员按以下措施应对： （1）超结算期0～__天，销售人员打电话向客户催款。 （2）超结算期__～__天，销售人员向客户发出书面催收函催收货款。 （3）超结算期__～__天，销售人员第二次发出书面催收函催收货款，并通知客户本企业暂停发货。 （4）超结算期__～__天，第三次以书面催收函跟催，并通知客户，企业将停止出货。 （5）超结算期__～__天，停止发货，终止业务合作，同时发律师函进行催款。 **第12条** 信用档案管理 销售人员根据客户信用评估定级结果建立客户信用档案，并定期进行更新。				
附则 第4章	**第13条** 本制度由企业销售部负责制定，制度的解释权、修订权归销售部所有。 **第14条** 本制度自颁布之日起生效施行。				
编制部门		审批人员		审批日期	

9.4.4 销售费用控制方案

销售费用控制方案

编　号：　　　　编制部门：　　　　　审批人员：　　　　　审批日期：____年__月__日

一、目的

为对销售费用进行合理控制，充分发挥销售费用的作用，维护企业利益，降低销售费用控制不力造成的资源浪费、过度开支等风险，特制定本方案。

二、方案说明

本方案中所提及的销售费用指企业销售过程中发生的五类开支，如下所述。

1. 促销宣传费用，包括广告制作费、媒介购买费、场地租赁费、赠品费用等。

2. 业务费用，包括销售人员培训费、业务招待费、公关礼品费、差旅费、销售折扣等。

3. 销售物流费用，包括库存费、产品包装费、运输费及装卸费等。

4. 人员报酬费用，包括销售人员的基本工资、奖金、福利及特殊奖励等。

5. 客户服务费用，包括投诉赔偿、售后服务开支等。

三、职责说明

1. 销售部负责编制销售费用预算及控制销售费用使用。

2. 财务部负责审核销售费用预算及销售费用的各项支出。

四、销售费用配额要求

1. 销售部应根据企业产品的销售情况和回款情况确定各产品的销售费用额度，使销售费用集中于热销、回款情况良好的产品，避免企业资金的浪费。

2. 销售部应减少销售量低、回款情况不好的产品的销售费用额度，只有当该产品销售状况好转或回款率提高时，方可提高销售费用分配额度。

五、销售费用支出审查

1. 销售费用使用审批需经过销售经理书面签字核准。

2. 财务人员在拨款前，需对销售费用支出的有效性进行审查，审查主要包括以下三方面内容。

（1）审查支出核准手续是否齐全。

（2）审查费用支出是否在预算内，预算批注金额与实际支出金额是否一致。如销售费用支出超出预算，财务人员应检查是否有经销售经理批注的追加预算。

（3）审查在核销过程中是否有虚假支出，如存在虚假支出，财务人员应及时追回对应款项，同时将情况及时反映给销售部经理，销售经理视情节轻重给予责任人相应的处罚。

六、销售费用报销审批

销售人员在找财务部出纳人员报销前需先填写销售费用报销审批单（见下表），并经销售经理签字确定。

销售费用报销审批单

报销人		销售费用类别		申请日期	
报销事由					
报销金额	￥_____元		大写	___万__仟__佰__拾__元整	
部门审核意见			财务审核意见		
销售经理签字： 日期： 年 月 日			财务经理签字： 日期： 年 月 日		
付款日期		金额		出纳签字	

七、销售费用控制措施

以下是企业可采用的销售费用控制措施汇总说明。

销售费用控制措施一览表

控制措施	措施说明
限额报销控制	◆ 进行分项限制，对可能发生销售费用的开支逐项设定最高限额，报销款项超过限额部分一律不予报销 ◆ 进行总项限制，限定销售部每月报销的销售费用总额
全额报销控制	◆ 采取逐项报销政策，审查销售人员提供的报销凭证，如凭证不全或不完整不予报销 ◆ 定期汇总销售费用支出总额，在相关凭证齐全、完备的基础上进行全额报销
全面销售费用控制	◆ 对每个销售费用支出项目进行分析与评估，减少不必要的销售支出 ◆ 在执行销售费用预算的过程中，实时记录费用支出情况，避免超支现象发生

八、销售费用使用检查

1. 财务部应定期对销售部销售费用支出情况进行检查，检查时需重点审查销售收入与费用支出是否符合企业相关规定，发现问题应及时处理。

2. 销售人员应每月向销售经理汇报销售费用支出情况。

9.4.5 客户投诉处理办法

制度名称	客户投诉处理办法				
制度版本		受控状态	□ 受控 □ 非受控	制度编号	

<table>
<tr><td rowspan="4">总则
第1章</td><td colspan="2">

第1条　目的

为提高客户投诉工作处理质量，节约处理时间，提高投诉处理的及时率与客户满意度，结合企业实际，特制定本办法。

第2条　适用范围

本制度适用于客户投诉受理、调查、处理等所有与客户投诉处理相关的工作。

第3条　职责分工

1. 客户服务部是客户投诉处理的综合管理部门，部门中相关岗位人员的职责分工如下表所示。

客服部客户投诉处理职责分工

</td></tr>
</table>

客服部客户投诉处理职责分工

岗位名称	职责概述
客服经理	◆ 负责指导与监督客户投诉的处理工作 ◆ 企业重要客户投诉时，客服经理负责接待工作
客户投诉主管	◆ 负责根据投诉内容具体拟定客户投诉处理方案 ◆ 负责指导投诉受理、调查等工作，并跟踪投诉处理进展
客服专员	◆ 负责客户接待、投诉登记、投诉处理跟进、投诉结果反馈等工作

2. 企业其他部门应积极配合客服部开展投诉调查及投诉处理工作。

第2章 客户投诉受理与调查

第4条　投诉登记

在客户上门或通过电话进行投诉时，客服专员应尽量安抚客户情绪，请客户将投诉的事由及投诉理由详细说明，同时做好投诉登记工作，填写客户投诉登记表（如下表所示）。

客户投诉登记表

编号		填表日期	
客户姓名		投诉类型	□ 产品 □ 服务 □ 其他
客户住址或公司地址		联系方式	电话
			传真
投诉部门		被投诉人员	
投诉理由			
客户要求			
备注			

第5条　投诉调查

1. 客户投诉主管根据投诉登记表确定投诉对象（员工或部门），初步分析客户投诉的内容，明确控制范围。

2. 客户投诉主管组织客服人员向投诉相关部门人员了解情况，确定投诉内容是否属实。调查工作完成后，客服人员应及时填写投诉调查表，调查表样表如下。

左侧竖排文字：中·小·微企业风险控制实务

制度名称	客户投诉处理办法				
制度版本		受控状态	□ 受控　□ 非受控	制度编号	

客户投诉调查表

客户姓名			联系方式	
投诉内容				
客户要求				
调查分析	调查结果			
	调查判定			
	产生原因			

第2章 客户投诉受理与调查

第6条 调查结果分析

客户投诉主管召开投诉分析会议，对以下三方面内容进行讨论与分析。

1. 发生投诉的根本原因以及若投诉处理不当对企业的影响大小。

2. 投诉的责任部门、人员。

3. 确定投诉处理小组的成员名单。

第3章 投诉处理方案制定与执行

第7条 投诉处理方案制定

1. 投诉处理方案的制定依据包括"客户投诉登记表""客户投诉调查表"、投诉分析会议的相关材料以及企业相关的客户投诉赔偿标准说明材料等。

2. 客户投诉主管组织客服部人员与相关部门人员讨论后，由客户投诉主管制定出客户投诉处理方案。

第8条 投诉处理方案审批及最终确定

1. 客服经理应高度重视客户投诉处理工作，及时审批客户投诉主管提交的投诉方案。

2. 客服专员就投诉处理方案与客户进行交流，认真听取客户意见，双方达成一致意见后，客服专员应要求客户在"投诉方案同意书"上签字。

第9条 投诉处理实施

1. 责任部门在承诺的投诉处理期内按处理方案完成投诉处理，并及时将处理的进度信息提供给客服部。

2. 客服专员跟进客户投诉处理情况，并及时将投诉处理的信息与处理结果通过电话或邮件反馈给提出投诉的客户。

第10条 投诉回访

投诉处理工作结束一周内，客户投诉主管应就投诉处理效果向客户进行回访，了解客户对投诉处理的满意度。

第11条 投诉处理工作总结与改进

1. 客服经理召开投诉处理总结会议总结投诉处理工作。

2. 客服经理总结本次处理工作中存在的问题及有待改进之处，并提出提高投诉处理质量与降低客户投诉率的方法。

第12条 奖惩措施

1. 如客服部当月投诉处理客户满意度低于___%，客服经理当月绩效工资扣发___%、客户投诉主管当月绩效工资扣发___%、客服专员当月绩效工资扣发___%。

2. 如客服部当月投诉处理客户满意度高于___%，客服经理当月绩效工资增发___%、客户投诉主管当月绩效工资增发___%、客服专员当月绩效工资增发___%。

制度名称	客户投诉处理办法				
制度版本		受控状态	□ 受控　□ 非受控	制度编号	
附则	第13条	本办法由企业客服部负责制定，制度的解释权、修订权归客服部所有。			
第4章	第14条	本办法自颁布之日起生效，并根据实际执行情况每年修订一次。			
编制部门		审批人员		审批日期	

9.4.6　销售定价审批管理流程

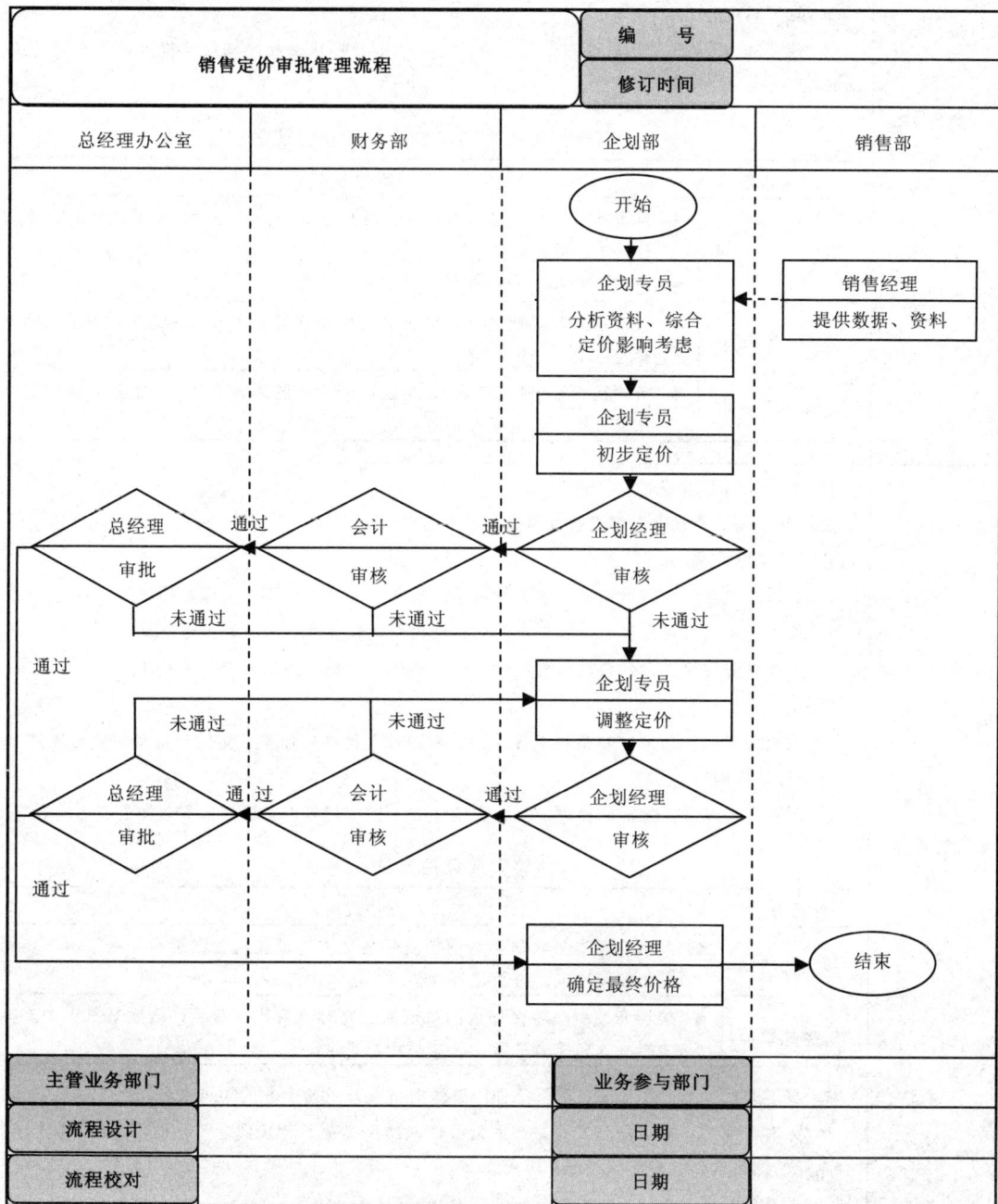

167

9.4.7 销售渠道开发管理制度

制度名称	销售渠道开发管理制度			
制度版本		受控状态	□ 受控　□ 非受控	制度编号

<table>
<tr><td rowspan="1">总则
第1章</td><td>
第1条　目的
为加强对企业销售渠道开发工作的管理，提高销售渠道开发工作的规范性与开发渠道的有效、稳定性，减少渠道开发不当等风险，特制定本制度。
第2条　适用范围
本制度适用于渠道获取、评估及开发等所有渠道开发管理相关工作。
第3条　职责分工
企业销售部是渠道开发工作的归口管理部门，以下是销售部相关部门岗位人员的职责分工说明。
</td></tr>
</table>

销售部相关部门岗位人员职责分工表

岗位名称	职责分工
销售经理	◆ 负责制订销售渠道开发计划，并监督计划的执行情况，对渠道开发人员的工作提出建议 ◆ 负责审批开发工作中产生的方案、文书
渠道开发主管	◆ 负责根据开发计划编制销售渠道开发方案，并指导渠道开发人员具体实施方案
渠道开发专员	◆ 负责执行渠道信息调查、渠道评估、渠道选择、渠道开发等具体渠道开发工作，并定期向渠道开发主管汇报开发进度

第2章 渠道评估与选择

第4条　渠道信息获取

渠道开发人员通过以下渠道获取渠道信息，确保渠道信息的真实性、时效性，减少因虚假信息造成的渠道开发风险。

1. 渠道开发人员可浏览销售渠道类的网站，从此类网站上获取销售渠道的相关信息。

2. 渠道开发人员可向客户、合作伙伴（如经销商、代理商等）了解渠道信息。

3. 企业可委托第三方调查机构对目标市场渠道进行调查，根据调查结果整理渠道信息。

第5条　渠道评估

1. 销售渠道的评估原则包括科学性原则、系统性与简洁性原则、定性与定量相结合原则以及财务评估原则。

2. 渠道开发专员应灵活选择评估方法实施评估工作，常见的渠道评估方法如下表所示。

销售渠道评估方法一览表

评估方法	方法说明
历史比较法	◆ 渠道开发专员收集渠道商历史销售数据，通过对数据进行分析了解该渠道商经营情况，进而进行评估
区域比较法	◆ 渠道开发专员将区域内的渠道商进行综合对比、分析，确定某一渠道商的产品分销能力是否在区域平均水平之上

3. 渠道开发专员应选择满足以下条件的渠道商将其开发为企业的渠道成员。

（1）有事业心，对市场开发有足够的信心，对新产品前景持乐观态度，信誉良好，能够配合企业的产品推广战略，积极维护市场秩序。

（2）具备较高的市场拓展能力、资金实力且地理位置优越。

制度名称	销售渠道开发管理制度				
制度版本		受控状态	□ 受控　　□ 非受控	制度编号	

第6条　渠道开发方案制定

渠道开发主管根据目标市场渠道系统及系统中各渠道商的特点选择合适的开发方法对已选定的开发对象进行开发。提高开发成功率，减少因无效开发对企业造成的资金、人员方面的浪费。

第7条　渠道开发方案的审批

销售经理应及时审批渠道开发主管提交的开发方案，指出开发中可能出现的问题，提醒渠道开发主管事先对可能出现的问题制定对策。

第8条　渠道开发工作实施

渠道开发专员按渠道开发方案具体执行渠道开发工作，定期向渠道开发主管报告开发进度及开发工作中遇到的困难。具体来说，渠道开发的主要步骤包括。

1．渠道开发专员与渠道商取得联系并通过电话、邮件的方式初步交流。

2．渠道开发专员初步拜访渠道商，向其介绍企业产品与渠道加盟政策，力争让渠道商产生加盟意向。

3．渠道主管与有意向的渠道商进行合作洽谈，并签订业务合同。

4．渠道开发专员对已签订合同的渠道商进行渠道成员注册登记，登记时需详细填写渠道商相关信息，以避免因渠道信息不全影响渠道管理工作。以下是"渠道成员注册登记表"的样式。

第3章 渠道开发方案制定与执行

渠道成员注册登记表

	渠道成员编号			档案编号		
基本资料	企业全称			营业地址		
	联系电话		传真		电子邮件	
资信情况	开户银行			账号		
	税号			经营性质		
	注册资金			固定资产		
	流动资金			可用资金		
人员情况	企业法人		性别		电话	
	主要联系人		性别		电话	
经营情况	主营产品					
	主营产品占营业额比例					
	经营方式	□ 行业销售　　□ 个人市场零售　　□ 批发　　□ 其他				
	主要客户群					
	销售区域					
	店面地址	分店1				
		分店2				
渠道专员意见		____年__月__日				
渠道主管意见		____年__月__日				
销售经理意见		____年__月__日				

续表

制度名称	销售渠道开发管理制度				
制度版本		受控状态	□ 受控　□ 非受控	制度编号	
附则 第4章	第9条　本制度由企业销售部会同仓储部制定，制度的解释权、修订权归销售部所有。				
	第10条　本制度自下发之日起生效施行。				
编制部门		审批人员		审批日期	

9.4.8　销售发货收款管理制度

制度名称	销售发货收款管理制度				
制度版本		受控状态	□ 受控　□ 非受控	制度编号	
总则 **第1章**	**第1条　目的** 为规范企业销售发货及收款管理，确保发货的及时性、准确性，提高货款催收的成功性，在保证企业利益的同时提高客户满意度，特制定本制度。 **第2条　适用范围** 本制度适用于订单处理、仓库发货、账款催收等所有发货收款相关工作。 **第3条　职责分工** 销售发货收款管理职责分工如下表所示。 **销售发货收款管理职责分工表** <table><tr><th>部门名称</th><th>职责分工</th></tr><tr><td>销售部</td><td>◆ 负责组织和实施产品发货工作，并在发货过程中协调与客户进行有效沟通，确保企业严格按照客户要求发货 ◆ 负责催收销售货款</td></tr><tr><td>仓储部</td><td>◆ 负责产品的清点、配货、包装、交运工作</td></tr><tr><td>财务部</td><td>◆ 负责销售账款账务处理工作</td></tr></table>				
第2章 **产品发货** **管理**	**第4条　发货单填写与审核** 1. 销售人员根据销售合同及客户订单要求填写"发货单"，"发货单"一式四联，样单如下所示。 **发货单** <table><tr><td>客户名称</td><td></td><td></td><td>订单编号</td><td></td><td></td></tr><tr><td>发货时间</td><td></td><td></td><td>填单时间</td><td></td><td></td></tr><tr><td>产品名称</td><td>编号</td><td>规格</td><td>数量</td><td>单价</td><td>金额</td><td>备注</td></tr><tr><td></td><td></td><td></td><td></td><td></td><td></td><td></td></tr><tr><td></td><td></td><td></td><td></td><td></td><td></td><td></td></tr></table> 2. 财务部对"发货单"进行审核，审核无误后在"发货单"上加盖财务专用章，并根据客户的付款方式确定发票开具的相关事宜。 **第5条　发货申请** 销售人员持"发货单"到仓储部提出发货申请，仓储经理在接到"发货单"后，应核对其是否盖有财务部专用章，同时核对订货数量，确认无误后签字。				

制度名称	销售发货收款管理制度			
制度版本		受控状态	□ 受控　□ 非受控	制度编号

第6条　备货与出库复核

仓储人员应严格按照"发货单"内容进行备货，货物备齐后，仓储经理对即将出库的货物进行复核，出库复核的主要内容如下。

出库复核内容说明表

复核项目	内容说明
出库单据	◆ 检查出库凭证有无涂改、是否过期，字迹是否清晰 ◆ 检查凭证中各栏目填写是否正确、完整、合规 ◆ 检查印鉴及签字是否齐全、真实 ◆ 检查出库货物应附的技术证件及各类凭证是否齐全
实物	◆ 核对货物的名称、规格、数量等信息是否与出库凭证相符 ◆ 检查货物包装是否完好，包装质量是否过关
账、货结算情况	◆ 检查货物的数量、规格等信息是否与出库凭证上标明的账面结存数量相符

第2章 产品发货管理

第7条　货物交运

1. 货物交运时，仓储部开具"产品交运单"，仓储经理及承运机构代表在"产品交运单"上签字确认。

2. 销售人员在货物发出后，应保持与客户的沟通联系，提醒客户及时收货。

3. 如客户要求自运，仓储经理应先请销售部进行确认，确认无误后请客户承运经办人在"产品交运单"上签字。

第8条　发货后审核

销售经理审核客户收到货后寄回的"产品交运单"签收回联，如发现以下情况，应将回联寄回客户处要求补签。

1. 回联上未盖收货章。

2. 收货章模糊难以辨认，或收货章上企业名称非客户企业全称。

第9条　其他注意事项

1. 仓储人员在进行货物包装、搬运操作时，应避免货物发生撞击或掉落，摆放货物时，应按货物重量进行叠放（下重上轻），避免货物损坏或变形。

2. 如客户不进行验货，全权委托本企业办理托运，销售部应在销售合同上注明企业不承担任何责任。

第3章 货款催收管理

第10条　账款结账

财务人员每月对销售账款进行结账，未能当期回收的款项，财务人员应提供收账明细给销售部，由销售人员向客户催收账款。

第11条　催收安排

1. 付款期之前，销售人员打电话向客户进行催款，并发送"催款通知单"。

2. 客户逾期5天未付款的，销售人员再次致电客户进行催款，向客户方负责人了解拖延付款的原因，并根据客户态度评价客户还款的可能性。

3. 逾期15天未付款的，销售人员再次发出"催款通知单"，并再次沟通了解情况，同时停止对客户发货。

左侧竖排：中·小·微企业风险控制实务

制度名称	销售发货收款管理制度				
制度版本		受控状态	□ 受控　　□ 非受控	制度编号	

<table>
<tr><td rowspan="20">第3章
货款催收
管理</td><td colspan="2">4. 逾期30天未付款的，销售人员以强硬态度催款，并向客户发出催讨函。
5. 逾期90天未付款的，销售人员应委托法律机构进行催讨货款。</td></tr>
</table>

第12条 电话催款要求

为维护与客户之间的良好关系，销售人员应根据客户的具体情况（信用程度、重要程度等），采用适当言辞回收货款，具体操作要求如下表所示。

货款催收操作要求

收款对象	催收要求
信用良好的重要客户	◆ 销售人员打电话进行催款时应礼貌且耐心，言辞有理有据，不可激怒客户
关系一般的客户	◆ 销售人员可先采取软磨的方法，如客户还是未有还款意向可换为强硬态度
欠款较多且信用差的客户	◆ 销售人员可直接采用强硬的态度催款，并说明如不付款企业将申请法律仲裁

第13条 货款收回处理

1. 销售人员收取客户款项后，填写"收款凭单"，将凭单连同货款一同交给财务部出纳。

2. 账款收回时，财务会计应立即将该笔款项填入"收款日报表"，凭此销账备查。

第14条 欠款风险预防

为预防客户拖欠销售账款，销售人员可采取如下表所示措施进行风险预防。

欠款风险预防措施一览

预防措施	措施说明
要求预付款	◆ 销售人员在与客户签订销售合同前，可要求其支付一定比例的预付款，否则不予签订合同
要求现款现货	◆ 销售人员可要求客户先付款，然后才按订单要求安排发货
其他措施	◆ 销售人员在拟定销售合同时必须明确付款方式及付款时间，当客户拖欠货款时，企业可以此为据诉诸法律 ◆ 销售人员应时刻留意客户企业出现的异常情况（如客户企业法人代表更换、企业转型、更换办公地点、破产等），一旦客户出现异常情况，销售人员应及时上报，以便于企业采取措施，防止呆账、死账的发生

附则 第4章	第15条　本制度由企业销售部会同仓储部制定，制度的解释权、修订权归销售部所有。 第16条　本制度自下发之日起生效施行。

编制部门		审批人员		审批日期	

第 10 章

企业合同管理风险控制

10.1 合同管理风险识别

10.1.1 未订立合同开展业务的风险

未订立书面合同的业务，会让企业面临多重风险，具体如图 10-1 所示。

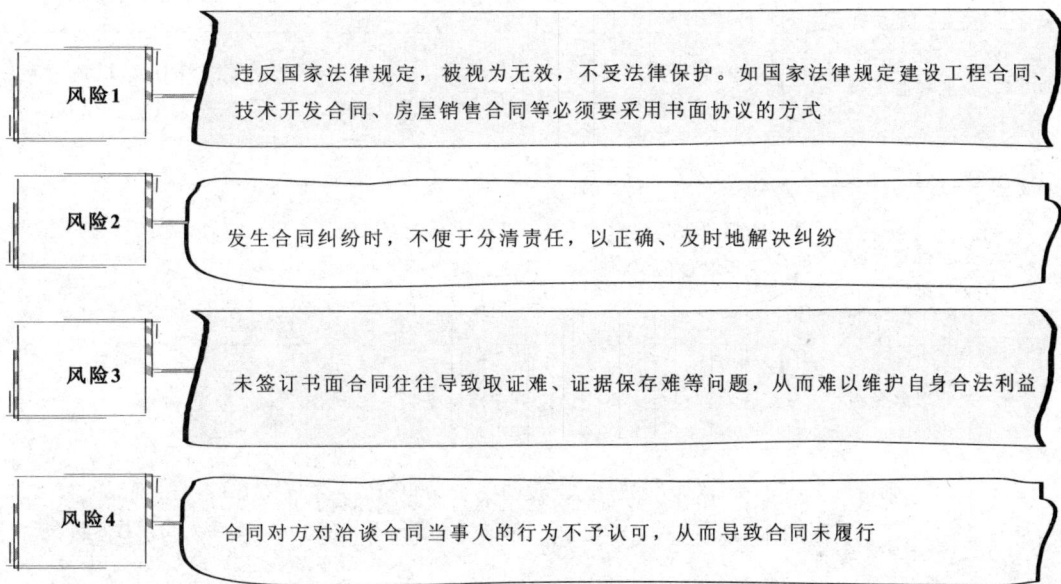

风险1	违反国家法律规定，被视为无效，不受法律保护。如国家法律规定建设工程合同、技术开发合同、房屋销售合同等必须要采用书面协议的方式
风险2	发生合同纠纷时，不便于分清责任，以正确、及时地解决纠纷
风险3	未签订书面合同往往导致取证难、证据保存难等问题，从而难以维护自身合法利益
风险4	合同对方对洽谈合同当事人的行为不予认可，从而导致合同未履行

图 10-1　未订立合同开展业务的四大风险

10.1.2 未全面履行或监控不当风险

企业对已订立的合同应及时进行监控，确保合同全面履行。具体来说合同未全面履行或监控不当的风险如图 10-2 所示。

1. 未全面履行风险	履行过程中未监控对方的资信、履约能力、履行进度等，导致合同未全面履行，进而使企业经济利益受损
2. 监控过松风险	因监控力度不够，无法及时发现合作方违约可能损害到企业利益的情况，从而无法及时终止或解除合同，给企业带来损失；或者因未保存好履行过程中的相关证据，导致无法维权
3. 监控过紧风险	企业对合同方监控过于频繁，使合同方认为企业对其缺乏信任感，从而产生逆反心理，故意拖拉，导致合同不能全面履行，使企业利益受损

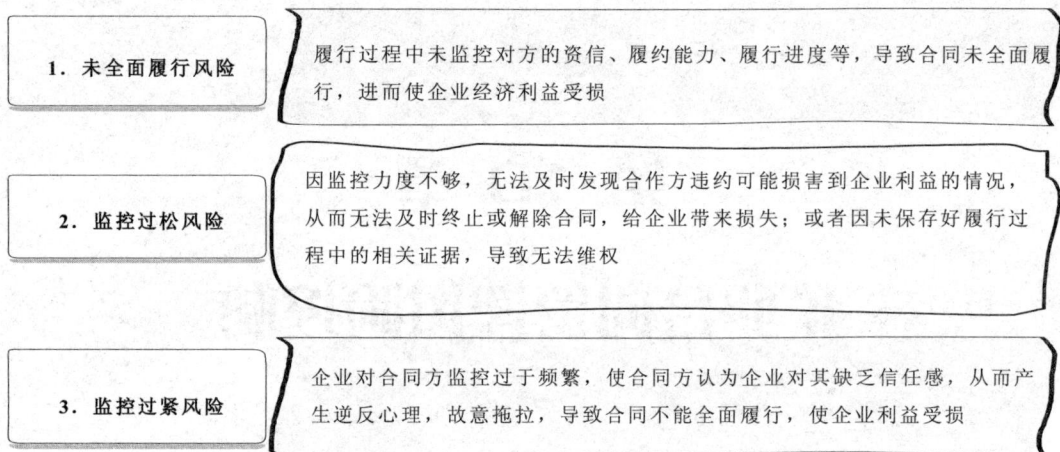

图 10-2　未全面履行或监控不当的三大风险

10.1.3　合同纠纷处理不当风险

合同纠纷处理不当风险是指在处理合同纠纷过程中存在不当行为的风险，主要包括图 10-3 所示的三大风险。

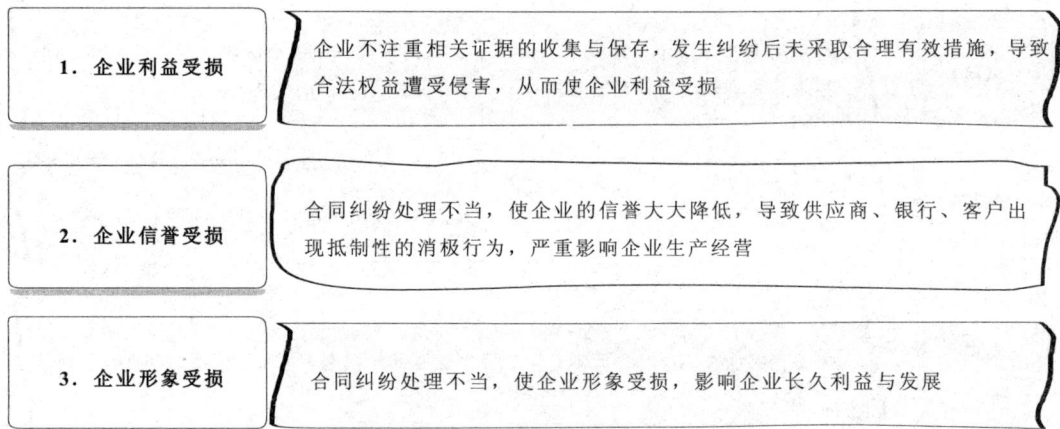

1. 企业利益受损	企业不注重相关证据的收集与保存，发生纠纷后未采取合理有效措施，导致合法权益遭受侵害，从而使企业利益受损
2. 企业信誉受损	合同纠纷处理不当，使企业的信誉大大降低，导致供应商、银行、客户出现抵制性的消极行为，严重影响企业生产经营
3. 企业形象受损	合同纠纷处理不当，使企业形象受损，影响企业长久利益与发展

图 10-3　合同纠纷处理不当的 3 大风险

10.2　合同管理风险评估

10.2.1　合同条款谈判风险评估点

合同条款谈判风险是指在合同谈判过程中忽略了重大问题或在重大问题上做出不当让步的风险及本企业谈判内容泄密的风险。其主要风险评估点有三个，具体如图 10-4 所示。

可能出现的问题	风险发生的概率	风险的危害大小
◎ 做出了不当的让步 ◎ 谈判过程中产生冲突，导致谈判破裂 ◎ 出现泄密事件 ◎ 法律条款不健全，出现侵权行为，利益受损	◎ 合同条款谈判风险发生的概率比较高。因合同条款谈判是拟定合同的前提，此步没有做好，将直接影响合同的签订及履行	◎ 影响合同的签订与履行，甚至危害企业利益 ◎ 合同标的越大，不利的谈判条款越会对企业产生重大不利影响

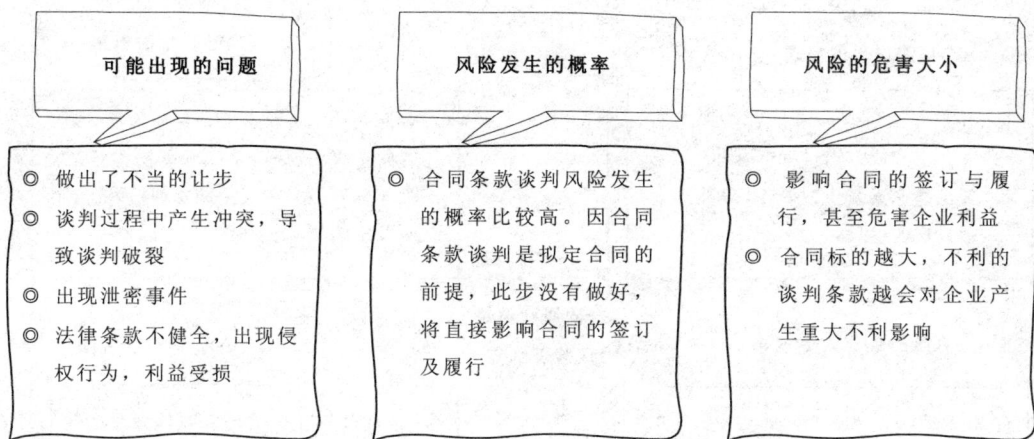

图 10-4　合同条款谈判风险评估点

10.2.2　合同文本合法性风险评估

合同文本合法性风险是合同文本不符合法律的强制要求或规定。这种风险主要表现为合同内容和条款可能存在的不合理、不严密、不完整、不明确或表述不当，可能导致重大误解；合同内容违反国家法律法规或国家产业政策等。控制这类风险的主要方法是严格执行合同审核制度。这类风险评估点主要有三个，具体如图 10-5 所示。

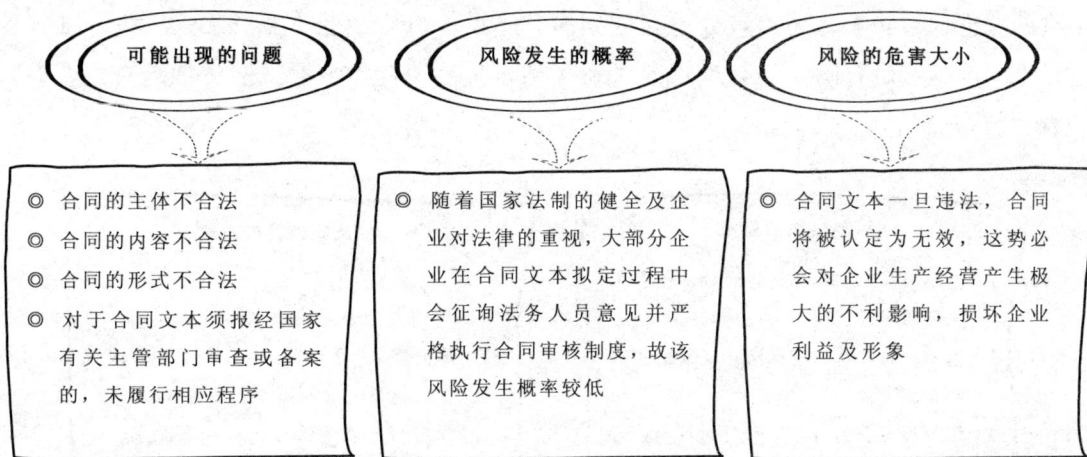

可能出现的问题	风险发生的概率	风险的危害大小
◎ 合同的主体不合法 ◎ 合同的内容不合法 ◎ 合同的形式不合法 ◎ 对于合同文本须报经国家有关主管部门审查或备案的，未履行相应程序	◎ 随着国家法制的健全及企业对法律的重视，大部分企业在合同文本拟定过程中会征询法务人员意见并严格执行合同审核制度，故该风险发生概率较低	◎ 合同文本一旦违法，合同将被认定为无效，这势必会对企业生产经营产生极大的不利影响，损坏企业利益及形象

图 10-5　合同文本合法性风险评估点

10.2.3　合同履行结算风险评估点

合同履行结算风险是指在合同履行结算过程中存在的风险，主要表现为违约风险，即本企业或对方没有恰当地履行合同中约定的结算义务。其主要风险评估点有四个，具体如图 10-6 所示。

可能出现的问题

◎ 违反合同条款，未按合同规定期限、金额或方式付款

◎ 业务操作人员违规操作，导致资金被延误支付

风险发生的概率

◎ 合同纠纷绝大部分都是结算纠纷，除单纯的结算纠纷外，大部分纠纷都和结算有关或者最终体现为结算纠纷，故该风险发生的概率较高

合同履行结算风险评估点

风险的危害大小

◎ 结算直接关系到利润的实现

◎ 不良结算会影响现金流，严重的甚至会导致企业无法开展正常业务

风险评估的方法

◎ 定性分析法，对结算风险发生的可能性进行定性分析，并划分级别

◎ 定量分析法，设定风险评估指标、指标权重及风险等级并评估计算

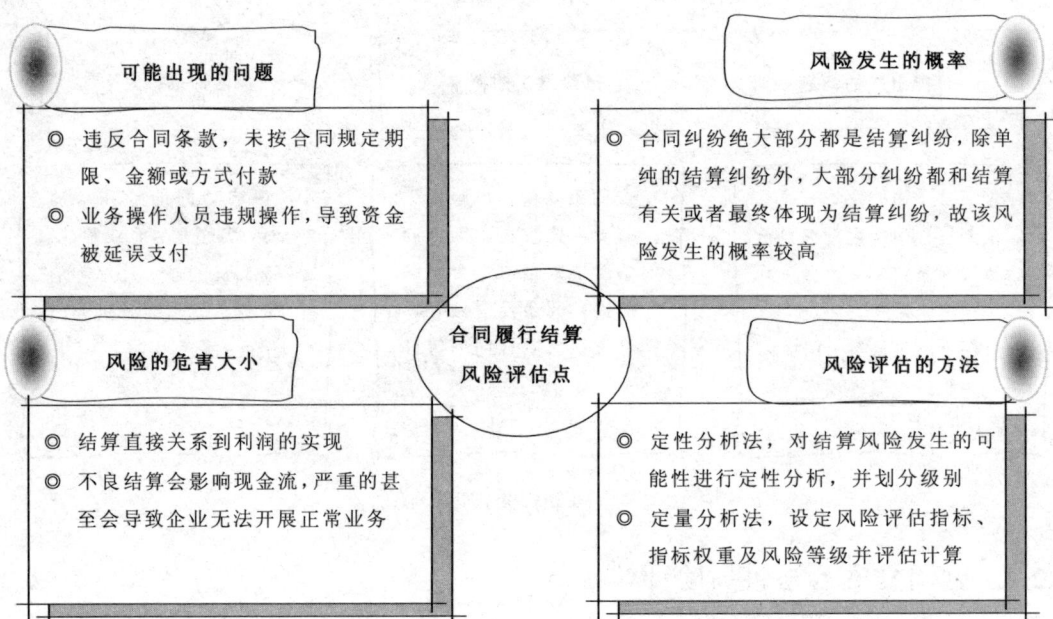

图 10-6　合同履行结算风险评估点

10.2.4　合同纠纷处理风险评估点

随着市场经济的发展，合同的签订运用在企业经营活动中越来越多。与之相应的，合同纠纷也越来越多。为有效处理合同纠纷，防止纠纷对企业不利影响的扩大，维护企业利益，企业应对合同纠纷处理风险进行评估及控制。具体主要风险评估点有两个，如图 10-7 所示。

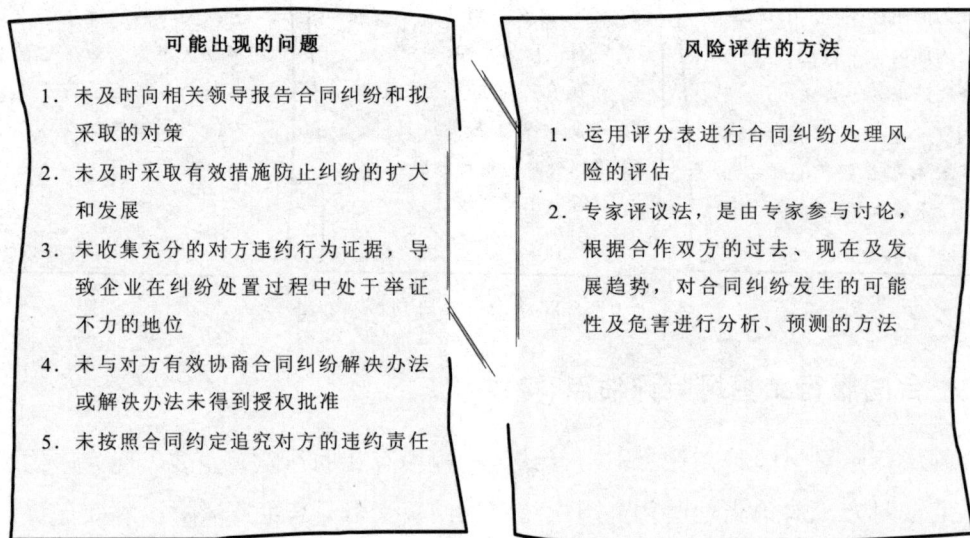

可能出现的问题

1．未及时向相关领导报告合同纠纷和拟采取的对策

2．未及时采取有效措施防止纠纷的扩大和发展

3．未收集充分的对方违约行为证据，导致企业在纠纷处置过程中处于举证不力的地位

4．未与对方有效协商合同纠纷解决办法或解决办法未得到授权批准

5．未按照合同约定追究对方的违约责任

风险评估的方法

1．运用评分表进行合同纠纷处理风险的评估

2．专家评议法，是由专家参与讨论，根据合作双方的过去、现在及发展趋势，对合同纠纷发生的可能性及危害进行分析、预测的方法

图 10-7　合同纠纷处理风险评估点

10.3 合同管理风险管控措施

10.3.1 合同调查风险管控措施

合同订立前，为充分了解合同对方的主体资格、信用状况等有关情况，确保对方当事人具备履约能力，企业应当进行合同调查。在合同调查过程中企业应对合同调查风险进行管控。

具体来说，合同调查风险是指在合同调查过程中对被调查对象做出不当评价的风险。这种风险主要体现在对被调查对象的履约能力和商业信誉给予过高评价的风险，如忽视被调查对象的主体资格审查，准合同对象不具有相应民事权利能力和民事行为能力或不具备特定资质；或在合同签订前错误判断被调查对象的信用状况，致使企业蒙受损失等。

企业可以采取以下控制措施对合同调查风险进行管控，具体如图 10-8 所示。

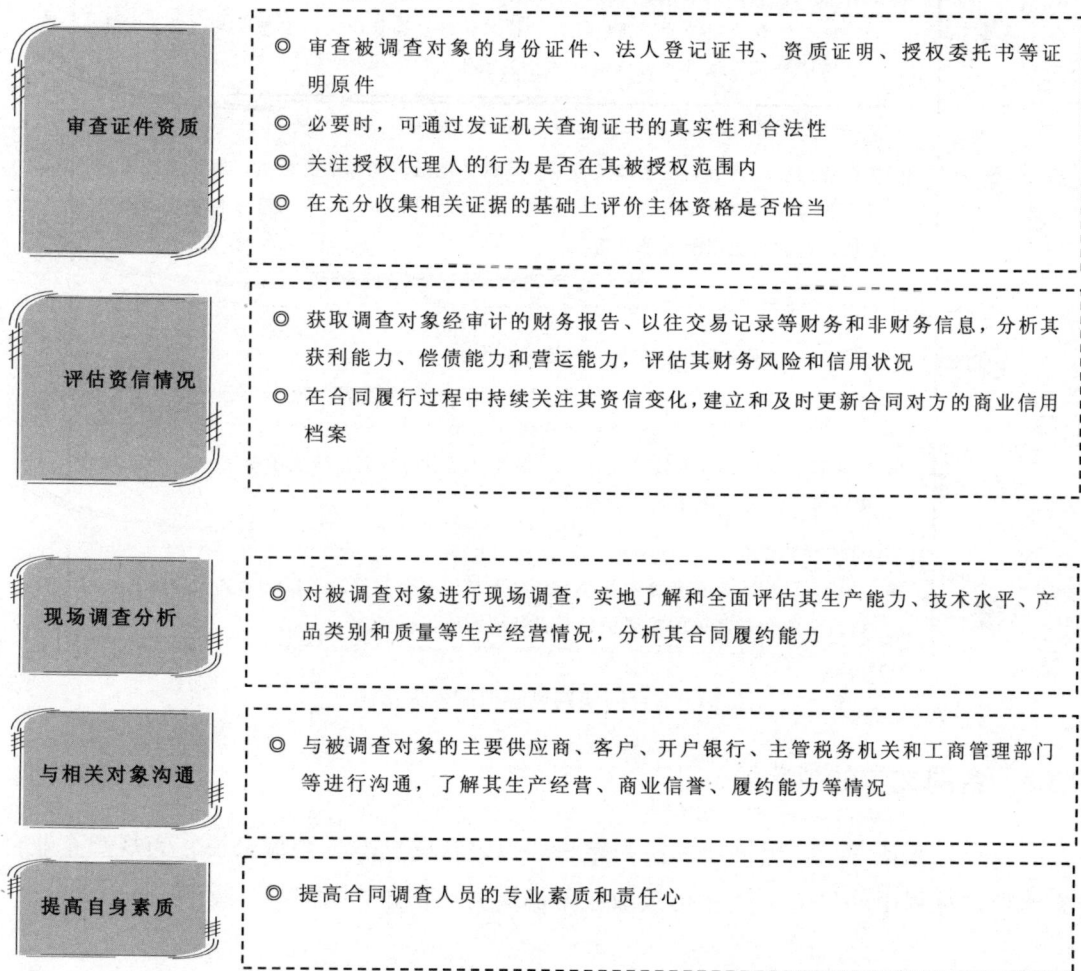

审查证件资质
◎ 审查被调查对象的身份证件、法人登记证书、资质证明、授权委托书等证明原件
◎ 必要时，可通过发证机关查询证书的真实性和合法性
◎ 关注授权代理人的行为是否在其被授权范围内
◎ 在充分收集相关证据的基础上评价主体资格是否恰当

评估资信情况
◎ 获取调查对象经审计的财务报告、以往交易记录等财务和非财务信息，分析其获利能力、偿债能力和营运能力，评估其财务风险和信用状况
◎ 在合同履行过程中持续关注其资信变化，建立和及时更新合同对方的商业信用档案

现场调查分析
◎ 对被调查对象进行现场调查，实地了解和全面评估其生产能力、技术水平、产品类别和质量等生产经营情况，分析其合同履约能力

与相关对象沟通
◎ 与被调查对象的主要供应商、客户、开户银行、主管税务机关和工商管理部门等进行沟通，了解其生产经营、商业信誉、履约能力等情况

提高自身素质
◎ 提高合同调查人员的专业素质和责任心

图 10-8 合同调查风险管控五大措施

10.3.2 合同谈判风险管控措施

初步确定准合同对象后,企业内部的合同承办部门将在授权范围内与对方进行合同谈判,按照自愿、公平原则,磋商合同内容和条款,明确双方的权利义务和违约责任。

在合同谈判过程中,企业将面临多重风险,若不能合理地规避风险,企业有可能签订无效或者对企业极不利的合同。为此,企业应采取合理的管控措施,尽量减低该风险对企业的危险。

具体来说,企业为规避合同谈判中的风险,可采取以下六大措施,如图10-9所示。

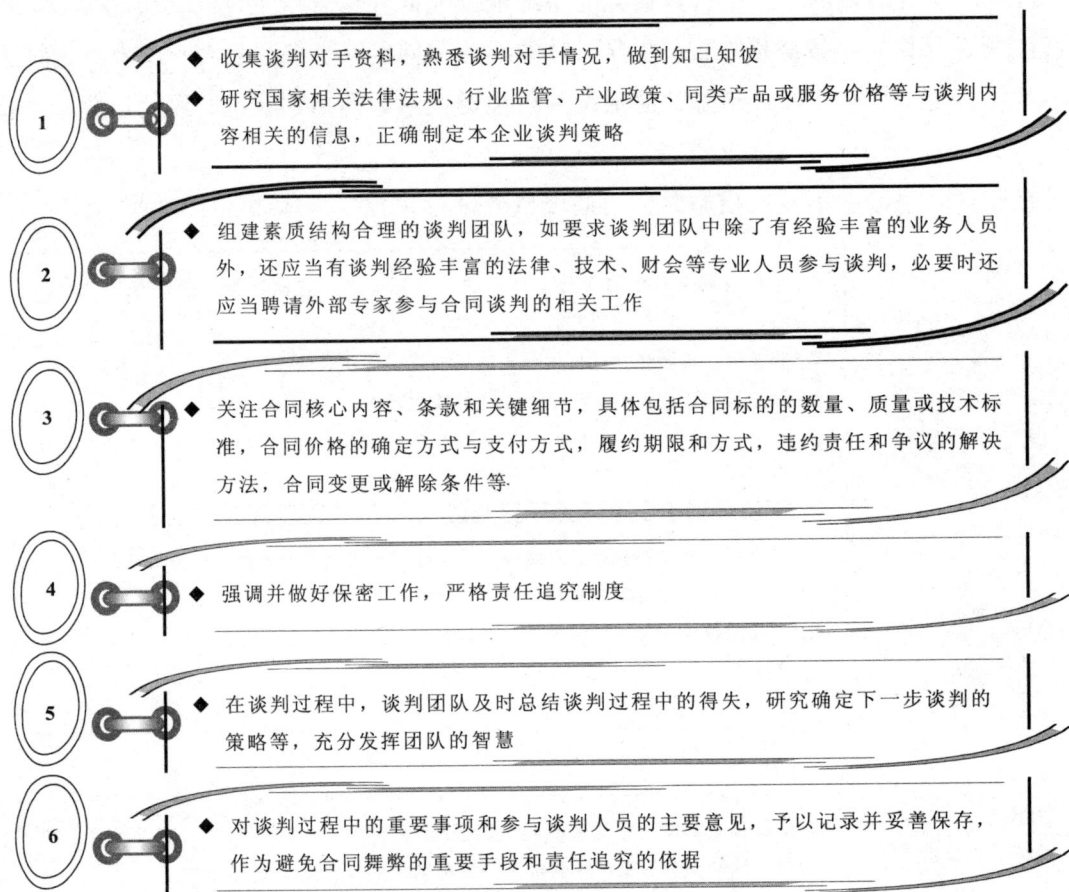

1	◆ 收集谈判对手资料,熟悉谈判对手情况,做到知己知彼 ◆ 研究国家相关法律法规、行业监管、产业政策、同类产品或服务价格等与谈判内容相关的信息,正确制定本企业谈判策略
2	◆ 组建素质结构合理的谈判团队,如要求谈判团队中除了有经验丰富的业务人员外,还应当有谈判经验丰富的法律、技术、财会等专业人员参与谈判,必要时还应当聘请外部专家参与合同谈判的相关工作
3	◆ 关注合同核心内容、条款和关键细节,具体包括合同标的的数量、质量或技术标准,合同价格的确定方式与支付方式,履约期限和方式,违约责任和争议的解决方法,合同变更或解除条件等
4	◆ 强调并做好保密工作,严格责任追究制度
5	◆ 在谈判过程中,谈判团队及时总结谈判过程中的得失,研究确定下一步谈判的策略等,充分发挥团队的智慧
6	◆ 对谈判过程中的重要事项和参与谈判人员的主要意见,予以记录并妥善保存,作为避免合同舞弊的重要手段和责任追究的依据

图 10-9 合同谈判风险控制六大措施

10.3.3 合同文本的拟定

企业在合同谈判后,根据协商谈判结果,拟定合同文本。具体来说,为规避企业合同文本拟定过程中的风险,企业可采取以下四大方法拟定合同文本,如图10-10所示。

利用标准文本	参照相关文本	使用统一格式合同	专业人员拟定
采用企业统一制定的合同标准文本	尚未制定标准文本的,参照已经制定的最相类似的合同标准文本;若国家或行业有合同示范文本的,可以优先选用并酌情修改	政府有关部门要求使用统一制定的格式合同文本的,使用政府有关部门发布的相关格式合同文本	聘请律师等专业人员进行拟定,本企业对拟定后的合同也应进行适当审核,以排除遗漏

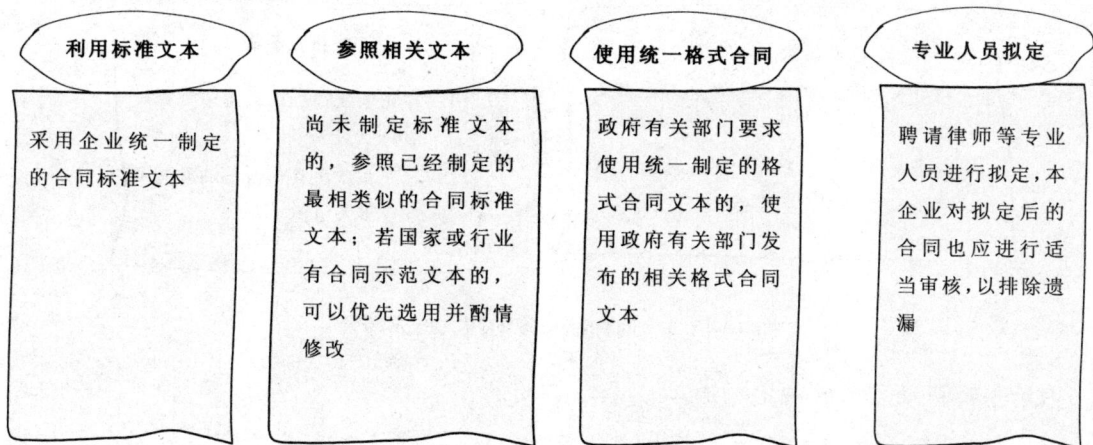

图 10-10　合同文本拟定四大方法

合同标准文本指企业为重复使用而就某类业务预先拟定的合同文本,其拟定的程序、主要内容构成及拟定原则如下。

1. 合同标准文本的拟定程序

企业合同标准文本的拟定应履行一定的程序,具体如图 10-11 所示。

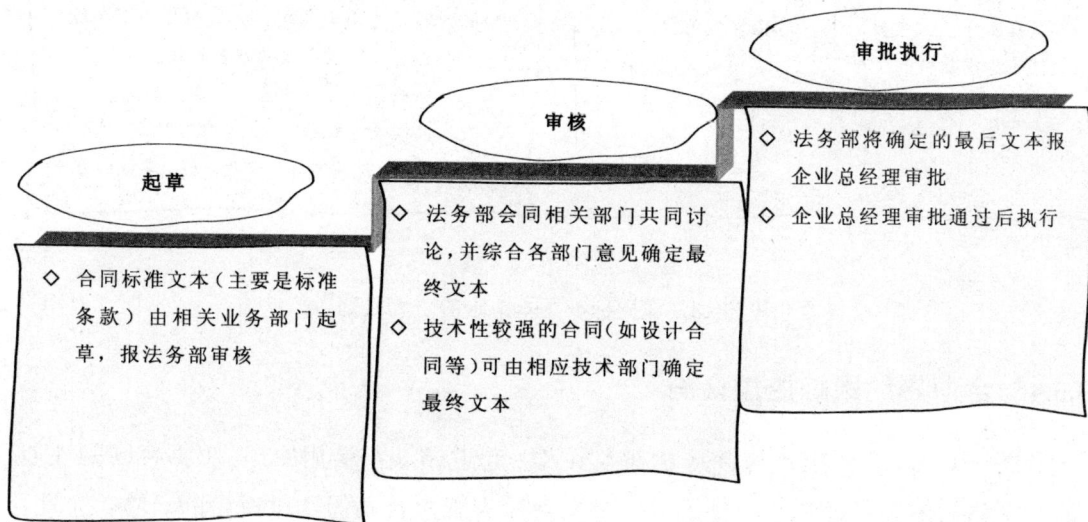

起草
◇ 合同标准文本(主要是标准条款)由相关业务部门起草,报法务部审核

审核
◇ 法务部会同相关部门共同讨论,并综合各部门意见确定最终文本
◇ 技术性较强的合同(如设计合同等)可由相应技术部门确定最终文本

审批执行
◇ 法务部将确定的最后文本报企业总经理审批
◇ 企业总经理审批通过后执行

图 10-11　合同标准文本拟定程序

2. 合同标准文本的主要结构

在拟定合同标准文本时应考虑其主要结构。合同标准文本主要由两大部分构成,即标准条款和补充条款,具体如图 10-12 所示。

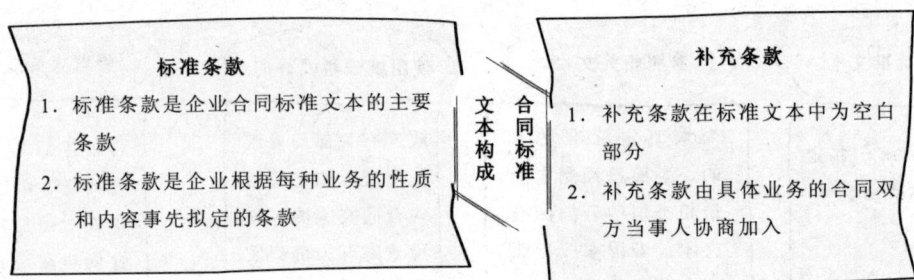

图 10-12　合同标准文本的两大构成部分

3. 合同标准文本的拟定原则

合同标准文本的拟定应本着保护企业利益的原则，从本企业角度充分考虑各种风险。具体来说应遵从以下三个原则，如图 10-13 所示。

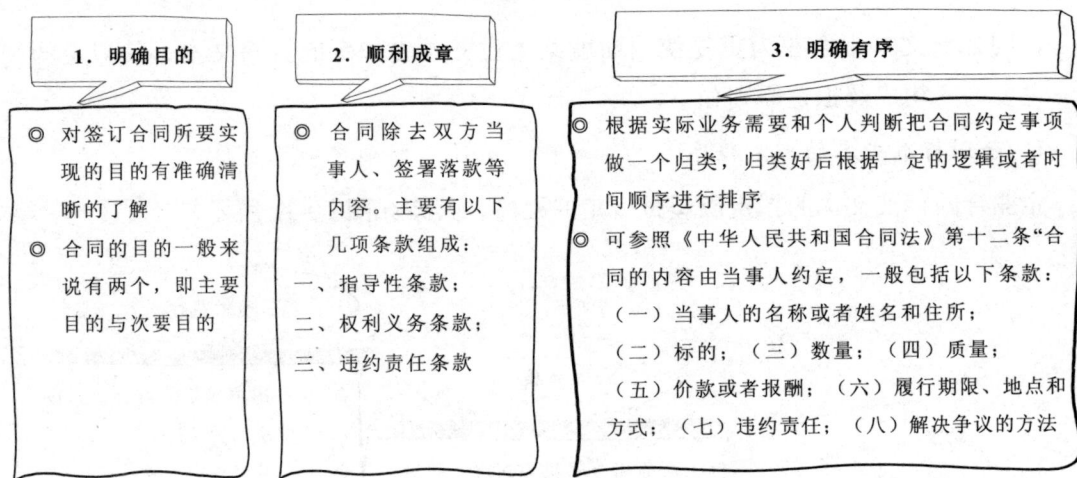

1. 明确目的	2. 顺利成章	3. 明确有序
◎ 对签订合同所要实现的目的有准确清晰的了解 ◎ 合同的目的一般来说有两个，即主要目的与次要目的	◎ 合同除去双方当事人、签署落款等内容。主要有以下几项条款组成： 一、指导性条款； 二、权利义务条款； 三、违约责任条款	◎ 根据实际业务需要和个人判断把合同约定事项做一个归类，归类好后根据一定的逻辑或者时间顺序进行排序 ◎ 可参照《中华人民共和国合同法》第十二条"合同的内容由当事人约定，一般包括以下条款： （一）当事人的名称或者姓名和住所； （二）标的；（三）数量；（四）质量； （五）价款或者报酬；（六）履行期限、地点和方式；（七）违约责任；（八）解决争议的方法

图 10-13　合同标准文本拟定的三大原则

10.3.4　合同履约跟踪监控措施

合同订立后，企业应当与合同对方当事人一起遵循诚实信用原则，根据合同的性质、目的和交易习惯履行通知、协助、保密等义务。为规避合同履约过程中的风险，企业可采取以下跟踪监控措施。

（1）强化对合同履行情况及效果的检查、分析和验收，全面适当执行本企业义务，敦促对方积极执行合同，确保合同全面有效履行。

（2）对合同对方的合同履行情况实施有效监控，一旦发现有违约可能或违约行为，应当及时提示风险，并立即采取相应措施将合同损失降到最低。

（3）根据需要及时补充、变更甚至解除合同，具体处理措施如图 10-14 所示。

措施1	措施2	措施3
◆ 对于合同未约定或约定不明确的内容，通过双方协商一致对原有合同进行补充 ◆ 无法达成补充协议的，按照国家相关法律法规、合同有关条款或者交易习惯确定	◆ 对于显失公平、条款有误、存在欺诈行为，以及因客观因素已经或可能导致企业利益受损的合同，按规定程序及时报告，并经双方协商一致办理合同变更或解除事宜	◆ 对方当事人提出中止、转让、解除合同造成企业经济损失的，应向对方当事人书面提出索赔

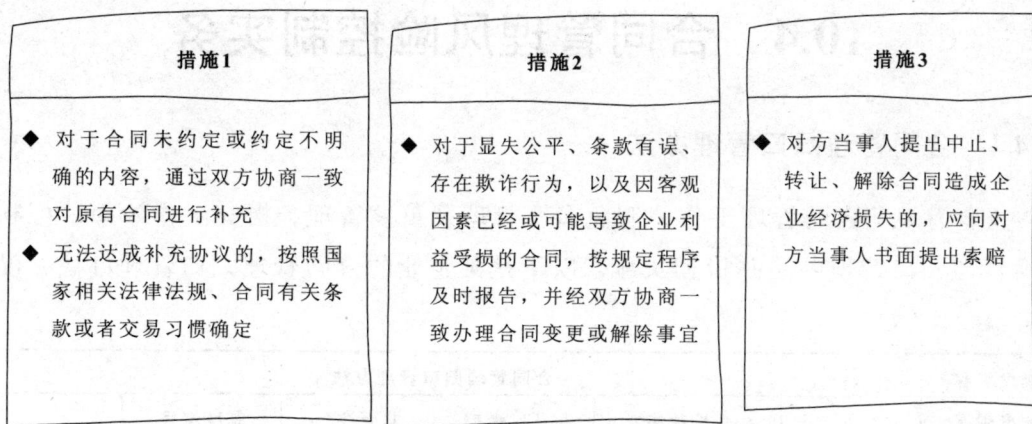

图 10-14　合同补充、变更及解除的处理措施

（4）加强合同纠纷管理。在履行合同过程中发生纠纷的，应当依据国家相关法律法规，在规定时效内与对方当事人协商并按规定权限和程序及时报告。合同纠纷经协商一致的，双方应当签订书面协议；合同纠纷经协商无法解决的，根据合同约定选择仲裁或诉讼方式解决。企业内部授权处理合同纠纷，应当签署授权委托书。纠纷处理过程中，未经授权批准，相关经办人员不得向对方当事人做出实质性答复或承诺。

10.3.5　合同结算风险管控措施

合同结算风险应做到提前预防，及时处理。具体管控措施主要有以下五种，如图 10-15 所示。

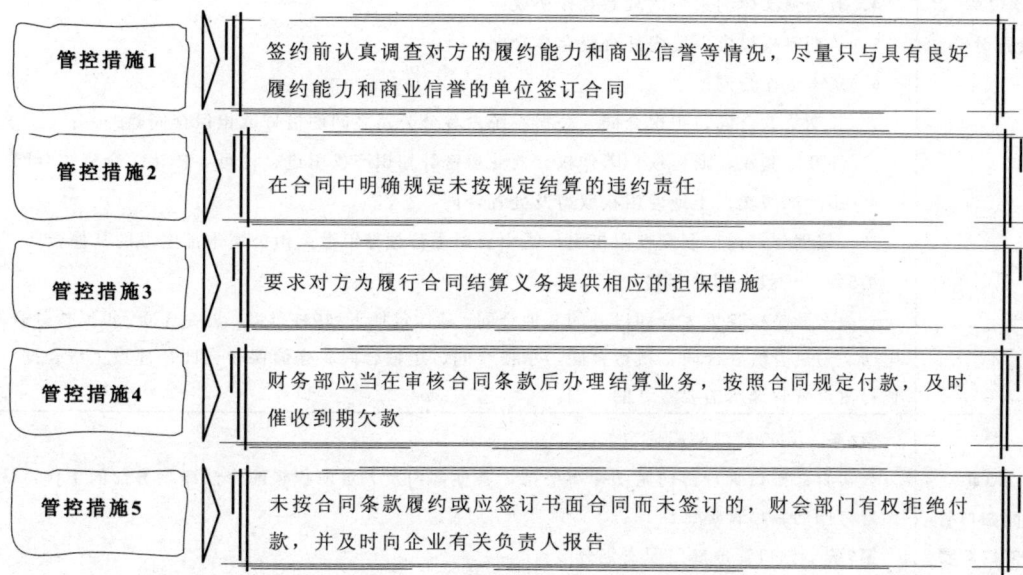

管控措施1	签约前认真调查对方的履约能力和商业信誉等情况，尽量只与具有良好履约能力和商业信誉的单位签订合同
管控措施2	在合同中明确规定未按规定结算的违约责任
管控措施3	要求对方为履行合同结算义务提供相应的担保措施
管控措施4	财务部应当在审核合同条款后办理结算业务，按照合同规定付款，及时催收到期欠款
管控措施5	未按合同条款履约或应签订书面合同而未签订的，财会部门有权拒绝付款，并及时向企业有关负责人报告

图 10-15　合同结算风险五大管控措施

10.4　合同管理风险控制实务

10.4.1　合同管理归口管理办法

　　企业为规范合同管理工作，避免多头管理及重复管理，提高工作效率，可制定合同管理归口管理办法并贯彻实施。以下是某企业的合同管理归口管理办法，仅供参考。

制度名称	合同管理归口管理办法				
制度版本		受控状态	□ 受控　□ 非受控	制度编号	
总则 第1章	**第1条　目的** 　　为防止重复管理、多头管理，明确划分各部门在合同管理中的职责及权利，确保各部门及人员各司其职，防止各种合同管理风险，特制定本办法。 **第2条　适用范围** 　　本办法适用于本公司，包括公司本部（各部门及直属机构）、各分公司对外签订的除劳动合同以外的各类合同、协议的管理。				
第2章 合同分类	**第3条　合同类别** 　　公司将合同分为重大合同和一般合同两种。 **第4条　重大合同的分类** 　　公司各职能部门主办，以公司名义订立的投资类、融资类、担保类、知识产权类、不动产类等合同为重大合同。具体包括下列10种： 　　1．公司《股东大会议事规则》中，应由股东大会审议通过事项相关的合同； 　　2．公司《董事会议事规则》中，股东大会授权董事会决定事项相关的合同； 　　3．公司《董事会议事规则》中，董事会闭会期间，授权董事长牵头经理层决定事项相关的合同； 　　4．有较强法律约束力的战略合作协议； 　　5．长期股权投资、境内外合资合作合同； 　　6．资本运作合同； 　　7．长期贷款合同、担保合同（公司系统内各分公司之间的借贷或担保合同除外）； 　　8．涉及专利权、商标权、著作权、商业秘密等知识产权引进、许可、转让、合资等合同； 　　9．不动产买卖、土地使用权取得及处置合同； 　　10．根据公司内控制度权限指引，需由公司主管领导审批，由公司本部主办的其他合同。 **第5条　一般合同的分类** 　　一般合同是指除重大合同以外的其他合同，具体包括下列9种类型：买卖合同、短期贷款合同、电/水/气/热力供应合同、租赁合同、承揽合同、运输合同、仓储保管合同、建设工程合同、其他日常经营管理所需要签订的合同。				
第3章 合同归口管理部门职责	**第6条　归口管理部门认定** 　　公司合同归口管理部门是法律事务部，其他部门及人员应积极配合法律事务部的工作，认真做好合同的各项管理工作。 **第7条　归口管理部门职责划分** 　　法律事务部作为公司合同的归口管理部门，其主要职责如下表所示。				

制度名称	合同管理归口管理办法				
制度版本		受控状态	□ 受控　□ 非受控	制度编号	

第3章 合同归口管理部门职责	**法律事务部在合同管理中的主要职责划分表**		
	职责概述	职责要项	具体职责
	作为合同的归口管理部门，参与合同的拟定及审查等工作	拟定职责	（1）负责公司合同管理制度的起草和修订 （2）负责公司合同标准文本的起草、颁布、推广和修订
		审查职责	（1）审查合同内容、形式是否合法 （2）审查合同条款是否完备、严密、准确 （3）审查相关程序是否符合公司相关规定 （4）参与合同的谈判、索赔等工作 （5）参与合同纠纷的协调、协商，参与合同纠纷的仲裁、诉讼等法律事务工作 （6）指导分公司的内部法律审查工作 （7）审查上级领导认为应当审查的其他内容
		其他职责	（1）负责宣传贯彻国家颁布的合同法律、法规和规章 （2）负责保管和使用公司合同专用章 （3）负责公司合同管理员的培训 （4）负责公司合同管理信息系统流程配置、权限管理等 （5）负责公司合同管理信息的汇总及统计分析 （6）公司相关制度规定的其他职责

第4章 其他部门职责	**第8条　合同主办部门职责** 公司本部及分公司具体承办合同的业务部门是合同主办部门，合同的签订、履行和终结等相关事项实行主办部门负责制，其主要职责如下： 　1．负责或牵头组织对本部门主办合同的资信调查或尽职调查、会谈、审核会签、报批、签订、履行和终结等具体事务； 　2．负责或牵头组织对本部门主办合同的经济和技术审查及相应过程文件的整理、保管和归档； 　3．建立健全本部门的合同管理岗位，配备兼职合同管理员； 　4．负责本部门主办合同的日常事务和基础管理； 　5．与法律事务部门和有关职能部门保持联系，及时反映合同履行动态，加强合同异常履行的监控。 **第9条　合同审核会签部门职责** 公司本部及分公司的相关职能部门是合同订立和履行的审核会签部门，依据其职能范围对合同的订立和履行进行审核会签，其主要职责如下： 　1．根据合同主办部门的统一安排，负责或参加合同项目论证、谈判； 　2．根据合同主办部门的要求，负责提出合同项目中相关专业的咨询意见，提供专业技术支持； 　3．根据合同主办部门的要求，负责或参加合同相对人的资信调查或尽职调查； 　4．负责对合同文本中涉及本部门业务专业范围内的相关内容进行审核； 　5．负责对合同管理信息系统涉及本部门流程的操作、录入和维护管理； 　6．在合同的订立、履行、终结全过程，应由公司本部负责或协作处理的其他工作。
附则 第5章	**第10条　**总经办负责本办法的制定、修改、废止后重新起草工作。 **第11条　**本办法经总经理审核通过后自颁布之日起实施。
编制部门		审批人员		审批日期	

10.4.2　合同订立评审管理流程

为加强合同管理的内部控制，预防合同订立评审风险，企业可制定合同订立评审管理流程并监督实施。

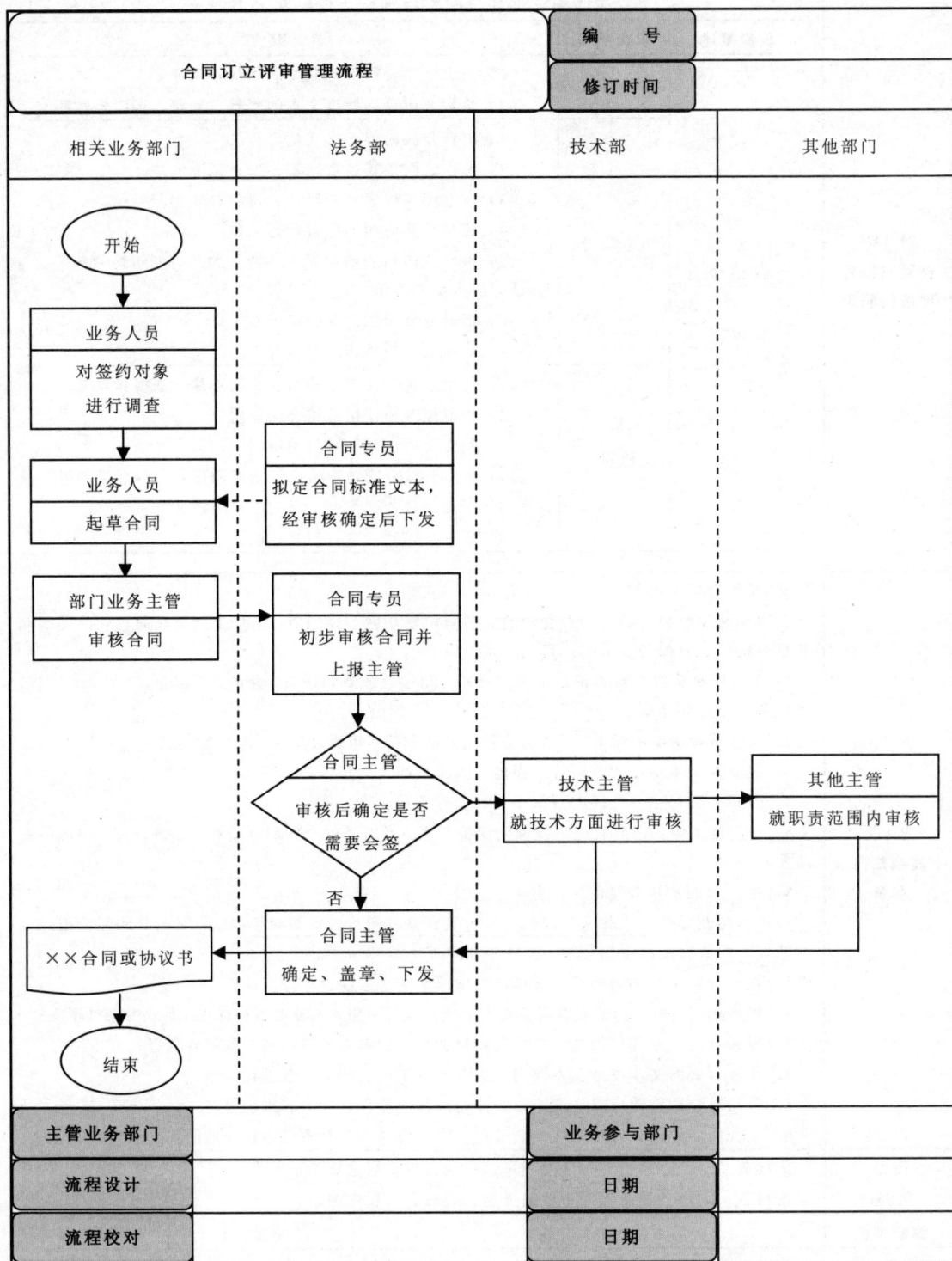

合同订立评审管理流程		编　　号	
		修订时间	
相关业务部门	法务部	技术部	其他部门

```
         ┌─────────┐
         │  开始   │
         └────┬────┘
              ↓
    ┌──────────────────┐
    │    业务人员       │
    │  对签约对象        │      ┌──────────────────┐
    │  进行调查         │      │    合同专员       │
    └────┬─────────────┘      │  拟定合同标准文本，  │
         ↓                    │  经审核确定后下发    │
    ┌──────────────────┐◀┈┈┈┈└──────────────────┘
    │    业务人员       │
    │  起草合同         │
    └────┬─────────────┘
         ↓
    ┌──────────────────┐      ┌──────────────────┐
    │  部门业务主管      │─────▶│    合同专员       │
    │  审核合同         │      │  初步审核合同并     │
    └──────────────────┘      │  上报主管         │
                              └────┬─────────────┘
                                   ↓
                          ◇──────────────◇   ┌──────────────────┐   ┌──────────────────┐
                          │  合同主管     │──▶│    技术主管       │──▶│    其他主管       │
                          │  审核后确定是否 │   │ 就技术方面进行审核  │   │ 就职责范围内审核    │
                          │  需要会签     │   └──────────────────┘   └──────────────────┘
                          ◇──────┬───────◇           │                      │
                              否 ↓                   │                      │
    ┌──────────────────┐  ┌──────────────────┐◀──────┘                      │
    │ ××合同或协议书     │◀─│    合同主管       │◀────────────────────────────┘
    └────┬─────────────┘  │  确定、盖章、下发   │
         ↓               └──────────────────┘
    ┌─────────┐
    │  结束   │
    └─────────┘
```

主管业务部门		业务参与部门	
流程设计		日期	
流程校对		日期	

10.4.3 合同内容会审管理制度

对于需要其他部门如技术部门、财务部门提供专业意见的合同，为规范相关部门的职责，防止互相推诿，确保拟定的合同最大限度地维护本企业利益，企业可制定合同内容会审管理制度。以下是某公司的合同内容会审管理制度，仅供参考。

制度名称	合同内容会审管理制度				
制度版本		受控状态	□ 受控　□ 非受控	制度编号	
总则 第1章	**第1条　目的** 为规范合同内容会审的程序及职责，确保合同会审工作科学、有序进行，公司特制定本制度。 **第2条　适用范围** 本制度适用于本公司与自然人、法人或其他组织之间设立、变更、终止民事权利义务关系而订立的协议，包括具体的合同书、具有法律约束力的其他各类法律文件（框架协议、备忘录、意向书、传真、数据电文等）以及即时清结的口头协议。 **第3条　名词解释** 本制度所称会审，指合同在拟稿以后、正式生效之前，由合同关键条款涉及的其他专业部门（如技术、财务、审计等相关部门）会同公司法务部对合同文本进行审核。				
第2章 合同会审内容及要点	**第4条　合同会审主体及内容** 1．法务部主要负责对合同对方当事人身份和资格的审查及合同争议解决方式的审核。 2．技术部门主要负责对合同标的物是否符合国家各项标准（产品质量、卫生防疫等）、公司技术标准等进行审查。 3．财务部主要负责合同对方资信情况、价格、交付方式、付款方式等的审查。 4．法务部和财务部负责违约责任条款的审查，包括违约金的赔偿及经济损失的计算等。 **第5条　合同会审要点** 合同会审必须符合合法性、经济性、可行性、严密性四要点，具体如下图所示。 **1．合法性**　包括合同的主体、内容和形式是否合法；合同订立程序是否符合规定，会审意见是否齐备；资金的来源、使用及结算方式是否合法，资产动用的审批手续是否齐备等 **2．经济性**　主要指合同内容是否符合公司的经济利益 **3．可行性**　包括签约方是否具有资信及履约能力，是否具备签约资格；担保方式是否可靠；担保资产权属是否明确等 **4．严密性**　包括合同条款及有关附件是否完整齐备，文字表述是否准确，附加条件是否适当合法，合同约定的权利义务是否明确，数量、价款、金额等标识是否准确 合同会审的四要点				

制度名称		合同内容会审管理制度			
制度版本		受控状态	□ 受控　□ 非受控	制度编号	
第3章 合同会审管理规定	**第6条**　合同拟定传递规定 1. 法律顾问会同各部门起草公司格式合同、各部门拟定本部门合同文本以及业务经办人与合同对方拟定合同的，分别由法律顾问、各部门负责人及业务经办人负责合同在会审过程中的传递。 2. 业务经办人须按公司规定在"合同会审单"上填写合同会审部门及人员名称。 3. 业务经办人负责合同连同"合同会审单"在整个会审过程中的传递，直到合同盖上合同专用章后结束。 **第7条**　合同会审规定 1. 参与合同会审的部门应根据会审职责安排人员按时参加会审工作。会审人员根据职责分工审查相关条款，并在"合同会审单"上签署审核意见。 2. 会审人员应对合同中相关内容进行认真仔细的审查，发现疑问之处，应及时与合同拟定部门进行沟通。 3. 会审人员会审中发现合同中确有不妥之处的，应责成合同拟定部门修改或重拟，直至确认无误。 4. 会审人员有不同意见的，合同主办部门应主动与审核会签部门协商，取得一致意见；无法取得一致意见时，应列出各方理由，按规定权限报批。 5. 各会审人员对合同的会审工作时间累计不得超过××个工作日。 **第8条**　合同会审通过后的处理规定 1. 会审通过的合同，应按照本公司合同审批和签署权限指引规定，将拟签合同文本及相关资料分级报批。 2. 根据法律规定及公司需要，审批通过后的合同文本应及时报经国家有关主管部门审查或备案。 3. 合同审批通过后，应统一进行分类连续编号，并由合同档案管理人员专人保管。 4. 合同文本经批准后，方可对外签订。				
附则 第4章	**第9条**　本制度由公司法务部制定并负责解释。 **第10条**　本制度经总经理批准后自　　年　　月　　日实施。				
编制部门		审批人员		审批日期	

10.4.4　合同专用章使用管控办法

为预防合同专用章的违规使用，确保合同专用章的安全，企业应制定合同专用章使用管控办法。以下是某公司的合同专用章使用管控办法，仅供参考。

制度名称		合同专用章使用管控办法			
制度版本		受控状态	□ 受控　□ 非受控	制度编号	
总则 第1章	**第1条**　目的 为规范本公司合同专用章的使用和管理，根据国家有关印章使用管理规定，结合公司实际情况特制定本办法。				

制度名称	合同专用章使用管控办法			
制度版本		受控状态	□ 受控　□ 非受控	制度编号	

总则 第1章	**第2条**　适用范围 本办法适用于本公司合同专用章，公司其他印章可参照执行。 **第3条**　合同专用章解释 1．本公司合同专用章由"××有限公司+合同专用章"几个字组成，为圆形。 2．合同专用章专门用于签订经济合同，对合同当事人而言，合同上加盖合同专用章，表明合同双方当事人对订立合同的要约、承诺阶段的完成和对双方权利、义务的最终确认，从而确定了合同经当事人双方协商而成立，并对当事人双方发生了法律效力，当事人应当基于合同的约定行使权利、履行义务。 **第4条**　职责分工 1．行政部负责刻制公司合同专用章。 2．合同专用章由法务部设立专库、安排专人进行保管及使用管理。
第2章 合同专用 章的使用 规定	**第5条**　除公司领导签订的重大合同或合同相对人要求加盖行政印章的合同可加盖行政印章外，对外签订合同应一律加盖合同签约主体的合同专用章。禁止用部门印章等其他印章代替合同专用章使用。 **第6条**　合同经主办部门审查、会签部门审核、权限领导审批和法定代表人或授权签约人签订后，方可加盖合同专用章。 **第7条**　合同专用章的用章申请审批权由公司依据合同的审批权限授权相关负责人员。超越授权范围的，将追究负责人和使用人的责任。 **第8条**　合同主办部门到法务部加盖合同专用章时，应提交"合同会签审批表"等资料。 **第9条**　法律、法规规定应当办理批准、登记等手续方能生效的合同，合同主办部门应当协调相关部门办理相应手续。 **第10条**　禁止在空白文本或空白合同书上预盖合同专用章。 **第11条**　一般情况下，不得将印章携带出公司外使用。如确需在公司外用印章时，必须经企业负责人批准，办理印章出借手续，并由印章管理人员或公司负责人指定的专人到场监印。
第3章 合同专用 章的使用 流程	**第12条**　用章申请人依据已获审批的"用章审批登记表"及"合同会签审批表"到合同专用章管理员处办理用章。"用章审批登记表"包括用章日期、用章单位、用章内容、批准用章人、经手人、盖章人等内容，必须逐项登记，字迹要清楚。本公司"用章审批登记表""合同会签审批表"的格式如下。 **用章审批登记表** (见下表)

用章审批登记表

编号		用章单位		用章日期	
印章类别		盖章次数		文件发文号	
文件名称					
盖章用途					
批准人		用章人		经手人	

制度名称	合同专用章使用管控办法				
制度版本		受控状态	□ 受控　□ 非受控	制度编号	

<table>
<tr><td colspan="6" align="center">合同会签审批表</td></tr>
<tr><td>编号</td><td></td><td colspan="2">合同拟定部门</td><td></td><td></td></tr>
<tr><td>合同名称</td><td></td><td colspan="2">合同编号</td><td></td><td></td></tr>
<tr><td>合同主要内容</td><td colspan="5"></td></tr>
<tr><td>合同会签部门</td><td colspan="5"></td></tr>
<tr><td>法务部意见</td><td colspan="3">部门负责人签字：</td><td colspan="2">年　　月　　日</td></tr>
<tr><td>财务部意见</td><td colspan="3">部门负责人签字：</td><td colspan="2">年　　月　　日</td></tr>
<tr><td>技术部意见</td><td colspan="3">部门负责人签字：</td><td colspan="2">年　　月　　日</td></tr>
<tr><td>综合上述意见，最终结论</td><td colspan="5">□ 签订合同
□ 合同返回拟定部门进行修订
□ 否决该合同
做出以上结论的原因：_____
_____</td></tr>
<tr><td>法务部</td><td></td><td colspan="2">合同经办人</td><td></td><td></td></tr>
</table>

第3章 合同专用章的使用流程

第13条 合同专用章管理员应对"用章审批登记表"上记载内容予以认真核对，确认无误后方可盖章，并将用章记录在"用章登记簿"上登记。

第14条 所有用印申请审批流程必须按以上流程严格执行，特殊紧急事项需要用章的，如单位领导均外出，用章人可通过电话或其他方式向有用印审批权限的领导口头请示核准后，合同专用章管理员方可用章，事后用章人应补齐用章审批手续。

第15条 合同专用章管理员不在岗时，印章保管部室负责人应指定一名临时合同专用章管理员，临时合同专用章管理员除按照用章程序在合同上用章外，应于"用章审批登记表"的盖章经手人处签名备查。

第16条 盖章完毕后，合同专用章管理人应将"用章审批登记表""用章登记簿"或相关文件审批表复印件等资料存档以备检查。

第4章 合同专用章使用监控规定

第17条 公司总经办负责对公司合同专用章的管理情况进行监督，定期或不定期检查合同专用章使用管理情况。公司各部门应积极配合，提供相关记录和材料。

第18条 所有人员都必须严格依照本管理办法规定程序使用印章，不得越权审批，未经批准，不得擅自使用。违反本管理规定造成损失的，公司有权给予处分，并要求责任人员赔偿造成的损失。

第19条 合同专用章发生遗失、损毁、被盗等情况时，合同专用章管理员应即日向总经办书面报告；若外出或下班的，应先口头报告，事后提交书面报告，总经办收到报告后应即时向公司负责人汇报，并及时采取补救措施，依法将公告作废；用章管理人有过错的，公司有权给予处分，并要求其承担造成企业损失的赔偿责任。

附则 第5章

第20条 本办法由法务部负责制定、解释及修订。

第21条 本办法经总经理审批通过后实施。

编制部门		审批人员		审批日期	

10.4.5　合同违约与纠纷处理制度

在企业间的经济往来中，合同违约与合同纠纷往往会给企业造成重大损失及恶劣影响，因此企业应对合同违约及纠纷处理进行管控。以下是某公司的合同违约与纠纷处理制度，仅供参考。

制度名称	合同违约与纠纷处理制度				
制度版本		受控状态	□ 受控 　□ 非受控	制度编号	
总则 第1章	**第1条**　目的 为监督合同的有效履行，及早发现违约情况，避免或减少因违约或纠纷给公司带来的损失，保障本公司合法权益，根据《中华人民共和国合同法》及公司相关规定，特制定本制度。 **第2条**　适用范围 本制度适用于公司所有合同违约及纠纷处理情况。				
第2章 合同违约 处理	**第3条**　合同违约情况监控与报告 合同签订后进入执行阶段，业务经办人员应随时跟踪合同的履行情况，发现合同对方可能发生违约、不能履约或延迟履约等行为的，或公司自身可能无法履行或延迟履行合同的，应及时报告领导处理。 **第4条**　合同对方违约处理措施 针对合同对方违约的情形，可采取以下措施处理。 1．要求合同对方继续履行合同。继续履行合同是违约对方必须承担的法律义务，也是本公司享有的法定权利。不论违约对方是否情愿，只要存在继续履行的可能性，本公司就有权要求违约对方继续履行原合同约定的义务。 2．要求合同对方支付违约金。合同对方违约的，本公司可按照合同约定要求违约对方支付违约金。 3．要求定金担保。合同对方违约，本公司可按照合同约定及《中华人民共和国担保法》向对方收取定金作为债权的担保。违约对方履行债务后，可将定金抵作价款或者收回，违约对方不履行约定债务的，无权要求返还定金。 4．要求赔偿损失。合同对方因不履行合同义务或者履行合同义务不符合约定，给本公司造成损失的，本公司有权提出索赔，具体赔偿金额可由业务经办部门会同法律顾问与合同对方协商确定。 **第5条**　公司自身违约处理措施 公司自身违约的，业务经办部门或人员应与合同对方协商解决办法，将解决办法以书面形式上报总裁，经批准后承担相应责任、履行有关义务。				
第3章 合同纠纷 处理	**第6条**　合同纠纷处理原则 1．坚持以事实为依据、以法律为准绳，法律没规定的，以国家政策或合同条款为准。 2．以双方协商解决为基本办法。纠纷发生后，应及时与对方当事人友好协商，在既维护本公司合法权益，又不侵犯对方合法权益的基础上，互谅互让，达成协议，解决纠纷。 3．因对方责任引起的纠纷，应坚持原则，保障我方合法权益不受侵犯；因我方责任引起的纠纷，应尊重对方的合法权益，并尽量采取补救措施，减少我方损失；因双方责任引起的纠纷，应实事求是，分清主次，合情合理解决。 4．各部门在处理纠纷时，应加强联系，及时通气，积极主动地做好应做的工作，不互相推诿、指责、埋怨，统一意见，统一行动，尽力维护公司合法权益。				

制度名称	合同违约与纠纷处理制度				
制度版本		受控状态	□ 受控 □ 非受控	制度编号	
第3章 合同纠纷 处理	**第7条** 合同纠纷处理程序 1．合同履行过程中发生纠纷的，业务经办人员应在规定时效内与合同对方协商谈判，并及时报告主管领导。 2．经双方协商达成一致意见的，双方签订书面补充协议，由双方法定代表人或其授权人签章并加盖单位印章后生效。 3．合同纠纷经协商无法解决的，应依合同约定选择仲裁或诉讼方式解决。 4．公司法律顾问会同相关部门研究仲裁或诉讼方案，报总裁批准后实施。 **第8条** 合同纠纷处理特别规定 1．纠纷处理过程中，公司任何部门或个人未经授权，不得向合同对方做出实质性答复或承诺。 2．合同纠纷处理完毕，应将有关资料汇总、归档，以备查考。				
附则 第4章	**第9条** 本制度由法务部负责制定，经总裁审核批准后实施。 **第10条** 本制度解释权归法务部。				
编制部门		审批人员		审批日期	

10.4.6 合同管理考核与责任追究制度

为确保企业合同的有效订立和履行，切实维护企业的整体利益，企业应制定合同管理考核与责任追究制度。以下是某公司的合同管理考核与责任追究制度，仅供参考。

制度名称	合同管理考核与责任追究制度				
制度版本		受控状态	□ 受控 □ 非受控	制度编号	
总则 第1章	**第1条** 目的 为维护本公司的经济利益，加大公司合同管理力度，全面评价考核合同管理工作，及时追究相关责任人的责任，防止违规行为的再次发生，特制定本制度。 **第2条** 适用范围 本制度适用于本公司合同管理人员及合同流转过程中的所有经手人员。 **第3条** 职责分工 1．公司法务部是公司合同管理工作考核部门。 2．财务部、审计部应配合法务部的合同管理考核工作，并落实责任处罚条款。				
第2章 合同管理考 核规定	**第4条** 考核范围 公司各单位的专职或兼职合同管理员、合同经办人及合同管理负责人等。 **第5条** 考核时间 1．法务部、财务部、审计部每季度组织一次对各单位合同管理工作的考核评审活动。 2．公司将不定期对各单位的合同管理情况进行抽查。 **第6条** 考核内容 合同管理考核内容及评分标准如下表所示。				

制度名称	合同管理考核与责任追究制度				
制度版本		受控状态	□ 受控　□ 非受控	制度编号	

合同管理考核内容及评分表

	考核内容	考核指标	评分标准	满分	得分
第2章 **合同管理考** **核规定**	合同管理制度建设	1．是否确立合同管理第一责任人制度		5	
		2．是否有合同归口管理部门		5	
		3．是否建立签订合同授权委托制度		5	
	基础管理工作	1．合同专用章是否有归口管理部门		5	
		2．是否有内部合同管理专兼职人员		5	
		3．举办或参加与合同管理有关的知识培训，以及对合同业务人员进行测试的参考率、合格率情况		5	
	文本管理	1．经办部门合同台账是否齐备		5	
		2．以往合同档案管理状况		5	
		3．审查机构合同文本管理情况		5	
	签约有效性	1．合同是否有计划、是否超计划		5	
		2．合同资金来源是否落实、资金是否超规模		5	
		3．合同是否依法签订		5	
		4．合同签约程序是否完备		5	
	合同审查情况	1．签订合同会审率		10	
		2．通过审查合同节约资金情况		5	
		3．按照公司规定向公司送审合同率		5	
		4．合同签约程序是否完备		5	
	合同履行情况	1．合同履约率，即签订的合同是否完全适当地履行完毕		5	
		2．合同纠纷，主要指：经审查程序的合同而引发的经济纠纷率；引发合同纠纷造成经济损失		5	
	特殊贡献	1．在合同签订、履行过程中发现重大问题，积极采取补救措施，使本公司避免重大经济损失		10	
		2．在经济纠纷处理过程中，避免或挽回重大经济损失的		5	
		3．提出合理化建议，为提高合同管理水平做出显著贡献的		5	
		合计		120	

中·小·微企业风险控制实务

制度名称	合同管理考核与责任追究制度				
制度版本		受控状态	□ 受控　□ 非受控	制度编号	
第2章 **合同管理考** **核规定**	**第7条**　考核结果应用 1．根据考核结果，公司对认真执行公司合同管理系列规章制度，表现好的单位及个人给予通报表扬；对通过合同审查管理为企业节约资金的，根据审查节约资金情况，由公司给予一定的物质奖励。受奖单位应对合同审查管理部门和相关人员给予适当的物质奖励。 2．对未认真执行公司合同管理系列规章制度，合同管理混乱，问题突出的单位给予通报批评。				
第3章 **合同责任追** **究规定**	**第8条**　公司对合同订立、履行过程中出现的违法违规行为，应当追究有关单位或人员的责任。有下列情况之一的，对负有责任的领导、签约人、合同管理员、合同经办人视情节轻重，分别给予批评教育、经济处罚、行政处分。 1．对外签订合同前，不了解对方资信、资质情况，不做可行性调研，盲目签约，造成经济损失的。 2．未按规定履行审核和批准程序签订合同的。 3．未经授权或超授权范围订立合同的。 4．没有合同等支付依据，或未按照合同约定，擅自支付各种款项。 5．变更、转让、解除合同超越原合同约定条件，且未签订书面协议并履行审批手续的。 6．凡未经批准擅自放弃追索权、不追究或未及时追究对方违约责任，造成我方经济损失的，或因工作不负责，造成我方违约而支付违约金、赔偿金的。 7．与对方恶意串通，造成我方经济损失的。 8．违反合同结算管理规定，造成我方经济损失的。 9．其他应处罚事项。 **第9条**　公司职员在签订、履行合同过程中触犯刑法，构成犯罪的，将依法移交司法机关处理。				
附则 **第4章**	**第10条**　本制度未尽事宜，均按有关法律、法规和本公司补充细则规定办理；本制度的解释、修订和发放由本公司法务部负责。 **第11条**　本制度经总经理审批通过后，自下发之日起开始执行。				
编制部门		审批人员		审批日期	

第 11 章

企业人力资源管理风险控制

11.1　人力资源管理风险识别

11.1.1　人力资源缺乏或过剩风险

1. 人力资源缺乏风险

人力资源缺乏是指由于人力资源规划失误、招聘失败、人员流失、业务量增加等原因而产生的一定时期内人力资源相对短缺的现象。在日常管理中，企业不仅要根据自身的发展情况合理平衡人力资源的规划、招聘、配置、培训、保留等因素的关系，规避人力资源缺乏风险的发生；还要及时、准确地识别潜在的或已发生的人力资源缺乏风险，并采取有效措施，以控制风险的进一步发展，消除风险危害。

一般而言，人力资源缺乏至少可能造成图 11-1 所示五项风险。

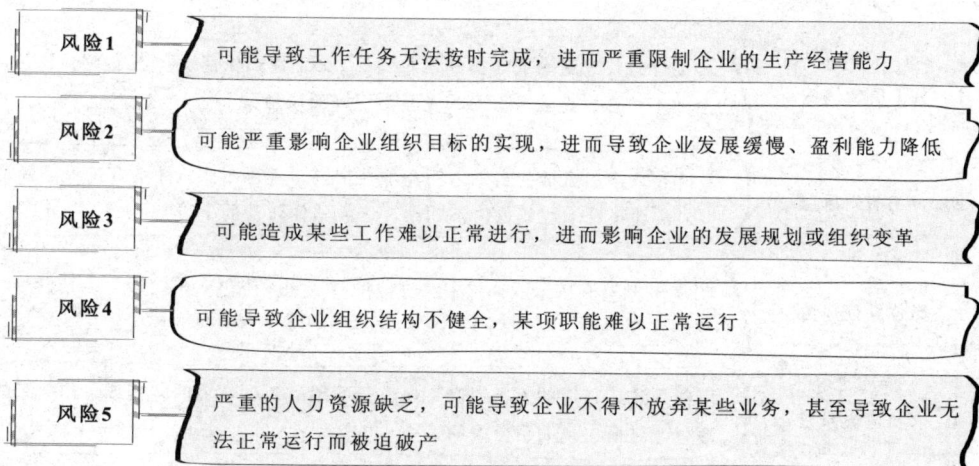

风险1	可能导致工作任务无法按时完成，进而严重限制企业的生产经营能力
风险2	可能严重影响企业组织目标的实现，进而导致企业发展缓慢、盈利能力降低
风险3	可能造成某些工作难以正常进行，进而影响企业的发展规划或组织变革
风险4	可能导致企业组织结构不健全，某项职能难以正常运行
风险5	严重的人力资源缺乏，可能导致企业不得不放弃某些业务，甚至导致企业无法正常运行而被迫破产

图 11-1　人力资源缺乏风险类型

2. 人力资源过剩风险

人力资源过剩是指由于人力资源规划失误、技术进步、业务量减少、组织重组等原因，造成企业内部出现部分劳动力闲置、人力资源浪费的现象。在日常管理中，企业应客观、全面、准确地评估人力资源的内外部环境，及时辨别潜在的人力资源过剩风险，消除人力资源过剩对企业经营发展带来的负面影响。

一般而言，人力资源过剩可能造成的常见风险如图 11-2 所示。

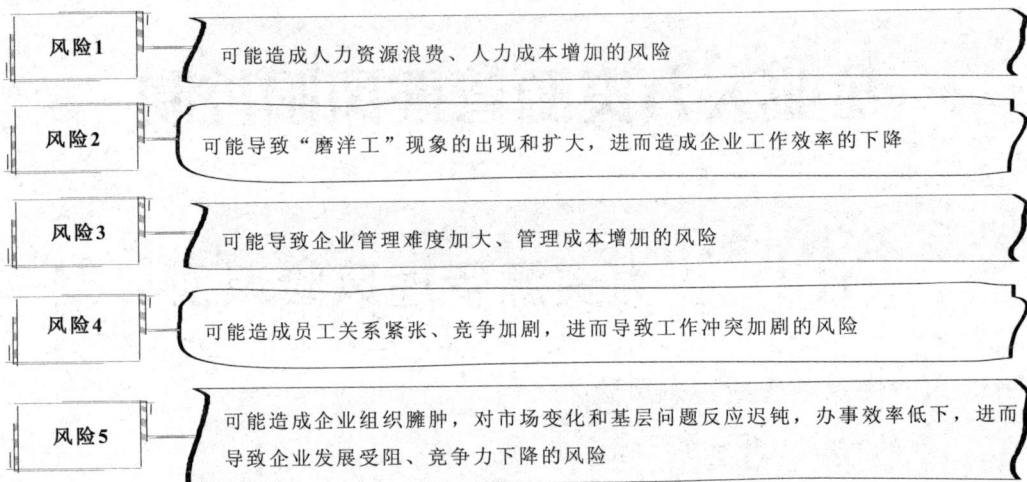

风险1	可能造成人力资源浪费、人力成本增加的风险
风险2	可能导致"磨洋工"现象的出现和扩大，进而造成企业工作效率的下降
风险3	可能导致企业管理难度加大、管理成本增加的风险
风险4	可能造成员工关系紧张、竞争加剧，进而导致工作冲突加剧的风险
风险5	可能造成企业组织臃肿，对市场变化和基层问题反应迟钝，办事效率低下，进而导致企业发展受阻、竞争力下降的风险

图 11-2　人力资源过剩的常见风险

11.1.2　人力资源引进任用不当风险

人力资源引进任用不当是指企业所引进或选拔任用的人员不符合企业的招聘要求，难以胜任岗位工作的现象。一般而言，人力资源引进任用不当可能会为企业造成如图 11-3 所示五项风险。

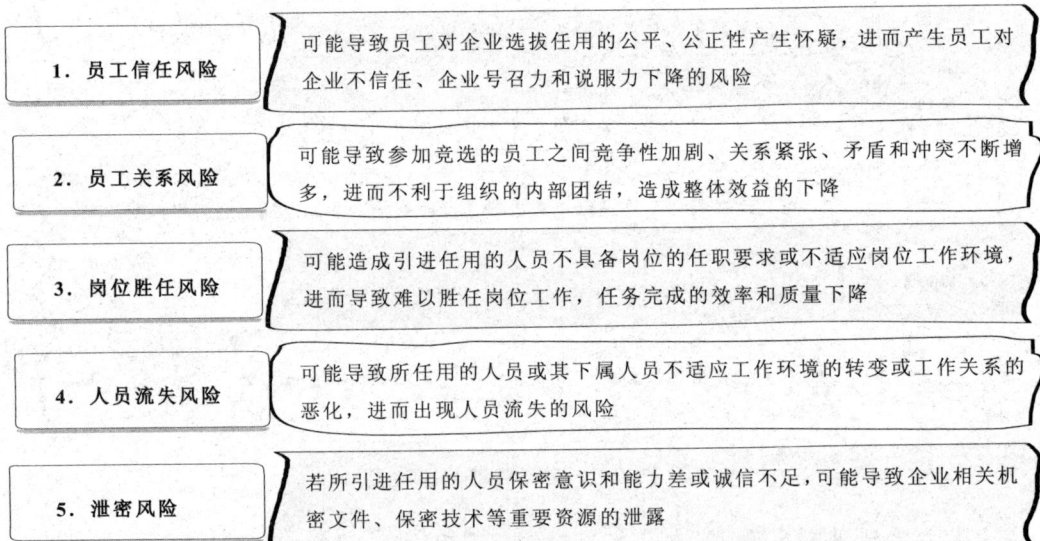

1. 员工信任风险	可能导致员工对企业选拔任用的公平、公正性产生怀疑，进而产生员工对企业不信任、企业号召力和说服力下降的风险
2. 员工关系风险	可能导致参加竞选的员工之间竞争性加剧、关系紧张、矛盾和冲突不断增多，进而不利于组织的内部团结，造成整体效益的下降
3. 岗位胜任风险	可能造成引进任用的人员不具备岗位的任职要求或不适应岗位工作环境，进而导致难以胜任岗位工作，任务完成的效率和质量下降
4. 人员流失风险	可能导致所任用的人员或其下属人员不适应工作环境的转变或工作关系的恶化，进而出现人员流失的风险
5. 泄密风险	若所引进任用的人员保密意识和能力差或诚信不足，可能导致企业相关机密文件、保密技术等重要资源的泄露

图 11-3　人力资源引进任用不当的常见风险

对此，为了有效预防各种风险的发生，维护企业的合法权益，企业不仅要加强人才的筛选和测评工作，选择和任用职业道德水平高、工作能力强的优秀人才，还要加强对人才引进任用风险的监控，提早发现和识别人力资源引进任用的各种风险，及时采取弥补措施，积极控制该风险的负面影响。

11.1.3 人力资源激励机制不当风险

人力资源激励机制是指用于满足员工需求、改善员工工作态度、提高员工工作积极性的一系列措施和制度的集合，主要包含了人力资源激励策略、激励方法、激励措施、激励成本和相关制度规定等内容。人力资源激励机制体现了企业先进的管理水平。合理的人力资源激励机制可以充分调动员工的工作积极性，提高员工工作效率和工作质量，进而提升企业的综合竞争能力。相反，不当的人力资源激励机制可能会造成激励成本过高、员工满意度和工作积极性下降、员工流失率增加，进而导致企业整体实力下降，不利于企业正常发展。

一般而言，人力资源激励机制不当的风险主要体现在图 11-4 所示的五个方面。

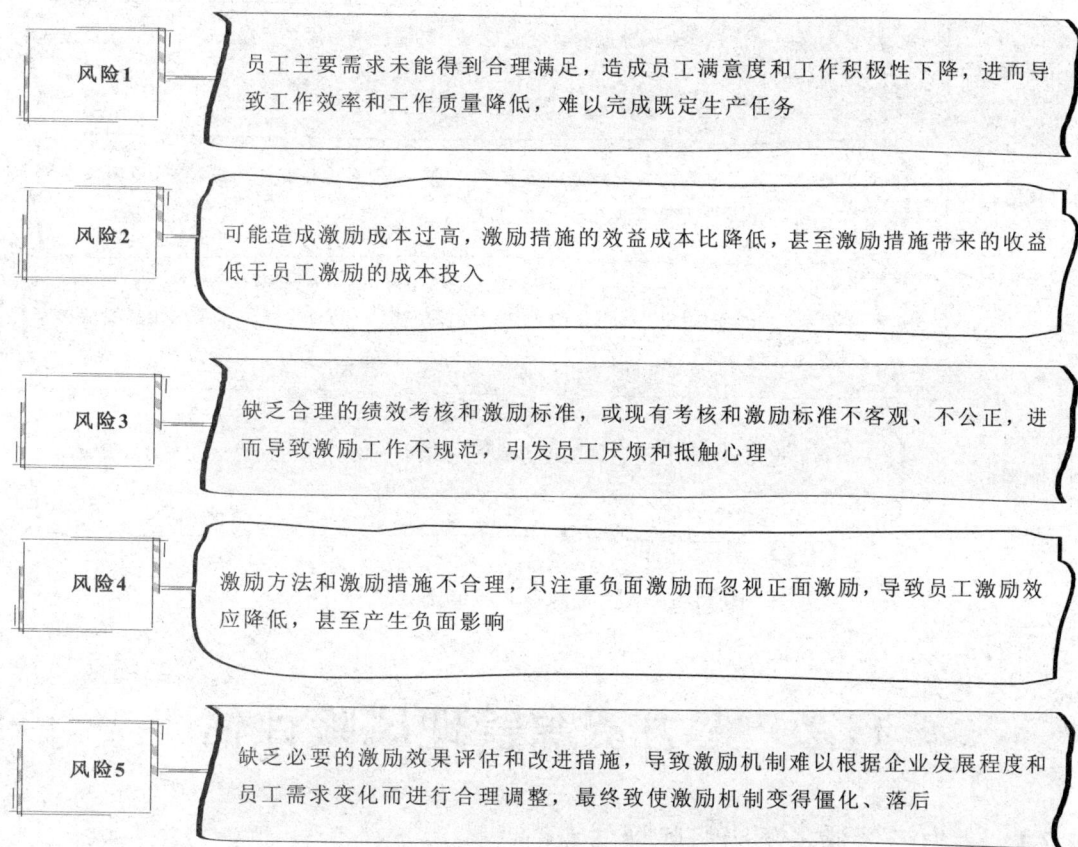

| 风险1 | 员工主要需求未能得到合理满足，造成员工满意度和工作积极性下降，进而导致工作效率和工作质量降低，难以完成既定生产任务 |

| 风险2 | 可能造成激励成本过高，激励措施的效益成本比降低，甚至激励措施带来的收益低于员工激励的成本投入 |

| 风险3 | 缺乏合理的绩效考核和激励标准，或现有考核和激励标准不客观、不公正，进而导致激励工作不规范，引发员工厌烦和抵触心理 |

| 风险4 | 激励方法和激励措施不合理，只注重负面激励而忽视正面激励，导致员工激励效应降低，甚至产生负面影响 |

| 风险5 | 缺乏必要的激励效果评估和改进措施，导致激励机制难以根据企业发展程度和员工需求变化而进行合理调整，最终致使激励机制变得僵化、落后 |

图 11-4 人力资源激励机制不当风险

11.1.4　人力资源退出机制不当风险

人力资源退出机制是根据绩效考核结果，对于达不到任职要求的员工按照相关标准采取降职、调岗、离职培训、解雇和退休等措施的一种人力资源管理机制。该机制是企业人力资源管理的重要内容之一，是保持企业持续良好发展、维持和提升企业竞争力的必要条件之一。因此，企业应根据自身情况建立适合的人力资源退出机制，并注重对该机制的评估、改进和完善工作，以预防和消除人力资源退出机制不当而产生的各种风险。

一般而言，人力资源退出机制不当可能会产生如图 11-5 所示六种风险。

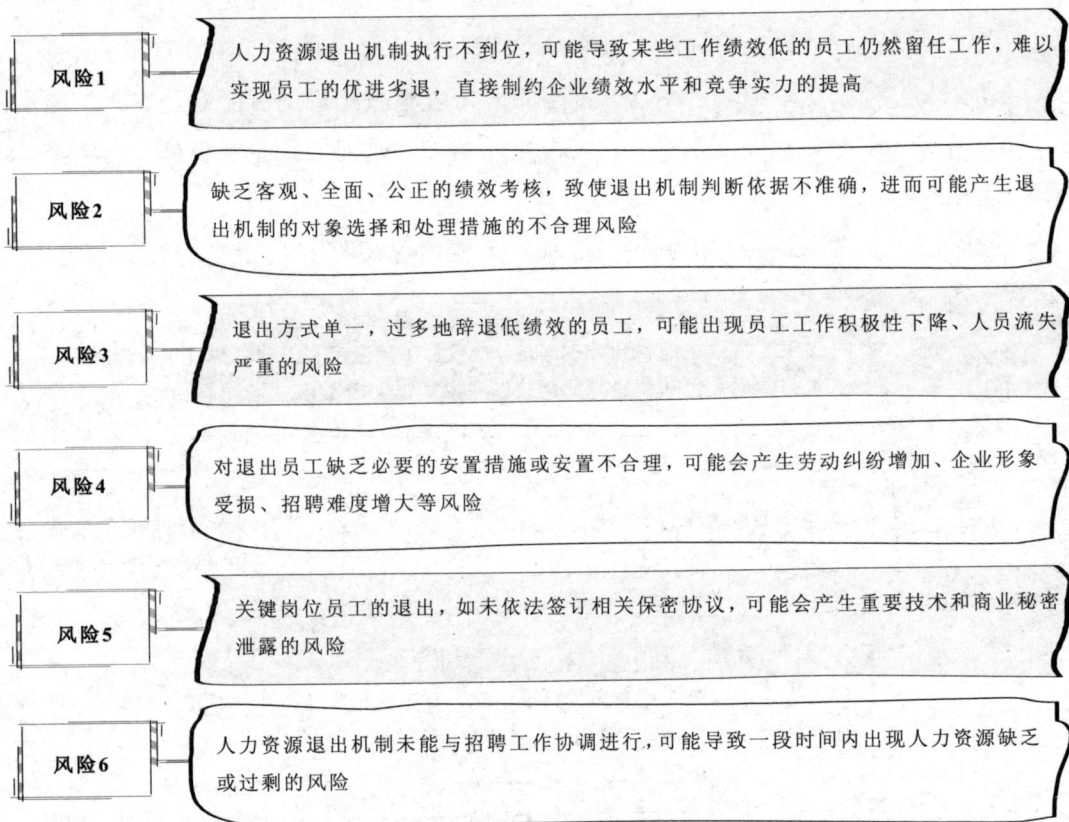

风险1　人力资源退出机制执行不到位，可能导致某些工作绩效低的员工仍然留任工作，难以实现员工的优进劣退，直接制约企业绩效水平和竞争实力的提高

风险2　缺乏客观、全面、公正的绩效考核，致使退出机制判断依据不准确，进而可能产生退出机制的对象选择和处理措施的不合理风险

风险3　退出方式单一，过多地辞退低绩效的员工，可能出现员工工作积极性下降、人员流失严重的风险

风险4　对退出员工缺乏必要的安置措施或安置不合理，可能会产生劳动纠纷增加、企业形象受损、招聘难度增大等风险

风险5　关键岗位员工的退出，如未依法签订相关保密协议，可能会产生重要技术和商业秘密泄露的风险

风险6　人力资源退出机制未能与招聘工作协调进行，可能导致一段时间内出现人力资源缺乏或过剩的风险

图 11-5　人力资源退出机制不当风险

11.2　人力资源管理风险评估

11.2.1　人力资源储备不当风险评估点

人力资源储备不当风险是企业人力资源管理中常见的风险之一。很多企业并未建立

有效的人力资源储备机制。某些建有人力资源储备机制的企业也存在着一定程度的人才储备过少或过多的问题。这些问题导致了企业在日常经营中面临着一定程度的人力资源缺乏或过剩的风险。这些风险在企业组织变革中尤为明显。

为了有效控制人力资源储备不当的风险，最大限度地减少风险危害，企业在健全人力资源储备机制的同时，还应做好该类风险的识别和评估工作，准确评估和判断人力资源储备不当风险的可能性、风险作用方式、应对措施和风险危害等内容。

一般而言，企业在评估人力资源储备不当风险时，主要从风险发生概率、风险作用方式和风险危害三个维度进行分析和评估，具体如图 11-6 所示。

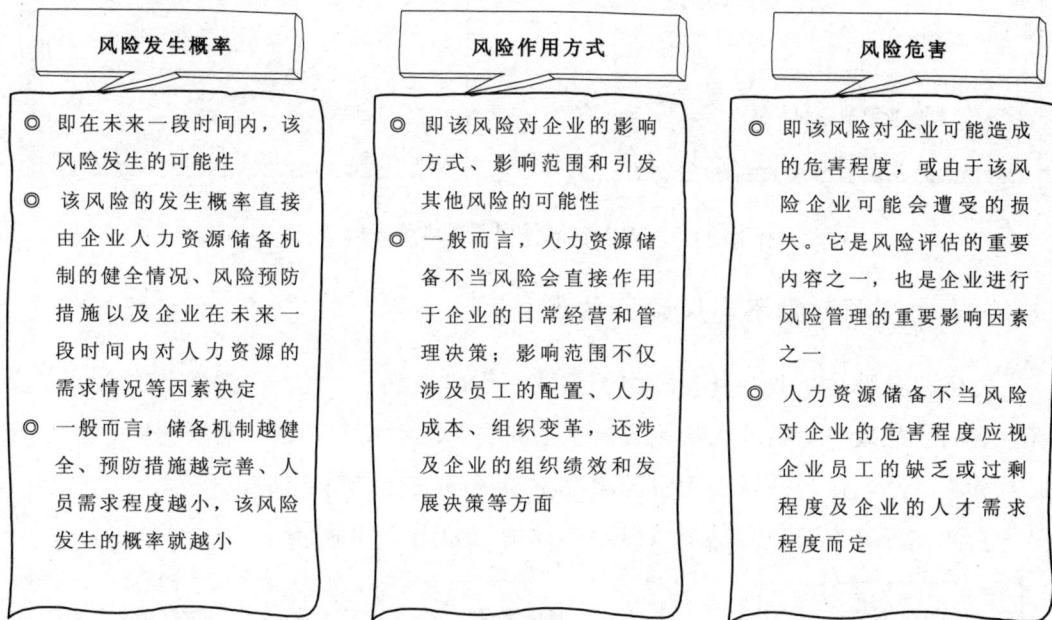

风险发生概率
◎ 即在未来一段时间内，该风险发生的可能性
◎ 该风险的发生概率直接由企业人力资源储备机制的健全情况、风险预防措施以及企业在未来一段时间内对人力资源的需求情况等因素决定
◎ 一般而言，储备机制越健全、预防措施越完善、人员需求程度越小，该风险发生的概率就越小

风险作用方式
◎ 即该风险对企业的影响方式、影响范围和引发其他风险的可能性
◎ 一般而言，人力资源储备不当风险会直接作用于企业的日常经营和管理决策；影响范围不仅涉及员工的配置、人力成本、组织变革，还涉及企业的组织绩效和发展决策等方面

风险危害
◎ 即该风险对企业可能造成的危害程度，或由于该风险企业可能会遭受的损失。它是风险评估的重要内容之一，也是企业进行风险管理的重要影响因素之一
◎ 人力资源储备不当风险对企业的危害程度应视企业员工的缺乏或过剩程度及企业的人才需求程度而定

图 11-6　人力资源储备不当风险评估点

11.2.2　人力资源任用不当风险评估点

人力资源任用不当风险是由于企业人力资源选拔任用的方式、选拔结果和岗位配置等内容不合理、不恰当而造成的企业潜在的或已经发生的风险。在企业日常经营中，人力资源任用不当的事件时有发生，这不仅直接造成了企业绩效水平的下降，还严重影响了企业员工的士气和凝聚力，打击了员工努力工作的积极性。

因此，企业在经营管理中，除不断健全和完善人力资源的选拔、测评和任用机制外，还要对人力资源任用不当风险发生的概率、危害等内容进行详细评估分析，以将该风险对企业的负面影响降到最低。一般而言，人力资源任用不当的风险评估点如图 11-7 所示。

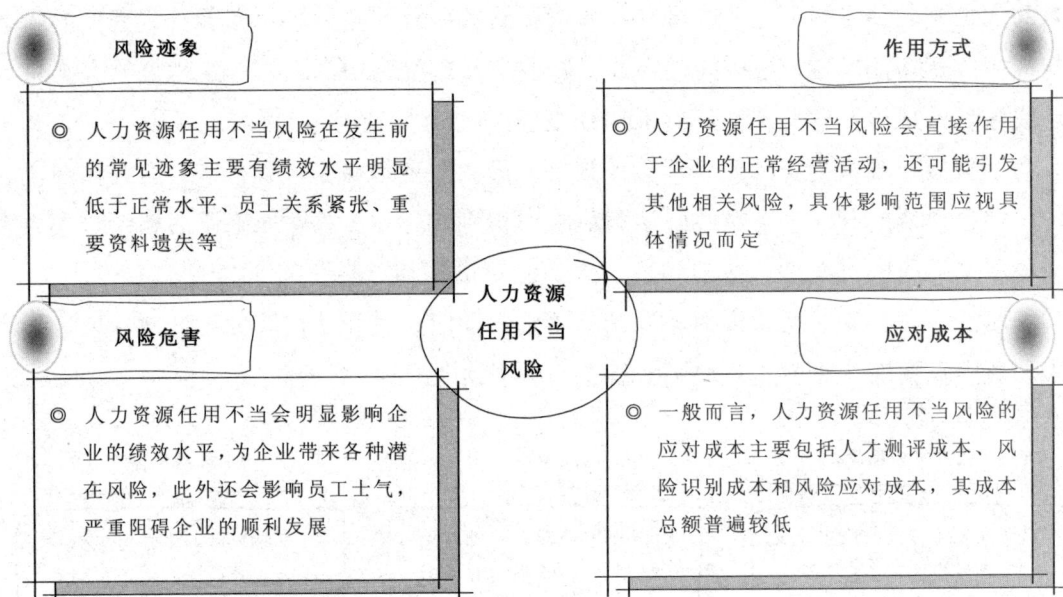

图 11-7　人力资源任用不当风险评估点

11.2.3　人力资源激励不当风险评估点

人力资源激励是企业经营管理中的重要工作内容之一。人力资源激励的效果直接影响着企业的生产效率、生产成本、绩效水平和员工流动情况。在日常经营中，企业应重视人力资源激励工作，并对人力资源激励不当风险进行定期评估和分析。

一般而言，人力资源激励不当风险的评估点如图 11-8 所示。

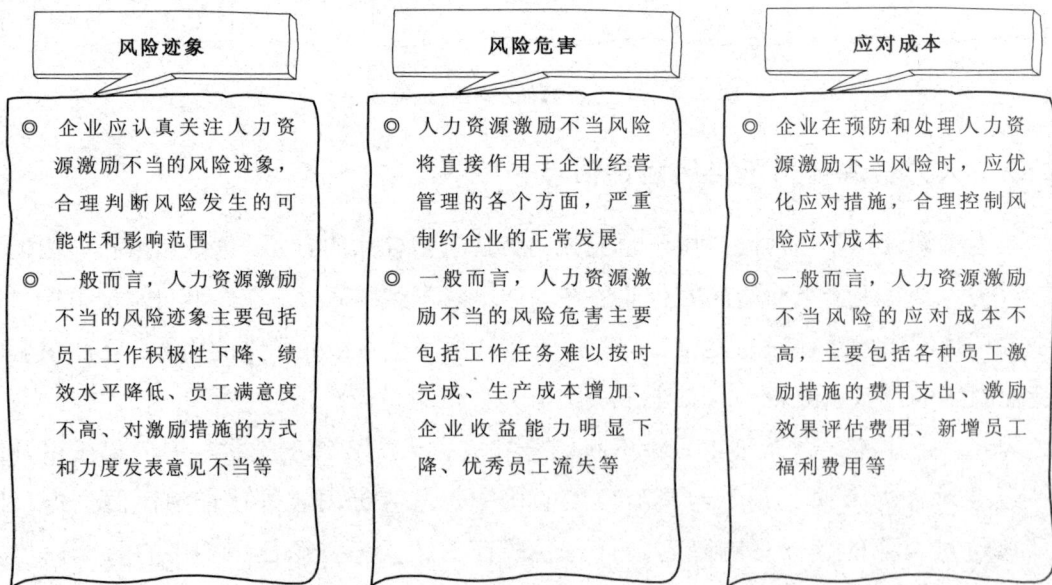

图 11-8　人力资源激励不当风险评估点

11.2.4 人力资源退出不当风险评估点

人力资源退出是企业经营管理的重要环节，也是企业在人力资源管理中不得不面对的问题。恰当的人力资源退出，可以促进企业员工的优胜劣汰，充分调动员工的工作积极性，不断提高企业人力资源的质量水平，推动企业不断向前发展；然而不当的人力资源退出，则可能导致企业优秀人才流失、人力资源短缺、工作任务难以顺利实现，商业秘密和重要资源泄露、企业形象受损等风险。

因此，企业在完善人力资源退出机制、重视人力资源退出管理的同时，应定期进行人力资源退出不当风险的评估分析工作。一般而言，人力资源退出不当的风险评估点如图 11-9 所示。

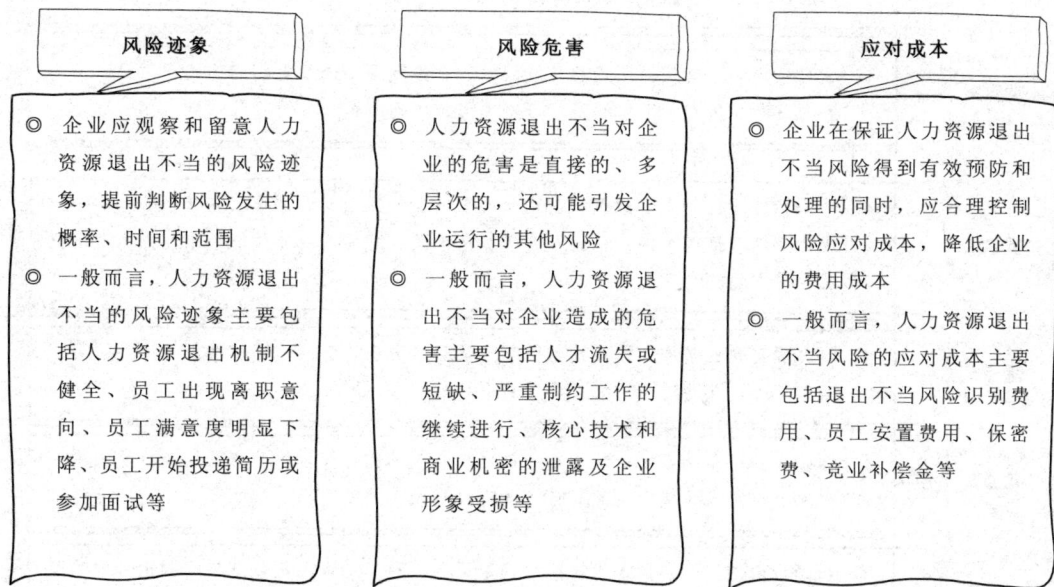

图 11-9　人力资源退出不当风险评估点

11.3　人力资源管理风险控制策略

11.3.1 人力资源发展战略重点

人力资源发展战略是指根据企业发展的总体战略规划，为满足企业生存和发展的需要，对人力资源的招聘任用、培训开发、绩效激励等内容进行的长远性谋划和方略。在制定人力资源发展战略时，企业应根据自身发展战略，立足当前实际情况，综合分析和评估人力资源的内、外部环境，合理选择和确定最佳的人力资源发展战略。

合理、可行的人力资源发展战略可为企业人力资源管理的各个方面提供明确指导和约束，从总体上保证人力资源的各项工作与企业发展需要相适应，最大限度地消除人力资源管理中的各种风险。一般而言，企业在制定人力资源发展战略时，应合理把握如图 11-10 所示几项重点内容。

重点1 ◎ 综合考虑企业发展战略、人力资源内外部环境等诸多因素，合理做好未来一段时间内人力资源需求和供给的预测工作，并准确把握人力资源发展战略制定的目标和相关要求

重点2 ◎ 根据企业业务发展的需要制定合理的人力资源招聘及任用战略和实施计划，重视人才测评工作，明确规定员工的职业发展方向，保证人员供给和职业发展的稳定，在总体规划上预防人力资源缺乏或过剩的风险

重点3 ◎ 选择合理的人力资源培训和开发战略，并拟定适当的计划和措施，不断提高企业人力资源质量和员工忠诚度，防止优秀人才的流失

重点4 ◎ 明确企业最佳的人才数量和结构，并根据企业当前实际情况制定合理的人才结构优化策略和措施，确保企业人力资源在年龄、职能、专业技能、个性特征、职位层次等方面的合理配置

重点5 ◎ 研究确定企业基本的绩效管理机制，确保能客观、全面、真实地反映员工的实际工作情况，并促进员工绩效水平的不断增长

重点6 ◎ 明确企业基本的薪酬管理机制和策略，合理确定各岗位的薪酬结构及具体数额，在保证一定人才吸引力的同时，合理控制人力成本

重点7 ◎ 明确合理的人力资源退出机制，确定灵活、科学的人才更新战略，制定合理的退出补偿措施，不断提高企业人力资源质量，有效维护企业形象

重点8 ◎ 明确未来一段时间内的预算安排和分配情况，拟定基本的预算执行计划，在保证顺利完成人力资源各项事务的同时，合理控制成本支出

图 11-10 人力资源发展战略重点内容

11.3.2 人力资源招聘、任用策略

人力资源招聘和任用是企业引进和选拔优秀人才、调整企业人才配置的重要渠道和方式之一。在此过程中，为了有效预防和应对人力资源招聘、任用的各种风险，确保企业人力资源的整体质量，企业应制定并采取合理的人力资源招聘、任用策略，具体如图 11-11 所示。

策略1	◎ 综合分析人力资源的内外部环境，灵活运用适当方法准确预测未来一段时间内的人力资源供给和需求情况，制订合理、可行的人力资源招聘计划
策略2	◎ 制定公开、公正的人才招聘和任用制度，并根据实际情况选择恰当的人力资源引进和任用方式，确保招聘任用的顺利进行
策略3	◎ 积极拓展和维护各种招聘渠道，筛选专业中介机构并签订合作协议，有效提高人力资源招聘的效率和质量
策略4	◎ 根据企业实际情况，建立和完善人力资源储备机制，合理引导员工的职业发展和技能培训方向，保证内部招聘任用的顺利进行
策略5	◎ 明确招聘岗位的工作特征和任职要求，建立科学完善的人才测评机制，准确判断应聘人员是否与招聘岗位相匹配，为企业选择优秀的人才
策略6	◎ 根据国家法律规定和企业招聘政策，与新员工（包括选拔晋升的内部员工）签订劳动合同，明确双方的权利义务，切实维护企业合法权益
重点7	◎ 切实做好对新员工（包括经选拔晋升的内部员工）的岗前培训和引导工作，协助其适应企业文化和工作环境，掌握必要的工作技能，有效提高新员工的"存活率"

图 11-11 人力资源招聘、任用策略

11.3.3 人力资源激励管控策略

人力资源激励管控是企业提高生产效率的重要途径之一。在经营管理中，企业应根据自身情况制定合理的人力资源激励管控策略，并针对人力资源激励不当的各种潜在风险，采取合理的人力资源激励管控策略和措施。

在企业人力资源管理中，常见激励管控策略如图 11-12 所示。

员工需求调查策略	◎ 认真做好员工需求调查工作，将员工需求进行分类汇总，并根据员工主要的需求特征选择合适的激励方式和方法
激励方式选择策略	◎ 根据企业的实际情况选择灵活多样的激励方式，从物质和精神两方面进行员工激励，有效满足员工需求，提高其工作积极性
激励方式使用策略	◎ 常见的激励方式包括弹性福利制、授权激励、荣誉激励等

图 11-12 人力资源激励管控策略

多层次激励策略	◎ 在加强企业管理人员对基层员工激励的同时，组织做好企业对管理人员和管理人员对基层员工的激励工作，通过多层次交叉激励，全面调动管理人员和基层员工的工作积极性，提高企业整体效益
激励成本控制策略	◎ 在员工激励过程中，应认真做好激励成本的预算工作，采取合理的激励措施组合方式，有效控制员工激励的成本支出
负面激励策略	◎ 在对员工进行正面激励的同时，还可通过适当的负面激励方法（如批评、惩罚等），减少和消除员工的不良行为，提高其绩效水平
优化改进策略	◎ 根据定期举行的员工需求特征和满意度调查结果，适当调整员工激励政策，持续保持良好的员工激励效果

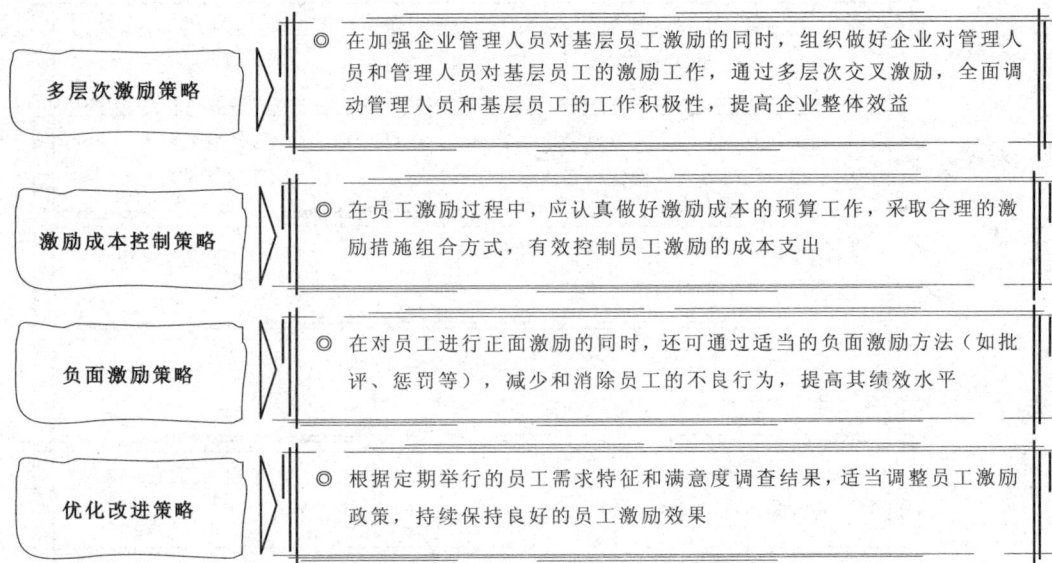

图 11-12　人力资源激励管控策略（续）

11.3.4　人力资源约束管控策略

人力资源约束管控是根据国家相关法律政策和企业规章制度，对员工不良行为的约束和管理活动。它也是企业人力资源管理中不可或缺的内容之一。良好的人力资源约束管控，不仅可以提高员工行为的规范性和标准性，减少员工违规次数；还能提高生产效率，保障工作质量，减少安全事故的发生，降低人力资源管理中面临的各项风险。

一般而言，企业进行人力资源约束管控的常见策略如图 11-13 所示。

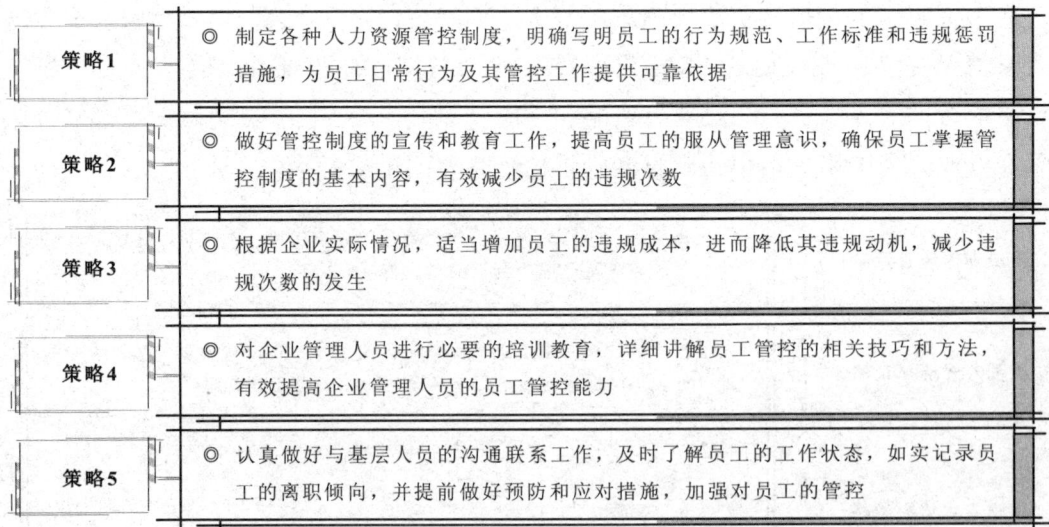

策略1	◎ 制定各种人力资源管控制度，明确写明员工的行为规范、工作标准和违规惩罚措施，为员工日常行为及其管控工作提供可靠依据
策略2	◎ 做好管控制度的宣传和教育工作，提高员工的服从管理意识，确保员工掌握管控制度的基本内容，有效减少员工的违规次数
策略3	◎ 根据企业实际情况，适当增加员工的违规成本，进而降低其违规动机，减少违规次数的发生
策略4	◎ 对企业管理人员进行必要的培训教育，详细讲解员工管控的相关技巧和方法，有效提高企业管理人员的员工管控能力
策略5	◎ 认真做好与基层人员的沟通联系工作，及时了解员工的工作状态，如实记录员工的离职倾向，并提前做好预防和应对措施，加强对员工的管控

图 11-13　人力资源约束管控策略

策略6	◎ 树立具有代表性的员工榜样,以员工榜样的形式来约束和引导广大员工的工作行为,进而提高企业对员工的约束和管控效果
策略7	◎ 合理加强对员工行为的监督和指导工作,及时纠正员工的不良行为,有效减少其违规操作的危害

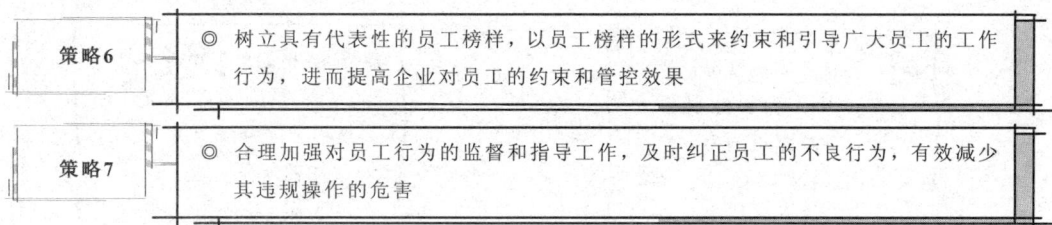

图 11-13　人力资源约束管控策略(续)

11.3.5　人力资源妥当退出策略

企业在日常经营管理中,不可避免地会遇到各种形式的人力资源退出现象。在进行人力资源退出管理时,企业应根据客观、公正的绩效考核结果实现人才的优胜劣汰,不断提高企业的人力资源质量;并根据国家法律规定和劳动合同的相关内容,切实做好退出人员的安置工作,进而确保人力资源的妥当退出。

一般而言,企业标准的人力资源妥当退出策略具有图 11-14 所示的五个特征。

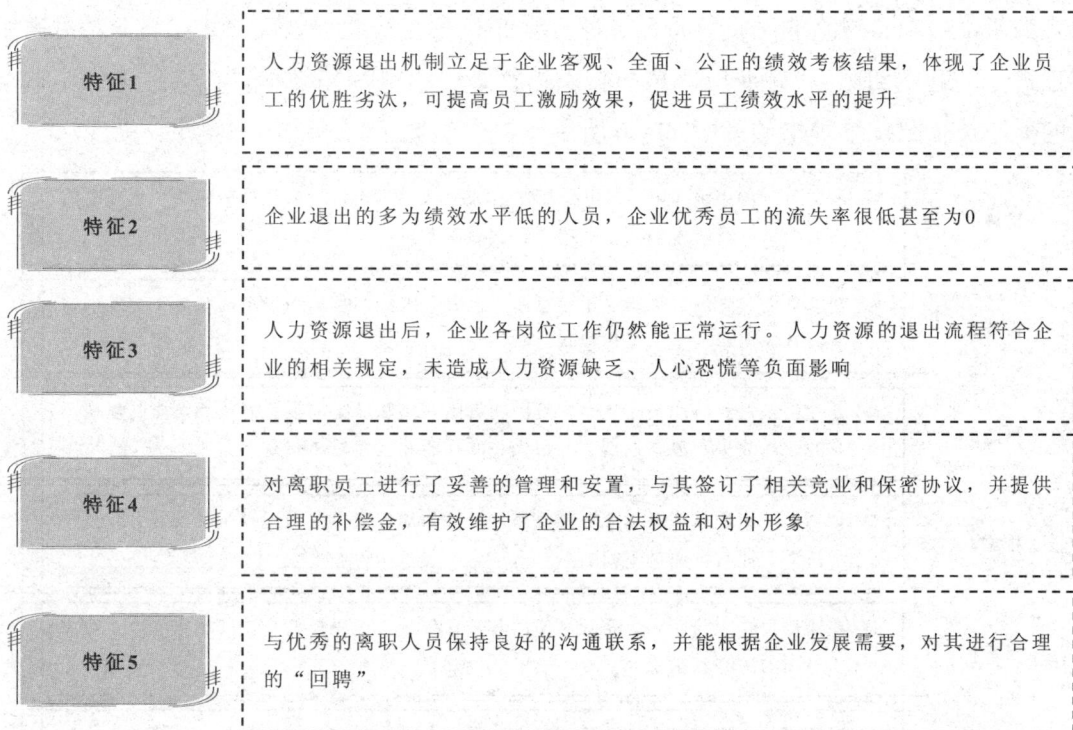

特征1	人力资源退出机制立足于企业客观、全面、公正的绩效考核结果,体现了企业员工的优胜劣汰,可提高员工激励效果,促进员工绩效水平的提升
特征2	企业退出的多为绩效水平低的人员,企业优秀员工的流失率很低甚至为0
特征3	人力资源退出后,企业各岗位工作仍然能正常运行。人力资源的退出流程符合企业的相关规定,未造成人力资源缺乏、人心恐慌等负面影响
特征4	对离职员工进行了妥善的管理和安置,与其签订了相关竞业和保密协议,并提供合理的补偿金,有效维护了企业的合法权益和对外形象
特征5	与优秀的离职人员保持良好的沟通联系,并能根据企业发展需要,对其进行合理的"回聘"

图 11-14　人力资源妥当退出策略特征

在日常经营管理中,为了确保人力资源的妥当退出,企业应根据自身情况制定并执行合理的人力资源妥当退出策略,具体如图 11-15 所示。

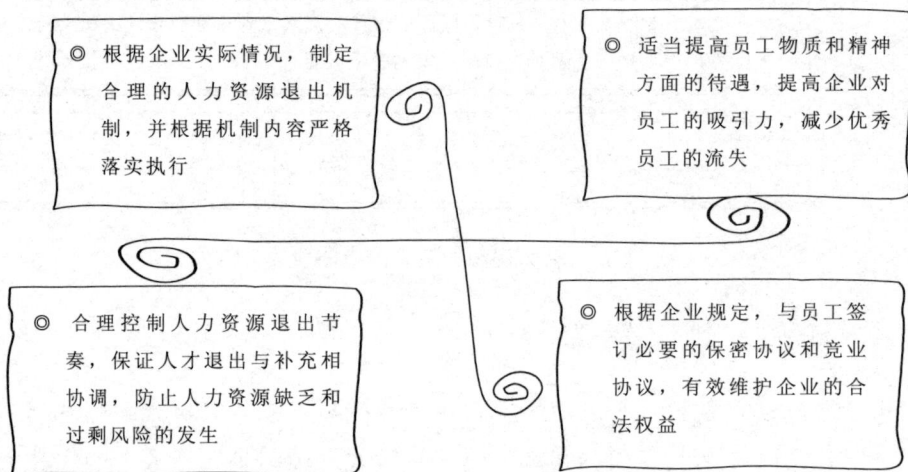

◎ 根据企业实际情况，制定合理的人力资源退出机制，并根据机制内容严格落实执行

◎ 适当提高员工物质和精神方面的待遇，提高企业对员工的吸引力，减少优秀员工的流失

◎ 合理控制人力资源退出节奏，保证人才退出与补充相协调，防止人力资源缺乏和过剩风险的发生

◎ 根据企业规定，与员工签订必要的保密协议和竞业协议，有效维护企业的合法权益

图 11-15　人力资源妥当退出策略

11.3.6　离职员工跟踪维护措施

为了维护和宣传企业的良好形象，提高企业现任人员的忠诚度，并在需要时对离职员工进行顺利"回聘"，企业应对离职员工进行必要的跟踪和维护。在实际工作中，常见的离职员工跟踪维护措施如图 11-16 所示。

措施1	◎ 通过一定的渠道（电话、电子邮件、QQ、飞信等），与离职员工保持一定程度的沟通联系，及时告知其企业的最新发展动态
措施2	◎ 建立全面、详细的离职员工信息库，多方面跟踪、收集和记录离职员工的发展情况，掌握离职员工的工作现状
措施3	◎ 定期组织进行离职员工聚会，维护和巩固与离职员工间的良好关系，向其展现企业的发展成果和战略规划，并积极获取行业和竞争对手信息
措施4	◎ 定期邀请离职员工参加企业的重要活动（如周年庆典、大型员工活动等），进一步拉近企业与离职员工的关系
措施5	◎ 在离职员工生日时，以企业名义向其发送贺卡、祝福短信，使其感知到企业对离职员工的关心和重视
措施6	◎ 对离职员工实施"合理化建议奖"，凡为企业发展提供重要意见、建议或行业信息的离职员工，提供合理的奖励
措施7	◎ 当企业需求相关人才时，将招聘信息通知符合条件的离职员工，建议其参与面试，并允诺成功录用后，免除试用期，直接成为正式员工

图 11-16　离职员工跟踪维护措施

11.4　人力资源管理风险控制实务

11.4.1　人力资源需求管理流程

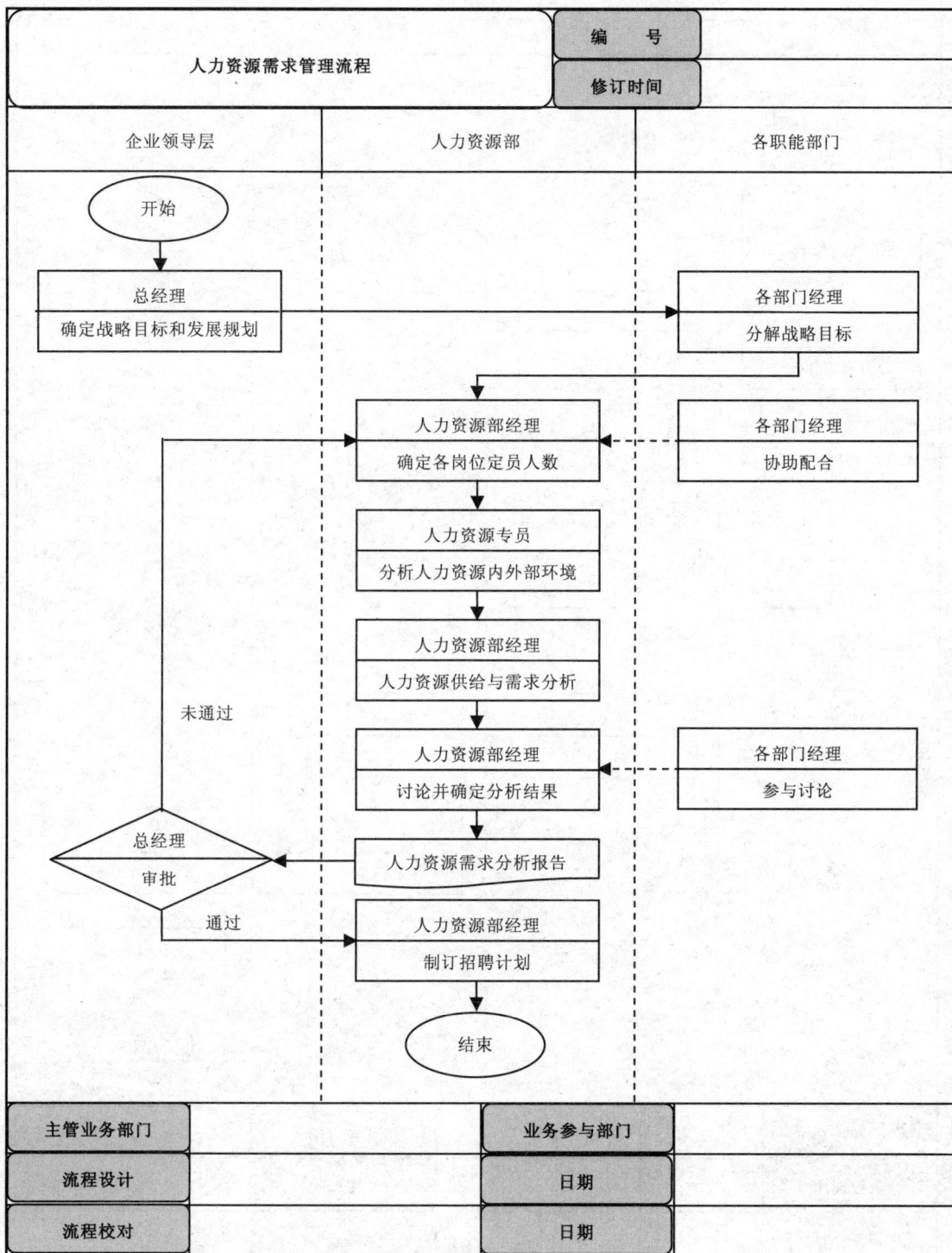

| 人力资源需求管理流程 | 编　号 | |
| | 修订时间 | |

企业领导层	人力资源部	各职能部门

开始

总经理		各部门经理
确定战略目标和发展规划		分解战略目标

人力资源部经理		各部门经理
确定各岗位定员人数		协助配合

人力资源专员
分析人力资源内外部环境

人力资源部经理
人力资源供给与需求分析

人力资源部经理		各部门经理
讨论并确定分析结果		参与讨论

未通过

总经理
审批

人力资源需求分析报告

通过

人力资源部经理
制订招聘计划

结束

主管业务部门		业务参与部门	
流程设计		日期	
流程校对		日期	

11.4.2 核心人才引进开发流程

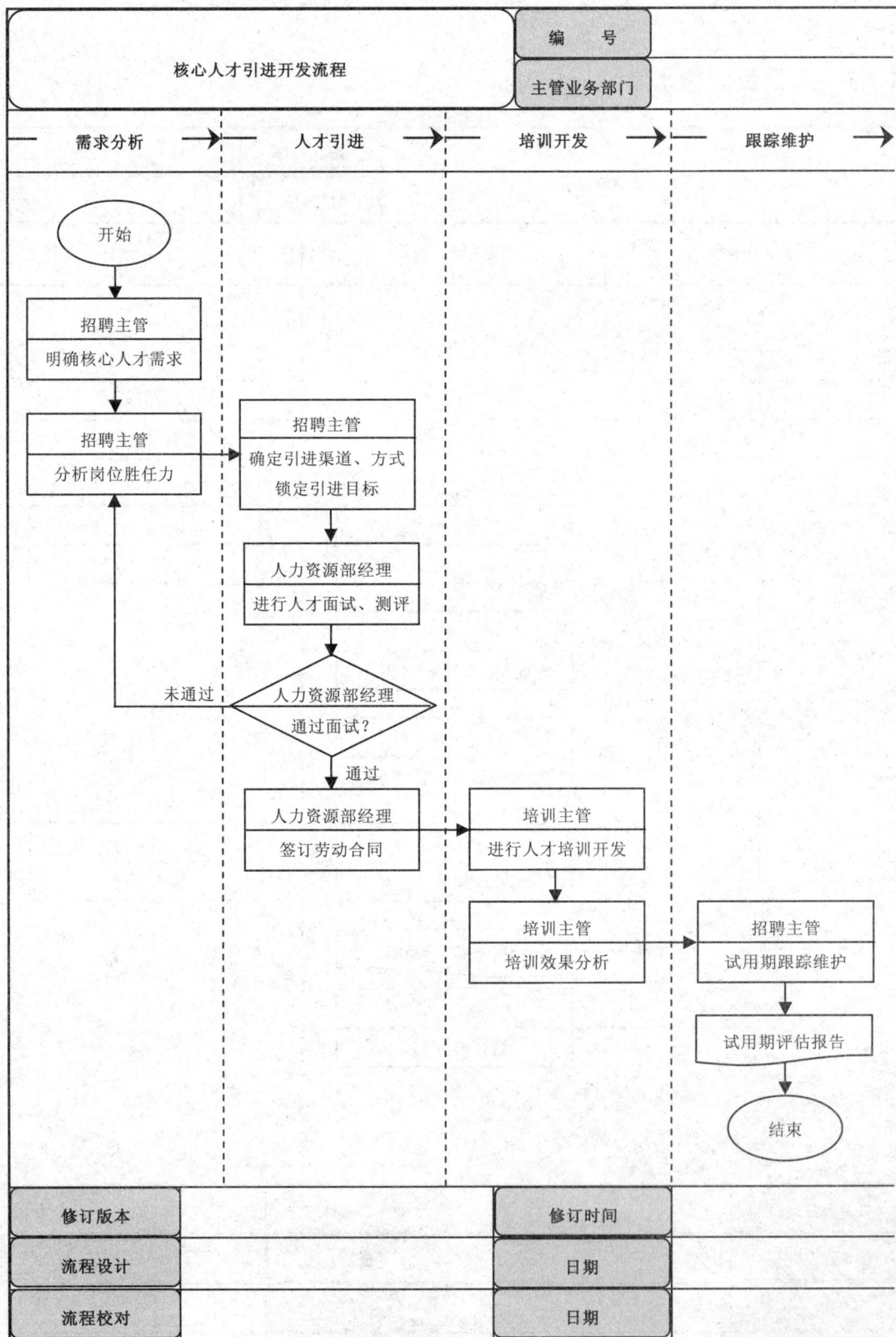

核心人才引进开发流程	编　号
	主管业务部门

需求分析 →	人才引进 →	培训开发 →	跟踪维护 →

开始

招聘主管
明确核心人才需求

招聘主管
分析岗位胜任力

招聘主管
确定引进渠道、方式
锁定引进目标

人力资源部经理
进行人才面试、测评

人力资源部经理
通过面试？ —— 未通过

通过

人力资源部经理
签订劳动合同

培训主管
进行人才培训开发

培训主管
培训效果分析

招聘主管
试用期跟踪维护

试用期评估报告

结束

修订版本		修订时间	
流程设计		日期	
流程校对		日期	

11.4.3 员工脱产培训控制流程

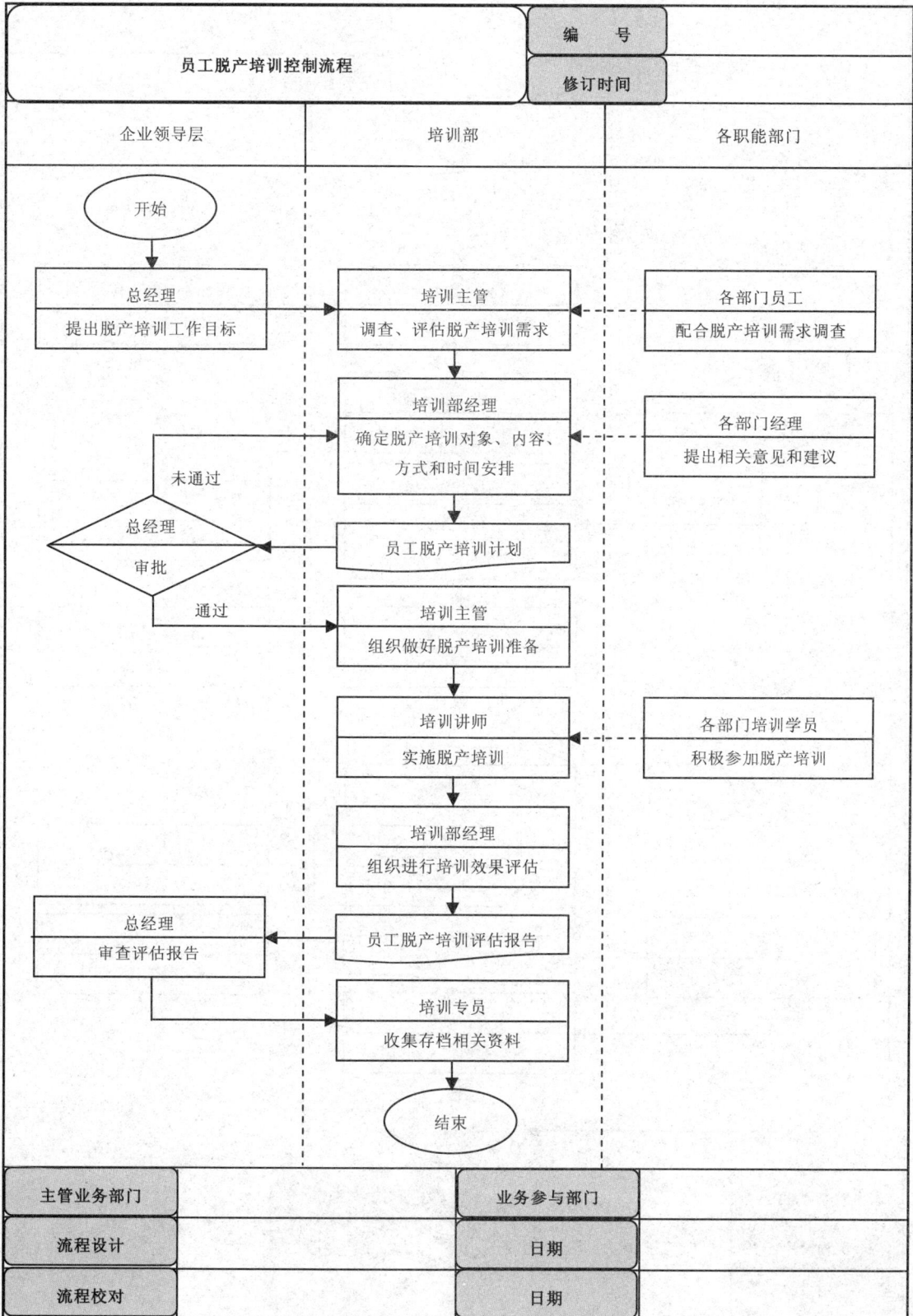

员工脱产培训控制流程	编　号	
	修订时间	

企业领导层	培训部	各职能部门

```
        ( 开始 )
           │
           ▼
┌──────────────┐      ┌──────────────┐      ┌──────────────┐
│    总经理    │─────▶│   培训主管   │◀ ─ ─ │  各部门员工  │
│提出脱产培训  │      │调查、评估脱产 │      │配合脱产培训  │
│工作目标      │      │培训需求      │      │需求调查      │
└──────────────┘      └──────────────┘      └──────────────┘
                             │
                             ▼
                      ┌──────────────┐      ┌──────────────┐
              ┌──────▶│   培训部经理  │◀ ─ ─ │  各部门经理  │
              │       │确定脱产培训对象、│    │提出相关意见  │
              │       │内容、方式和时间 │    │和建议        │
    未通过    │       │安排          │      └──────────────┘
              │       └──────────────┘
     ◇        │              │
   ╱ 总经理 ╲ │              ▼
  ◇  审批   ◇◀───────┌──────────────┐
   ╲       ╱         │员工脱产培训计划│
     ◇              └──────────────┘
     │ 通过
     └──────────▶┌──────────────┐
                 │   培训主管   │
                 │组织做好脱产  │
                 │培训准备      │
                 └──────────────┘
                        │
                        ▼
                 ┌──────────────┐      ┌──────────────┐
                 │   培训讲师   │◀ ─ ─ │各部门培训学员│
                 │实施脱产培训  │      │积极参加脱产培训│
                 └──────────────┘      └──────────────┘
                        │
                        ▼
                 ┌──────────────┐
                 │   培训部经理  │
                 │组织进行培训  │
                 │效果评估      │
                 └──────────────┘
                        │
┌──────────────┐        ▼
│    总经理    │◀─┌──────────────┐
│审查评估报告  │  │员工脱产培训评估│
└──────────────┘  │报告          │
       │          └──────────────┘
       │                 │
       └────────▶┌──────────────┐
                 │   培训专员   │
                 │收集存档相关  │
                 │资料          │
                 └──────────────┘
                        │
                        ▼
                    ( 结束 )
```

主管业务部门		业务参与部门	
流程设计		日期	
流程校对		日期	

11.4.4 辞退员工风险控制流程

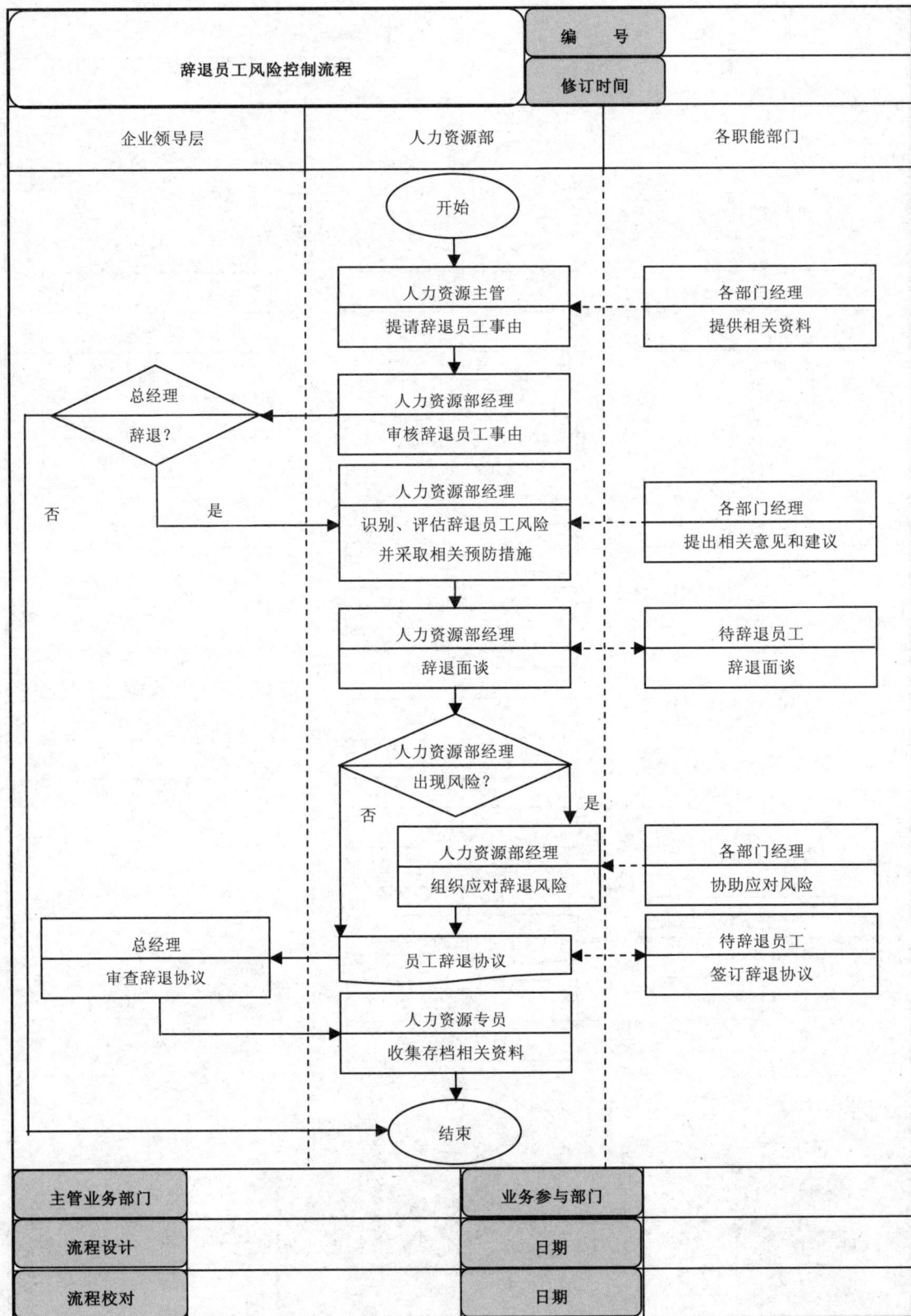

辞退员工风险控制流程		编　号	
		修订时间	
企业领导层	人力资源部	各职能部门	

```
                          ┌─────────┐
                          │  开始   │
                          └─────────┘
                              │
              ┌───────────────┴───────────┐        ┌───────────────────┐
              │   人力资源主管           │◄ ─ ─ ─ │   各部门经理       │
              │   提请辞退员工事由       │        │   提供相关资料     │
              └───────────────────────────┘        └───────────────────┘
                              │
   ◆ 总经理         ┌───────────────────────────┐
  ╱ 辞退？ ╲◄───────│   人力资源部经理         │
   ◆         ╲      │   审核辞退员工事由       │
    否    是        └───────────────────────────┘
              │
              │       ┌───────────────────────────┐        ┌───────────────────┐
              └──────►│   人力资源部经理         │◄ ─ ─ ─ │   各部门经理       │
                      │   识别、评估辞退员工风险 │        │   提出相关意见和建议│
                      │   并采取相关预防措施     │        └───────────────────┘
                      └───────────────────────────┘
                              │
                      ┌───────────────────────────┐        ┌───────────────────┐
                      │   人力资源部经理         │─ ─ ─ ─►│   待辞退员工       │
                      │   辞退面谈               │        │   辞退面谈         │
                      └───────────────────────────┘        └───────────────────┘
                              │
                      ◆ 人力资源部经理 ◆
                     ╱   出现风险？    ╲
                      ◆              ◆
                    否              是
              │                       │
              │              ┌───────────────────────────┐   ┌───────────────────┐
              │              │   人力资源部经理         │◄─ │   各部门经理       │
              │              │   组织应对辞退风险       │   │   协助应对风险     │
              │              └───────────────────────────┘   └───────────────────┘
   ┌──────────────────┐     ┌───────────────────────────┐   ┌───────────────────┐
   │   总经理         │◄────│   员工辞退协议           │◄─ │   待辞退员工       │
   │   审查辞退协议   │     └───────────────────────────┘   │   签订辞退协议     │
   └──────────────────┘                                      └───────────────────┘
              │              ┌───────────────────────────┐
              │              │   人力资源专员           │
              └─────────────►│   收集存档相关资料       │
                             └───────────────────────────┘
                                      │
                                 ┌─────────┐
                                 │  结束   │
                                 └─────────┘
```

主管业务部门		业务参与部门	
流程设计		日期	
流程校对		日期	

11.4.5 员工离职审计管理流程

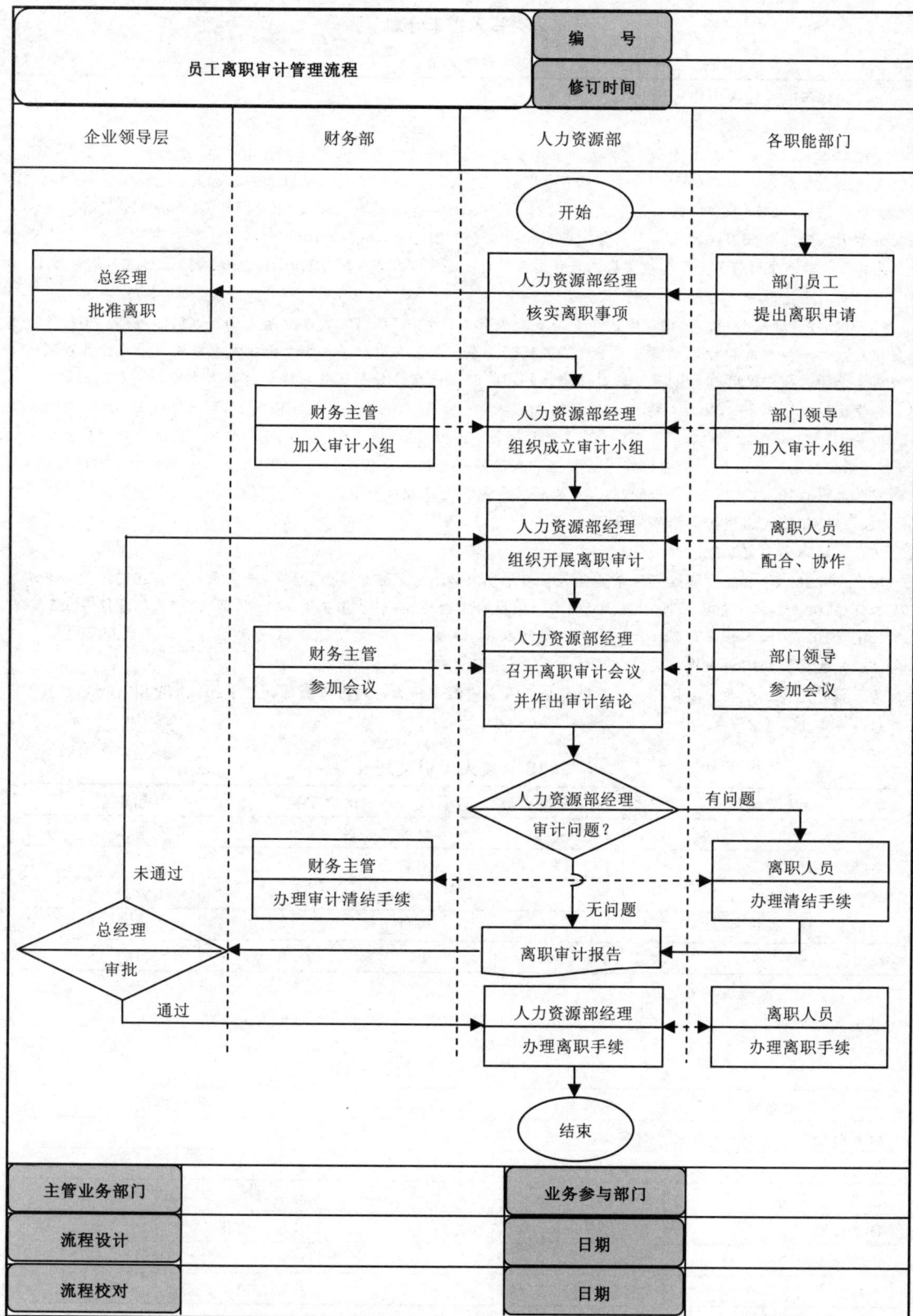

| 员工离职审计管理流程 | 编　号 | |
| | 修订时间 | |

企业领导层	财务部	人力资源部	各职能部门

开始

总经理		人力资源部经理	部门员工
批准离职		核实离职事项	提出离职申请

财务主管	人力资源部经理	部门领导
加入审计小组	组织成立审计小组	加入审计小组

人力资源部经理	离职人员
组织开展离职审计	配合、协作

财务主管	人力资源部经理	部门领导
参加会议	召开离职审计会议 并作出审计结论	参加会议

人力资源部经理 审计问题？　有问题

财务主管	离职人员
办理审计清结手续	办理清结手续

无问题

总经理 审批　未通过

离职审计报告

通过

人力资源部经理	离职人员
办理离职手续	办理离职手续

结束

主管业务部门		业务参与部门	
流程设计		日期	
流程校对		日期	

11.4.6 人力资源需求计划范本

人力资源需求计划

编　号：　　　　编制部门：　　　　审批人员：　　　　审批日期：＿＿＿年＿＿月＿＿日

一、2012年度企业人力资源现状

（一）人力资源整体结构

2012年年末，企业共有正式员工500人。其中管理人员100人，各岗位基层员工400人。企业管理人员中，研究生及以上学历水平的有10人，本科生学历水平的有80人，学历水平在本科以下的有10人，这三类人员分别占企业员工总数的2%、16%和2%。基层员工中，本科及以上学历水平的有50人，专科及以上学历水平的有300人，高中学历水平的有50人，这三类人员分别占企业员工总数的10%、60%和10%。

此外，根据企业与劳务派遣单位签订的合作协议，企业在生产旺季（每年的9～12月份）将增加100名临时员工。

（二）人力资源现状分析

1. 人员数量现状分析。2012年度，企业员工流失50人，外部招聘100人，净增加50人。总体而言，2012年度企业的人力资源数量和业务发展需要呈现适度紧张关系。在正常生产条件下，企业人力资源数量与业务发展需要基本平衡；在生产旺季，则需要通过加班、聘用临时工的形式延长工作时间，弥补人力资源不足的问题。

2. 学历结构现状分析。2012年度，企业过半的员工为专科水平；本科及以上学历水平的管理人员占员工总数的18%，比20%的规划目标低两个百分点；本科及以上的基层员工占员工总数的10%，比15%的规划目标低5个百分点。

3. 职能结构现状分析。企业管理人员和生产人员分别占员工总数的20%、60%，基本能满足企业发展需要；研发人员仅有10人，占员工总数的2%，无法满足企业的正常发展需要。

二、2013年度人力资源供给需求分析

（一）新增人力资源需求

根据企业2013年度的发展规划，企业业务量将增加20%。为了满足企业业务发展需求，企业2013年度需新增人力资源100人，其中招聘经理1人、主管2人、项目研发经理2人、质量主管5人、货运司机5人、仓储专员5人、生产主管10人、技术研发人员10人、生产人员60人。

（二）人力资源引进安排

为了更好地实现企业发展目标，有效提高企业人力资源竞争力，人力资源部计划于2013年度引进10名重要人才，具体如下表所示。

2013年度人才引进列表

人才类型	引进人数	岗位配置	引进渠道
注册会计师	1人	财务部经理	朋友推荐
高级猎头顾问	1人	招聘经理	朋友推荐
高级研发工程师	2人	项目研发经理	猎头招聘
质量工程师	3人	质量主管	猎头招聘
高级技师	3人	生产主管	猎头招聘

（三）人力资源流失预测

根据调查分析以及企业员工辞退计划，2013年度预计流失员工30名，具体如下表所示。

2013年度预计流失员工人数

岗位名称	所属部门	流失人数	流失类型
财务部经理	财务部	1人	辞职
项目研发经理	研发部	1人	辞职
技术研发人员	研发部	2人	辞职
货运司机	物流部	3人	辞职、退休
销售代表	营销部	3人	辞职
基层生产人员	生产部	20人	辞职、退休、辞退

三、企业人力资源需求

根据企业2013年度人力资源的新增、引进和流失情况，企业2013年度人力资源的需求数量为140人，具体如下表所示。

2013年度企业人力资源需求说明

序号	岗位名称	所属部门	需求人数	任职资格	备注
1	财务部经理	财务部	1人	本科及以上学历，5年以上财务工作经验，1年以上财务经理工作经历，具有高级会计师职称，具有良好的职业道德和很强的责任心	
2	招聘部经理	招聘部	1人	本科及以上学历，5年以上招聘工作经验，具备良好的面试、人才测评和渠道维护技能，乐观开朗、吃苦耐劳	
3	招聘主管	招聘部	2人	本科以上学历水平，3年以上工作经验，1年以上招聘主管经验，熟悉招聘流程，掌握必要的面试和人才测评技巧，具有企业人力资源管理师三级证书，性格乐观、开朗	
4	项目研发经理	研发部	3人	硕士及以上学历，具有3年以上本行业研发经验，1年以上项目研发经理工作经历，事业心强，具有良好的专业技术和管理能力	
5	销售代表	营销部	3人	本科及以上学历，具有1年以上销售工作经验，熟悉本行业基本情况，熟练掌握各种销售技巧，性格开朗乐观，吃苦耐劳	
6	质量主管	质量管理部	5人	本科及以上学历，具有3年以上质量管理经验，1年以上本职位工作经验，掌握各种质量检验和管理技能，具有很强的职业道德	
7	仓储专员	仓储部	5人	专科及以上学历，本科学历优先，具有1年以上仓储工作经验，吃苦耐劳、责任心强	
8	货运司机	物流部	8人	专科及以上学历，具有3年以上货运驾驶经验，熟练掌握基本驾驶技巧，驾驶经验丰富，无不良驾驶记录，具有A本驾照	
9	生产主管	生产部	10人	本科及以上学历，具有3年以上本行业生产经验，1年以上生产主管工作经验，熟悉生产流程和基本的制造工艺，掌握一定的员工管理技巧	
10	技术研发员	研发部	12人	本科以上学历，具有1年以上本行业研发经验，掌握必要的专业知识和研发技巧，具有较强的学习和适应能力	
11	基层生产人员	生产部	80人	专科及以上学历，本科学历优先，具有1年以上的生产操作经验，熟悉产品生产的基本流程，能熟练操作生产设备，身体健康，吃苦耐劳	

实施对象：

实施日期：＿＿＿年＿月＿日

11.4.7　员工培训实施管理制度

制度名称	员工培训实施管理制度				
制度版本		受控状态	□ 受控　□ 非受控	制度编号	

<table>
<tr><td rowspan="1"></td><td colspan="2">第1条　目的</td></tr>
</table>

第1条　目的

为了提高员工培训工作的规范性和标准性，有效保证员工培训效果，切实提高各岗位员工的职业素养和工作技能，根据公司相关规定特制定本管理制度。

第2条　适用范围

本制度适用于公司各类员工（包括新员工、在职员工等）的培训实施管理工作。

第3条　职责分工

公司人力资源部作为员工培训的归口管理部门，全权负责员工培训实施管理工作，其他各职能部门应认真予以支持和配合。员工培训实施管理的主要执行主体及其职责划分如下表所示。

员工培训实施管理职责分工表

执行主体	职责说明
人力资源部经理	◎ 负责组织制定员工培训的相关制度、流程和方案，规范培训工作 ◎ 负责各类员工培训计划、预算、课程教材等文件的审核审批工作 ◎ 负责员工培训质量的管理工作，组织做好培训效果的评估审查工作 ◎ 组织做好员工培训实施过程中各种风险的识别、评估和应对工作，确保员工培训工作的顺利进行
培训主管	◎ 负责组织进行员工培训需求的调查和分析工作，准确判断和确定员工培训的范围、内容和具体安排，编制员工培训计划并上报审核 ◎ 负责组织做好员工培训的准备工作，确保员工培训的顺利实施 ◎ 积极参与员工培训质量管理工作，做好培训效果的调查、评估工作 ◎ 负责培训预算的编制工作，并积极采取相关措施合理降低培训费用 ◎ 积极参与员工培训风险识别、评估和应对工作，有效消除培训风险
培训讲师	◎ 负责做好培训课程的开发和培训教材的编写、采购等工作 ◎ 负责做好培训课程的讲授工作 ◎ 积极参与培训质量管理工作，确保员工培训的效果 ◎ 积极参与各种员工培训风险管理工作，最大限度地降低风险危害 ◎ 认真收集和整理相关资料，建立并不断完善员工培训体系
培训专员	◎ 开展员工培训需求的调查和分析工作，认真收集相关资料 ◎ 负责做好员工培训的准备和后续服务工作，确保员工培训工作顺利实施
其他相关部门和人员	◎ 积极配合员工培训的需求调查、学员管理和效果评估工作 ◎ 相关优秀技能人员应积极参与员工培训的课程开发、课程讲授以及效果评估工作

左侧竖排：**总则**　**第1章**

左侧竖排：**第2章**　**新员工**　**培训管理**

第4条　培训对象

凡新入职员工、岗位调换员工等都属于新员工培训对象，都应积极参与公司的员工培训活动。对于拒不参加培训活动或违反培训纪律的员工，员工所在部门领导应根据公司相关规定采取相关处罚措施。

第5条　培训时间和地点

1．培训时间。新员工培训时间为5天，培训课时为30课时。

2．培训地点。新员工培训地点主要包括公司会议室、生产现场等。

制度名称	员工培训实施管理制度				
制度版本		受控状态	□ 受控　　□ 非受控	制度编号	

<table>
<tr><td rowspan="30">第2章
新员工
培训管理</td><td colspan="5">

第6条 培训内容

新员工培训内容主要包括公司概况、职业素养、制度规范和基本技能四部分,其具体培训内容和课程安排如下表所示。

新员工培训内容

内容类别	培训内容	培训课程	课时
公司概况	公司发展历程和业务介绍	公司简介	1课时
	公司文化	我们的文化	2课时
职业素养	敬业精神和责任心	敬业、负责——员工的基本素质	2课时
	团队合作精神	团结的力量	2课时
	安全意识	身体是革命的本钱	3课时
	诚信	人无信而不立	2课时
制度规范	公司管理制度	员工管理章程、人事考核规定等	3课时
	职业发展规划	员工职业规划	3课时
基本技能	工作职责	各岗位工作职责和工作权限	2课时
	基本工作技能	工作技巧、设备操作办法等	10课时

第7条 培训方法

新员工培训主要以理论知识培训为主,其培训方法主要包括课堂讲授、案例分析、现场参观体验等。

第8条 其他培训规定

在进行新员工培训过程中,人力资源部相关人员应遵守以下规定。

1．要充分做好培训准备工作,确保相关培训设备、工具的正常运行。

2．要注意维护培训秩序,协助培训讲师顺利完成新员工培训工作。

3．要严格把关新员工培训的各个环节,认真做好培训效果评估工作,全面确保新员工培训的质量。

4．要合理控制培训费用支出,杜绝培训费用的挪用、浪费等不良现象。
</td></tr>
</table>

<table>
<tr><td rowspan="20">第3章
在职员工
培训管理</td><td colspan="5">

第9条 培训对象

公司所有在职的正式员工均为在职员工培训的对象,均应根据公司相关规定积极参加在职员工的培训教育工作,努力提高自身的职业素养和工作技能。

第10条 培训时间和地点

1．培训时间

人力资源部利用生产淡季和其他空闲时间,定期或不定期地组织进行员工培训工作。公司员工的平均培训时间不得低于__课时/季度。

2．培训地点

在职员工的培训地点主要包括公司会议室、生产现场和外部培训场地等。

第11条 培训内容

1．在职员工的培训内容和培训课程因岗位和职位级别的不同而不同。具体培训内容和课程应由培训讲师根据岗位特征和需求调查结果等因素进行开发和设计。

2．所有新开发和新修订的培训课程均需经过人力资源部经理的审核,审核通过后方可投入使用。
</td></tr>
</table>

制度名称	员工培训实施管理制度				
制度版本		受控状态	□ 受控　□ 非受控	制度编号	

第3章 **在职员工** **培训管理**	**第12条　培训实施流程** 为提高员工培训的规范性和标准性，确保培训质量，人力资源部相关人员应按照以下流程进行在职员工的培训管理工作。 1. 培训需求调查 培训主管根据员工培训的目的和要求，组织开展员工培训需求的调查和分析工作，并综合公司发展需要、员工内在需求和现有培训资源等因素合理确定员工培训的范围、内容、方法和具体培训形式。 2. 制订培训计划 培训主管、培训讲师和培训专员根据以上内容，共同拟订在职员工培训计划，明确写明培训对象、培训时间和地点安排、培训课程、培训形式、培训讲师和培训课时等。培训计划经人力资源部经理审批通过后，培训主管立即组织执行。 3. 培训课程开发 培训讲师根据培训计划安排，认真做好相关培训课程的开发和修订工作，合理选择培训教材，并及时将课程开发和修订结果报人力资源部经理审批。 4. 培训准备工作 培训专员根据培训计划充分做好培训准备工作，确保培训场地、培训设备的正常可用，并在培训前＿＿天及时将培训安排通知相关部门和人员。 5. 培训课程讲授和考核 培训讲师按照培训计划进行课程讲授，改善学员的职业素养，传授和强化学员的工作技能，全面提高学员的工作能力。课程讲授完成后，培训讲师以书面测试和现场测试的形式对学员进行培训考核，并如实记录考核结果。 6. 培训效果评估 培训结束后，人力资源部经理组织培训主管、培训讲师以及相关部门领导对培训效果进行评估，客观分析员工培训的成本投入和综合效益。 7. 编制培训工作报告 培训效果评估结束后，培训主管根据员工培训的具体情况，认真编制培训工作报告，并及时上报相关领导审核。
第4章 **员工培训** **风险管理**	**第13条　风险识别和评估** 人力资源部经理应组织相关培训人员对员工培训中潜在的各种风险进行科学分析、识别和评估，为风险的预防和处理提供客观依据。一般而言，常见的员工培训风险如下所示。 1. 培训需求调查风险 未进行培训需求调查或调查不全面、不客观，可能导致培训内容选择不合理，进而严重影响员工培训效果。 2. 培训形式选择风险 培训形式过于单一或培训内容与培训形式不协调，可能造成员工培训效果的降低。 3. 培训质量管理风险 缺乏合理的培训质量管理体系或培训质量管理流于形式，可能导致员工培训缺乏必要的监督和管理，进而造成培训效果的明显下降。

制度名称			员工培训实施管理制度			
制度版本		受控状态	☐ 受控 ☐ 非受控		制度编号	

<table>
<tr><td rowspan="1">第4章
员工培训
风险管理</td><td colspan="6">

4．培训成本控制风险

缺乏必要的培训预算安排和成本控制措施，可能导致培训费用明显超出预算金额，进而造成公司经营成本的增加。

5．员工流失风险

缺乏对员工忠诚度的培养和对员工行为的必要约束，可能导致员工在接受重要培训后出现流失现象，进而对公司造成严重损失。

第14条　风险预防措施

根据员工培训的风险识别和评估结果，人力资源部经理应有针对性地采取预防措施。常见预防措施如下：

1．将员工培训纳入公司的风险管理体系，重视对员工培训的风险管理工作。

2．重视并切实做好培训需求调查工作，综合各方面因素合理确定培训内容，确保员工培训工作的可行性和必要性。

3．加强对培训计划和培训课程的审查力度，确保培训计划的合理性、培训课程设计的科学性和准确性以及培训形式选择的灵活性和多样性。

4．建立完善的培训质量管理体系，明确相关人员责任，多维度保障员工培训的效果。

5．编制培训预算执行计划，并采取相关措施合理控制培训费用，确保培训费用不超过预算限额。

6．采取相关措施提高员工忠诚度，并与将要进行重要系统培训的员工签订培训协议，明确双方的责任和权利，有效防止员工在接受培训后的流失现象。

第15条　风险处理

员工培训风险发生后，人力资源部经理应组织相关人员认真分析和评估风险的类型、危害程度和影响范围，并及时采取相关处理措施，有效解决各种培训风险。一般而言，常见的风险处理措施如下：

1．对培训计划和培训课程安排进行合理调整，删除非必要的培训内容和培训计划，减少培训资源的浪费。

2．调整现有的培训形式，根据培训内容、培训条件和学员特征选用合理、多样的培训形式，形象、生动、高效地向学员传授工作技能，不断提高学员的绩效水平。

3．加强对培训质量的监管力度，对存在质量问题的培训环节进行及时、有效的弥补，切实保证员工培训的质量。

4．适当调整培训预算安排，并立即采取成本控制措施，力求在保证培训质量的情况下，将培训费用控制在预算范围内。

5．与准备辞职的学员进行面谈，从薪酬福利、员工激励、工作环境、职业发展、员工关系等方面说明公司的员工待遇优势，劝说其继续留任工作。
</td></tr>
<tr><td>附则
第5章</td><td colspan="6">

第16条　本制度的制定和修订工作由人力资源部具体负责，定期修订时间为每年12月的__日～__日。

第17条　本制度的最终解释权归人力资源部所有。

第18条　本制度经相关领导审批通过后，自____年__月__日起正式实施。
</td></tr>
<tr><td>编制部门</td><td></td><td>审批人员</td><td></td><td>审批日期</td><td></td><td></td></tr>
</table>

11.4.8　员工岗位异动管理办法

制度名称	员工岗位异动管理办法				
制度版本		受控状态	□ 受控　□ 非受控	制度编号	

总　则 **第1章**	**第1条　目的** 为了规范员工岗位异动的管理工作，减少岗位异动对公司运行的负面影响，优化公司员工与岗位的配置情况，根据公司相关规定特制定本管理办法。 **第2条　适用范围** 本管理办法适用于公司所有员工的岗位异动管理工作。 **第3条　职责分工** 1．人力资源部作为员工岗位异动的归口管理部门，其具体工作职责如下： （1）制定并定期修订员工岗位异动的相关管理制度和工作流程，为其管理工作提供科学指导和可靠依据。 （2）与岗位异动的员工及其直接上级进行面谈，准确掌握其异动原因，并根据实际情况对其进行劝说和指导。 （3）负责岗位异动手续的办理工作，监督岗位异动员工的工作交接活动或对其进行离职审计工作，并及时与岗位异动员工变更或终止劳动合同。 （4）对岗位调动的员工进行入职培训，确保其具备基本的认知技能。 （5）及时上报和公布员工岗位异动情况，并做好相关资料的收集、整理和备案工作。 2．其他相关部门和人员应积极配合员工岗位异动的管理工作，认真办理岗位异动手续，确保岗位异动的顺利进行，最大限度地降低岗位异动的负面影响。
第2章 **岗位异动** **形式和办** **理流程**	**第4条　职位晋升** 职位晋升是通过公平、公正的内部选拔形式，提升员工职位等级以弥补空缺职位的一种岗位异动形式。职位晋升的办理流程如下所示。 1．出现职位空缺时，空缺职位所在部门及时向人力资源部提交"用人需求表"。 2．人力资源部经理会同相关部门领导以内部选拔招聘的形式，筛选优秀员工，并将筛选结果报总经理审批。 3．总经理审批通过后，人力资源部出具"员工异动通知单"，并经相关部门领导审批签字后，安排待晋升员工办理工作交接手续。 4．人力资源部对待晋升员工进行入职培训，确保其具备必要的工作技能。 5．人力资源部为待晋升员工调整岗位级别和薪资待遇，并下发"岗位任命书"，正式安排其就任新职位。 **第5条　岗位调动** 岗位调动是根据公司发展需要和员工发展意向，对员工进行平级调动的岗位异动形式。岗位调动包括部门内岗位调动和跨部门岗位调动两种形式。 1．部门内岗位调动的办理流程如下： （1）待调动员工所在部门领导填写"员工部门内部调动申请表"，明确说明岗位调动情况和调动原因，并及时向人力资源部提交。 （2）人力资源部审阅"员工部门内部调动申请表"，并及时报总经理审批。 （3）总经理审批通过后，人力资源部对"员工部门内部调动申请表"进行存档备案，并及时出具和下发"员工异动通知单"。 （4）人力资源部安排待调动员工进行工作交接，并对交接过程进行监督和见证，同时安排待调动员工进行入职培训，确保其掌握必要的工作技能。 （5）人力资源部为待调动员工变更劳动合同，并安排其正式上岗工作。

制度名称	员工岗位异动管理办法			
制度版本	受控状态	□ 受控　□ 非受控	制度编号	

<table>
<tr>
<td rowspan="1">第2章
岗位异动
形式和办
理流程</td>
<td>

2．跨部门岗位调动的工作流程如下：

（1）确实因工作需要和员工发展要求需要进行岗位调动的，应由拟调入部门填写"员工跨部门调动申请表"，并及时提交至人力资源部。

（2）人力资源部对申请表单进行认真核实和分析，并及时联系调出部门领导和相关员工，明确说明调动安排。在获得调出部门领导和相关员工同意后，引导其填写"员工跨部门调动申请表"，并检查无误后报总经理审批。

（3）总经理审批通过后，人力资源部对"员工跨部门调动申请表"进行存档备案，并及时下发"员工异动通知单"，要求相关部门和人员在规定时间内完成调动工作。

（4）人力资源部对工作交接过程进行监督和见证，并对调动人员进行必要的入职培训，确保其能顺利胜任新岗位工作。

（5）人力资源部及时为调动员工变更劳动合同，并安排其正式上岗工作。

第6条 降职

降职是指由于工作绩效持续过低、无法继续胜任原工作或员工处罚等原因，适当降低员工职位等级的一种岗位异动形式。员工降职的办理流程如下：

1．待降职员工所在部门领导认真填写"员工降职申请表"，并及时提交至人力资源部。

2．人力资源部认真核实申请表单和降职事项，并及时报总经理审批。

3．总经理审批通过后，人力资源部对申请表单进行存档备案，并及时签发"员工异动通知单"。

4．人力资源部对降职员工的工作交接活动进行监督见证，并对其进行必要的入职培训。

5．人力资源部为降职员工变更劳动合同，调整薪资待遇，并安排其正式上岗工作。

第7条 员工离职

员工离职是指由于某些原因，导致员工离开公司的一种岗位异动形式。员工离职主要包括员工辞职和公司辞退两种情形。

1．员工辞职手续的办理流程如下：

（1）拟辞职员工须提前一个月填写"员工辞职申请表"，并向所属部门主管提出辞职。未按规定填写"员工辞职申请表"的，不被视为正式辞职申请，不具有法律效力。

（2）所属部门领导及时与拟辞职员工进行面谈，了解其辞职原因，判别其辞职类型，并视具体情况劝说员工继续留任工作。劝说无效后，认真填写"员工辞职申请表"，签字确认，并及时提交至人力资源部。

（3）人力资源部经理认真审核辞职材料，及时与拟辞职员工进行面谈，确认其辞职原因和辞职类型，明确说明公司员工的离职政策，并视情况对其进行劝说和安抚。最终确定离职后，在"员工辞职申请表"上签署意见，确认签字，并及时上报总经理审批。

（4）总经理审批通过后，人力资源部经理及时将离职时间通知拟辞退职工及其部门领导，并安排拟辞职员工签订竞业协议和保密协议。同时，人力资源部经理组织相关人员对拟离职员工进行离职审计，安排其进行工作交接。

（5）工作交接完成后，人力资源部经理应及时为辞职员工开具"劳动合同解除协议书"和离职证明。

2．公司辞退手续的办理流程如下：

（1）相关部门领导根据公司有关规定，合理确定要辞退的员工。

（2）部门领导按照公司相关规定，填写"辞退员工申请书"，签字后递交至人力资源部。

（3）人力资源部经理认真审核相关辞退资料，审核通过后填写"解除劳动合同审批表"，待相关部门领导签字确认并通过公司工会审核后，及时报总经理审批。

</td>
</tr>
</table>

制度名称	员工岗位异动管理办法				
制度版本		受控状态	□ 受控　□ 非受控	制度编号	

第2章 岗位异动 形式和办 理流程	（4）总经理审批通过后，人力资源部经理与辞退员工进行面谈，签发"离职手续告知书"，并引导其签订竞业协议和保密协议。同时，人力资源部经理还应详细说明公司的辞退政策及公司对员工的补偿措施，并对其进行安抚。 （5）人力资源部经理通知辞退员工及其所在部门及时办理工作交接事项，并安排人力资源专员对交接过程进行监督和见证。 （6）人力资源部经理组织相关人员对辞退员工进行离职审计，核算工资福利和经济补偿金额，并通知其资金领取时间和方式。 （7）人力资源专员根据公司相关规定，及时为辞退员工办理保险、公积金和相关人事档案的转移手续。 （8）人力资源部经理开具"解除劳动合同证明"，并正式辞退相关员工。
第3章 岗位异动 风险管理	**第8条　风险识别** 人力资源部和员工异动部门应切实做好岗位异动风险的识别工作，及时发现潜在风险点，为风险预防和处理工作提供可靠依据，确保员工岗位异动的顺利进行。一般而言，常见的员工岗位异动风险点如下： 1. 未做好充分、合理的入职培训，导致职位晋升员工、内部调动员工和降职员工难以及时胜任新工作，进而对公司正常工作造成一定负面影响。 2. 未能与重要离职员工签订竞业协议和保密协议，可能造成公司竞争环境恶化、关键技术或商业机密泄露等危害。 3. 未及时察觉岗位异动员工的不满情绪并进行有效开导和安抚，导致员工满意度下降，进而影响其工作绩效水平。 4. 在岗位异动中未做好岗位交接工作，进而可能导致工作难以正常进行。 **第9条　风险评估** 人力资源部应从风险发生概率、作用方式、危害程度和应对成本四个维度对各风险点进行评估分析，准确判断其风险等级。 **第10条　风险应对** 人力资源部和岗位异动部门应根据风险识别和评估结果，及时采取有效预防和处理措施，最大限度地降低风险发生的可能性和危害程度。
附则 第4章	**第11条**　本制度的制定、修订和解决工作由人力资源部具体负责。 **第12条**　本制度经相关领导审批通过后，自＿＿＿＿年＿＿月＿＿日起正式实施。

编制部门		审批人员		审批日期	

11.4.9　员工绩效考核与激励办法

制度名称	员工绩效考核与激励办法				
制度版本		受控状态	□ 受控　□ 非受控	制度编号	

总则 第1章	**第1条　目的** 为了规范员工绩效考核和员工激励工作，客观、全面、准确地掌握员工的绩效水平，并通过合理灵活的激励措施提高员工的积极性，根据公司相关规定特制定本办法。 **第2条　适用范围** 本办法适用于公司所有正式员工的绩效考核和激励管理工作。

制度名称	员工绩效考核与激励办法				
制度版本		受控状态	□ 受控　□ 非受控	制度编号	

总则 **第1章**	**第3条　职责分工** 员工绩效考核与激励工作的职责分工如下表所示。 **员工绩效考核与激励工作职责分工** （下表）

员工绩效考核与激励工作职责分工

执行人员	工作职责
人力资源部 经理	◎ 负责员工绩效考核和激励工作相关管理制度、工作流程和实施方案的制定及修订工作，组织建立和完善绩效考核和激励体系 ◎ 组织制定和修订各岗位层级的考核标准和考核办法 ◎ 组织进行绩效考核工作，并对考核过程进行监督管理 ◎ 认真审查员工需求调查报告，并组织制定和落实激励措施 ◎ 组织开展激励效果评估工作，并不断完善员工激励措施 ◎ 组织开展员工绩效考核和激励活动的风险管理工作
绩效主管	◎ 参与相关制度规定、流程和方案的制定工作，积极协助部门经理建立和完善绩效考核和员工激励体系 ◎ 积极参与绩效考核标准和办法的制定工作，并严格落实执行 ◎ 组织开展员工需求调查工作，及时编制和提交调查报告 ◎ 参与激励效果评估工作，并提出合理改进意见和建议
绩效专员	◎ 认真收集和整理相关资料，为绩效考核工作提供可靠依据 ◎ 认真开展绩效考核工作，客观、全面地对员工绩效进行评估 ◎ 负责做好员工需求调查工作，真实反映员工的需求特征
相关部门和 人员	◎ 积极配合和协助员工绩效考核、员工激励和相关风险管理工作

**第2章
员工绩效
考核管理**

第4条　考核周期

根据考核周期，公司员工的绩效考核工作包括月度考核、季度考核和年度考核三种形式，分别对员工的月度、季度和年度整体工作绩效进行分析和评估。

第5条　考核标准

人力资源部应根据考核对象和考核要求，合理选择考核指标，科学制定其考核标准，并于绩效考核实施前__天，编制完成员工绩效考核表。

第6条　考核流程

公司员工绩效考核的一般流程如下。

1．成立考核小组

人力资源部经理组织相关人员成立员工绩效考核小组（以下简称"考核小组"），并对小组成员进行必要的工作培训，使其掌握必要的绩效考核技能。

2．进行考核动员

考核小组组织做好考核动员工作，明确阐明绩效考核的目的和意义，最大限度地争取员工的理解和支持。

3．制定考核标准

考核小组根据岗位工作特征和考核要求，合理制定绩效考核标准，认真编制各岗位绩效考核表。

中·小·微企业风险控制实务

制度名称	员工绩效考核与激励办法				
制度版本		受控状态	□ 受控　□ 非受控	制度编号	

<table>
<tr><td rowspan="2">第2章
员工绩效
考核管理</td><td colspan="5">

4．实施绩效考核

考核小组严格按照绩效考核表对相关岗位员工进行绩效考核，客观、全面、准确地反映其绩效水平，并进行登记存档。

5．进行绩效面谈

考核小组依次对考核对象进行绩效面谈，明确说明考核结果，指明绩效差异，协助员工分析差异原因并拟定改进措施。

6．受理绩效申诉

绩效面谈后3个工作日内，对考核结果存有异议的员工可向考核小组提出绩效申诉。考核小组应及时受理申诉事项，认真检查核实绩效考核过程和结果，并在接受申诉后5个工作日内向申诉员工做出明确答复。

7．编制考核报告

绩效申诉完成后，考核小组应根据绩效考核过程和结果认真编制绩效考核报告，并及时向相关领导汇报。

第7条　绩效等级划分

绩效考核结束后，考核小组应根据员工的绩效评分结果（百分制），合理划分其绩效等级，具体划分标准如下表所示。

绩效等级划分标准

</td></tr>
</table>

评分结果	90分及以上	80（含）～89分	60（含）～79分	59分及以下
绩效等级	优秀	良好	一般	差

第8条　考核结果应用

人力资源部应认真收集和整理绩效考核结果，并切实做好考核结果的应用工作。一般而言，考核结果至少应用于以下四个方面。

1．根据考核结果和公司相关规定，合理调整员工的薪资级别和职位等级。

2．将员工绩效差异作为员工培训需求之一，合理设计员工的培训内容。

3．根据考核结果和公司激励政策，对员工进行相应的激励，提高其工作积极性。

4．根据考核结果合理设定员工下一考核期的绩效目标，逐步提高员工绩效水平。

第3章 员工激励管理

第9条　员工激励政策

企业当前的员工激励政策主要包括奖金、弹性福利、荣誉表彰、职业发展四个方面，具体如下：

1．奖金。在每次绩效考核中，人力资源部根据考核结果等级核算员工的奖金数额，考核结果为优秀、良好、一般、差四级，员工将分别获得120%、100%、80%和60%的岗位奖金。

2．弹性福利。人力资源部根据绩效考核结果核算员工的福利点数，并引导员工用福利点数选择自己需要的福利项目。

3．荣誉表彰。对于绩效考核结果排名前10%的员工，人力资源部应公开通报奖励，并颁发荣誉证书。

4．职业发展。对于绩效等级连续半年为优秀的员工，人力资源部将优先为其提供职位晋升机会。

制度名称	员工绩效考核与激励办法				
制度版本		受控状态	□ 受控 □ 非受控	制度编号	
第3章 员工激励 管理	**第10条** 激励效果评估 　　人力资源部应定期评估员工激励效果，综合分析员工激励的成本投入及其为企业带来的效益，认真分析其成本效益情况，并根据评估结果，及时编制和上报员工激励工作报告。 **第11条** 激励措施改进 　　人力资源部应积极学习和引进先进的员工激励理论，并根据评估结果对当前的激励措施进行优化改进，有效维护和提高员工激励效果，不断提高员工绩效水平。				
附则 第4章	**第12条** 本制度的制定和修订工作由人力资源部具体负责，定期修订时间为每年的＿月＿日～＿月＿日。 **第13条** 本制度的最终解释权归人力资源部所有。 **第14条** 本制度经相关领导审批通过后，自公布之日起正式实施。				
编制部门		审批人员		审批日期	

第 12 章

企业社会责任风险控制

12.1 社会责任风险识别

12.1.1 安全生产措施不到位风险

在生产经营管理过程中，企业需保证员工人身、企业财产安全，这是企业正常运营的基本要求。安全有序的生产活动能够为员工和附近居民营造安定的工作和生活环境。为创造安全的环境，企业需注意安全生产措施的实际贯彻，消除那些威胁企业生产安全的风险因素。企业安全生产措施不到位的风险主要有以下四种，如图 12-1 所示。

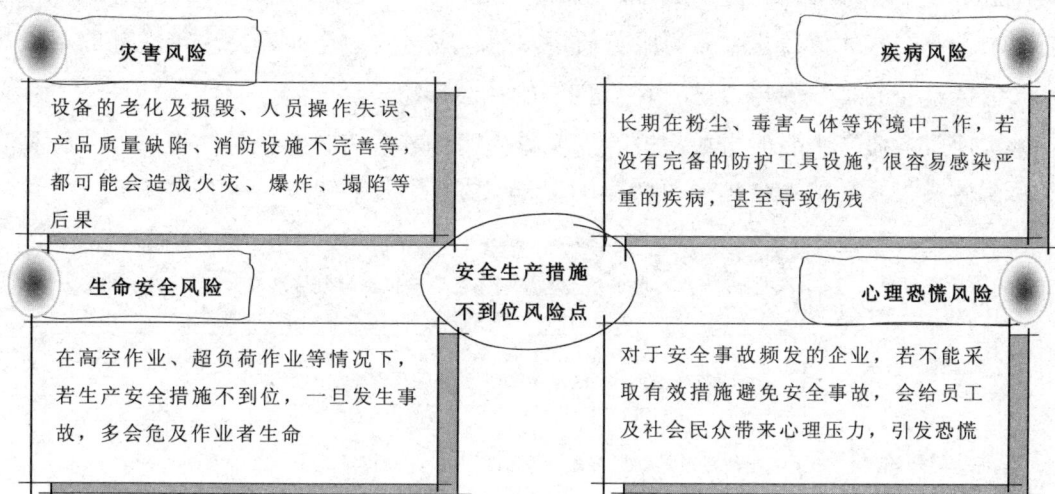

灾害风险
设备的老化及损毁、人员操作失误、产品质量缺陷、消防设施不完善等，都可能会造成火灾、爆炸、塌陷等后果

疾病风险
长期在粉尘、毒害气体等环境中工作，若没有完备的防护工具设施，很容易感染严重的疾病，甚至导致伤残

生命安全风险
在高空作业、超负荷作业等情况下，若生产安全措施不到位，一旦发生事故，多会危及作业者生命

安全生产措施
不到位风险点

心理恐慌风险
对于安全事故频发的企业，若不能采取有效措施避免安全事故，会给员工及社会民众带来心理压力，引发恐慌

图 12-1　企业安全生产措施不到位风险

12.1.2 企业产品质量低劣风险

产品质量，通俗来说就是指产品好坏、耐用性、安全可靠性等。产品质量的优劣是消费者与企业间的认知桥梁，直接关系到企业生存与立足的根本，对企业的社会形象与长久发展具有重要意义。在此情况下，产品质量低劣会给企业的运行及消费者利益带来

巨大的风险，从而对此类风险的识别和控制活动就变得势在必行。

在企业的实际运营活动中，影响产品质量的因素是多方面的，质量风险的风险源也相对多样化，企业必须对这些风险源进行识别，才能对产品质量风险进行有效的预防和控制。产品质量低劣的风险点主要有以下四种，如图 12-2 所示。

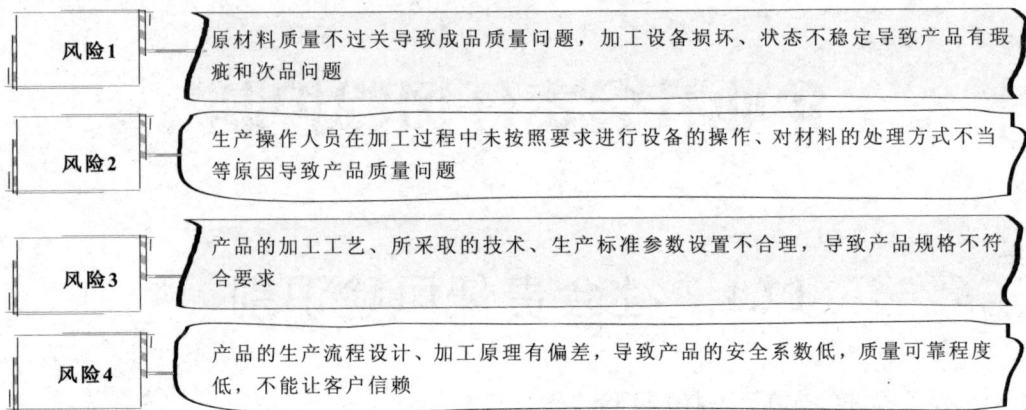

风险1	原材料质量不过关导致成品质量问题，加工设备损坏、状态不稳定导致产品有瑕疵和次品问题
风险2	生产操作人员在加工过程中未按照要求进行设备的操作、对材料的处理方式不当等原因导致产品质量问题
风险3	产品的加工工艺、所采取的技术、生产标准参数设置不合理，导致产品规格不符合要求
风险4	产品的生产流程设计、加工原理有偏差，导致产品的安全系数低，质量可靠程度低，不能让客户信赖

图 12-2　产品质量低劣的四种风险点

12.1.3　服务质量水平低下风险

在市场竞争日益激烈的今天，企业的生存和发展已经不仅仅受产品本身质量好坏的影响，而更倾向于依赖服务水平的高低。服务质量会在很大程度上影响客户满意度水平，进而影响企业的整体效益。产品的服务质量水平，应当成为企业着力改善提升的重点对象，以维持企业的客户源与口碑，树立良好的社会形象。

为实现服务质量水平的有效提升，需要首先明确其危害，有针对性地进行分析和改良。服务质量水平低下会带来的风险如图 12-3 所示。

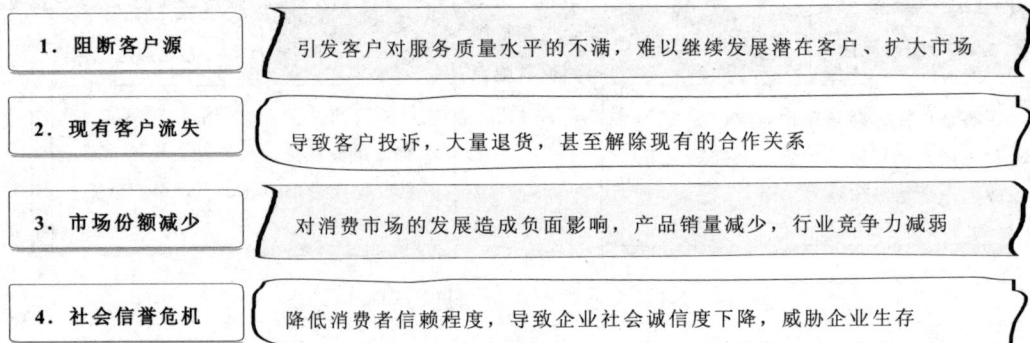

1. 阻断客户源	引发客户对服务质量水平的不满，难以继续发展潜在客户、扩大市场
2. 现有客户流失	导致客户投诉，大量退货，甚至解除现有的合作关系
3. 市场份额减少	对消费市场的发展造成负面影响，产品销量减少，行业竞争力减弱
4. 社会信誉危机	降低消费者信赖程度，导致企业社会诚信度下降，威胁企业生存

图 12-3　服务质量水平低下风险点

12.1.4　环境保护投入不足风险

环境保护是全人类共同面临的重大问题，也是企业不可推卸的社会责任。一般而言，环境保护投入不足风险主要包括图 12-4 所示的三项。

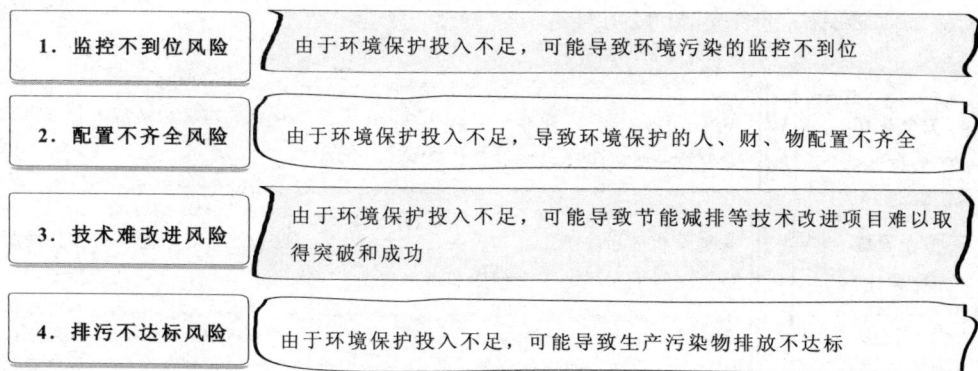

1. 监控不到位风险	由于环境保护投入不足，可能导致环境污染的监控不到位
2. 配置不齐全风险	由于环境保护投入不足，导致环境保护的人、财、物配置不齐全
3. 技术难改进风险	由于环境保护投入不足，可能导致节能减排等技术改进项目难以取得突破和成功
4. 排污不达标风险	由于环境保护投入不足，可能导致生产污染物排放不达标

图 12-4　环境保护投入不足风险

12.1.5　员工权益保护不够风险

员工是企业生产的源动力，在其权益未能受到充分保护时，会降低工作积极性和组织承诺度，给企业带来人力成本及信誉方面的损失，甚至导致劳动者大量流动，从而给社会带来就业安置压力。员工权益保护不够的风险表现主要体现在以下四个方面，如图 12-5 所示。

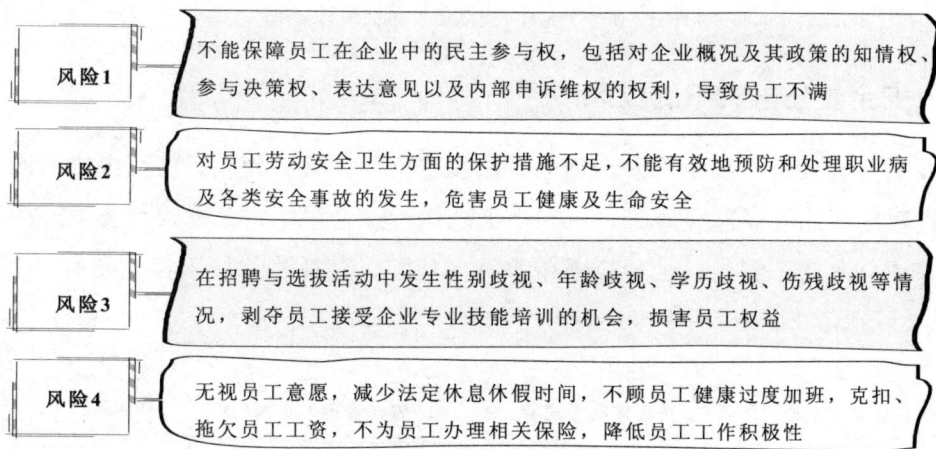

风险1	不能保障员工在企业中的民主参与权，包括对企业概况及其政策的知情权、参与决策权、表达意见以及内部申诉维权的权利，导致员工不满
风险2	对员工劳动安全卫生方面的保护措施不足，不能有效地预防和处理职业病及各类安全事故的发生，危害员工健康及生命安全
风险3	在招聘与选拔活动中发生性别歧视、年龄歧视、学历歧视、伤残歧视等情况，剥夺员工接受企业专业技能培训的机会，损害员工权益
风险4	无视员工意愿，减少法定休息休假时间，不顾员工健康过度加班，克扣、拖欠员工工资，不为员工办理相关保险，降低员工工作积极性

图 12-5　员工权益保护不够风险点

12.2　社会责任风险评估

12.2.1　安全生产措施不到位风险评估

由于安全生产措施不到位而引发的风险，其对企业的影响范围及危害程度可能会很大，也会对社会造成极其恶劣的影响。所以，企业必须谨慎对待生产安全问题。为对此类风险的影响有较为清晰直观的认识，可对风险实施评估活动。对于安全生产措施不到位的风险，主要评估工作如图 12-6 所示。

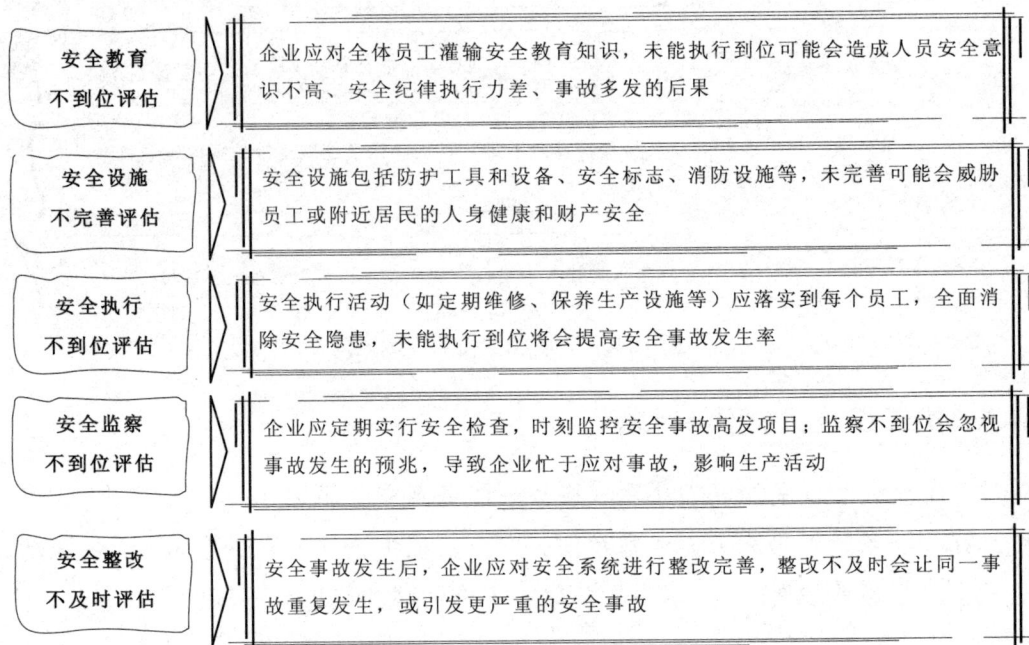

安全教育不到位评估	企业应对全体员工灌输安全教育知识，未能执行到位可能会造成人员安全意识不高、安全纪律执行力差、事故多发的后果
安全设施不完善评估	安全设施包括防护工具和设备、安全标志、消防设施等，未完善可能会威胁员工或附近居民的人身健康和财产安全
安全执行不到位评估	安全执行活动（如定期维修、保养生产设施等）应落实到每个员工，全面消除安全隐患，未能执行到位将会提高安全事故发生率
安全监察不到位评估	企业应定期实行安全检查，时刻监控安全事故高发项目；监察不到位会忽视事故发生的预兆，导致企业忙于应对事故，影响生产活动
安全整改不及时评估	安全事故发生后，企业应对安全系统进行整改完善，整改不及时会让同一事故重复发生，或引发更严重的安全事故

图 12-6　安全生产措施不到位风险评估

12.2.2　安全责任落实不到位风险评估

企业若要有效地控制生产安全活动，需将安全责任落实到人，实行事出有因、查因究责、责对应人的有序追究政策，更加规范地运行安全程序，保障人员及生产活动的安全。安全责任落实不到位，会给企业带来许多风险，其风险评估工作主要有以下四项，如图 12-7 所示。

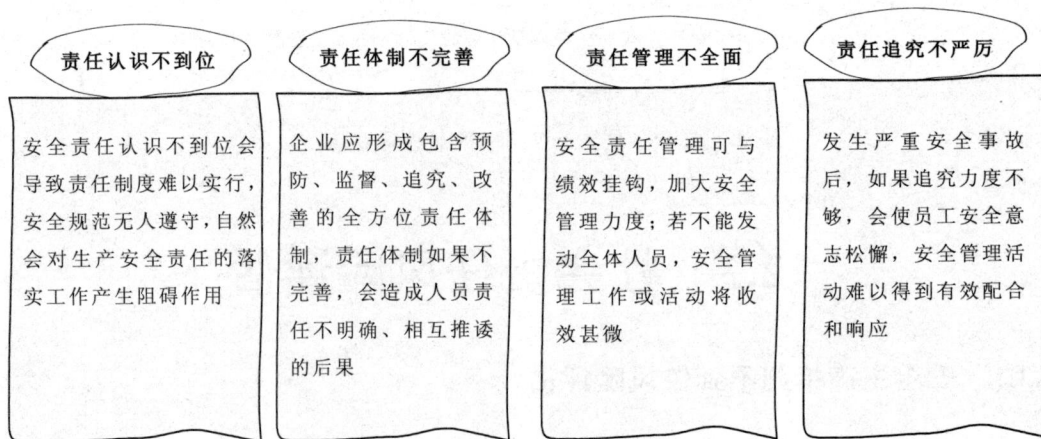

责任认识不到位	责任体制不完善	责任管理不全面	责任追究不严厉
安全责任认识不到位会导致责任制度难以实行，安全规范无人遵守，自然会对生产安全责任的落实工作产生阻碍作用	企业应形成包含预防、监督、追究、改善的全方位责任体制，责任体制如果不完善，会造成人员责任不明确、相互推诿的后果	安全责任管理可与绩效挂钩，加大安全管理力度；若不能发动全体人员，安全管理工作或活动将收效甚微	发生严重安全事故后，如果追究力度不够，会使员工安全意志松懈，安全管理活动难以得到有效配合和响应

图 12-7　安全责任落实不到位风险评估

12.2.3 安全事故应急不到位风险评估

当企业发生安全事故时，需及时采取相应措施，防止事故蔓延扩大，尽可能地降低其对人员及生产的危害程度，减少损失。对于安全事故应急不到位风险，其评估情况如图 12-8 所示。

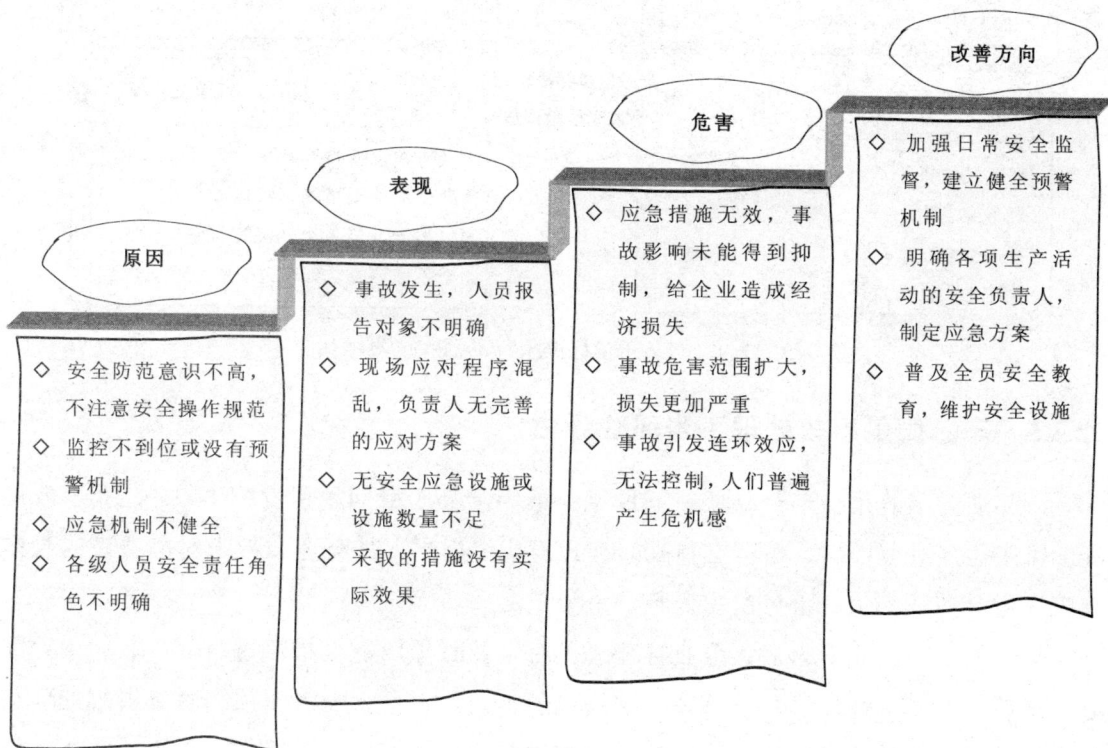

图 12-8　安全事故应急不到位风险评估

原因
◇ 安全防范意识不高，不注意安全操作规范
◇ 监控不到位或没有预警机制
◇ 应急机制不健全
◇ 各级人员安全责任角色不明确

表现
◇ 事故发生，人员报告对象不明确
◇ 现场应对程序混乱，负责人无完善的应对方案
◇ 无安全应急设施或设施数量不足
◇ 采取的措施没有实际效果

危害
◇ 应急措施无效，事故影响未能得到抑制，给企业造成经济损失
◇ 事故危害范围扩大，损失更加严重
◇ 事故引发连环效应，无法控制，人们普遍产生危机感

改善方向
◇ 加强日常安全监督，建立健全预警机制
◇ 明确各项生产活动的安全负责人，制定应急方案
◇ 普及全员安全教育，维护安全设施

12.2.4 产品质量标准执行不彻底风险评估

产品质量标准是企业为保证产品质量水平而制定的一系列指导性规范。它的特点是可操作性强，充分考虑企业现有的生产技术状况，保证生产活动可控制且易于衡量，目标是使产品达到优质水平，为消费者提供满意的消费体验。

在企业的生产经营活动中，若不能严格遵守产品质量标准开展生产活动，会导致产品质量风险，从而造成给消费者及社会带来危害的风险。

为控制风险产生的危害范围及危害程度，在进行识别确认后，需要对风险进行评估，进而确定采取何种应对措施。由于产品质量标准执行不彻底导致的风险，其评估工作主要从以下四个方面开展，具体如图 12-9 所示。

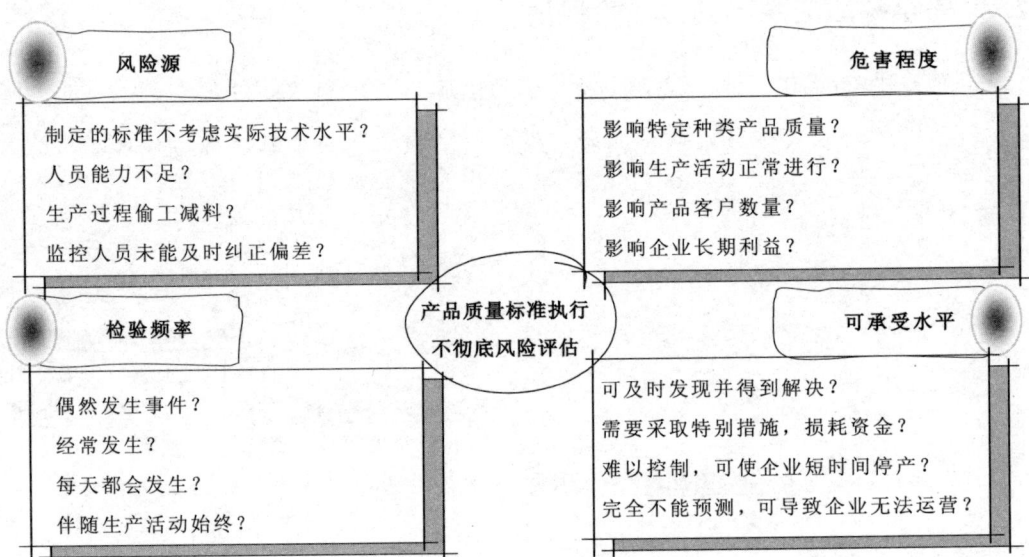

图 12-9　产品质量标准执行不彻底风险评估

12.2.5　产品质量事故处理不当风险评估

产品质量事故是指与产品质量问题相关或因产品质量问题引发的事故。此类事故可能会带来生产进程中断、延迟交货期、客户退货等后果，甚至还会带来对消费者的身体健康、生命安全产生危害等严重后果。

一旦发生产品质量事故，企业管理人员应当及时采取适当措施进行处理，如果处理方法和策略不当，就会给企业带来一定的风险。因此，企业应事先预测质量事故处理过程中的潜在风险，并对风险可能带来的危害进行评估，做好防范工作，以规避或降低风险给企业带来的损失。

企业的风险评估人员在实施评估时，依据实际情况，可从风险影响范围、危害程度、可能带来的损失、可控程度、发生频率等方面进行等级评估。对于产品质量事故处理过程中风险的评估情况，可参照图 12-10 进行。

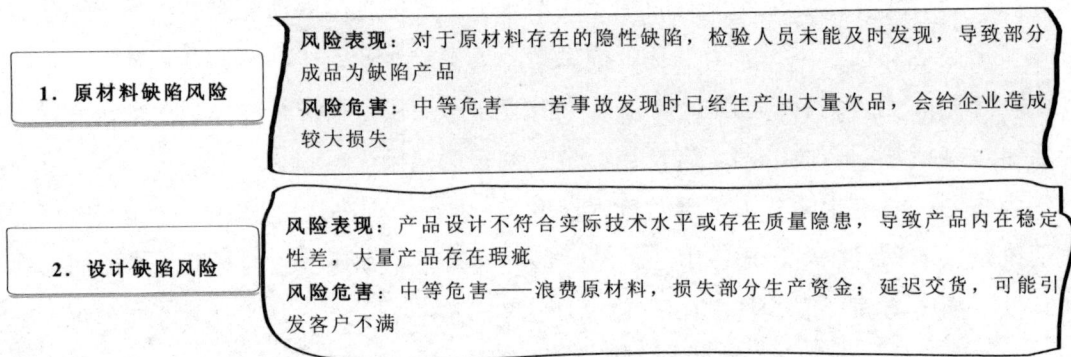

图 12-10　产品质量事故处理不当风险评估

3．客户投诉风险	风险表现：客户质量投诉未能及时、恰当处理，客户满意度降低 风险危害：高等危害——可能造成企业外在形象受损、客户流失、订单减少、企业市场份额减少等多重危害
4．产品召回风险	风险表现：已交付的产品或已投入使用的产品发现质量问题，需全部召回 风险危害：高等危害——会给企业带来巨额损失，降低品牌信誉度；可能危害消费者健康，降低同类产品的民众认同度

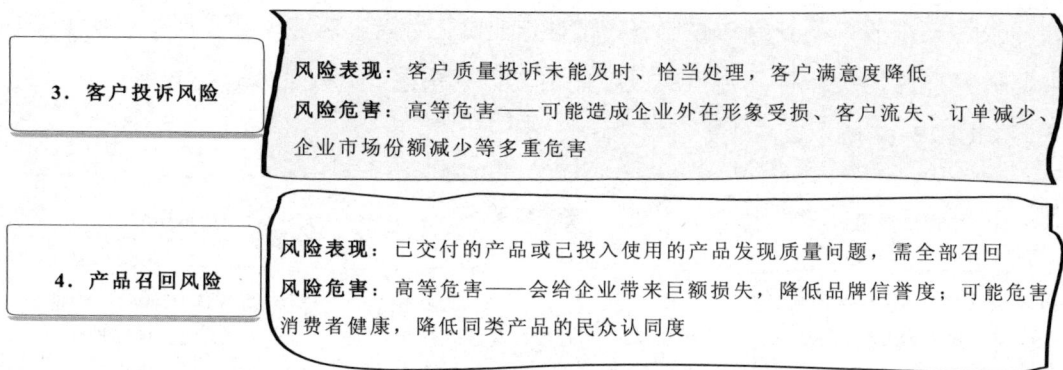

图 12-10　产品质量事故处理不当风险评估（续）

12.2.6　售后服务不到位风险评估

加强产品售后服务是企业与消费者加深合作关系的关键因素，能够成为企业实现产品增值、培养客户忠诚度的重要途径。优质、独特的售后服务已经成为众多企业的有效竞争策略，甚至发展为某些企业的核心竞争力；反之，因售后服务不到位导致的企业信誉度低、生存能力弱、寿命不长的情况屡见不鲜。

产品售后服务不到位风险对企业的危害是全面渗透性的，因此须慎重对待，做好评估工作需要注意以下几个方面，如图 12-11 所示。

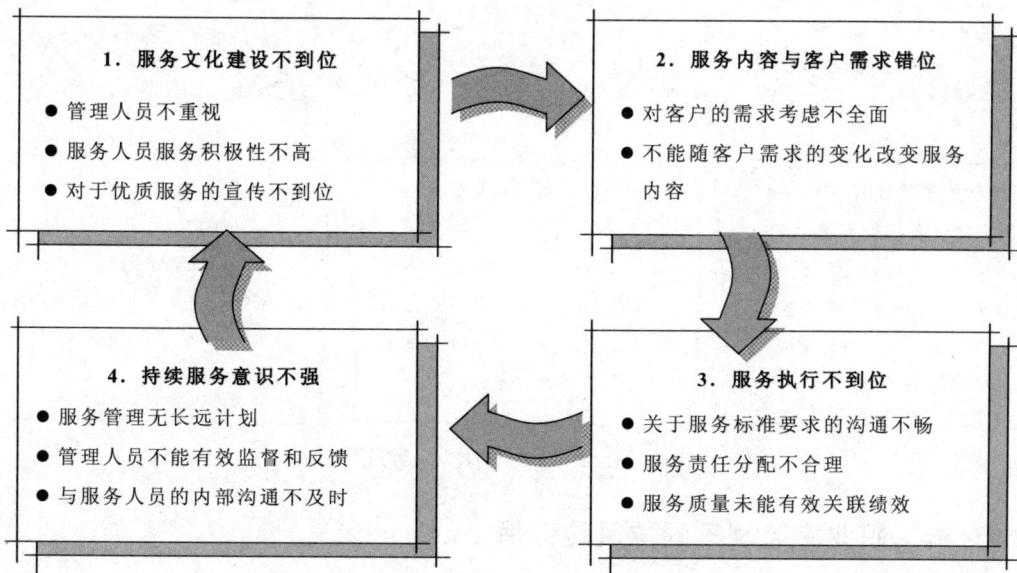

图 12-11　售后服务不到位风险评估

12.2.7　环境污染监控不到位风险评估

环境污染监控是企业环境保护的重要工作事项之一。一旦发生监控不到位的事故，便会导致污染排放得不到有效控制，从而对企业员工、周边环境等造成严重威胁。因此，企业需做好环境污染监控不到位的风险评估工作，并进行有效的规避与控制，评估的具体内容如图 12-12 所示。

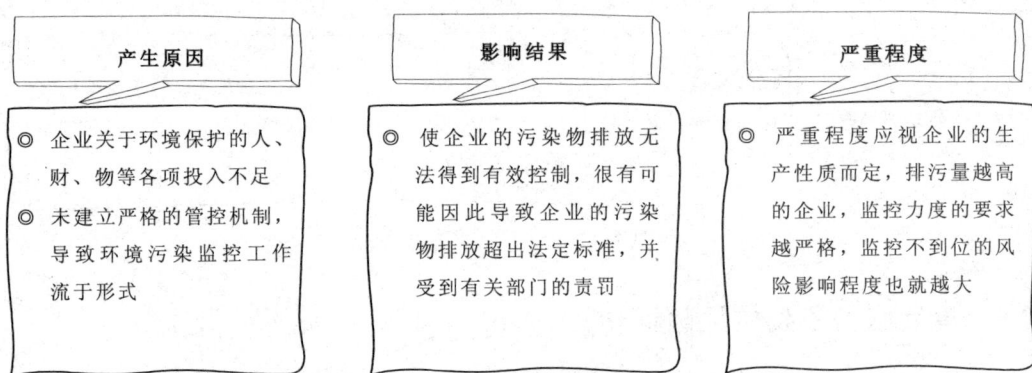

产生原因	影响结果	严重程度
◎ 企业关于环境保护的人、财、物等各项投入不足 ◎ 未建立严格的管控机制，导致环境污染监控工作流于形式	◎ 使企业的污染物排放无法得到有效控制，很有可能因此导致企业的污染物排放超出法定标准，并受到有关部门的责罚	◎ 严重程度应视企业的生产性质而定，排污量越高的企业，监控力度的要求越严格，监控不到位的风险影响程度也就越大

图 12-12　环境污染监控不到位风险评估

12.2.8　生产污染物排放不达标风险评估

生产污染物排放不达标将会极大地损害自然环境，同时企业也将受到社会指责、部门责罚、员工健康下滑等各方面的负面影响。因此，企业需做好生产污染物排放不达标的风险评估工作，并进行有效的规避与控制，评估的具体内容如图 12-13 所示。

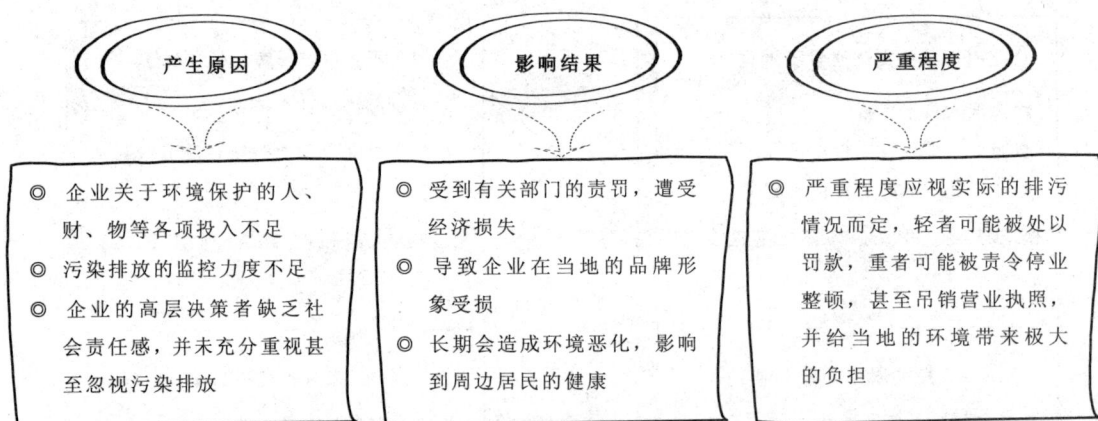

产生原因	影响结果	严重程度
◎ 企业关于环境保护的人、财、物等各项投入不足 ◎ 污染排放的监控力度不足 ◎ 企业的高层决策者缺乏社会责任感，并未充分重视甚至忽视污染排放	◎ 受到有关部门的责罚，遭受经济损失 ◎ 导致企业在当地的品牌形象受损 ◎ 长期会造成环境恶化，影响到周边居民的健康	◎ 严重程度应视实际的排污情况而定，轻者可能被处以罚款，重者可能被责令停业整顿，甚至吊销营业执照，并给当地的环境带来极大的负担

图 12-13　生产污染物排放不达标风险评估

12.2.9　员工职业病监测不到位风险评估

对于易引发职业病的职业及场所，企业应采取相应措施预防职业病发生，并对员工是否患职业病的情况进行监测，以便更加有效地应对可能带来的危害及损失。依据职业病监测不到位风险的形成原因，可对此类风险进行评估，其评估情况如图 12-14 所示。

危害因素	监测不到位原因分析	危害程度
类别：毒素、粉尘、病毒、辐射、高温、低氧、高压、心理压力等 **来源**：产品材料、工作环境、管理活动、设备器具等	**设备器具**：陈旧磨损，泄露或产生有害物质 **管理活动**：制度或方式不合理 **监测设施**：监测设施数量不足或无效 **监测内容**：监测项目不全面	**对员工**：延误最佳治疗时机、致病致残、危及生命 **对企业**：利益损失、形象受损、承担经济赔偿 **对社会**：就业安置压力、医疗压力、劳动力不足

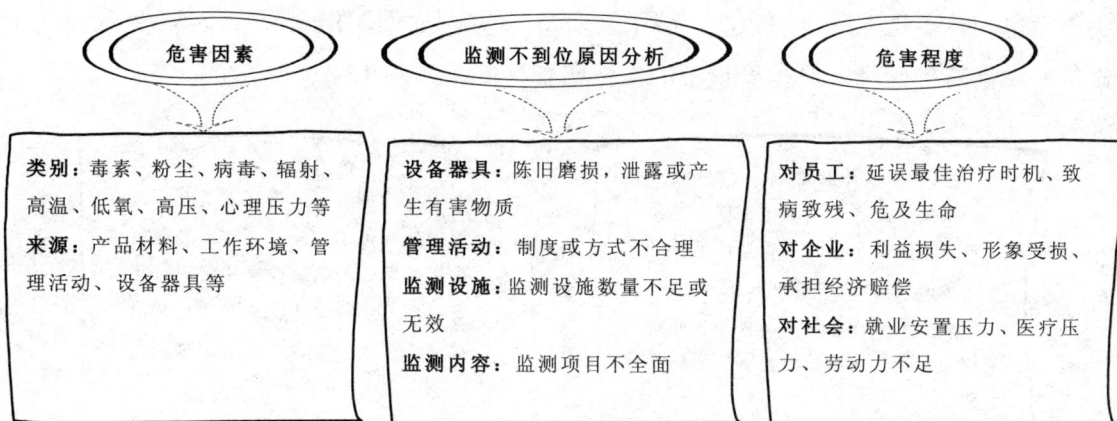

图 12-14　员工职业病监测不到位风险评估

12.3　社会责任风险控制措施

12.3.1　三级安全生产培训机制

为提高人员安全生产意识，最大限度地减少安全事故的发生，承担起员工及生产建设场地周围居民的安全责任，企业对于全体员工实行安全培训政策，全面提高安全事故防范意识。三级安全生产培训机制是应用范围最广泛的培训方式，其具体培训内容如图 12-15 所示。

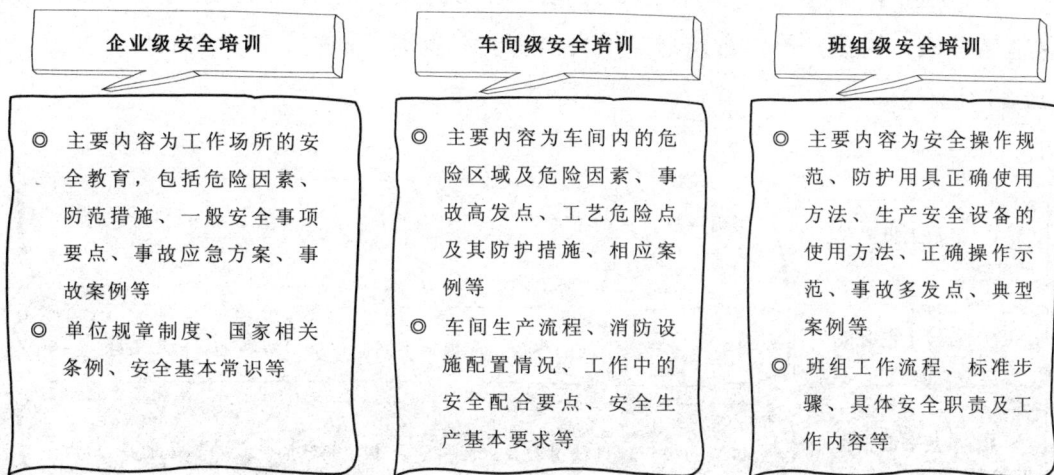

企业级安全培训	车间级安全培训	班组级安全培训
◎ 主要内容为工作场所的安全教育，包括危险因素、防范措施、一般安全事项要点、事故应急方案、事故案例等 ◎ 单位规章制度、国家相关条例、安全基本常识等	◎ 主要内容为车间内的危险区域及危险因素、事故高发点、工艺危险点及其防护措施、相应案例等 ◎ 车间生产流程、消防设施配置情况、工作中的安全配合要点、安全生产基本要求等	◎ 主要内容为安全操作规范、防护用具正确使用方法、生产安全设备的使用方法、正确操作示范、事故多发点、典型案例等 ◎ 班组工作流程、标准步骤、具体安全职责及工作内容等

图 12-15　三级安全生产培训机制

12.3.2　生产设备安全防护标准

生产设备是生产活动过程中不可缺少的一部分，而很多设备都存在一定程度的安全

231

操作隐患，对于此类风险的预防，除了需要员工遵守技术操作规范外，还需要企业做好设备的安全防护措施。对生产设备的安全防护标准，如图 12-16 所示。

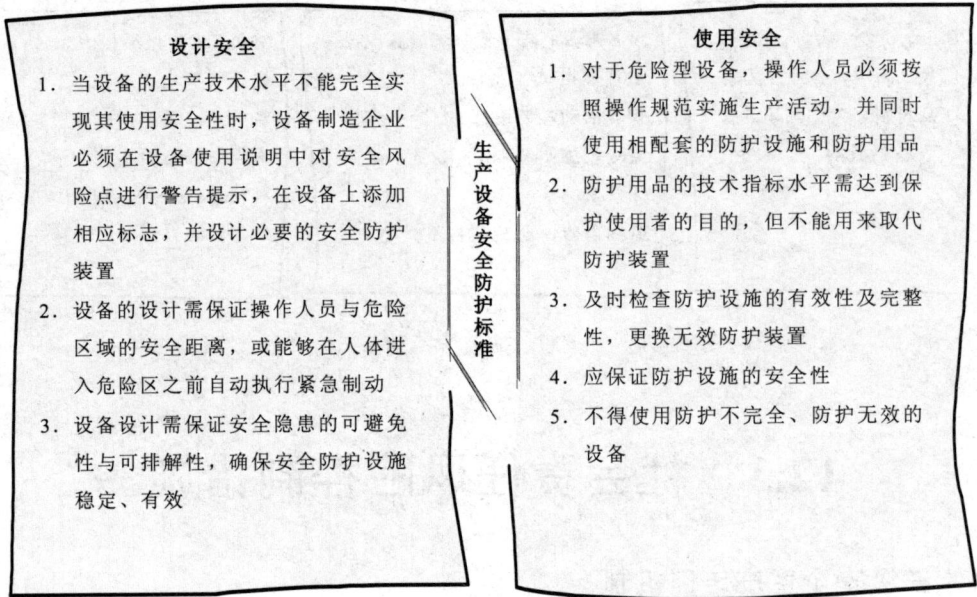

设计安全

1. 当设备的生产技术水平不能完全实现其使用安全性时，设备制造企业必须在设备使用说明中对安全风险点进行警告提示，在设备上添加相应标志，并设计必要的安全防护装置
2. 设备的设计需保证操作人员与危险区域的安全距离，或能够在人体进入危险区之前自动执行紧急制动
3. 设备设计需保证安全隐患的可避免性与可排解性，确保安全防护设施稳定、有效

生产设备安全防护标准

使用安全

1. 对于危险型设备，操作人员必须按照操作规范实施生产活动，并同时使用相配套的防护设施和防护用品
2. 防护用品的技术指标水平需达到保护使用者的目的，但不能用来取代防护装置
3. 及时检查防护设施的有效性及完整性，更换无效防护装置
4. 应保证防护设施的安全性
5. 不得使用防护不完全、防护无效的设备

图 12-16　生产设备安全防护标准

12.3.3　安全生产事故上报机制

安全生产事故因其发生频率高、危害程度大的特点，为企业所重视，不仅在日常活动中时刻监控，还要建立应急上报机制，以便在事故发生的第一时间，做出反应，控制事故危害范围，挽救人员生命及财产损失。关于安全生产事故上报机制的建立要点，如图 12-17 所示。

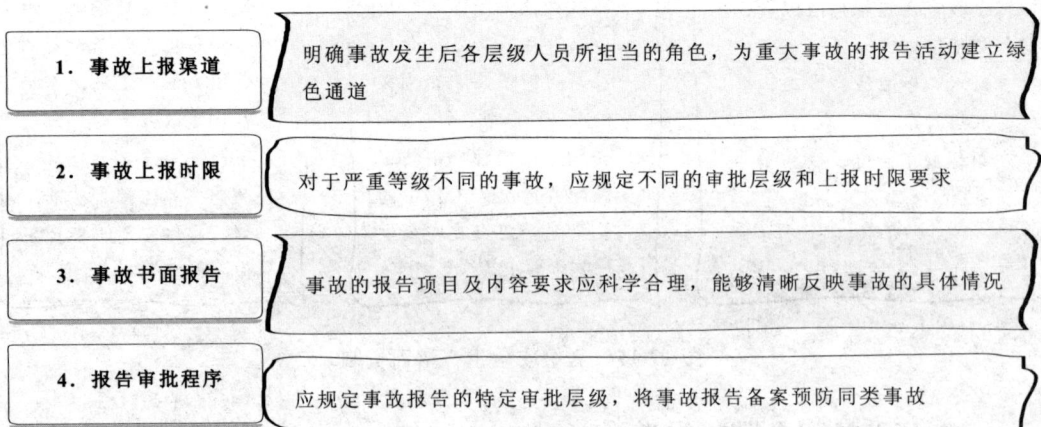

1．事故上报渠道	明确事故发生后各层级人员所担当的角色，为重大事故的报告活动建立绿色通道
2．事故上报时限	对于严重等级不同的事故，应规定不同的审批层级和上报时限要求
3．事故书面报告	事故的报告项目及内容要求应科学合理，能够清晰反映事故的具体情况
4．报告审批程序	应规定事故报告的特定审批层级，将事故报告备案预防同类事故

图 12-17　安全生产事故上报机制

12.3.4 生产环节质量控制措施

为使产品质量达到既定的标准，企业需对产品生产的相关活动进行控制，以减少质量风险带来的损失，这类控制活动的主要任务是进行生产环节的质量控制。

依据生产环节的流程性特点，其质量控制活动包括来料质量检验、加工过程监督以成品检验活动，具体内容如图 12-18 所示。

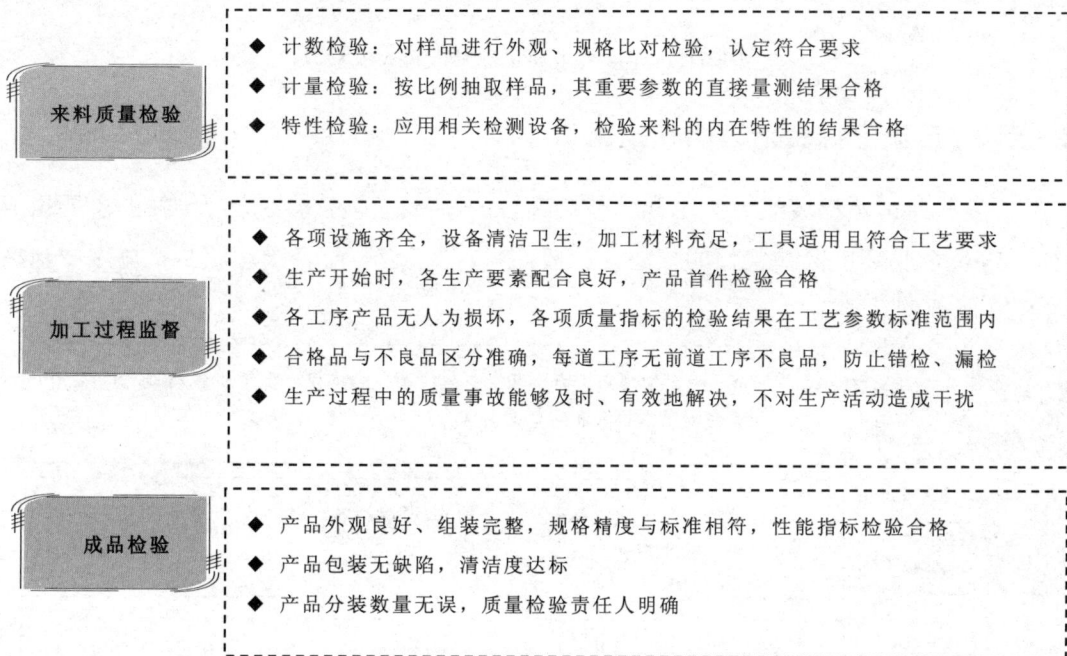

来料质量检验
- ◆ 计数检验：对样品进行外观、规格比对检验，认定符合要求
- ◆ 计量检验：按比例抽取样品，其重要参数的直接量测结果合格
- ◆ 特性检验：应用相关检测设备，检验来料的内在特性的结果合格

加工过程监督
- ◆ 各项设施齐全，设备清洁卫生，加工材料充足，工具适用且符合工艺要求
- ◆ 生产开始时，各生产要素配合良好，产品首件检验合格
- ◆ 各工序产品无人为损坏，各项质量指标的检验结果在工艺参数标准范围内
- ◆ 合格品与不良品区分准确，每道工序无前道工序不良品，防止错检、漏检
- ◆ 生产过程中的质量事故能够及时、有效地解决，不对生产活动造成干扰

成品检验
- ◆ 产品外观良好、组装完整，规格精度与标准相符，性能指标检验合格
- ◆ 产品包装无缺陷，清洁度达标
- ◆ 产品分装数量无误，质量检验责任人明确

图 12-18 生产环节质量控制的具体内容

针对生产各环节质量控制的具体内容，企业需采取系统化的策略应对可能发生的产品质量风险，以避免存在安全隐患的产品流入市场，给消费者利益造成损失。质量风险应对策略不仅依靠各类标准化制度的订立，还需要依据制度采取灵活的应对措施，以下是质量管理人员在生产环节采取的质量控制措施，如图 12-19 所示。

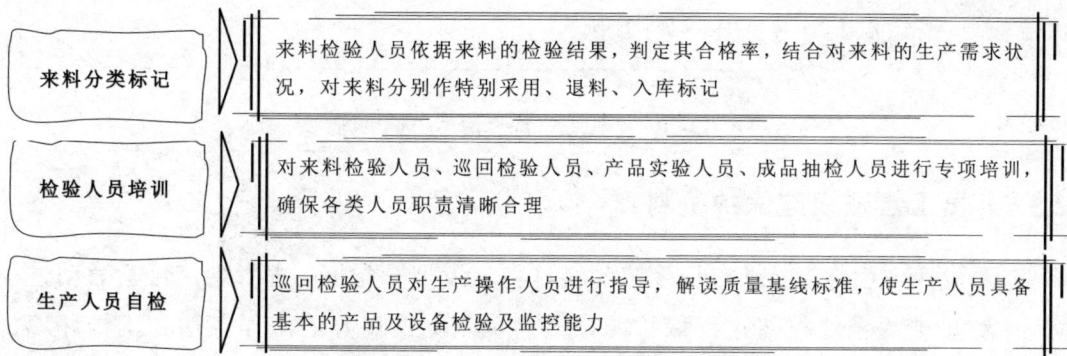

来料分类标记
来料检验人员依据来料的检验结果，判定其合格率，结合对来料的生产需求状况，对来料分别作特别采用、退料、入库标记

检验人员培训
对来料检验人员、巡回检验人员、产品实验人员、成品抽检人员进行专项培训，确保各类人员职责清晰合理

生产人员自检
巡回检验人员对生产操作人员进行指导，解读质量基线标准，使生产人员具备基本的产品及设备检验及监控能力

图 12-19 生产环节质量控制措施

流程分段检验	巡回检验人员、成品抽检人员分别对产品生产流程各环节及成品进行实时监控，及时发现问题并予以纠正或上报寻求帮助
应急反应机制	制定应急反应机制，出现重大质量事故时，检验人员可越级报告，对事故做出快速反应，最大限度地控制其影响范围及危害程度

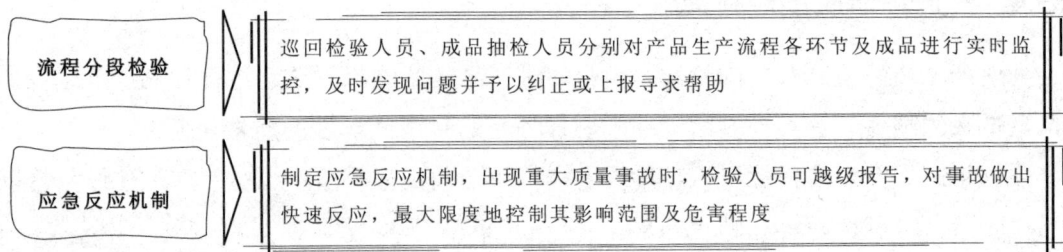

图 12-19　生产环节质量控制措施（续）

12.3.5　"三废"综合治理防护措施

"三废"通常是指废气、废水和固体废弃物的总称，是企业生产污染物的主要组成部分，也是企业环境保护工作的核心。一般而言，"三废"综合治理防护措施主要包括图 12-20 所示的五项。

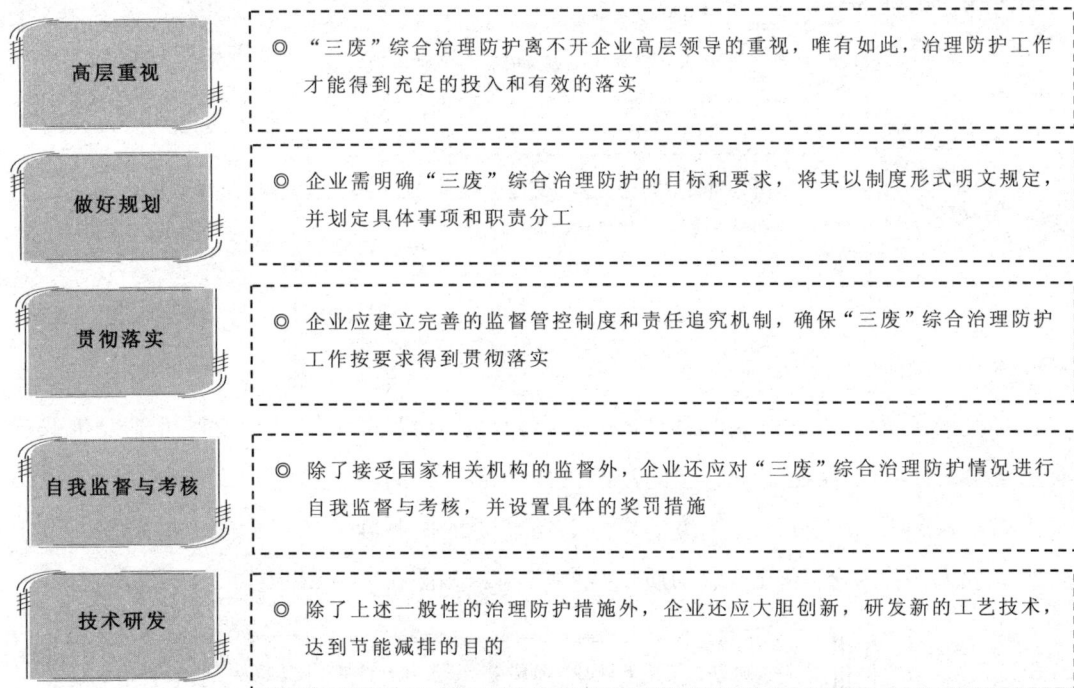

高层重视	◎ "三废"综合治理防护离不开企业高层领导的重视，唯有如此，治理防护工作才能得到充足的投入和有效的落实
做好规划	◎ 企业需明确"三废"综合治理防护的目标和要求，将其以制度形式明文规定，并划定具体事项和职责分工
贯彻落实	◎ 企业应建立完善的监督管控制度和责任追究机制，确保"三废"综合治理防护工作按要求得到贯彻落实
自我监督与考核	◎ 除了接受国家相关机构的监督外，企业还应对"三废"综合治理防护情况进行自我监督与考核，并设置具体的奖罚措施
技术研发	◎ 除了上述一般性的治理防护措施外，企业还应大胆创新，研发新的工艺技术，达到节能减排的目的

图 12-20　"三废"综合治理防护措施

12.3.6　员工合法权益保护机制

为维护社会稳定，促进市场经济的良好快速发展，企业在进行生产经营活动过程中，需对员工的合法权益进行保护，依法为员工提供良好的工作条件和工作环境，实行民主管理。

企业应以实现劳动关系的协调稳定为目标，建立员工合法权益保护机制，并不断完善，机制建设的主要内容如图 12-21 所示。

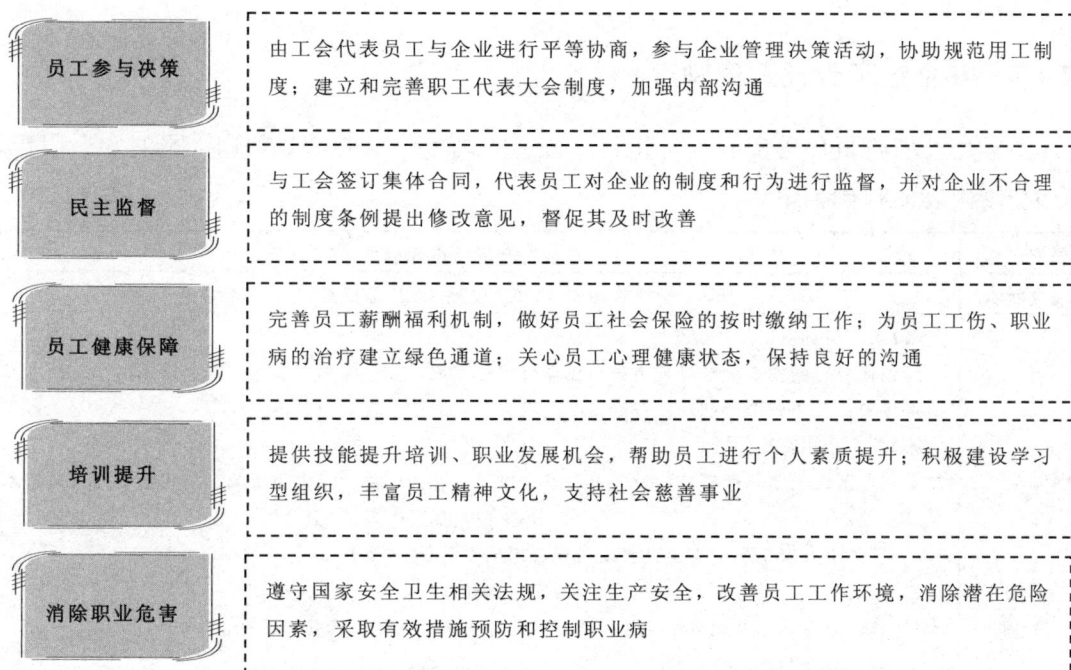

员工参与决策	由工会代表员工与企业进行平等协商，参与企业管理决策活动，协助规范用工制度；建立和完善职工代表大会制度，加强内部沟通
民主监督	与工会签订集体合同，代表员工对企业的制度和行为进行监督，并对企业不合理的制度条例提出修改意见，督促其及时改善
员工健康保障	完善员工薪酬福利机制，做好员工社会保险的按时缴纳工作；为员工工伤、职业病的治疗建立绿色通道；关心员工心理健康状态，保持良好的沟通
培训提升	提供技能提升培训、职业发展机会，帮助员工进行个人素质提升；积极建设学习型组织，丰富员工精神文化，支持社会慈善事业
消除职业危害	遵守国家安全卫生相关法规，关注生产安全，改善员工工作环境，消除潜在危险因素，采取有效措施预防和控制职业病

图 12-21　员工合法权益保护机制

12.3.7　员工职业病监控防范措施

企业对于员工职业病的应对策略，应从预防开始，采取有效的监控手段，实行有针对性的防范行为，具体措施如图 12-22 所示。

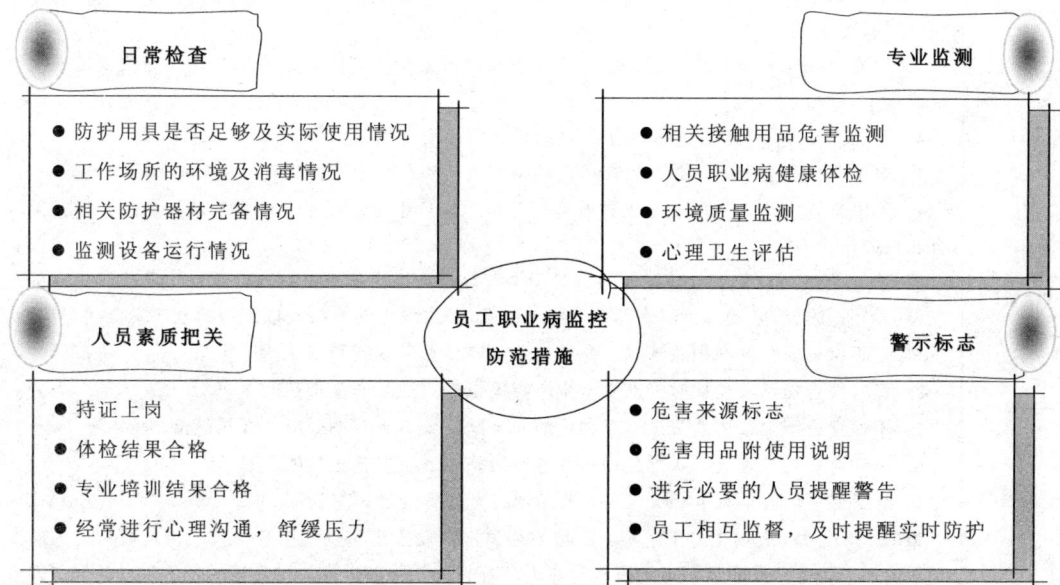

日常检查
- 防护用具是否足够及实际使用情况
- 工作场所的环境及消毒情况
- 相关防护器材完备情况
- 监测设备运行情况

专业监测
- 相关接触用品危害监测
- 人员职业病健康体检
- 环境质量监测
- 心理卫生评估

人员素质把关
- 持证上岗
- 体检结果合格
- 专业培训结果合格
- 经常进行心理沟通，舒缓压力

员工职业病监控防范措施

警示标志
- 危害来源标志
- 危害用品附使用说明
- 进行必要的人员提醒警告
- 员工相互监督，及时提醒实时防护

图 12-22　员工职业病监控防范措施

12.4　社会责任风险控制实务

12.4.1　安全生产责任追究制度

安全生产应将责任落实到人，实行责任追究制度，以明确各部门人员的安全职责。具体制度内容的示例如下。

制度名称	安全生产责任追究制度				
制度版本		受控状态	□ 受控　□ 非受控	制度编号	
总则 **第1章**	第1条　目的 为强化公司的安全生产管理工作，保障公司员工人身安全及财产安全，根据国家对于安全生产的指导方针及相关法律法规，特制定本制度。 第2条　适用范围 本制度适用于公司所有部门及人员，发生以下情况的，由公司人力资源部与相关责任人依据本制度处理。 1．发生重大安全事故需追究事故责任人的刑事责任。 2．涉及消费者或合作单位相关人员的安全责任追究。 3．其他触犯国家及地方相关法律法规，需追究责任人的安全生产责任的。 第3条　安全生产责任 1．直接责任：各产品工序、流程应配有明确的负责人，该负责人对于所负责范围内的安全生产活动负有直接责任，若发生安全事故，应接受相应的主要处罚。 2．主要领导责任：各产品程序的安全生产活动中，主管人员应正确履行工作职责，对安全事故引发的损失负主要领导责任。 3．次要领导责任：发生安全事故的生产活动中，参与管理协调工作的主管人员，对事故的发生负有次要的领导责任。				
第2章 **一般规定**	第4条　公司人员发生以下行为的，应追究相关负责人员的责任，由其直接领导者进行沟通谈话或实施警告。 1．因安全规定未能宣传沟通到位，不能正确理解安全规章制度或相关文件，导致规定未执行或执行不当的。 2．不能按时提交安全生产相关报告，或提交信息不完整的。 3．对于公司安全生产例会、教育培训讲座相关活动，发生无故缺席、迟到早退行为的。 4．不能合理安排人员的安全工作及责任分配，导致生产活动不能顺利开展，管理预期效果没有实现的。 第5条　公司人员发生以下行为的，第一次发现时给予公开通报批评；第二次发现，扣发所在部门的当月安全绩效奖金；同一部门一年之内发现5次以上的，扣发该部门的全年安全绩效奖金。 1．拒不执行安全生产相关法规、制度规章，违反安全规定和指令的。 2．多次警告仍然不能按时提交安全生产相关报告，推脱安全责任的。 3．不注意、不上报所负责工作范围内的安全风险或事故，不采取必要控制措施的。 4．不配合安全管理人员执行公司相关整改措施，多次警告无效的。 5．缺乏必要的安全教育相关培训，直接执行危险作业的。 第6条　公司人员发生以下情形，造成安全生产活动隐患，受到上级部门或当地政府机关严重批评的，视情节严重程度，追究直接负责人员及相关领导的责任。对直接责任人记过处分，并承担全部损失的50%～100%；对主要责任领导通报批评，并处以1 000～3 000元罚款；对次要责任领导批评教育，并处罚款500～1 000元。				

制度名称	安全生产责任追究制度				
制度版本		受控状态	□ 受控　　□ 非受控	制度编号	
第2章 一般规定	1．已察觉重大安全隐患的预兆，却不及时采取必要措施，延误控制事故的时机，最终导致事故发生的。 2．在事故或灾害发生初期，未能应用现有资源，采取可行的措施实施补救，导致事故未能及时得到控制的。 3．故意实施违章操作，或发现违章作业却不制止，最终导致事故发生的。 4．值班人员擅离职守，疏于防范，导致事故未能及时得到抑制的。 5．雇佣人员从事的工作为法律规定其不得从事的工作，导致事故发生的。 6．不采纳相关人员的合理意见，最终导致事故发生的。 7．发生重大事故后，未能采取有效的改善措施，导致事故再次发生的。				
第3章 重大事故 规定	**第7条**　重大安全事故认定 因安全生产执行不到位，导致事故发生，造成受伤人数达4人以上或重伤、死亡1人以上，直接经济损失2万元以上后果的，可认定为重大安全事故。 **第8条**　重大安全事故处理办法 1．发生重大安全事故后，总经理应指定相关部门负责人进行调查核实，采取有效措施处理事故，对事故责任人依据本制度实施处罚。 2．事故导致人员伤亡的，相关负责人应及时安排人员将伤员送往定点医院进行救治，并安排人员护理，通知伤员家属，并给予抚恤慰问；需要赔偿的，应依据总经理批示进行赔偿。 3．在人员伤亡事故中，公司工伤鉴定人员应在事故发生15小时内申请工伤鉴定，由高层管理人员指派专业人员调查确认，在24小时内报送当地社会保障局申请工伤认定，并配合调查。 4．针对具有一定的社会舆论影响力的安全事故，必要情况下，公司应向民众公布事故处理的措施及处理结果。 5．因安全生产工作受到通报批评和处分的公司人员，需在档案中注明此信息，保留期为一年。 6．事故责任人对处分决定不满的，可向总经理申诉重新认定。 **第9条**　重大安全事故处罚办法 1．发生重大事故的，给予直接责任人记大过处分，承担所造成损失的20%～100%。 2．依据事故的影响和危害程度，给予主要责任领导记过或免职处分，承担事故造成损失的10%～20%，给次要责任领导以警告或记过处分，承担损失的5%～10%。 3．连续3个月发生轻伤事故3次以上、累计伤亡人数达到9人以上或重伤、死亡事故2次以上，主要领导免职，次要领导降职并处以记大过处分。 4．由于人员失职等原因造成重大安全事故，已构成犯罪的，应移交司法机关，依法追究其刑事责任。				
附则 第4章	**第10条**　本制度未涉及的安全生产相关内容，参照国家、行业或本公司其他相关规定执行。 **第11条**　各部门依据本制度，制定细节实施方案并上报总经理审批执行。 **第12条**　本制度自颁布之日起实行。				
编制部门		审批人员		审批日期	

12.4.2　安全生产事故应急预案

安全生产事故如果未采取恰当有效的应急措施，就会给企业和社会带来较大的损失，为降低事故带来的危害，企业应制定安全事故应急预案，具体示例如下。

制度名称	安全生产事故应急预案				
制度版本		受控状态	□ 受控　□ 非受控	制度编号	

总则 **第1章**	**第1条　目的** 为提高公司人员的事故应急处理能力，建立重大事故的快速反应机制，减少人员伤亡及财产损失，特制定本预案。 **第2条　适用范围** 本预案适用于安全事故等紧急情况下的处理活动。 **第3条　应急活动管理** 1. 全员参与。安全事故处理应实行全员参与配合，积极实施事故上报、救援、联络工作。 2. 流程分段管理。各工艺流程人员应负责职责范围内的安全工作，在发现事故时，第一时间报告直接负责人或应急联络人员。 3. 部门内部管理。部门负责人对本部门安全工作负责，对上报事故及时反应，采取有效措施并上报公司高层领导人员。 4. 应急联络。公司应设应急联络员，在各部门发生紧急事故时接收事故信息，将信息传达至相关领导和事故处理机构。
第2章 **应急细则**	**第4条　事故应急处理原则** 1. 预防与应急处理相结合的原则：应用预防知识和设施实施事故应急处理，依据实际应急处理情况改进预防措施。 2. 救援优先原则：在人员生命或财产安全受到重大威胁时，可先救援后报告。 3. 越级免责原则：重大事故应急处理中，可越级报告，免除当事人的报告程序失误责任。 4. 救援有功者嘉奖原则：在事故应急中积极实施救援，挽救人员安全及经济损失的，公司应及时予以嘉奖。 5. 谎报事故者重罚原则：谎报安全事故，造成正常工作活动无秩序、人员慌乱等后果的，公司应给予严重处罚。 **第5条　应急人员及其责任** 安全生产事故应急人员及其相关责任明细如下表所示。 **安全生产事故应急人员及其相关责任明细表** 表格见下 **第6条　预防措施** 1. 应急培训。公司应按时组织全体人员参加安全培训，对事故发生后应采取的应急措施进行讲解示范，并确保参与人员明确事故报告对象。 2. 应急标识。各类事故的应急要点及应急步骤应贴示在相应地点，应急救援工具需合理配置，并在安全培训中向全体人员说明使用方法。 3. 应急演练及评估。每年至少组织一次综合应急演练，每半年至少一次专项应急演练，对实际演练效果进行评估，并将评估结果作为安全培训内容的指导。

安全生产事故应急人员及其相关责任明细表

应急人员	应急责任
当事人	发现事故后，采取必要的人员疏散、伤员救援、事故报告、保护现场、协助处理事故等措施
流程负责人	负责安全事故的报告接收、有效的紧急处理措施、安排人员协助实施临时救援、报告部门负责人，请示停线、停产等
部门负责人	负责部门的相关事故报告接收、上报、组织实施全面救援、控制现场局面，与救援单位及高层领导配合妥善处理事故
应急联络人员	负责接收事故报告，判定事故性质，紧急联络相关领导和事故处理机构，并进行相关信息记录

制度名称	安全生产事故应急预案				
制度版本		受控状态	□ 受控　□ 非受控	制度编号	

第2章 应急细则	4. 事故因素检查。经常对应急设施、设备进行功能验证，对容易引发事故的重点要素定期进行检查，及时发现安全隐患并予以改善。
第3章 应急执行 相关规定	**第7条　应急事件规定** 发生以下情况时，应及时启动应急预案。 1. 发生人员灼伤、火灾、爆炸及其征兆的。 2. 发生人员中毒、中暑的。 3. 人员在工作过程中触电、遭遇雷击的。 4. 人员上下班途中、行车驾驶进行工作时发生车祸的。 5. 人员从高架、房顶、平地坠落或受到重物、抛掷物品、高空物体撞击受伤的。 6. 建筑物、堆置物倒塌，深坑、深井、深洞等发生塌方的。 **第8条　应急处理办法** 1. 当事人发现事故后，控制危险源，紧急疏散人群，保证人员安全。 2. 如有重伤人员，可采取正确的急救措施，并及时拨打急救电话求救。 3. 准确判断事故性质，保护好现场，及时向值班长或相关负责人报告。不能盲目处理，以免事故扩大。 4. 必要情况下，实施紧急停产或请示停产。 5. 事故处理过程中，相关部门负责人应配合事故调查人员进行现场分析查证，禁止与事故处理无关人员滞留现场。 6. 事故处理完毕后，及时清理现场，检修设备。 7. 事故造成一定社会影响的，应向社会公开事态发展情况及处理结果，并由相关安全监察机构监督记录在案。 8. 构成犯罪的，公司应负责将责任人及时移交司法机关审查；涉及人员伤亡的，应采取有效措施安抚家属并给予经济补偿。
第4章 预案修订	**第9条　发生以下情况的，应进行应急预案的修订。** 1. 所依据的国家相关法律法规发生变化。 2. 公司经营性质、组织结构、人员结构等发生重大变化。 3. 公司场地设施、技术水平、生产工艺发生变化，形成新的危险源的。 4. 应急演练评估结果显示需要实施修订的。 5. 相关政府部门要求修订的。 **第10条　修订实施** 1. 修订工作发生在部门内部的，由部门负责人负责修订。 2. 修订工作发生在公司整体范围的，由总经理指定人员负责修订。 3. 修订内容须经总经理审批确认。
附则 第5章	**第11条**　本预案依据《中华人民共和国安全生产法》《生产经营单位安全生产事故应急预案编制导则》制定并实施，具体细节参考相关条例规定。 **第12条**　本预案制定后，应抄送当地安全监察机构申请备案。 **第13条**　本预案中未规定的安全事故其他情况，事故负责人可依据人员危机程度或设备负荷情况及其发展趋势进行处理。 **第14条**　本预案由公司总经理审批后生效。
编制部门		审批人员		审批日期	

12.4.3 特殊岗位资格认证制度

特殊岗位是指在产品生产或操作流程中对产品质量水平、生产安全性等指标具有重要影响的岗位。由于此类岗位的特殊性，需要岗位任职人员具有专业的任职资格，从而企业就需要制定特殊岗位资格认证制度。

制度名称	特殊岗位资格认证制度				
制度版本		受控状态	□ 受控　□ 非受控	制度编号	
总则 **第1章**	**第1条　目的** 　为使特殊岗位任职人员能够及时接受技能提升培训，实现特殊岗位全部持证上岗，保障产品质量及生产安全，特制定本制度。 **第2条　适用范围** 适用于特殊岗位任职资格审查及证书、职称管理。 **第3条　职责分工** 　1．人力资源部的职责。负责人员的上岗资格审查认定及证书、职称核实，计划和安排上岗资格专业培训。 　2．部门负责人的职责。负责申报上岗资格培训项目及人员名单，组织实施上岗资格培训活动。				
第2章 **资格审查** **与培训**	**第4条　特殊岗位规定** 　1．特殊岗位认定要求如下。 　（1）国家规定必须持证上岗的岗位。 　（2）公司规定的对产品质量有重要影响的关键岗位。 　2．特殊岗位上岗资格规定如下。 　（1）国家规定必须持证上岗的特殊岗位，任职人员必须持有相关资格证。 　（2）对于公司规定的特殊岗位，任职人员必须经过相关培训，持有公司人力资源部颁发的上岗资格证，方能上岗。 　（3）特殊岗位任职人员资格证到期的，需申请资格再认定，合格后重新上岗。 **第5条　审查时机规定** 　1．针对不同的特殊岗位，实行不同的审查周期。 　2．特殊岗位的新员工入职之前。 　3．引入新的工艺流程、设备或技术，导致特殊岗位职责和技能要求发生变化。 　4．岗位发生变动。 　5．资格证到期或人员任职期满。 　6．产品质量连续出现不合格问题。 **第6条　资格审查程序** 　1．核实现有人员资格。各部门负责人对本部门特殊岗位任职人员资格进行核实，统计需要进行资格审查的人员名单，报人力资源部。 　2．申请审查。待审查人员填写"特殊岗位资格申请表"，经部门负责人确认后，交予人力资源部。				

制度名称		特殊岗位资格认证制度				
制度版本		受控状态	□ 受控	□ 非受控	制度编号	

	特殊岗位资格申请表					
第2章 **资格审查** **与培训**		姓名		申请岗位		
		所属部门		上次培训时间		
		本部门负责人意见	签字	日期：　　年　月　日		
		质量部负责人意见	签字	日期：　　年　月　日		
		人力资源部意见	签字	日期：　　年　月　日		

	3．组织培训。人力资源部依据公司现有资源和人员培训需求，制订培训计划，组织相关部门负责人安排培训活动。 4．审查资格。培训期结束后，由人力资源部组织培训结果考核与资格审查活动；相关部门负责人依据岗位特点，协助人力资源部，对受训人员实施上岗资格审查。

第3章 **资格认定**	**第7条　国家资格证认定** 任职人员需要持有国家相关机构颁发的任职资格证的，由公司人力资源部进行证书审查认定，经上岗培训后颁发上岗资格证。 **第8条　企业专业资格证认定** 任职人员需要企业颁发任职资格证的，经公司进行专业培训后，考核认定合格即颁发上岗资格证。 **第9条　认定方式** 人力资源部组织实施资格认定，通过理论知识考核和实际操作考核相结合的方式实施。 **第10条　不合格人员处理办法** 1．对于资格认定结果不合格人员，不予入职。 2．对于资格再认定不合格人员，给予降职或调岗处理。

第4章 **相关规定**	**第11条　临时上岗相关规定** 非特殊岗位临时需操作特殊机器的，需专业培训测评合格后，方能操作相关机器进行作业，年终考核视情况给予适当经济补助。 **第12条　培训相关费用管理** 1．需持有国家相关机构颁发的资格证的，考试费用自理。 2．新员工在公司培训期间，视同实习期；老员工培训薪资按培训前月工资标准发放。 3．公司组织的培训活动，费用由公司承担。 4．培训期间需请假的，需由部门负责人批准，请假期间无工资，不计入培训期。

附则 **第5章**	**第13条**　本制度由人力资源部负责制定并解释。 **第14条**　本制度经总经理审核批准后生效。

编制部门		审批人员		审批日期	

12.4.4 产品质量检验管理制度

为保障产品质量，企业应对质量检验活动进行规范，制定相关管理制度，明确质量相关负责人及其责任，指导解决质量问题，减少产品质量问题可能带来的风险。具体示例如下。

制度名称	产品质量检验管理制度				
制度版本		受控状态	□ 受控　□ 非受控	制度编号	
总则 第1章	**第1条　目的** 为规范产品质量检验活动，及时检出不合格产品进行处理，完善质量问题反馈机制，依据国家及企业产品质量标准的要求，特制定本制度。				
	第2条　适用范围 公司规定需要检验的原材料、零部件、半成品、成品及其包装。				
第2章 质量责任 人员分工	**第3条　质量管理职责分工** 1．工程师的职责 （1）负责整个生产流程的质量监控，评定不合格品，制定产品检验标准，裁定标准执行方面的纠纷。 （2）对紧急情况制定应急方案并安排相关人员执行。 2．质量部经理的职责 （1）负责质量检验标准的执行，监督质量检验人员的产品检验活动。 （2）当质量检验流程不符合产品质量控制的实际需要时，质量部经理负责对检验流程实施改进。 （3）发生质量事故时，质量部经理应负责事故的妥善处理工作。 3．质量检验人员及生产人员的职责 （1）专职检验人员对所负责原材料及产品进行质量标准要求方面的检验，并作相应处理及记录。 （2）生产人员对生产的产品进行实时自检及互检。 （3）专职检验人员及生产人员发现质量问题时，应遵循问题反馈的要求作相应处理。 4．相关部门的职责 （1）采购部负责保存采购记录、采购材料的检验记录相关材料。 （2）质量部、生产部负责保存过程检验记录、成品检验记录等。 （3）仓储部负责保存入库记录等材料。 **第4条　各类专职检验人员及其职责** 1．原材料检验人员 负责对新采购的原材料进行检验，出具报告并作相应处理。 2．巡回检验人员 负责生产过程中的半成品检验及质量相关参数控制，进行相关记录，解决问题或反映给部门经理和工程师。 3．成品检验人员 负责成品检验，根据产品检验不合理项的情况，与相关人员沟通，协助解决质量问题，对合格产品出具检验报告。 4．产品实验人员 对需要用实验的方式确定其内在特性的产品，做专业实验并出具实验报告。				

制度名称	产品质量检验管理制度				
制度版本		受控状态	□ 受控　□ 非受控	制度编号	

第3章 原材料检验	**第5条　原材料检验流程** 1．初步检验 采购部门购进原材料，核对原材料来源、名称、数量、质量认证等信息，通知专职检验人员进行检验。 2．专业检验 专职检验人员对全部原材料或样品进行质量特性检验，依据检验结果与原材料要求标准的对比情况，分别做以下处理。 （1）特采。对于生产急用材料，检验出的不合格项及其不合格程度在可接受范围内，作特别采用处理。 （2）入库。对于各方面质量指标均在标准方案内的，作入库处理。 （3）退货。对于检验结果未达标准的材料，作退货处理。 3．记录结果 专职检验人员出具检验结果报告，采购人员将原材料按检验结果要求进行处理，并将检验结果报告及原材料处理情况保存在采购记录中。 **第6条　原材料检验方法** 1．主观检验 利用人体感官对产品的外观、气味、完整性等特性进行检查和评价，判定原材料的优劣和适用程度。 2．器具检验 应用专业器械或特殊工艺，对原材料的内在质量特性进行检测或试验，依据所得检测数据与标准范围对比情况，确定原材料的处理方式。
第4章 生产过程及 完工检验	**第7条　生产过程及完工检验依据** 1．生产操作标准 2．产品工艺标准及参数设计文件 3．成品图样 **第8条　生产过程检验方式** 1．首检 对新产品或新订单产品生产开始的第一批产品进行首件检验，依据检验分析结果，消除异常因素，当产品的各项质量指标检验值达标以后，再开始生产活动。 2．自检 依照质量标准要求，生产人员对自己操作的设备设置参数，对生产加工出的产品进行自检，并实时监控设备及产品状态变化。 3．互检 产品的下道工序生产人员对上道工序或同一工序不同班次之间的生产人员，进行产品的相互抽检。 4．专业检验 专职检验人员依据质量标准，使用专业仪器和设备，对生产过程中的半成品及成品进行状态及参数检测。 （1）巡回检验。专职检验人员用巡回检验的方式，对生产过程中的产品各工序操作标准、检测参数、生产条件变更情况，进行定时检验和确认，及时发现问题并实施控制。

制度名称	产品质量检验管理制度				
制度版本		受控状态	□ 受控　□ 非受控	制度编号	
第4章 生产过程及 完工检验	（2）抽样检验。专职检验人员对成品进行实时抽样检验，依据成品检验发现的不合格品，与相关检验人员进行沟通、协商解决；对合格品出具检验报告，安排入库。 **第9条　不合格半成品处理办法** 生产过程中产生的半成品不合格品，依据检验结果分别作返工、返修、让步接受、报废处理。 **第10条　不合格成品处理办法** 未出厂的不合格成品，视技术部与质量部、生产部综合处理意见，作返修、降级接收或报废处理。 已交付或投入使用的不合格成品，企业应依照诚信原则给予客户更换、修理服务或赔偿。				
第5章 问题反馈	**第11条　问题反馈对象** 1．生产人员发现问题 反馈对象：设备管理人员、专职检验人员。 2．专职检验人员发现问题 反馈对象：负责相关流程的专职检验人员、质量部经理、工艺人员、工程师。 3．质量部经理发现问题 反馈对象：工程师。 4．工程师发现问题 反馈对象：总经理。 5．相关部门发现问题 反馈对象：专职检验人员、质量部经理、工程师。 **第12条　问题反馈方式** 反馈问题时，可依据问题严重程度、衡量标准、影响范围等因素，采取口头说明、呈递报告或相关记录、提交文件或方案、提交改进计划等方式实施反馈活动。				
附则 第6章	**第13条**　本制度为企业管理制度的一部分，经总经理审批后执行，由质量部经理监督并负责解释。 **第14条**　本制度自颁布之日起实施。				
编制部门		审批人员		审批日期	

12.4.5　产品质量投诉管理制度

关于产品质量的投诉，企业应依据实际情况制定相关处理制度，以下是某企业的产品质量投诉管理制度，供读者参考。

制度名称	产品质量投诉管理制度				
制度版本		受控状态	□ 受控　□ 非受控	制度编号	
总则 第1章	**第1条　目的** 为使质量投诉问题能够妥善处理，提高客户满意度，帮助企业树立良好的社会形象，特制定本制度。 **第2条　适用范围** 本制度适用于所有有关产品质量投诉问题的处理。				

制度名称		产品质量投诉管理制度			
制度版本		受控状态	□ 受控　□ 非受控	制度编号	

总则 第1章	**第3条　职责分工** 1．客户服务部的职责 （1）客户服务人员负责接受投诉，并对重要投诉的内容和对象进行记录。 （2）客户服务部经理进行投诉分类处理和责任认定，将最终处理方案回复给客户。 2．质量部的职责 （1）质量管理人员根据质量投诉内容，配合实施相关的质量评定活动。 （2）质量部经理对投诉问题制定初步解决方案． （3）与客户服务部共同确定最终的客户回复方案。 3．相关部门的职责 （1）相关责任部门的管理者负责制订投诉的内部处理方案。 （2）监督和执行质量改进措施。
第2章 内部质量 投诉	**第4条　一般内部质量投诉** 1．关于产品质量标准的投诉 （1）生产人员及检验人员在生产过程中，对于产品质量标准的认定意见不一致引发的投诉，由质量部经理或工程师裁定解决。 （2）生产标准未能跟随技术、政策、市场需求等变化情况，及时更新的，总经理应给予工程师警告，责令其限期改正。 2．关于产品质量检验的投诉 （1）检验人员及相关人员工作失误，导致不合格原材料或半成品流入下道工序，造成生产活动无效的，质量部经理应查实责任归属人员，视情况严重程度给予警告或处罚措施。 （2）检验人员检验后的成品，不合格率仍然超出标准范围引发的投诉，质量部经理与相关负责人员应进行调查取证，证实投诉属实，则依据对生产活动的影响程度，对责任人提出警告或实施处罚。 **第5条　重大内部质量投诉** 1．重大内部质量投诉认定 发生以下情况的投诉事件，视为重大内部投诉： （1）实际生产活动用错材料导致大量产品不符合规格要求，造成企业经济损失超过1万元的。 （2）生产与质量人员不能良好地配合工作，导致生产线停滞半天以上的。 （3）给企业造成重大损失或给企业生产活动带来恶劣影响的其他事件。 2．重大内部质量投诉处理程序 （1）员工发现投诉问题项后，与本部门经理确认，将投诉事项写入内部投诉单，交由部门经理审核，部门经理分析原因后形成报告，发给质量部经理或工程师。 （2）发生重大内部投诉事件后，工程师需同质量部经理及相关人员商讨，对事故原因进行分析和调查，最终认定相关责任人，并提出处理意见，形成报告报总经理审批。 （3）事故报告审批通过后，相关责任部门和人员负责实施处罚和纠正措施，由质量部对改进效果进行监督。 3．内部投诉处罚规定 （1）因检验人员工作失误，次品流入生产程序的，给予警告，并处以10～50元/次的罚款。 （2）责任人给企业造成直接或间接损失达1万～2万元的，给予警告，并依据其态度及日常表现处以1 000～2 000元罚款。

制度名称		产品质量投诉管理制度			
制度版本		受控状态	□ 受控 □ 非受控	制度编号	
第2章 内部质量 投诉	（3）责任人给企业造成直接或间接经济损失达2万～4万元的，给予严重警告，并处以3 000～6 000元罚款。 （4）责任人给企业造成直接或间接经济损失4万元以上的，给予8000元以上罚款及降职减薪处分。				
第3章 客户投诉	**第6条** 一般客户投诉 1．属于销售或客户服务过程中的沟通问题引发的投诉 应采取内部协调的方式解决，并于两日内对客户进行口头或邮件答复。 2．客户对于产品质量的一般投诉 由质量部经理配合客户服务部经理协调解决，在一周内回复客户。 **第7条** 重大客户投诉 1．事件的认定 （1）对公司的形象或市场份额有重大影响的投诉事件。 （2）客户要求大量退货或大幅度折价的投诉事件。 （3）重要客户的严重投诉，可能造成订单减少或重要客户丢失的投诉事件。 （4）客户向公司索要大量赔偿或准备起诉的投诉事件。 2．重大客户投诉处理办法 （1）一切投诉处理活动以维护客户利益为出发点。 （2）发生重大客户投诉事件，自鉴定时起半个工作日内，客户服务部经理负责紧急联络总经理、相关部门经理召开会议，分析研讨得出明确的应对策略。 （3）责任归属部门对责任认定情况进行核实，确认后签字，报总经理审批后按策略内容执行；若有异议，由客户服务部经理进行沟通，相关人员重新召开会议，进行事故责任认定及策略拟定。 （4）客户服务部经理将事故处理结果告知客户，沟通并记录客户反馈意见；如改善措施不能达到客户要求，则依据客户反馈，重新进行应对调整措施，直至客户满意为止。 3．客户投诉处罚规定 （1）一般客户投诉未能及时解决的，给予相关责任人警告及30～90元/次的处罚。 （2）对于重大客户投诉事件隐瞒、虚报的，给予责任人500元/次的处罚；因延误报告或知情不报导致客户退货等严重事故的，给予严重警告，每次罚款1 000元～2 000元。 （3）重大客户投诉事件导致企业损失10万元以上的，事故相关责任人承担损失额的5%；涉及诉讼的，给予相关责任人停职处分。 （4）部门或人员当月受到2次以上重大投诉，或一般投诉认定次数超过5次的，给予停职调查处分。				
附则 第4章	**第8条** 其他相关规定 1．投诉责任归属认定申诉 投诉责任人对投诉责任归属认定有意见的，可向所在部门管理人员或总经理申诉。 2．投诉事件发生后的其他要求 （1）被投诉部门或人员应在投诉发生后，接受相关调查，不得拒绝配合。 （2）投诉处理不当造成一定社会影响的，企业应向当地质量管理监督机构报告，并予以公开解释。 **第9条** 本制度由质量部制定并根据实际情况及时修订，由总经理审批执行。 **第10条** 对本制度有异议的，可向质量部经理或工程师反映。				
编制部门		审批人员		审批日期	

12.4.6　问题产品召回处理制度

已出厂产品被发现存在严重质量问题或安全使用隐患时，企业应及时召回，妥善处置，防止其在市场上继续流通，尽可能地降低缺陷产品给消费者带来的危害，维护企业的名誉和社会形象。对于问题产品召回处理的实施规范，示例如下。

制度名称	问题产品召回处理制度				
制度版本		受控状态	□ 受控　□ 非受控	制度编号	
总则 **第1章**	**第1条　目的** 为确保问题产品能够安全规范召回，保障消费者权益，维护企业长远利益，特制定本制度。 **第2条　适用范围** 本制度适用于已于市场上流通的、会给消费者和企业造成危害的问题产品。 **第3条　职责分配** 1．各职能部门负责产品的具体召回工作。 2．质量部协助确认产品问题及产生原因的调查。 3．库存部负责问题产品的隔离存放管理。				
第2章 **产品召回** **启动**	**第4条　召回的条件** 发生以下问题的产品，企业应对其实施紧急召回，不得放任产品继续流通。 1．含有特殊危险成分，已经导致部分使用者生命危急的产品。 2．可能诱发严重疾病、传染病的产品。 3．因产品本身存在问题，容易发生爆炸、火灾、有害物质泄漏等情况的产品。 4．对于特定群体的用户，可能会在使用过程中引发伤残、窒息等后果的产品。 5．法律、法规规定的其他不安全产品。 **第5条　召回决定** 1．总经理指定负责人为产品召回协调官，令其组织带领各部门进行相关的问题调查、产品召回和生产改进活动。 2．产品召回协调官组织相关部门负责人收集有关问题产品的材料和数据，确定存在问题的产品类型及发货批次数量、流通范围，分析召回行动应该如何实施，最大限度地减少对社会及企业的危害。 3．产品召回协调官与各部门负责人集体召开会议，商议并制订召回方案，确定信誉补救措施，对问题产品应整改内容进行规划。 **第6条　召回通知** 1．各部门负责人向本部门人员发布问题产品召回通知，停止问题产品的生产、交易、发货活动，封存库存产品。 2．产品召回协调官通过媒体或经销商向社会发布通告，说明问题产品的型号及存在的问题，并告知各界对此应采取的一系列措施，发布产品召回方式，使消费市场及时停止此产品的销售、消费活动。				
第3章 **产品召回** **实施**	**第7条　召回时限** 1．自发布召回通知三日内全面停止产品流通和消费，七日内回收应召产品。 2．需召回产品的危害程度越大，召回时限应越短。 **第8条　召回实施职责分配** 1．若产品材料存在问题，采购部负责通知问题材料的供应商。				

制度名称	问题产品召回处理制度				
制度版本		受控状态	□ 受控	□ 非受控	制度编号

第3章 产品召回 实施	2. 生产部负责提供召回产品的内部生产信息，并协助核对召回产品的数量，对需要改进的工艺或流程等实施改进活动。 3. 业务部负责通知客户、批发商、零售商等，实施产品召回并给予相应的维修服务或退款、赔偿。 4. 库存部负责接收问题产品，并对其进行标识区分，隔离存放，留待后续处理。 5. 质量部监督召回产品的生产改进活动，确认召回活动实现预期的目的。 6. 财务部实施召回活动的财务预算、资金调配与支出记录。 **第9条　召回终止** 当召回项目已完成，企业能力所及范围的问题产品已全部回收，召回活动即可终止。各部门应于发出召回通知的20日内提交召回信息及总结报告。
第4章 产品召回 反馈	**第10条　召回记录备案** 产品召回协调官向总经理及当地监管机构提交召回结果报告，并将召回事件原因、规模、采取的措施、达到的效果做汇总记录，存入企业事故档案中备案。 **第11条　产品改进反馈** 收集客户对于问题产品召回措施的反馈情况，制定相应的生产改进应对策略，由质量部门监督后续的改进效果持续情况，并将记录汇入该产品的召回档案中。
附则 第5章	**第12条** 本制度规定的关于应召回产品的其他条件参照国家及行业相关标准。 **第13条** 本制度自颁布之日起实施，其他规定或制度与本流程相抵触的，依照本流程执行。
编制部门	审批人员 　　　　　审批日期

12.4.7　客户服务质量提升办法

为更好地保证客户服务质量的改善与提升，企业需要对该项工作的责任部门、责任人、执行事项等诸多细节予以一一规范，以确保客户服务质量改善工作的落实。以下是客户服务质量提升办法的范本，仅供读者参考。

制度名称	客户服务质量提升办法				
制度版本		受控状态	□ 受控	□ 非受控	制度编号

总则 第1章	**第1条　目的** 为规范企业客户服务质量改进工作，及时发现与解决客户服务工作中存在的问题，提升企业客户服务质量，维护企业形象，减少因客户服务质量不过关造成的客户流失、企业信誉下降等风险，特制定本办法。 **第2条　适用范围** 本办法适用于客户服务质量评估、客户服务工作改进等所有客户服务质量提升工作。 **第3条　职责分工** 客户服务部是客户服务工作改进的责任部门，以下是客户服务部中各岗位的相关职责分工。

制度名称	客户服务质量提升办法			
制度版本		受控状态	□ 受控　□ 非受控	制度编号

**总则
第1章**

客户服务质量提升工作职责分工

岗位名称	工作职责
客户服务经理	◆ 负责监督部门的客户服务工作，制定客户服务质量标准，审批客户服务质量提升方案等文件
客户服务质量主管	◆ 负责指导客户服务质量评估工作，培训客户服务人员，提高其工作能力，确保客户服务质量达到标准
客户服务专员	◆ 负责实施客户服务工作，参与客户服务技能培训，不断提高自身服务能力，提升客户满意度

**第2章
客户服务
质量检查
与评估**

第4条 客户服务质量检查

客户服务质量检查是客户服务质量改进的准备工作，客户质量主管通过客户服务质量检查能够找出客户服务过程中存在的薄弱环节，进而有针对性地拟定客户服务质量提高方案。以下是客户服务质量的两种评估方法。

客户服务质量评估方法一览

方法名称	方法说明
专项检查法	客户服务质量主管按照客户服务部客户服务质量标准逐项对客户服务人员的服务质量进行检查与评估
客户评价法	客户服务质量主管通过问卷或电话方式向客户询问对本企业客户服务质量的看法及建议，汇总客户的评价，评估客户满意度

第5条 客户服务质量评估

客户服务质量主管应根据客户服务质量检查结果评估各项客户服务工作指标。以下是某企业使用的客户服务质量评估表样表。

客户服务质量评估表

评估项目	内容说明	评估结果			
		优	良	中	差
仪容仪表	1. 按企业规定着装，衣着干净、整洁				
	2. 仪容仪表大方，饰物、发型符合企业规定				
言行	1. 普通话标准，语言文明、简练				
	2. 接待客户、与客户交谈等行为得体				
礼仪	1. 能够准确运用谦辞、敬语				
	2. 态度热情、亲切、友好				
服务知识	1. 熟悉企业产品及相关服务				
	2. 熟练掌握客户服务的技巧和方法				
	3. 熟记岗位的服务标准及服务程序				
专业技能	掌握岗位要求的各项沟通、事件处理技能				

制度名称	客户服务质量提升办法				
制度版本		受控状态	□ 受控　□ 非受控	制度编号	
第2章 **客户服务** **质量检查** **与评估**	**第6条**　确定改进项目 　　客户服务质量主管根据评估结果，将大多数员工表现较差的评估项目（评估结果为中、差）列入质量改进项目名单。				
第3章 **客户服务** **质量** **提升措施**	**第7条**　质量提升方案制定 　　1. 质量服务主管通过客户服务质量评估工作找出客户服务工作存在的缺陷后，与客户服务人员进行沟通，对造成服务质量缺陷的原因进行分析，并编制分析报告上交客户服务经理。 　　2. 分析报告经客户服务经理批阅后，客户服务质量主管根据客户服务工作薄弱环节并结合客户服务人员实际情况制定科学、可行的客户服务质量改进方案。 **第8条**　客户服务质量提升措施 　　客户服务质量主管根据客户服务质量改进方案实施客户服务质量改进工作，具体的改进措施通常有以下三种。 　　1. 客户服务质量主管定期召开客户服务质量总结会议，总结客户服务中的不足之处，并要求参会的客户服务人员在日常工作中多加注意。 　　2. 开展客户服务技能培训，针对客户服务工作中存在的薄弱环节提升客户服务人员相应服务技能。 　　3. 开展岗位评比，每月评选出客户服务质量好、客户满意度高的员工树立为榜样，并给予物质奖励，激励部门员工自发提升客户服务质量。 **第9条**　客户服务质量指导与监督 　　客户服务经理与客户服务质量主管不定期对客户服务人员的客户服务工作进行指导与监督，如发现客户服务质量问题应立即责令责任人进行挽回及补救。				
附则 **第4章**	**第10条**　本制度由企业客户服务部负责制定，制度的解释权、修订权归客户服务部所有。 **第11条**　本制度自____年__月__日起生效。				
编制部门		审批人员		审批日期	

12.4.8　环境保护管理制度范本

　　环境保护管理是一项系统性、长期性的工作，企业需为其制定相应制度，明确职责分工、事项流程、规范要求等各项因素，从而为企业的环境保护管理工作提供基本规范性的指导。

　　下表所示为环境保护管理制度的范本，可供读者借鉴与参考。

制度名称	环境保护管理制度				
制度版本		受控状态	□ 受控　□ 非受控	制度编号	
总则 **第1章**	**第1条**　目的 　　为遵照《中华人民共和国环境保护法》的有关规定，履行企业关于环境保护的社会责任，全面规范落实环境保护工作，特制定本制度。 **第2条**　适用范围 　　本制度适用于企业关于外部环境保护的管理工作，具体主要包括如下三个方面。 　　1. 污染物排放的控制管理。 　　2. 外部环境的优化管理。 　　3. 环保事故的规避、应对与解决管理。				

制度名称		环境保护管理制度			
制度版本		受控状态	☐ 受控 ☐ 非受控	制度编号	

总则 第1章	**第3条　职责分工** 1. 综合管理部负责本制度的制定、修改和定期更新工作。 2. 各部门负责按制度规定落实环境保护工作。 3. 环境主管负责监督各部门的环境保护工作。
第2章 污染排放 管理	**第4条　废气排放管理** 1. 生产废气的排放（尤其是有毒气体）必须建立科学的吸收、过滤系统，确保排放的废气符合国家的规定要求。 2. 有关负责人需定期检查废气吸收、过滤系统的运作状况，并做好记录，对于发现的故障或异常问题要及时维修解决。 3. 当工艺技术或生产原料改变而导致废气成分发生变化时，各部门应及时更换废气吸收、过滤系统，以满足废气排放的控制需求。 **第5条　废水排放管理** 1. 生产废水需经过处理，在达到国家规定的水质标准后方可排放。 2. 废水的排放需通过专门的渠道，不得随意排入河流。 3. 废水管理负责人需定期检测并记录排放废水的成分，确保水质符合规定要求。 4. 当工艺技术或生产原料改变而导致废水成分发生变化时，各部门应及时更换废水处理系统，以满足废水排放的控制需求。 **第6条　固定废弃物管理** 1. 固体废弃物不得随意丢弃，必须堆放在统一地点，以便进行集中处理。 2. 固体废弃物应进行分类管理，不同种类的固体废弃物设置对应的标识牌，不得混放。 3. 特殊的、具有危险性的固体废弃物应当交送具有环保处理资质的部门进行处理。 4. 为了确保原料的利用效率，各车间在生产时，应尽量减少固体废弃物的产生。 5. 对于产生的固体废弃物，需进行有效的回收利用，对于无法再度利用的固体废弃物方能进行废弃处理。 6. 当工艺技术或生产原料改变而导致固体废弃物成分发生变化时，各部门应及时更换固体废弃物处理系统，以满足固体废弃物的控制需求。 **第7条　噪声污染管理** 1. 生产噪声应进行严格控制，确保处于国家规定的排放标准内。 2. 有关负责人应明确噪声源所在，判断强度的合理性，分析是否能够采取措施，进行有效降低，以维护工作人员和周边居民的身心健康。 **第8条　办公垃圾管理** 公司日常办公中产生的废弃文件、表单等办公垃圾应进行妥善处理，既要避免随意丢弃以致污染环境，还要进行必要的粉碎处理，以免商业机密外泄。 **第9条　生活垃圾管理** 1. 公司内部应设置足够的垃圾桶，并合理分布，严禁所有员工随地丢弃生活垃圾。 2. 生活垃圾应进行明确分类，以便有效处理。 **第10条　实验垃圾管理** 1. 实验过程中产生的各类垃圾（尤其是有毒、易爆等危险物质）都必须标明成分，分类存放，不得随意丢弃，对于具有挥发性的物质还应进行加密处理。 2. 实验垃圾的处理应根据成分性质采取有针对性的处理方式。 3. 实验垃圾应区别于其他垃圾，设置专门的处理系统和渠道，并由专业人士把关。

制度名称	环境保护管理制度				
制度版本		受控状态	□ 受控　　□ 非受控	制度编号	

	第11条　环境优化的界定
第3章 环境优化 管理	此处的环境优化是指公司自发进行，采取相应措施实现环境的正面改善，具体主要包括绿化管理与环保宣传两大方面。
	第12条　绿化管理
	公司设置绿化管理员，专门负责绿化的管理和保护工作，并落实如下绿化管理措施。
	1．维持并不断增加公司的绿化面积。
	2．严禁任何员工以任何理由擅自毁坏绿化植物。
	3．聘请园林工人定期对绿化植物进行养护、修剪。
	4．依照公司安排不定期举办植树活动，鼓励员工积极参与，培养员工对于植物和大自然的热爱之情。
	第13条　环保宣传
	公司应定期进行环保宣传工作，宣传环保理念，培养环保意识，具体包括如下两个方面。
	1．内部宣传。公司应定期进行环保知识的培训工作，并通过看板宣传、推荐讲座、举办活动等多种方式，培养员工的环保概念和环保意识。
	2．外部宣传。公司应积极参与公益活动，并在植树节、国际湿地日、世界水日等环保主题日，以传单、广告、社区活动等多种方式向周边居民宣传环保知识，培养大家的环保意识，为环境保护做贡献。

	第14条　环保事故的界定
第4章 环保事故 管理	环保事故是指由于各种原因导致公司运作发生问题，从而造成重大的环境污染。
	第15条　隐患管控
	为了避免环保事故的发生，有关部门需做好环境事故隐患的管控工作，从根本上杜绝坏境事故的发生。
	第16条　事故应急处理
	一旦发生环境事故，有关人员需冷静应对，完成如下五个方面的应急处理措施，努力将损失降到最低。
	1．疏散公司员工及周边居民。
	2．及时查明事故原委，采取有效措施控制污染的扩散与蔓延。
	3．通知有关部门，寻求援助。
	4．密切关注事故状况，一旦污染蔓延难以控制，应提前通知扩散方向的居民做好应对准备。
	5．明确污染的持续时间，在污染尚未消散前，不能取消警戒。
	第17条　事故后续处理
	应急处理完成后，有关人员还需完成如下五个方面的后续处理措施。
	1．进行环境监测，分析是否存在后遗影响。
	2．查明事故原因，追究过失责任。
	3．公开致歉，挽救公司形象。
	4．视影响程度，协商赔偿事宜。
	5．总结经验教训，改进日后管理。
	第18条　奖励与处罚
	针对环境事故，公司应尊重客观实际，对有关人员予以奖励或惩罚，具体如下。
	1．应急处理得当应当给予奖励，如及时疏散人员、迅速洞悉事故原因、有效控制污染蔓延等，具体的奖励措施则包括通报表扬、记功、晋升及现金奖励等。

制度名称	环境保护管理制度				
制度版本		受控状态	□ 受控　□ 非受控	制度编号	
第4章 环保事故 管理	2．事故责任人员、应急处理不得当及微小事故隐瞒不报的应当给予处罚，处罚的具体措施视实际情况的严重程度而定，包括通报批评、记过、罚款、降职、解聘等。故意或情节严重者可依法追究刑事责任。				
附则 第5章	第19条　本制度由综合管理部负责制定，并每年修改一次，经总经理签字后立即生效颁行。 第20条　本制度的解释权归综合管理部所有，总经理对于该制度享有废止的权力。				
编制部门		审批人员		审批日期	

12.4.9　节能减排管理制度范本

　　节能减排即节约能源消耗，减少污染排放，是环境保护工作的重要内容。为了规范节能减排工作，确保节能减排目标的顺利达成，企业应制定完善的规章制度，对节能减排的内容与要求进行明确规定。

　　下列示例为节能减排管理制度的范本，可供读者借鉴与参考。

制度名称	节能减排管理制度				
制度版本		受控状态	□ 受控　□ 非受控	制度编号	
总则 第1章	**第1条**　目的 　　为了规范公司的节能减排工作，有效提高节能减排的效果，响应国家关于环境保护的方针政策，特制定本制度。 **第2条**　适用范围 　　本制度适用于公司致力于节约能源消耗、减少污染排放的各项管理工作。 **第3条**　职责分工 　　1．综合管理部负责本制度的制定、修改和定期更新工作。 　　2．各部门负责遵照落实制度规定的各项要求。 　　3．环境主管负责带领下属员工监督、评估有关部门的节能减排情况。 　　4．审计部负责审查本制度的合理性以及内控机制落实情况。				
第2章 日常性 节能减排 管理	**第4条**　日常性节能减排的界定 　　日常性节能减排是公司为满足节能减排目标而明确规定的，通过日常积累实现的，硬性的节能减排要求。 **第5条**　日常用电管理 　　1．公司在采购办公设备、生产设备、照明设备等时，一律选择低功率、高效能的机械设备，有特殊限定要求的除外。 　　2．严格断电控制，电脑、空调、照明设备以及生产机器等在下班后做到"人走机停"，有关负责人每日例行检查，并切除相应电源。 　　3．任何人不得擅用公司电力使用功率超过＿＿W的私人电器。 　　4．空调、加湿器等季节性设备需由公司统一规划使用时间，任何部门或个人不得私自开启使用。 　　5．打印机、复印机等设备在未使用时应保持关闭状态。 **第6条**　日常用水管理 　　1．任何部门或个人不得浪费水资源，水龙头应随用随关。 　　2．生产用水应严格控制在规定的限度范围内。				

制度名称	节能减排管理制度				
制度版本		受控状态	□ 受控　□ 非受控	制度编号	

| 第2章
日常性
节能减排
管理 | **第7条　公务用车管理**
1．公司的公务用车应统一选用耗油少、排放低的汽车。
2．各部门需使用公务用车时，应向行政部提交申请，并陈述正当理由。
3．行政主管应严格审批各部门的用车申请，不符合要求的一律否定。
4．审计部切实做好审计工作，审查公务用车的合规情况。
第8条　生产排污管理
1．公司的生产排污量应严格控制在国家规定的标准范围内。
2．总经办、生产部、综合管理部应每季度召开讨论会议，就生产排污问题进行讨论研究，分析公司的生产模式、机械设备等是否需要提升改进。
3．环境主管应密切关注国家关于排污标准的政策变动，及时与生产经理商议应对策略。
第9条　评估与奖惩
1．综合管理部应在各部门设置常驻监督人员，监督各部门关于上述规定的落实情况，并对违规情况进行详细记录。
2．环境主管依据记录结果，按季度、年度频率对各部门的节能减排工作进行评估考核，生产部则采用月度、季度、年度的考核频率，考核结果将作为各部门主管及经理级别人员绩效考核的权重指标之一。
3．凡是违反上述规定的员工，将按实际情况的严重程度处以以下三种级别的惩罚。
（1）情节较轻者采用当面批评警戒的惩罚措施，并视情况决定是否要求其提交书面形式的自我检讨。
（2）情节较重者采用通报批评的惩罚措施，并视实际情况决定是否进行记过处理。
（3）情节严重以致给企业造成经济损失的，应按损失情况进行罚款处理，必要时可实施降职、解聘措施。 |
| 第3章
研发性
节能减排
管理 | **第10条　研发性节能减排的界定**
研发性节能减排即通过技术改进、工艺研发、流程再造等创新性方式，以实现公司节能减排的目的要求。
第11条　立项
1．公司高层管理者首先进行研发决策，并下达研发的目标与要求。
2．环境主管与生产部、质量管理部及工艺技术部相关负责人进行会议协商，讨论研发的思路与观点，并经过评估筛选，最终决定研发的内容与方向。
3．工艺技术部相关人员进行研发的初步构想，并编制研发项目立项申请书，提交总经理审批。
4．研发项目立项申请书经总经理审批通过后，研发项目正式确立。
第12条　项目研发
立项通过后，工艺技术部严格挑选项目负责人与成员，并制订研发项目计划，正式开展研发工作。
第13条　运行与调试
研发项目完成后，公司应进行研发成果的试运行。试运行过程中，生产部、综合管理部、质量管理部及工艺技术部应联合进行多方位的监控与记录，并根据监控记录结果进行调试，直至新工艺、新技术或新流程等能够正常投入生产。
第14条　评估与奖惩
1．环境主管与人力资源部共同对研发项目进行考核评估，评估的内容包括项目成本、项目按时完成率以及研发项目所取得的实际成果等。
2．评估结果将作为项目奖金和年终奖的发放及职位评定等事项的重要依据。 |

制度名称		节能减排管理制度			
制度版本		受控状态	□ 受控 □ 非受控	制度编号	
第4章 倡导性 节能减排 管理	**第15条 倡导性节能减排的界定** 倡导性节能减排是公司节能减排的一种软性要求，即不做硬性要求，只是进行倡导的节能减排规定。 **第16条 倡导性节能减排的内容** 1．节约，包括水、电、日常用品、物料资源等。 2．重复利用，包括水、物料、纸张等。 3．鼓励各部门员工提出关于节能减排的意见与建议。 4．其他有益于节能减排的事项。 **第17条 评估与奖惩** 综合管理部设置于各部门的常驻监督人员负责监督并记录各部门关于倡导性节能减排工作的落实情况，并由环境主管根据记录结果进行每月一次的评估。公司将根据评估结果给予如下奖励。 1．每月评定优秀节能减排部门，授予锦旗并通报表扬。 2．对于提出有价值的节能减排建议的员工，给予500～10 000元的奖励。				
第5章 被动性 节能减排 管理	**第18条 被动性节能减排的界定** 被动性节能减排即当公司污染排放不达标时，被有关部门责令而进行的节能减排工作。 **第19条 责任追究** 公司首先应调查详细情况，明确排污不达标的责任归属，并对责任人予以相应的惩罚。如果是公司高层领导的战略规划错误，则应立即进行调整。 **第20条 全力整治** 1．综合管理部应成立临时调查小组，由环境主管任组长，调查公司的污染排放状况、主要的污染源，以及排污处理系统存在的问题等。 2．根据调查结果，总经办、生产部、财务部、综合管理部、工艺技术部及质量管理部召开集体会议，商讨排污治理方案，并明确方案的具体内容。 3．环境主管依据会议讨论结果，将明确的各项内容编制为书面方案，提交总经理审批。 4．排污整治方案经总经理审批后，立即下发执行。 5．各部门应全力配合排污整治，不得因自身利益而刻意违背整治要求。 6．环境主管应密切关注排污整治的进展状况，评估排污整治的阶段性成果，及时发现整治进程中的异常问题，确保整治目标的顺利达成。 **第21条 节能减排成果维护** 有关部门需加强排污的监控力度，有效维护排污整治所取得的成果，以避免排污不达标的情况再度发生。				
附则 第6章	**第22条** 本制度由综合管理部负责制定，并每年修改一次，经总经理签字后立即生效颁行。 **第23条** 本制度的解释权归综合管理部所有，总经理对于该制度享有废止的权力。				
编制部门		审批人员		审批日期	

12.4.10 环境管理体系建立流程

环境管理体系是全面规范环境管理工作的指导标准。企业在建立环境管理体系时，既要遵从国家的有关规定，还要结合企业实际情况。具体流程示例如下。

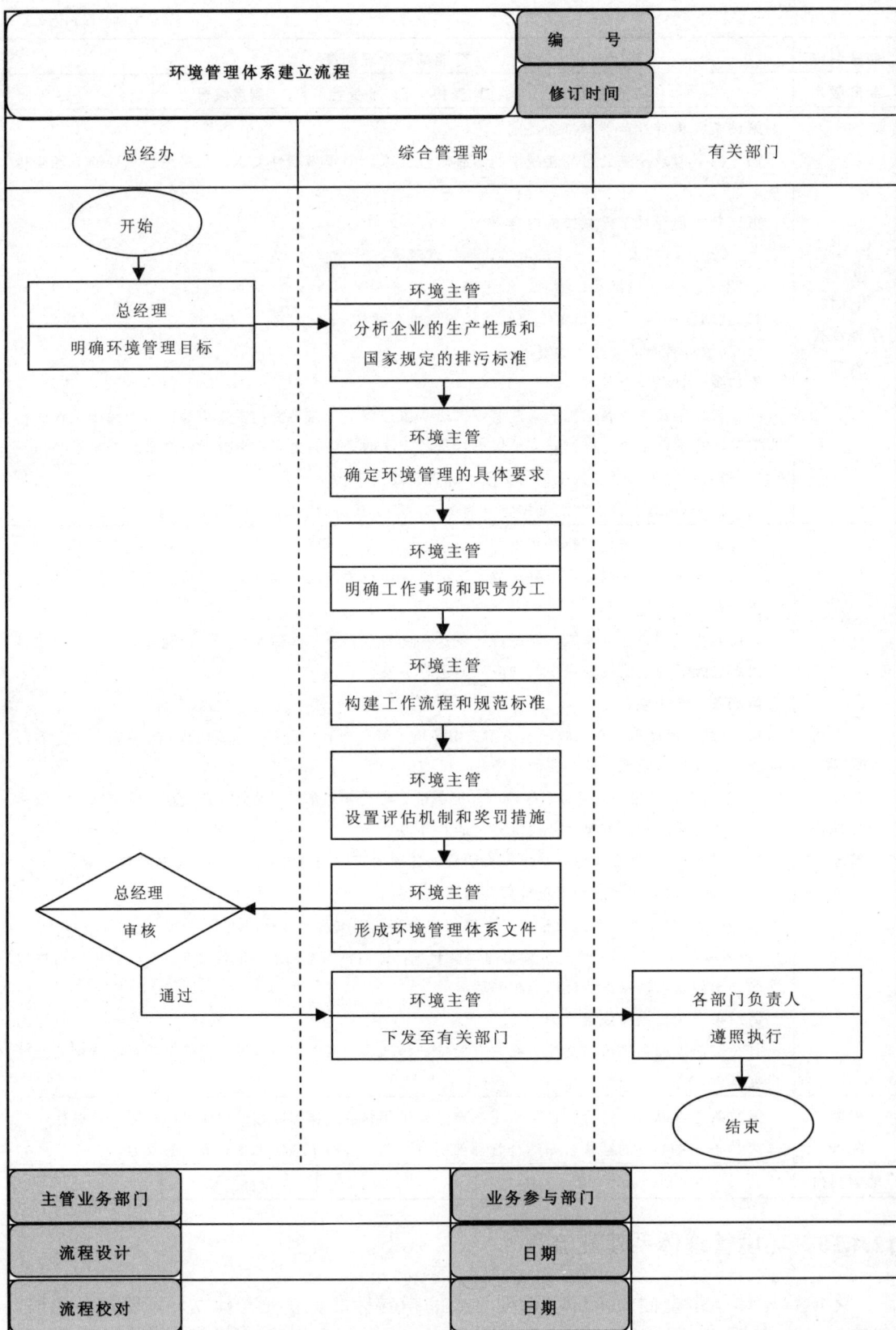

| 环境管理体系建立流程 | 编　号 | |
| | 修订时间 | |

总经办	综合管理部	有关部门

开始

总经理
明确环境管理目标

环境主管
分析企业的生产性质和国家规定的排污标准

环境主管
确定环境管理的具体要求

环境主管
明确工作事项和职责分工

环境主管
构建工作流程和规范标准

环境主管
设置评估机制和奖罚措施

总经理 审核

环境主管
形成环境管理体系文件

通过

环境主管
下发至有关部门

各部门负责人
遵照执行

结束

主管业务部门		业务参与部门	
流程设计		日期	
流程校对		日期	

12.4.11 员工权益保护管理流程

以下提供的是中型企业员工权益保护管理流程，供读者参考。

员工权益保护管理流程		编　号		
		修订时间		
总经理	人力资源部	员工所在部门	员工	劳动仲裁相关机构

```
                                                开始
                                                 │
                                                 ▼
总经理          经理          负责人          当事人
制定处理策略 ◄  是否能够 ◄   沟通、核实 ◄   争议、申诉
                独立解决
                 │是
                 ▼
总经理          经理
审批     ◄      制定权益
                保护方案
 │               │
 ▼               ▼
        权益保护方案 ►  负责人          当事人          仲裁员
                        执行权益  ►    是否满意  ─否→  受理投诉
                        保护措施       执行结果         调查核实
                                        │是              │
总经理                                  │                ▼
下达执行命令 ◄───────────────────────────────── 权益争议
 │                                                      裁决书
 ▼
        经理          负责人
        执行命令 ►   处理内部事项
                       │
                       ▼
              结束  ◄──
```

主管业务部门		业务参与部门		
流程设计		日期		
流程校对		日期		

12.4.12　员工职业健康监护流程

下面是中型企业制定的员工职业健康监护流程，供读者参考。

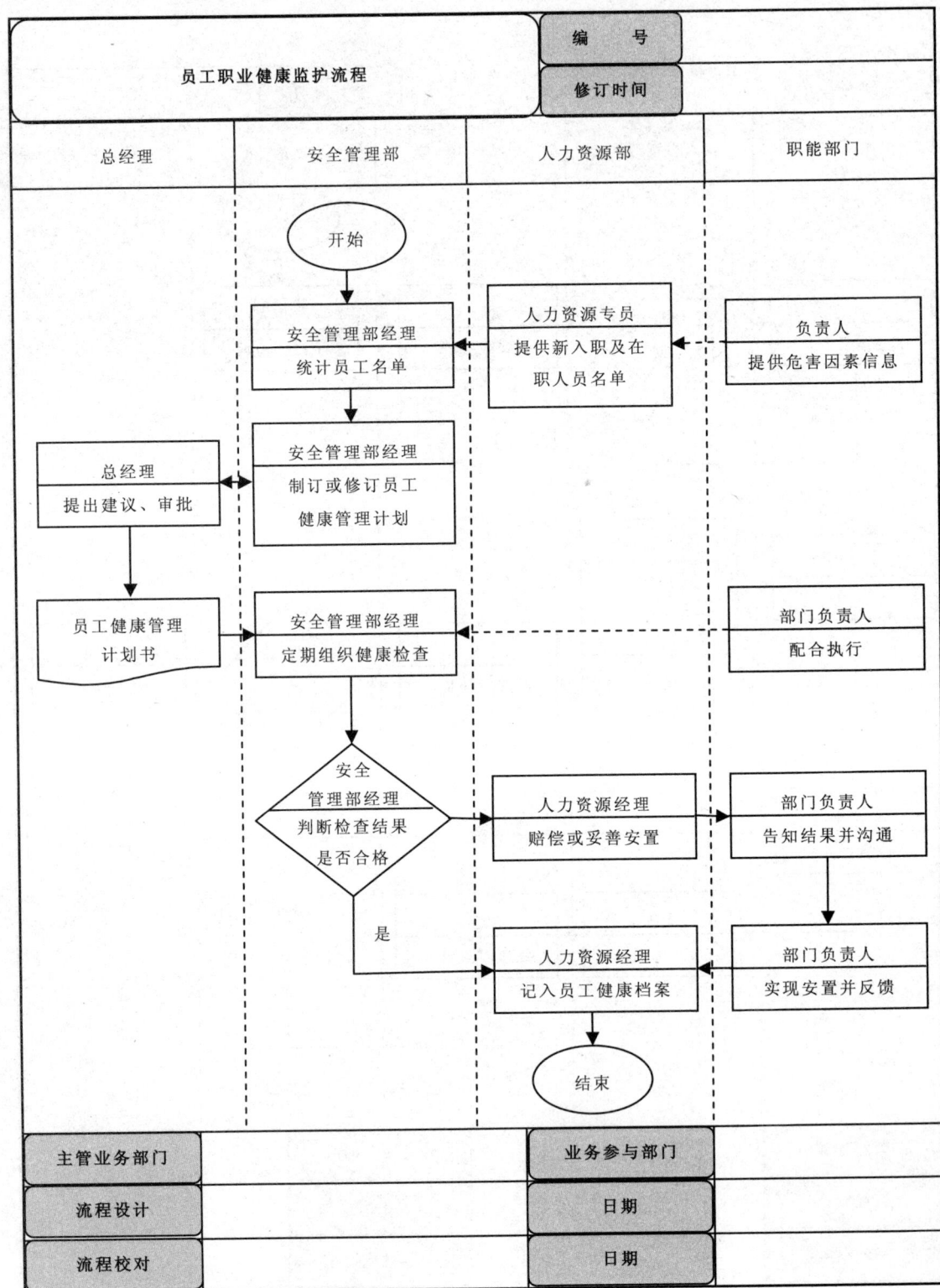

| 员工职业健康监护流程 | 编　号 | |
| | 修订时间 | |

总经理	安全管理部	人力资源部	职能部门

开始

| | 安全管理部经理
统计员工名单 | 人力资源专员
提供新入职及在
职人员名单 | 负责人
提供危害因素信息 |

| 总经理
提出建议、审批 | 安全管理部经理
制订或修订员工
健康管理计划 | | |

| 员工健康管理
计划书 | 安全管理部经理
定期组织健康检查 | | 部门负责人
配合执行 |

安全管理部经理
判断检查结果
是否合格

| | | 人力资源经理
赔偿或妥善安置 | 部门负责人
告知结果并沟通 |

是

| | | 人力资源经理
记入员工健康档案 | 部门负责人
实现安置并反馈 |

结束

主管业务部门		业务参与部门	
流程设计		日期	
流程校对		日期	

12.4.13　员工权益保护管理制度

中小微企业应针对员工权益的保护机制形成一套相应的制度，以便管理人员落实、企业员工执行。以下是某中型企业的员工权益保护管理制度示例。

制度名称	员工权益保护管理制度				
制度版本		受控状态	□ 受控　□ 非受控	制度编号	
总则 **第1章**	**第1条　目的** 为帮助员工明确自身的权利和义务，切实维护员工的合法权益，依据国家相关的劳动法律法规，特制定本制度。 **第2条　适用范围** 本制度适用于本公司管理范围内所有人员。 **第3条　职责分工** 1．人力资源部的职责 （1）负责制定员工权益保护管理制度，监督各部门的实施活动。 （2）负责对入职、培训、薪酬、福利等方面的员工权益进行落实和保护。 （3）负责处理与员工权益有关的法律纠纷事件。 （4）负责员工档案的保存与更新。 2．各部门的职责 （1）制定部门内部员工权益的具体管理办法，由人力资源部进行审核。 （2）负责发布人力资源部管理办法，对相关信息进行员工疑问解答。 （3）收集整理部门员工权益相关信息，报人力资源部归档。 （4）配合人力资源部沟通员工权益相关的实际情况。 3．工会的职责 （1）接受员工的抱怨和申诉，不定期收集员工对现行管理制度和公司管理活动的意见。 （2）按时参加管理层的沟通会议，表达员工关心和不满的问题，并协助公司进行问题调查活动与信息收集工作。 （3）监督管理活动的改进措施，表达员工反馈意见。				
第2章 **员工权益** **基本规定**	**第4条　员工的权利与义务** 1．员工的权利 （1）员工有权选择工人代表组成工会，参加公司管理决策，对公司的管理活动提出批评、建议和意见。 （2）公司应与员工签订内容合法的劳动合同，员工享有接受技能培训的权利、按时取得足额劳动报酬的权利。 （3）公司应当为员工办理社会保险，并依法提供休息休假。 （4）员工对自身工作中存在的危害因素享有知情权，公司应采取必要的劳动防护措施，保障员工劳动安全。 （5）员工有拒绝危险作业的权利，在从事工作相关活动过程中发生工伤的，享有依法获得工伤赔偿的权利。 （6）员工可通过工人代表与公司进行平等协商，协调处理劳资纠纷。 （7）法律法规规定的其他权利。 2．员工的义务 （1）遵守公司安全规章制度，正确使用劳动防护用具的义务。				

259

制度名称	员工权益保护管理制度				
制度版本		受控状态	□ 受控　□ 非受控	制度编号	

<table>
<tr><td rowspan="1"></td><td>

（2）参加安全培训的义务。

（3）发现安全隐患因素的，有报告相关负责人的义务。

（4）保守商业机密，保护公司信息安全的义务。

第5条　特殊群体的权益

1．未成年工的权益

（1）未成年工是指未满18周岁的员工。

（2）禁止招收16岁以下未成年人参加劳动。

（3）对于16岁以上的未成年工，公司应为其合理安排岗位，不得安排其从事危险或超负荷劳动。

（4）管理人员应特别关照未成年工的身心健康，按时安排体检并及时进行心理沟通和辅导。

</td></tr>
</table>

第2章 员工权益基本规定

（2）参加安全培训的义务。

（3）发现安全隐患因素的，有报告相关负责人的义务。

（4）保守商业机密，保护公司信息安全的义务。

第5条　特殊群体的权益

1．未成年工的权益

（1）未成年工是指未满18周岁的员工。

（2）禁止招收16岁以下未成年人参加劳动。

（3）对于16岁以上的未成年工，公司应为其合理安排岗位，不得安排其从事危险或超负荷劳动。

（4）管理人员应特别关照未成年工的身心健康，按时安排体检并及时进行心理沟通和辅导。

2．女工的权益

（1）公司在招聘、培训提升、薪酬福利等各方面不得违反男女平等原则，不得有性别歧视现象。

（2）法律法规规定的不适合女性从事的工作，公司不得安排女工从事；对于适合女工从事的工作，不得拒绝招收女工。

（3）公司应遵守和维护女工在孕期、产期、哺乳期的法定权益，保证孕妇的休息时间，不得安排孕妇从事过多的体力劳动。

3．残疾工的权益

（1）公司不得歧视残疾工，在招聘录用、培训发展、薪资福利、劳动保护、社会保险等方面应公平对待。

（2）不得安排残疾工从事能力之外的工作，对于其力所能及的工作，不得拒绝招收残疾工。

（3）公司应依据残疾工的实际情况安排其从事适合的工作，并重点保护其劳动安全。

（4）公司应时常对残疾工进行心理沟通，及时发现其工作及心理障碍，并寻找正确的方法进行解决。

第3章 员工权益保护细则

第6条　生产安全

1．安全防护

（1）员工有权要求公司为其提供安全防护各项措施，拒绝违章作业和危险作业。

（2）员工有权要求公司提供必要的劳动防护用具，并告知员工在作业过程及工作环境中存在的危害因素，保证员工能够安全作业。

（3）管理人员应关注员工的心理健康，采取必要的心理沟通或解压措施，组织适当的娱乐活动，防止员工因压力过大导致精神失常或崩溃。

2．职业病与工伤赔偿

（1）因公司违章作业、为员工提供防护不足、不负责任的强制性作业、超负荷作业等，导致的员工职业病，公司应依法进行责任承担与经济赔偿。

（2）员工在从事与工作相关活动或在工作过程中发生的工伤、死亡，公司应承担相应的法律责任和赔偿责任。

第7条　就业与发展

1．就业择业与合同签订

（1）公司应尊重员工的平等就业择业权，不得在招聘活动中发生与性别、种族、残疾、政治、宗教等相关的歧视行为。

制度名称	员工权益保护管理制度			
制度版本		受控状态	☐ 受控　☐ 非受控	制度编号

第3章 **员工权益** **保护细则**	（2）公司应依法订立劳动合同，不得强制签订或不签订劳动合同，合同内容不得有逃避责任或强制规定违约金等不合法行为。 2．培训与竞聘 （1）对于公司提供的各类技能培训，员工有权参加并在合格后取得相应的任职资格证。 （2）员工有权获得公司内部招聘的信息，并取得公平的竞争上岗资格。 **第8条　薪酬福利** 1．工资发放 公司应按时足额发放工资，不得随意克扣、拖欠。 2．休息休假 （1）员工享有法定节假日休息的权利。 （2）员工享有因个人原因请病假、婚假、丧假的权利。 （3）女工享有法定保胎假、产前假、产假休息的权利。 3．社会保险 （1）公司应为员工缴纳基本社会保险，包括工伤保险、医疗保险、养老保险、失业保险和生育保险。 （2）公司可为员工缴纳补充社会保险，但不能替代基本保险。 **第9条　民主权利** 员工可选举代表组成工会组织，行使以下权利。 1．参与决策权 （1）指参加管理层会议，对管理活动的决策提出异议或修改意见的权利。 （2）通过订立集体合同的方式，规定公司应承担的责任，约定合同双方的权利义务，由职工代表对合同进行集体投票通过后生效，参与修订公司雇佣政策。 2．监督权 指对公司履行劳动合同、维护员工权益的情况实行监督，对于未按时履行义务的，实施督促。 3．申诉权 指收集整理员工的意见，代表员工对管理制度和方法提出建议、申诉抱怨的权利。
第4章 **员工权益** **保护与争** **议处理**	**第10条　员工权益保护一般规定** 1．公司依法为员工提供相应的劳动条件，采取有效的预防和保护措施。 2．建立和完善工会组织及职工代表大会制度，疏通员工申诉通道。 3．对危害员工权益的个人，公司应依据实际情况，给予相应的行政处分或罚款处罚。 **第11条　劳动争议处理** 1．争议事件 （1）关于订立、履行、变更、解除劳动合同等发生的劳动关系相关争议。 （2）由休息休假、福利待遇、社会保险、劳动保护等引发的争议。 （3）由工伤、职业病等引发的医疗费、经济赔偿等争议。 （4）因调任、辞退、辞职、离职引发的争议。 （5）关于培训提升、竞聘上岗活动的争议。 （6）法律、法规规定的其他争议。

制度名称	员工权益保护管理制度			
制度版本		受控状态	□ 受控 □ 非受控	制度编号	
第4章 员工权益 保护与争 议处理	2. 争议处理 （1）与员工权益相关的争议，可通过工会调解或法律诉讼的方式进行解决。 （2）自工会收到当事人调解申请之日起十五日内，调解成功的，由工会拟定"劳动争议调解书"，并监督协议执行情况；调解不成或调解协议不履行的，工会应协助当事人向当地劳动部门或人民法院提起诉讼。			
附则 第5章	第12条　本制度未尽事宜，参考《中华人民共和国劳动法》《中华人民共和国劳动合同法》《中华人民共和国劳动争议调解仲裁法》的相关规定进行处理。 第13条　本制度即日起生效。			
编制部门		审批人员		审批日期	

12.4.14　员工职业病预防控制制度

员工职业病需实行有效的预防和控制制度，并不断完善。关于该制度的内容，示例如下。

制度名称	员工职业病预防控制制度			
制度版本		受控状态	□ 受控 □ 非受控	制度编号	
总则 第1章	第1条　目的 为预防职业病，规范职业病管理活动，控制和消除职业危害因素对员工的影响，特制定本制度。 第2条　适用范围 本制度适用于公司所辖范围内与职业危害因素、职业病的预防控制相关的所有活动。 第3条　职责分工 1. 安全管理部的职责 （1）依据国家职业病防治相关法律法规，制订员工职业病防治计划，并组织定期的职业病检查和预防措施培训。 （2）安排职业病危害因素的监测，依据监测报告进行分析，及时上报警示信息。 （3）采取有效措施控制超标的职业危害因素。 2. 人力资源部的职责 （1）建立并管理员工健康档案，当人员配置及职业病情况发生变动时，及时更新相应信息。 （2）对已经患有职业病的员工进行妥善安置。 （3）协助安全管理部开展职业病预防相关培训活动。 3. 相关职能部门的职责 （1）配合安全管理部及人力资源部进行职业病防治活动。 （2）监督指导员工，落实实际作业中的职业病防治措施。			
第2章 职业病预防	第4条　防治信息管理 1. 人力资源部的信息管理 （1）在与应聘人员签订劳动合同之前，人力资源管理人员应告知其所应聘职位的危害因素信息、防护措施等情况。			

制度名称	员工职业病预防控制制度				
制度版本		受控状态	□ 受控 □ 非受控	制度编号	

第2章 **职业病预防**	（2）人力资源部负责建立并保存员工健康档案信息，并及时与安全管理部沟通员工职业病信息。 2．各部门负责人的信息管理 （1）负责及时向员工公布职业病防治制度、预防措施、控制办法相关信息。 （2）安排员工入职前、在职期间的职业病防治相关培训。 （3）告知危害因素具体信息及职业病预防控制措施。 3．安全管理部的信息 （1）及时更新职业病危害因素相关信息，调整职业病防治计划。 （2）对于存在严重职业病危险的作业场所，安全管理部应安排设立醒目的警告标志，说明职业病防治应急措施，并由各部门负责人对作业员工进行实时提醒和监督。 **第5条 作业人员管理** 1．安全卫生管理人员须按时组织员工参加相关职业病防治培训，并及时与人力资源部、部门负责人进行沟通，了解职业病危害因素作业员工的变动情况。 2．对于职业病危害因素作业员工，各部门负责人应实地监督指导其正确使用防护用具、采取安全的操作方法。 3．对于职业病危害因素作业员工，人力资源部应为其建立职业健康档案。
第3章 **职业病监测**	**第6条 监测实施** 1．安全管理部联系定点职业病防治机构，定期组织需监测的员工进行健康检查。 2．联系环境监测人员，对作业环境的职业病危害因素进行指标检测。 3．组织人员进行日常安全检查，采取适当的方法，检查员工是否正确使用防护用品、防护设施是否齐全、职业病信息了解是否到位等。 4．安全管理部协助各部门完善员工心理健康沟通渠道，鼓励员工提出抱怨和不满。 **第7条 监测结果处理** 1．监测结果由安全管理部分析处理形成报告，上报总经理，并告知人力资源部记入员工健康档案。 2．职业健康检查的结果发现职业损害的，人力资源部应及时将该员工调离原岗，妥善安置。 3．各部门鼓励员工收集员工心理健康信息，对职业压力过大的员工及时进行沟通。 4．发现疑似职业病例时，部门负责人提供人员相关工作内容及环境信息，协助相关卫生部门进行确认。
第4章 **职业病控制**	**第8条 职业病确认** 1．确诊：疑似职业病例由安全管理部安排员工到职业病诊断机构进行确诊。 2．分析病因：安全管理部与人力资源部、员工所在部门负责人共同收集资料，由诊断医师综合分析病人接触的职业病危害因素种类、诊断结果、病症表现，判定职业病引发因素。判定的引发因素存在于本公司的，安全管理部需对此因素采取控制和消除措施；引发因素并非存在于本公司的，则对该因素进行备案预防。 **第9条 控制措施** 1．消除：对引发职业病的因素，应用相应物理、化学、生物手段或专业的仪器设备进行消除。 2．防护：因现有技术水平限制暂时无法消除的，需为接触该因素的员工配备有效的防护用具。 3．停产：对于大规模的职业病，应报告相关卫生部门协助控制，必要时采取暂时停产措施。

制度名称	员工职业病预防控制制度				
制度版本		受控状态	□ 受控 □ 非受控	制度编号	
附则 第5章	第10条 本制度由安全管理部制定并监督执行，最终解释权归安全管理部。				
	第11条 本制度经公司总经理审批，即日起生效。				
编制部门		审批人员		审批日期	

12.4.15 员工职业健康保护管理制度

以下是员工的职业健康保护管理制度示例，供读者参考。

制度名称	员工职业健康保护管理制度				
制度版本		受控状态	□ 受控 □ 非受控	制度编号	
总则 **第1章**	**第1条 目的** 为贯彻以人为本的管理理念，建立健全员工职业健康保护机制，依法保障员工职业健康，特制定本制度。 **第2条 适用范围** 本制度适用于本公司编制内所有人员。 **第3条 职责分工** 1．总经理 对员工职业健康保护工作负有全面领导责任，负责指导和审批职业健康保护计划、方案。 2．安全管理部 负责制订或修订员工职业健康保护计划、方案，并组织安排具体的实施工作。 3．各职能部门 配合安全管理部，落实员工职业健康计划，并反馈具体实施活动的效果。				
第2章 **职业健康** **防护**	**第4条 基本规定** 1．基本原则 员工职业健康保护活动采取防护为主、防治结合、综合治理的原则。 2．改善提升实施原则 （1）通过多种途径改善员工职业健康保护状况，如应用劳动防护用品、员工健康监控、作业环境卫生管理等。 （2）对于员工职业健康防护水平的优化提升，优先应用先进技术进行工艺改善，与改良设施设备、改变管理方式等办法相结合，实施改进。 （3）对容易产生职业病危害的因素进行重点监控，积极寻求有效办法，对其实施控制和消除措施；对已经导致员工患病的危害因素，必须严格治理，坚决杜绝。 **第5条 作业环境管理** 1．安全管理部负责人管理 （1）组织安排作业环境监测专家定期对作业环境进行监测，对危害因素的各项实际检测值与国家标准进行对比，汇入监测报告，定期向总经理报告。 （2）收集各部门日常环境监测信息，及时上报作业环境异常并采取有效应对措施。 2．各部门负责人管理 （1）保持环境清洁，布局合理，物料归置情况及通道、地面状况应满足国家相关标准。 （2）环境危害因素监测结果超标的，负责人应及时对超标区域环境进行治理，在治理完成之前，应采取必要的人员防护措施。				

制度名称	员工职业健康保护管理制度				
制度版本		受控状态	□ 受控　□ 非受控	制度编号	

<table>
<tr><td rowspan="1">第2章
职业健康
防护</td><td>

（3）及时向安全管理部报告新采购的设备、材料及新应用的技术信息，经过危害分析及验证，批准通过后再引入应用。

3．员工个人管理

（1）做好现场清洁，保持安全设施的完整，不得随意污染、移动、破坏。

（2）发现职业危害隐患的，应及时报告相关负责人。

第6条　劳动防护设施设备的配备

1．劳动防护设施设备配备原则

（1）劳动防护用具和用品必须经过相关专业检测，对于所应用职位的危害因素，具有有效隔离或消除作用。

（2）劳动防护用具和用品本身对人体不得具有危害作用或安全隐患，且便于应用。

2．劳动防护设施设备配备的前提

（1）在公司现有技术条件下，无法消除或避免的职业危害因素，必须为接触人员配备劳动防护用具或用品。

（2）在发生异常情况，无法保证原有条件下的员工健康与安全时，必须配备临时防护用具或用品，直至异常情况消除。

第7条　医疗保障

1．强化医疗保障意识

安全管理部负责实施职业健康培训活动，提醒员工关注职业健康，及时发现自身及他人健康异常情况，并与相关负责人沟通信息，以便采取有效的预防和解决措施。

2．社会保险保障

由人力资源管理人员依法为员工办理社会保险，保障员工在职期间与退休后的医疗卫生条件。

</td></tr>
<tr><td>第3章
职业健康
检查</td><td>

第8条　检查项目及其实施

1．职业危害因素检查

（1）安全管理部负责组织人员，对现有作业条件进行日常检查，对检查过程中发现的异常情况，及时采取措施进行处理。

（2）对新引入的工艺、技术、设备设施、生产材料、卫生用品，安全管理部须组织专业人员进行危害因素检测，并定期进行复测，贴示安全标志。

2．员工体检

（1）新员工入职前应到定点医疗机构进行体检，体检合格后方能签订劳动合同，不合格者视情况，采取备案或不予入职处理。

（2）员工离职前90天内，公司应为其安排体检，若员工已患职业病，且证实引发因素源于本公司的作业活动，应安排其治疗或给予赔偿，至员工健康达标后解除劳动合同。

（3）员工在职期间，安全管理部应定期组织其参加定点医疗机构的体检，体检结果记入员工健康档案；体检结果异常的，需到相关卫生机构进行确认，根据确认结果采取相应的安置措施。

3．心理沟通

（1）员工可通过公司所设员工信箱、公司邮箱、内部软件等渠道，进行内部沟通。

（2）部门负责人、人力资源管理人员应关注员工心理状态，及时缓解员工心理压力、情绪紧张、工作负荷状况等，必要时采取调岗、调休措施。

第9条　人员考核

1．奖励

对于在职业健康保护工作当中，取得以下成绩的部门或员工，安全管理部应对其进行公开表彰，并给予一定的绩效奖励或一次性奖金。

</td></tr>
</table>

制度名称		员工职业健康保护管理制度			
制度版本		受控状态	□ 受控　□ 非受控	制度编号	
第4章 人员考核与 异常处理	（1）及时发现职业病危害隐患，上报相关负责人的。 （2）及时制止产生危害因素的作业活动，维护作业环境健康状况的。 （3）提出有效方案或措施，减轻生产设施、防护设施、作业环境等方面的严重危害状况，节省公司成本的。 （4）在突发危害状况中，及时控制局面，减少人员健康及财产损失的。 （5）全年职业健康保护活动表现突出的。 　2．处罚 　具有以下行为的部门和个人，安全管理部视情节轻重，有权对其进行警告、限期整改、行政处分、绩效降级等处罚。 （1）误导他人或自身操作不当，导致突发危害事故，给公司造成一定经济损失的。 （2）恶意拆除、破坏劳动防护设施设备，导致有害因素超标的。 （3）对大量有害因素的来源隐瞒不报，导致员工健康受损的。 （4）克扣或挪用安全卫生经费的。 （5）强制职业病患者从事其不能从事的工种的。 第10条　异常处理 　1．环境异常处理 （1）作业环境检查发生异常时，安全管理部应会同相关责任人做出处理决定，采取有效措施及时消除异常，并向总经理汇报；情况较严重的，须为员工配备防护用具，必要时疏散人员，停止生产活动。 （2）发生毒气泄漏、粉尘逸出等突发状况，可能对人体健康造成损害的，事后需组织员工进行体检。 （3）发生重大突发状况的，需与当地政府卫生机构联系，共同制订解决方案并协助实施治理工作。 　2．职业病处理 （1）由职业危害因素引发的员工疾病，须经过相关卫生部门确诊，开具职业病证明。 （2）因患有职业病不能在原职位继续作业的，人力资源管理人员应结合公司需求及员工个人意愿，为其调职至适当岗位。 （3）职业病的治疗，在定点医疗机构治疗并报销相关费用；职业病人患有其他病患所产生的医疗费用，不列入职业病医疗费用。 （4）依照国家法律法规，列入工伤范畴的职业病，应按照工伤相关标准进行处理。				
附则 第5章	第11条　本制度经总经理审批后生效，由安全管理部负责人对制度内容进行及时修订。 第12条　本制度自颁布之日起执行。				
编制部门		审批人员		审批日期	

12.4.16　企业社会责任报告编写指引

企业社会责任报告（简称 CSR 报告）是指企业将自身履行社会责任的理念、战略、方式、方法，经营活动对经济、环境、社会等领域造成的直接和间接影响、取得的成绩及不足等信息，进行梳理和总结，并向利益相关方进行披露的方式。

企业社会责任报告是企业非财务信息披露的重要载体，是企业与利益相关方沟通的重要桥梁。下面是某公司编制的社会责任报告范本，供读者参考。

××有限公司社会责任报告（指引）

编　号：　　　　　编制部门：　　　　　审批人员：　　　　　审批日期：＿＿＿年＿＿月＿＿日

一、报告背景说明

《××有限公司2013企业社会责任报告》回顾了××公司自成立以来的企业社会责任（以下简称"CSR"）发展脉络，并阐述了2013年1月1日至2013年12月31日期间所承担的CSR具体实践工作。关于本报告的披露内容说明如下。

（一）报告范围

报告的组织范围：本报告以××有限公司为主体。

报告的时间范围：2013年1月1日至2013年12月31日。

报告的发布周期：本报告为年度报告。

（二）报告编制原则

本报告参照ISO 14001认证的环境管理体系（EMS）为信息披露的指导性原则，并使用独立的《AA1000原则标准（2008）》来确保本报告的包含性、回应性、实质性。

（三）报告数据说明

报告中的财务数据摘自《××有限公司2013年年度报告》，该财务报告经A会计师事务所独立审计，其他数据来自公司内部系统或人工整理。

本报告中所涉及货币种类及金额，如无特殊说明，均以人民币为计量单位。

（四）报告保证方式

本报告披露的所有内容和数据已经××有限公司董事会审议通过。同时，A会计师事务所按照《AA1000审验标准（2008）》对本报告进行了独立第三方鉴证。

（五）报告发布形式

报告以印刷版和网络版两种形式发布。网络版可在本公司网站www.×××××.com查阅。

二、报告目录纲要（略）

三、公司概况

（一）公司简介

（二）公司组织架构

（三）公司董事会结构

四、董事长致辞（略）

五、企业战略远景规划（略）

六、企业社会责任管理组织

为确保公司企业社会责任管理工作可持续性，公司于2011年成立CSR非正式工作小组，通过"企业社会责任信息报告制度"明确工作小组各层级职责，规范CSR信息报告流程，有效提升企业社会责任管理。

非正式工作小组由公司品牌企划部、CSR管理团队、各职能部门CSR责任人员三级管理体系组成，主要负责CSR绩效数据收集、上报及分析管理工作。

七、企业利益相关方介绍说明

在过去的10年中，我司管理人员充分意识到倾听各利益相关方意见的重要性，为此我们不断促进利益相关方沟通机制常态化。

通过开展广泛、深入、形式多样的沟通（具体活动内容如下表所示），充分了解利益相关方对于我司CSR战略、管理、实践、评估、信息披露等各个环节的意见及建议，并以此为重要依据，全面提升经营管理水平，从而进一步提升利益相关方的认可度。

公司利益相关方沟通渠道及其关注点列示表

利益相关方	沟通渠道	利益相关方的关注点	我公司的应对措施
股东	公开信息披露 股东大会 业绩发布会 网站、热线、邮箱	◆ 如何保持公司持续稳健的发展 ◆ 如何带来更加丰厚的利润回报	◆ 进一步完善公司治理体系 ◆ 加强公司内部控制体系建设工作
客户	服务热线 新合同回访调查 客户满意度调查 客户服务节日或活动 内刊资讯沟通	◆ 是否可以提供超出预期的客户增值服务 ◆ 是否可以运用新科技、新技术，推动企业服务水平的提升	◆ 提供更专业、更便捷的服务体验 ◆ 客户服务节、VIP会员服务回馈等活动 ◆ 开展创新服务
员工	工会职工代表大会 员工辅导热线、邮箱 员工成长互动平台 服务满意度调查 网络及面授培训	◆ 提供和谐、愉悦的工作氛围 ◆ 有竞争力的薪酬福利 ◆ 有清晰的职业发展路径和发展空间 ◆ 能接受专业高效的培训	◆ 继续开展EAP员工关怀计划 ◆ 开展薪酬调研工作，提升员工整体收入水平 ◆ 课程设计更丰富、课程实施方式更多样
社会与环境	环境保护改善工程 社区服务活动 内外部志愿者活动组织 参与环境建设活动	◆ 环境保护改善工程进度 ◆ 如何通过降耗管理以减少废水废气排放 ◆ 环境建设活动参与情况	◆ 引导员工共同投身公益建设活动 ◆ 节能减排，尝试开展减排量化指标的设定
合作伙伴	满意度调查	◆ 加强合作、带来双赢	◆ 加强企业代表的素质水平、管理行为的规范管理

八、企业社会责任绩效指标体系

下面给出公司近五年来在社会责任——环境管理方面的关键绩效指标（KPI）履行情况，具体摘要如下表所示。

环境管理方面的关键绩效指标（KPI）履行情况表

环境管理事项	关键绩效指标（KPI）	2009年	2010年	2011年	2012年	2013年
环境管理	通过ISO 14001环境管理体系认证的生产现场数量					
	通过ISO 14001环境管理体系认证的生产现场员工比例					
温室气体排放量	温室气体排放毛量合计（单位：公吨CO_2e）					
	温室气体排放报告量合计（单位：公吨CO_2e）					
能源和水电使用情况	能源用量（单位：GWh）					
	用电量（单位：瓦）					
	总耗水量（单位：立方米）					
产品再回收和再循环	产品再回收（单位：百万磅）					
	材料填埋比例（报废返厂产品中无法再使用或再循环的部分所占比例）					

九、企业经营绩效	（四）节能减排工作
（一）经营业绩与效益	（五）绿色办公、无纸化办公
（二）股东权益	（六）废水废气减排工作
（三）产品技术创新	**十三、员工就业与权益保障关注**
（四）产品质量管理	（一）公司吸纳就业人数
十、企业客户关注	（二）残疾人就业人数
（一）客户经营水平	（三）劳动合同签订情况
（二）客户财务状况	（四）社会保险参保情况
（三）客户关系管理	（五）员工职业健康管理
十一、企业安全生产关注	（六）员工职业发展规划
（一）安全生产管理体系	（七）劳动争议负面影响
（二）安全应急机制建设	（八）员工满意度评估
（三）安全防护设施设备投入	**十四、政府责任履行情况关注**
（四）安全教育培训投入	（对公司依法纳税情况等政府责任履行情况进行
（五）意外保险参保投入	说明。）
十二、企业环境管理关注	**十五、社区公益活动成效**
（一）企业环境管理体系	（可包含两部分内容：一是企业参加的公益活动、
（二）环境保护技术投入	公益捐赠、志愿者活动等情况，二是社会对本公司社
（三）环境保护公益活动投入	会责任履行情况的认可。）
附：第三方审验声明（企业社会责任独立鉴定报告）	
（略）	

实施对象：　　　　　　　　　　　　　　　　　　　实施日期：＿＿＿年＿＿月＿＿日

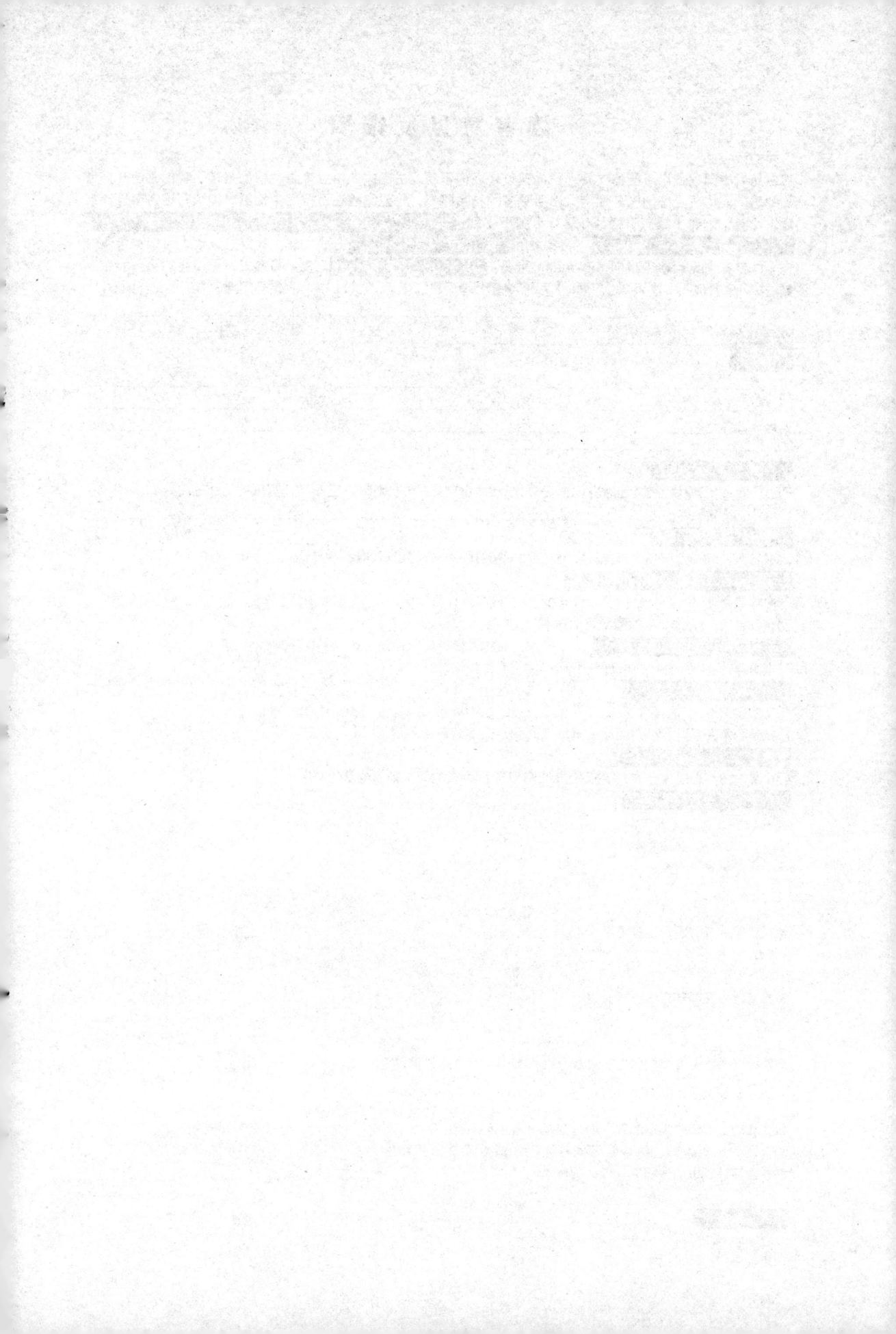

读者意见反馈表

亲爱的读者：

感谢您对中国铁道出版社的支持，您的建议是我们不断改进工作的信息来源，您的需求是我们不断开拓创新的基础。为了更好地服务读者，出版更多的精品图书，希望您能在百忙之中抽出时间填写这份意见反馈表发给我们。随书纸制表格请在填好后剪下寄到：北京市西城区右安门西街8号中国铁道出版社综合编辑部 王佩 收（邮编：100054）。或者采用传真（010-63549458）方式发送。此外，读者也可以直接通过电子邮件把意见反馈给我们，E-mail地址是：1958793918@qq.com。我们将选出意见中肯的热心读者，赠送本社的其他图书作为奖励。同时，我们将充分考虑您的意见和建议，并尽可能地给您满意的答复。谢谢！

所购书名：_____

个人资料：

姓名：_____ 性别：_____ 年龄：_____ 文化程度：_____

职业：_____ 电话：_____ E-mail：_____

通信地址：_____ 邮编：_____

您是如何得知本书的：

□书店宣传 □网络宣传 □展会促销 □出版社图书目录 □老师指定 □杂志、报纸等的介绍 □别人推荐
□其他（请指明）_____

您从何处得到本书的：

□书店 □邮购 □商场、超市等卖场 □图书销售的网站 □培训学校 □其他

影响您购买本书的因素（可多选）：

□内容实用 □价格合理 □装帧设计精美 □带多媒体教学光盘 □优惠促销 □书评广告 □出版社知名度
□作者名气 □工作、生活和学习的需要 □其他

您对本书封面设计的满意程度：

□很满意 □比较满意 □一般 □不满意 □改进建议

您对本书的总体满意程度：

从文字的角度 □很满意 □比较满意 □一般 □不满意
从技术的角度 □很满意 □比较满意 □一般 □不满意

您希望书中图的比例是多少：

□少量的图片辅以大量的文字 □图文比例相当 □大量的图片辅以少量的文字

您希望本书的定价是多少：

本书最令您满意的是：

1.
2.

您在使用本书时遇到哪些困难：

1.
2.

您希望本书在哪些方面进行改进：

1.
2.

您需要购买哪些方面的图书？对我社现有图书有什么好的建议？

您更喜欢阅读哪些类型和层次的理财类书籍（可多选）？

□入门类 □精通类 □综合类 □问答类 □图解类 □查询手册类

您在学习计算机的过程中有什么困难？

您的其他要求：